한류란 무엇인가

단절의 연속을 향한 그리움이다

한류란 무엇인가

단절의 연속을 향한 그리움이다

오정균 지음

위대한 한민족에 이 책을 바친다

목 차

서문   12

1부 연속과 단절
연속성과 단절을 중심으로 철학적 · 사상적 기반을 탐구

제1장 연속(존재와 삶의 원리)   18
1. 연기법(공사상)의 재해석   19
2. 연속의 의미 탐구(One in All, All in One)   26
3. 법성게(화엄사상)에 내재된 연속의 '하나 임'   30
4. 공사상과 연속성의 재발견(무가치성에서 유의미성으로)   33
5. 연속의 의미 대치에 따른 결과   38

제2장 단절(현대 문명의 한계와 모순)   43
1. 인간과 신의 단절   45
2. 인간과 자연의 단절   47
3. 인간과 인간의 단절   49
4. 단절에 기반한 기저 학문의 한계   52

제3장 단절과 연속(진정한 '하나 임')   58

2부 한국인의 정체성과 집단의식

한민족의 사상과 정체성을 중심으로 역사적·문화적 흐름을 탐구

제4장 단군 신화와 한국적 인간관　　　　　　　　　66
　1. 홍익인간의 원류　　　　　　　　　　　　　　　69
　2. 창세기와 단군 신화의 비교　　　　　　　　　　71
　3. 돈오사상의 원류　　　　　　　　　　　　　　　74
　4. 삼재(三才, 三神)사상의 원류　　　　　　　　　76
　5. 사람과 짐승(한민족의 인간 분류)　　　　　　　81
　6. 홍익인간에 드러나는 기완성(旣完成) 의식　　 82
　7. 홍익인간과 감정적 주체성　　　　　　　　　　89
　8. 홍익인간 사상(성선설)과 서구적 인간관(성악설, 원죄)　91

제5장 한민족의 '한'과 '정'(한국인의 감정 구조)　　95
　1. 역사와 지정학적 조건　　　　　　　　　　　　96
　2. 공자사상의 잠재의식적 원류　　　　　　　　　98
　3. 한민족 정체성에 담긴 '한'과 '정'의 철학적 기반　100
　4. '한'의 정서　　　　　　　　　　　　　　　　　101
　5. '한'의 초(超) 시간성(時間性)　　　　　　　　 104
　6. '한'의 에너지　　　　　　　　　　　　　　　　106
　7. '정'의 정서　　　　　　　　　　　　　　　　　108
　8. '한'과 '정'의 대조　　　　　　　　　　　　　　116
　9. '한'과 '정' vs 유대인의 '짜르(Tza'ar)'와 '헤세드(Chesed)'　119
　10. '한'과 '정'의 한국시 감상　　　　　　　　　　121

제6장 한풀이 문화(해소와 승화의 방식)   132

1. 살풀이춤   134
2. 한풀이 놀이와 해학   135
3. 한국 문학   137
4. 민화(民畵)   140
5. 한국의 탈과 탈춤   141
6. 한국 가곡과 대중음악   143
7. 영화와 드라마   145
8. 오징어 게임   147

3부 한국 문명의 독창성

한글과 금속활자를 중심으로 한국 문명의 지속성과 창조성을 탐구

제7장 한글 창제(철학과 과학의 만남)   154

1. 동이족과 한자   154
2. 동이족과 가나   155
3. 한글 창제의 철학적 배경   158
4. 한글 창제의 원리   163
5. 한글의 확산   168
6. 한글과 AI   171

제8장 금속활자의 발명(지식 평등과 정보 확산)   174

4부 동아시아 집단의식과 한국인의 사회적 표현 방식

제9장 동양 3국의 집단의식 비교 — 182
1. 한민족의 집단의식 — 183
2. 중국인의 집단의식 — 184
3. 일본인의 집단의식 — 187
4. 'Morning Calm'과 '국화와 칼' — 193
5. 최후 항전에 드러나는 집단의식 — 196

제10장 한민족의 집단적 의사표시 — 200
1. 한국인의 민주주의에 대한 열망 — 205
2. 응원이나 사회운동으로 드러나는 집단적 의사표시 — 212
3. 광화문 집회 — 216

제11장 떼창과 BTS('신바람'과 '흥'의 문화) — 219
1. 한국적 개념으로서의 '흥' — 222
2. '신바람'의 정서 — 223
3. '신바람'과 '흥'의 문화가 한류에 미치는 영향 — 224
4. '흥'과 다른 문화의 유사한 표현 비교 — 225
5. 고대 부여의 영고(迎鼓) — 227
6. 고구려의 동맹(東盟) — 228
7. 동예의 무천(舞天) — 229
8. 한국의 전통 놀이문화: 세계적 연대의 모델 — 230

5부 한국 문명의 지속성과 글로벌 확장
한국의 전쟁 역사, 산업, 환경, 문화 확산을 중심으로
지속성과 미래 비전을 분석

제12장 전쟁에서 드러나는 한민족의 '하나 임'   236
1. 고구려-수 전쟁(598~614)   237
2. 고구려-당 전쟁(645~668)   237
3. 고려의 거란과 몽골에 대한 저항   238
4. 조선 침략: 임진왜란(1592~1598)   239
5. 병자호란(1636~1637)   242
6. 외세의 침략에 대항한 한민족의 전략과 전술   243

제13장 한민족 왕조의 긴 존속 기간   249
1. 조선왕조실록   253
2. 다른 나라의 역사 기록   255

제14장 '은근'과 '끈기' vs '빨리빨리' 문화   257
1. 구들(온돌)과 와이파이(Wi-Fi)   263

제15장 한민족의 자연과 '하나 임'   266

제16장 한류의 쓰나미(세계적 문화 확산)   276

제17장 K-방산(국방 산업의 성장과 미래)   279

제18장 일본의 혐한과 중국의 동북공정   286
  1. 일본의 혐한   286
  2. 중국의 동북공정과 문화공정   290

제19장 한국의 농업 발전과 산림녹화(K-forest)   302
  1. 한국의 농업 발전   302
  2. 산림녹화(K-forest)   306

제20장 세계 종교가 '하나 임' 철학에 끼친 영향   311

제21장 '하나 임' 철학과 세계화   317

서문

21세기, 우리는 한류[1]라는 이름으로 알려진 문화적 흐름이 전 세계를 감동시키는 현상을 목도하고 있다. 영화, 음악, 드라마, 음식, 패션, 기술에 이르기까지 한류의 파급력은 문화적 열풍을 넘어 글로벌 현상으로 자리 잡고 있다. 이제 한류는 한민족에게도 그 역사와 정체성을 조명하는 중요한 주제가 아닐 수 없게 된 것이다. 이 책을 시작하며, 필자는 한민족의 일원으로서 이러한 한류의 본질과 그 핵심에 대한 깊이 있는 탐구가 필요하다고 생각되었다. 외국인이 나에게 "한류가 도대체 무엇이냐?" 여기에 더하여 "한류가 왜 전 세계인의 마음을 사로잡고 있는가?" 하고 묻는다면 무엇이라고 대답할 것인가? 본서는 이러한 의문에 분명히 대답하고자 하는 열망에서 출발하게 된 것이다.

이제 한류는 외면적으로 소비하는 것을 넘어, 그 본질적 가치를 알고 이를 바탕으로 전 세계와 소통할 수 있는 지견을 갖는 것이 중요하다고 생각된다. 이 과정에서 한류의 뿌리를 탐구하고 이를 통해 한민족의 종교철학적 뿌리를 재조명하는 것은 필수적인 작업이라고 생각된다. 드러난 한 민족의 역사적 사실과 문화는 결국 그 민족의 종교철학의 기반 위에 시대별로 드러난 것이기 때문이다.

이 책을 쓰게 된 직접적인 계기는 필자의 전작 『유월절과 연기법』을 집필하며 얻게 된 통찰에서 비롯되었다. 종교철학적 관점에서 그 원류를 찾기 위한 탐색은 결국 고대 동이족[2]의 조상인 환국[3]과 환국의 신교사관[4]에 이르게 되었고 그곳이 인류 최초의 종교철학적 사상이 발원된 곳이라는 사실을 알게 되었다. 이는 단순히 고려되어야 할 배경이 아닌, 한류의 핵심을 이해하기 위한 필수 요소로 자리 잡고 있다. 왜냐하면 이는 한국 문화의 근본적 가치와 연결되어 있기 때문이다. 그리고 그러한 종교철학적 핵심이 '연속에 근거한 하나 임'이라는 깊은 사상을 품고 있다는 점을 발견한 것은 큰 깨달음이었다. 이 철학은 단군 신화에 나타난 '홍익인간'이라는 원대한 사명에서 명확히 드러난다. 한류의 근본을 이해하는 데 있어서 이 연속에 기반한 '하나 임'과 통섭의 철학은 만능키와 같은 역할을 한다.

이 책은 한류를 이해하는 것이 단순히 한국 문화를 알리는 데 그치지 않으며, 이를 통해 우리 자신을 더욱 정확히 비추는 거울을 발견하는 여정임을 보여줄 것이다. 우리는 종종 일상 속에서 너무 익숙해져 자신을 잃어버리기 쉽다. 너무 익숙한 것은 자신에게 거의 인식되지 않으며, 타자를 통해 비추어질 때 비로소 자신의 모습을 새롭게 깨닫게 된다. 한류가 외국으로 확산되면서 외국인은 이러한 거울 역할을 하며, 한국인 스스로에게도 그동안 알지 못했던 자신만의 고유한 정체성과 가치를 다시 바라보게 하는 기회를 제공하게 될 것이다.

한류의 기원을 탐구하는 과정에서 중요한 철학적 결론에 도달했다. 그것은 한류가 최근 들어 갑자기 생겨난 현대적 산물이 아니라, 오히려 오천 년 이상 지속되어 온 문화 속에 내재된 소중한 가치로서 그 분야는 전 인류 삶의 모든 분야를 포괄하며 그 가치는 마침내 한류라는 이름으로 전 세계로 파급되고 있다고 생각한다. 그러면 그 엄청난 한류의 파급 확산의 까닭은 무엇일까? 이 문제는 한민족은 물론 세계인이 궁금해 하는 주제임이 분명하다. 단순히 어린 청소년들이 한류의 매력에 빠져 퍼지는 유행의 물결에 불과한 것인가? 그렇다고 보기에는 한류는 이미 그 분야가 엔터테인먼트의 범위를 넘어서 크게 확장되었고 그 흐름은 식을 줄 모르고 진행되고 있다. 세계인에 비친 한류의 어떠한 매력이 세계인의 가슴에 감동을 주고 있는가? 그 이유를 천착하면서 점차 그 이유의 윤곽이 서서히 드러나게 되었다. 이를 다음과 같이 한마디 말로 요약하고 싶다.

한류는 단절의 연속을 향한 그리움이다.

단절과 분리에 기반한 서구 중심의 문화(이성 중심)인 현대를 살아가는 인류는 삶의 각 분야에서의 단절, 공동체적 유대의 상실, 그리고 자기 정체성의 위기를 겪고 있다. 이성 중심의 서구 개인주의 문화는 투쟁과 경쟁의 사회를 가져오게 된 것이다. 이러한 시대적 상황에서 한류를 접하게 되자 그들 자신도 모르게 빠지게 되는 현상이 벌어지고 있는 것이다. 분명 한류에서 이제까지와는 다른 어떠한 문화적 매력이나 감동을 느끼게 된 것이 분명하다. 인간이 직관적으로 어떠한 매력에 빠질 때는 우선 정서적 반응이 선행하며 그 합리적 이유는 정서적 반응 이후 서서히 드러나는 법이다. 한류의 매력에 끌리는 것 또한 일차적으로 무의식적인 정서적 반응으로 보인다. 그리고 이 책은 그들이 한류를 선호하는 정서적 반응 이후의 진정한 이유를 설명해 줄 것이다. 그리하여 필자가 처음에 주장한 단절의 연속을 향한 그리움이라는 합리적 결론에 도달하리라고 확신한다. 그것은 한류의 핵심 사상인 연속에 기반한 '하나 임'(감성 중심)에서 모든 인류의 잃어버린 조화와 협력의 기억과 유산을 되찾고자 하는 열망이 표현된 것이라고 깨닫게 될 것이다.

이 철학적 결론은 누가복음의 탕자[5]가 아버지에게 돌아가는 이야기와 자연스럽게 연결된다. 현대의 세계는 마치 탕자와도 같다. 분열과 단절의 삶 속에서 길을 잃은 우리는 무언가 본질적인 것으로 돌아가고자 하는 갈망을 품는다. 한류는 단순히 소비되는 문화가 아니라, 이러한 본질적 그리움을 충족시키고자 하는 여정의 한 부분이라고 생각된다. 이러한 의미에서 이 책은 단순히 한류 현상을 설명하는 데 그치지 않고, 한류가 보여주는 더 깊은 진실—**인류가 다시 하나로 연결되고자 하는 본능적 열망**—을 탐구한다. 이 책은 한류를 심층 이해하고, 그 뿌리를 곱씹으며, 한민족의 역사를 재구성하는 작업이 될 것이다. 이 과정 속에서 독자 여러분이 한류의 배경인 한민족의 역사와 그 배경에 대해 더욱 깊이 이해할 수 있기를 바란다. 한류를 통해 인류가 잃어버린 과거와 다시 연결될 수 있는 출발점이 되기를 희망한다. 이를 통해 한류는 단순한 유행이 아닌 철학적, 문화적, 그리고 인류학적 현상으로 자리매김하게 될 것이다. 한류의 본질을 이해하기 위해서는 '연속에 근거한 하나 임'이라는 개념을 깊이 파악하는 것이 중요하며, 이것이야말로 한류가 세계와 소통하는 데 있어 가장 강력한 힘이자 핵심이다.

 한 가지 독자들에게 양해를 구하고 싶은 것은 단절과 연속이라는 다소 딱딱한 철학적 문제가 본서의 서두를 장식하고 있다는 점이다. 만일 이 부분이 책 읽기의 관심을 떨어뜨린다면 2장이나 3장부터 먼저 읽고 최후에 1장을 읽어도 좋을 것이다. 그러나 1장은 반드시 숙고해야 할 핵심적 주제임은 분명하다.

 여하튼 이 책을 통하여 한류를 더 깊이 이해하고, 그 본질을 발견하며, 나아가 자신의 문화와 정체성을 새롭게 성찰하는 계기가 되기를 바란다. 한류라는 창을 통해, 우리는 과거와 미래를 연결하며, 세계와 소통하고, 우리 자신을 다시 만나게 되기를 염원한다. 이는 곧 시간과 공간을 초월한 진정한 스스로를 발견하는 작업과 연결될 것이다.

1부
연속과 단절

연속성과 단절을 중심으로
철학적·사상적 기반을 탐구

제1장

연속(존재와 삶의 원리)

오늘날 매우 뜨거운 주제로서 한류를 다루기에 앞서 처음부터 연속이라는 철학적 주제를 다루어야 하는 필요성을 느낀다. 한류를 세계인들에게 설명하기 위해 연속(連續)을 철학적 기반으로 책머리에 제시하는 것은, 한민족 문화의 깊은 뿌리가 연속에 닿아있고 이를 이해하는 것이 필수적이기 때문이다. 이는 단군 신화[6]의 핵심인 홍익인간(弘益人間)[7] 사상에 내재된 '하나 임'의 철학에서 시작된다. '하나 임'은 천(天)·지(地)[자연, 우주]·인(人) 삼재(三才)가 조화를 이루는 연속적 세계관을 반영하며, 한민족의 집단의식과 문화적 유산을 형성하는 중심축으로 작용해 왔다. 이러한 연속의 철학 없이는 한류의 심층적 이해는 물론, 이를 기반으로 전개되는 문화적 독창성을 설명하기 어렵다. 따라서 이 책의 첫머리에 연속의 철학을 다루는 것은 한류의 본질과 철학적 배경을 독자들에게 온전히 전달하기 위한 필연적 선택이다. 이 연속의 철학을 한민족 문화의 핵심으로 자리매김하며, 독자들이 한류의 본질과 철학적 배경을 이해하도록 돕는 데 목적을 둔 것이다. 최근 한류의 문화나 과학적 진보 혹은 음식 문화에 이르기까지 한류를 이해하기 위해 외국의 학자나 흥미를 갖는 사람들이 나름 깊이 있고 훌륭한 통찰과 분석을 내놓고 있다. 그러나 연속에 기반한 한민족의 깊은 철학적 배경에 대한 이해 없이는 온전한 한류 이해는 불가능하다고 생각한다. 이러한 의미에서 한류의 핵심에 도달하고자 한다면 한민족을 포함한 누구든 반드시 이 주제를 천착할 필요가 있다. 이러한 한류에 내재된 철학을 이해한다면 향후 인류공동체의 '하나 임'을 향하여 나아가야 할 사상적 초석(礎石)을 발견하지 않을 수 없을 것이다. 여기에서 더 나아가 천·지·인을 통섭한 인간을 최귀한 가치로 알고 따로 신을 세우지 않는 홍익인간(태일인간)에 대한 올바른 이해는 모든 종교철학적 논란을 잠재울 수 있는 경지에 도달하리라고 확신한다.

1. 연기법(공사상)의 재해석

먼저 연속이라는 용어를 필자가 사용하게 된 사유의 과정을 보이는 것이 급선무라고 생각된다. 앞으로 한류를 바라보는 모든 필자의 시선은 붓다의 연기법에 근거한 용수보살의 공사상을 통한 것이며 연기[8]의 대체어를 찾는 과정에서 발견한 단어이다. 연속이라는 용어는 그 연기로 존재하는 세속제적 현시로서 제법과 한민족 공동체의 우리라는 '하나 임'을 나타내는 뜻으로 사용된 것이다. 연속은 우리 일상의 단어이지만 필자는 이 평상어를 연기의 철학적 의미를 쉽게 표현하는 최적화된 표현으로 인식한다. 자! 그러면 이제 이러한 결론에 도달한 필자의 사유과정을 더듬어 가보자.

불교철학의 기본 바탕인 연기법은 용수보살에 의해서 공(성)으로 해석되었다. 이러한 해석을 조금 더 깊이 이해하기 위해서 석가모니 부처님의 출가부터 살펴볼 필요가 있다. 그의 출가는 생로병사라는 엄혹한 진실에 따르는 필연적 고통을 해결하고자 시작되었다. 그리하여 그는 결국 생로병사(苦)의 해결은 그 실체성이 없다는 통찰에서 달성될 수 있었다. 만법이 연기하기 때문에 그 무상한 실체성 없음을 깨달은 것이다.

부처님이 초전법륜을 굴리신 이후 세월이 흘러 용수(龍樹: 150년경~250년경?)라는 걸출한 부처님 제자가 출현하게 된다. 그는 처음 출가하여 상좌부 불교를 공부하였지만 히말라야 산에 들어가 대승불교를 배웠다고 한다. 초기 대승불교의 많은 경전과 사상을 공부하며 독자적인 통찰에 이르러 이를 바탕으로 여러 저술과 주석서를 남겼다. 그는 『반야경(般若經)』의 가르침을 기본으로 하여 공사상을 철학적으로 밝히게 되었고, 이 공사상은 대승불교의 중요한 사상적 기초가 되었다.

그가 가르친 공사상은 만법의 실체성을 일거에 부정하는 지극히 효과적인 통찰이었다. 즉 복잡하고 다양한 모든 이론 혹은 설명을 일거에 완전하게 끝마칠 수 있게 해주었던 것이다. 그러한 의미에서 이러한 용수의 가르침은 이성적으로 아주 적절하게 붓다가 설한 연기법에 부응[집착(執着)에 수반된 고(苦) 제거의 성공적 수단]한 것으로 볼 수 있다. 그러나 이러한 공사상은 그 깊은 철학적 의미를 이해하는 것이 간단하고 쉬운 일은 아니었고 또 한편 연기법의 완벽한 해석은 아니었다. 그리고 붓다는 공이라는 말을 결코 사용하지 않았다는 점을 유념해 보자. 이러한 공사상이라는 깊은 철학적 통찰은 일반 대중이 쉽게 이해할 수 있는 것은 아니었다. 몇 가지 문제점이 제기되었다. 새삼스레 이 문제를 들춰보는 이유는 오늘날도 과거 초기 불교 시대의 사람과 마찬가지로 공사상 이해의 어려움에는 별 차이가 없으며 동일한 문제점이 대두되기 때문이다.

공사상에는 다음과 같은 철학적 논쟁의 역사를 찾을 수 있다. 나가르주나(용수보살)가 공사상(空思想)을 설파한 그의 저작 중론(中論)은 불교철학에서 중요한 텍스트로 여겨진다. 그러나 그의 견해는 불교 내부에서도 다양한 반응을 불러일으켰다. 주요 논쟁점과 이견들은 다음과 같다.

상좌부(테라와다)의 불교 전통에서는 나가르주나의 공사상을 과도하게 극단적이라고 보았다. 그들은 나가르주나가 강조한 '모든 것이 공하다'는 견해가 잘못 해석될 경우 허무주의로 이어질 수 있다고 우려했다. 상좌부의 전통에서는 연기법을 실재로 간주하고, 나가르주나의 공사상에 대한 철학적 해석을 다소 거리를 두고 바라보았다. 유가행파는 나가르주나의 공사상을 받아들이면서도, 그의 극단적인 비실재론(非實在論)을 수정하려고 시도했다. 유가행파는 모든 것이 공하지만, 의식의 작용(예: 심식, 식별의 기능)은 실재성을 가진다고 보았다. 이 관점에서, 나가르주나의 견해가 지나치게 비실재적인 방향으로 기울었다고 지적한다. 나가르주나의 공사상은 불교 외부에서도 철학적 논의의 대상이 되었다. 일부 비불교 철학자들은 그의 '공' 개념이 존재의 실체를 전적으로 부정하는 것으로 이해되면서, 그가 허무주의를 조장한다고 비판했다. 그러나 나가르주나는 자신의 저작에서 공사상을 허무주의와 구별하기 위해, 공은 단순히 '모든 것이 없다'는 의미가 아니라 연기의 필연적 결과임을 강조했다. 중관학파 내부에서도 해석의 차이가 존재했다. 특히, 중관파를 후대에 세분화한 귀류논증파(프라상가)와 독립논증파(스바탄트리카)는 공사상을 다르게 해석했다. 귀류논증파는 나가르주나의 논리를 순수한 귀류법[9]으로만 사용하며, 모든 실재성을 부정했다. 이에 비해 독립논증파는 공사상을 설명하면서 어느 정도의 임시적 실재성을 인정해야 한다고 주장했다. 현대 불교철학에서는 나가르주나의 사상이 양자역학, 상대성 이론 등과 관련하여 논의되며, 공사상의 보편적 적용 가능성을 탐구하는 시도가 이어지고 있다. 이러한 주제에 대해서는 필자의 전작 『깨달음에서 바라본 양자역학』에서 필자 나름 탐색하였으며 관심 있는 분의 일독을 권하고 싶다. 여하튼 허무주의에 대한 우려와 실재에 대한 재해석 문제는 여전히 논쟁의 여지가 있다. 나가르주나의 연기법에 기반한 공사상은 불교철학에서 혁명적인 전환점으로 평가받지만, 그가 제시한 사상에 대해 다양한 관점과 이견이 존재해 왔다. 이러한 논의는 불교 내부에서 철학적 깊이를 더하며, 현대에서도 계속해서 탐구되고 있다.

이러한 불교철학의 역사에 드러난 공사상에 대한 논쟁을 리뷰하기 이전 필자는 용수보살의 공사상을 이해하였다. 상기 내용은 사실상 본서를 쓰기 위해서 자료를 정리하는 중에 발견한 것이다. 과거 공사상을 실제 이해하는 데 필자 나름 체험하고 독자적으로 발견한 어려운 점을 나열하면 다음과 같은 것이었다.

첫째로 모든 가치의 갑작스런 무화(無化)에 따른 공허함과 무상함이었다. 자칫 공허함이 지나쳐 허무주의나 염세에 빠질 수 있는 소지가 있음을 부인하기 어렵다. 이러한 필자의 우려는 상좌부의 견해와 동일한 것임을 확인할 수 있다.

둘째로 공사상이 강조되다 보니 공에 집착하여 소위 '공병'에 걸리는 사람도 나타나게 되리라는 것이었다. 진리에 도달하는 수단으로 공사상이 제시된 것인데 (때를 벗기기 위해 비누가 주어지듯이) 비누 자체를 진리 자체로 오인하여 집착하는 일이 실제 벌어질 수 있다는 것이다. 실제로 그러한 일이 벌어졌기 때문에 중론에 보면 용수보살도 이점을 십분 숙지하고 경계하고 있는 것을 볼 수 있다.

'위대한 성인께서는 갖가지 견해에서 벗어나게 하시려고 空의 진리를 말씀하셨다. 그러나 만일 空이 있다는 견해를 다시 갖는다면 어떤 부처님도 (그런 자는) 교화하지 못하신다.'
[中論 第13 觀行品(9偈) 行에 대한 관찰]

셋째로 중생의 눈으로 바라볼 때 지금 현시적으로 실체적으로 느껴지는 만물(諸法)에 대하여 공이라는 말이 적용된다는 사실이 감각적으로 받아들여지기 어렵다는 점이다. 이 부분은 지성적 논의의 극한에서 깨쳐야 할 사안이다. 이것은 기실 진정한 공사상을 깨치기 위해서 반드시 넘어야 할 산과 같은 것인데 이에 대한 논의 기록은 상기 리뷰에서는 찾아볼 수 없다. 독자들의 이해를 돕기 위해서 필자의 깨침을 공유하기로 하겠다. 공사상을 이해하기 위해서 필자는 수학의 극한의 개념을 의존하지 않을 수 없었다. 수학의 함수의 극한에서 분모가 무한대로 갈 때 분자로서의 대상은 공(0)에 수렴하게 된다는 간단한 내용이다. 사실상 용수보살의 공사상에는 이러한 수학적 함수계산의 철학적 함의가 내재되어 있는 것이다. 부연 설명하면 만법의 실체성에 대해서 무한대로 극미세 부분까지 쪼개어 들어가면 우리가 어떠한 것이라고 이름 붙였던 것의 고유성이나 실체적 특질은 보이지 않고 궁극적 미립자나 에너지 혹은 파동으로 변하여 없는 것과 사실상 동일한 경지에 이르게 되는 이치를 용수보살은 공으로 본 것이다.

그러나 그 존재 자체의 존재성이 없어진 것은 아니다. 텅 빈 것처럼 보이나 실상은 다른 형태로 에너지 보존의 법칙에 의해 연속된다. 이 시점에서 허무주의는 당위성이 없으며 끝나게 된다. 그러므로 공이라는 말을 명사형으로 쓰면 단멸(斷滅)에 빠진다. 그러므로 공(空)보다 공성(空性)이라는 말이 더 실상에 가까운 표현이라고 볼 수 있다. 그러나 불교 논서에서조차 공과 공성이 혼용되고 있다. 여하튼 이러한 형이상학적 공사상은 일체법을 무화시킨다. 그럼에도 불구하고 다만 한 가지 무화되지 않는 것은 '무한대로 갈 때'라는 말에 드러나는 보이지 않는 역동성이다. 이 역동성은 연속성의 틀 혹은 연속과 같은 것으로 이는 곧 성품(불성)이다. 공을 올바로 깨쳤다면 공이 단순히 무(無)로 오해될 수 없다는 것은 불문가지(不問可知)이다. 공사상이 단순한 무(無)가 아니라 만물의 본질적 비실체성을 드러냄과 함께 이를 가능케 하는 역동적이고 구조적인 틀의 의미를 내재하고 있다. 그러므로 제법에 대해서 공성에 따른 무가치성을 알아채면서 변화와 연속을 관조하여 부동심에 이르게 되는 것이다.

이 문제에 대해서 필자의 고심은 연기법의 이해에 있어 공이라는 용수보살의 어려운 표현을 지양하고 보다 일상적이고 쉬우면서도 바람직한 표현에 대한 것이었다. 즉 부처님의 연기법을 용수의 공사상에 부수되는 문제점이 배제된 '보다 더 합당한 표현은 무엇일까?'에 대한 것이다. 이것에서부터 필자의 외람된 사유의 시작이었다. 임제선사[10]는 살불살조를 외치지 않았던가? 공에서 잘 드러나지 않는 역동성과 변화의 의미를 잃지 않으면서도 공사상의 부정적 측면을 완화할 수 있고 만법의 무상(無常)과 무아(無我)를 설명하는 데 있어서, '공'의 개념보다 일상적이고 세속적인 맥락에서 직관적이고 이해하기 쉬운 표현을 생각하게 되었다. 공의 철학적 깊이를 유지하면서도, 대중적 접근성을 높일 수 있는 표현은 무엇일까? 고심 끝에 드디어 한 가지 표현이 떠올랐다. 그것은 **연속**이라는 표현이었다. 인과성의 표현에서는 다소 부족한 면이 있지만 연기와 의미상 거의 동일하며 역동성의 의미가 포함되며 공사상을 대치해서 사용하기에 큰 손색이 없다는 결론에 다다르게 되었다.

연속은 궁극적 영역으로 그 역동성의 측면에서 무시무종이다. 진여법계의 쉬운 표현이다. **공사상이 연기의 형이상학적 표현이라면 지금 여기서 제시한 연속은 연기의 세속제적 표현[11]이다.** 물론 필자가 주장하는 연속은 계속(繼續) 혹은 지속(持續)과는 다르다. **반드시 인과(因果)와 변화(變化)가 함의된 연속(連續, series)을 의미하는 것이다.** 공 대신 연속이라는 표현이 처음부터 사용되되 그 무가치성이 겸하여 설해졌다면 상기의 3가지 문제점은 일어나지 않았을 것이다. 연속이라는 표현은 공에 따르는 충격적인 깨달음의 힘이 약화되어 가치성 무화(無化)라는 공(zero)의 의미는 잘 드러나지 않는 단점이 있다. 그러나 연기에 수반되는 무가치성을 제외하고 **하나 임(oneness), 일체성(interbeing), 평등성(平等性), 연대성(連帶性), 의타기성(依他起性)**을 설명하기에는 더할 나위 없이 적합하다. 이 부분들은 공이라는 표현에서는 잘 드러나지 않는다. 오히려 이런 점에서 연속이라는 표현이 공이라는 표현보다 훨씬 유리한 입장이다. 공사상은 일견 가치성 무화에 주로 특화된 것으로 볼 수밖에 없다. 즉 **공사상의 궁극적 효용은 제법의 무가치성 확증으로 보이기 때문이다.** 즉 붓다의 연기법은 물론 공사상의 무실체성에 따른 무가치성이다. 그러나 여기가 끝이 아니다. 여기에 덧붙여 연속성이 설해져야 한다. 제법의 무실체성(무가치성)과 함께 **연속성(하나 됨, 일체성, 평등성, 연대성)**을 동시에 깨달을 때 집착을 벗어날 수 있는 진정한 반야에 도달할 수 있는 것이라고 필자는 믿는다. 이러한 의미에서 연기의 해석에 있어서 '공성'과 '연속'은 상호 보완적인 관계에 있다고 볼 수 있다. 본서를 읽어가다 보면 단순히 공사상 대신 연속이라는 표현을 대치함으로써 현실적으로 수많은 유익한 통찰을 얻게 됨을 목도하게 될 것이다. 연기법에 대한 대중의 이해와 접근의 용이성은 두말할 나위도 없다. 여기서 공사상에서 연속사상으로의 용어이행을 살펴보자.

2. 연속의 의미 탐구(One in All, All in One)

필자가 연속의 표현을 중시하는 이유는 홍익인간 사상에 불교철학의 공사상이 내재되었음을 간파였기 때문이다. 붓다의 연기법이나 용수보살의 공성은 동이족 환국의 홍익인간 사상 이후 수십 세기가 흐른 뒤에 나온 것이다. 그럼에도 불구하고 필자는 태일인간[12](홍익인간), 붓다, 그리스도는 천상천하 신의 경지에까지 이른 온전한 인간으로서 의미상 큰 차이가 없다는 것을 발견하였다. 이러한 이유로 불교와 예수의 가르침은 환국 신교사관의 홍익인간 사상에 맥이 닿아있음을 통찰한 것이다. 이러한 통찰과 관점에서 전작인 『유월절과 연기법』을 출간한 바 있다. 책을 쓰는 가운데 자연히 홍익인간의 의미 추적에 천착(穿鑿)하게 되었고 불가의 승의제적 공성의 요소가 홍익인간 사상을 뒷받침 하지 않았다면 홍익인간의 철학적 기반은 취약하여 그 사상이 결코 오늘날의 한민족 우리의 피 속에 이어져 내려올 수 없었을 것이라고 추정하게 되었다. 그러나 홍익인간의 세밀한 철학적 가르침이 논서나 경전으로 명시된 것이 아니다. 더구나 앞에서 밝힌 것처럼 연기법이자 공사상은 홍익인간 이후 수십 세기 후대에 출현하기 때문에 어떤 불가의 공성에 대한 명시적 근거를 찾거나 기대할 수 없는 노릇이었다. 홍익인간 사상의 출현은 역사적으로 공사상의 출현하기 훨씬 이전이다. 필자는 홍익인간에 공사상이 내재되어 있음을 간파하였지만 되도록 홍익인간 사상을 공사상에 입각한 해석을 지양(止揚)하고 새로운 관점에서 파악하는 것이 좋을 것으로 생각하였다. 그러면 '무엇이 홍익인간 사상의 기반이었을까?'에 주목하게 되었다. 그것의 발견은 너무나 간단한 일이었다. 그것은 바로 그 시대의 경전인 『천부경』[13]이었다. 더구나 이 경전 외에 알려진 것은 없었다. 결국 『천부경』에서 발견되는 역동성은 홍익인간 사상의 세속제적 실천의 강력한 기반으로 작용하고 있음을 통찰하게 되었다. 우주의 이치로서 공평무사(公平無私)한 『천부경』은 자연 혹은 만상이 통섭된 전일적 입장(연속)에서의 지침으로 개인적 욕심이나 사욕이 애초부터 배제된(공성) 역동성(가능성)에 기초하고 있다. 이는 공성의 발견 이전 홍익인간 사상의 철학적 기반이었으며, **연속(連續)적 상호 공존(共存, 依存, interbeing)**에 닿아있음을 통찰할 수 있었다.

사실상 붓다 가르침의 계보를 잇는 용수의 공사상은 그 출발이 붓다라는 한 인간의 개인적인 고(苦)의 해탈로부터 비롯되었다고 볼 수 있다. 공사상은 붓다라는 **한 개인으로부터 출발**하여 무가치성의 납득(공성)을 거친 연후에 온 중생의 해탈을 도모한다는 사실에 주목한다.

이에 비해 홍익인간 사상은 개인적인 출발이 아니라 전 인류를 포함한 **전 우주의 통섭된 연속적 상호 공존의 입장에서부터 출발**하기 때문에 그 철학 사상의 기점이 그 규모 면에서 천양지차(天壤之差)로 다르다. 전체 중의 하나라는 것은 자세히 살펴보면 개별적 공성의 밑받침 위에서 출발할 수밖에 없다는 것이다. 왜냐하면 개별적 공성보다 개별적 독립성이 강조된다면 전체로서의 하나는 성립될 수 없는 것이기 때문이다. 또한 연속의 입장은 그 전체로서의 하나이기 때문에 그 통일성을 유지하기 위해 이미 강력한 에너지의 역동성을 전제하지 않으면 그 철학 사상은 성립될 수 없는 것이다.

역동성과 공성은 필수불가결한 요소로서 연속 안에 이미 내재되어 있다. 이러한 관점에서 『천부경』은 연속에서 공사상이 발생되기 이전에(즉 공사상 없이) 그 역할을 대신하기에 충분하고도 남았다는 통찰에 이르게 되었다. 연속 자체에 공성과 역동성이 내재되어 있는 것이다. 처음부터 전체의 하나(**연속, one in all**)라는 인식은 전체에 조화되지 않은 독립적 하나는 생존하기 어렵고 도태될 수밖에 없다는 철학적 기반을 깔고 있는 것이다. 개별적 욕심은 전체로서의 하나라는 통찰에 이르는 과정에서 저절로 공성의 필터를 거치게 되는 것이다. 개별적 이익이나 존속과 함께 전체와 공익의 가치가 고려되지 않을 수 없는 구조다. 마치 우리 몸의 각 장기가 자신만의 권리를 주장한다면 몸 전체의 원만한 조화를 달성할 수 없는 것과 동일한 이치다. 각 장기의 권익과 특이성이 보장되지만 몸 전체의 유지와 생존에 위배되는 것은 배제되지(공성) 않으면 안 되는 것이다. 그러므로 건강한 한 몸의 각 장기(**연속, all in one**)는 이미 공성의 필터를 거친 셈이다. 의학적 비유로 설명한다면 전체에 조화되지 않는 하나의 악성 종양 세포는 전체 세포 중의 하나라는 인식을 벗어나서 전체와는 다른 자신만의 독립된 정체성을 주장하는 속성을 지닌다. 그 결과는 자신의 숙주인 몸 전체를 파괴할 뿐 아니라 숙주 파괴의 결과 자신도 결국 파괴된다. 전일적 측면에서 한 국가(**one in all**)가 산유국같이 석유가 많이 생산되어 부자 나라가 되면 그 나라의 백성은 모두(**all in one**) 부유해지는 것과 같다. 연속의 메커니즘(mechanism)에서 널리 인간(세상)을 이롭게(만족하게) 하는 홍익인간의 철학적 핵심을 이끌어 낼 수 있게 되었다. 또한 연속의 의미에는 개인적 혹은 사적인 이익 혹은 공적(功

續)에 앞서 전체의 일원으로서의 의식이 강하기 때문에 전체 중 하나로서의 의식이 강할수록 개인적인 성공의 원인을 항상 전체의 덕분으로 돌리는 한민족의 문화를 낳았다. 올림픽이나 세계대회에서 우승 소감을 묻는 기자의 인터뷰에서 한국 선수들 대부분이 주위에서 도와준 덕분이라고 하는 소리를 들어보았을 것이다. (우승 선수의 소감). 멸사봉공(滅私奉公)과 살신성인(殺身成仁)도 이러한 연속의 상호 공존의 배경이 깔려있다고 볼 수 있다. 그러한 의미에서 필자는 홍익인간의 철학적 배경의 키워드로 『천부경』에 드러난 역동성을 적실하게 드러내는 '하나 임'의 연속이라는 표현에 주목하는 것이며 이것이 종족적 범위로 한정될 때는 한(동이)민족의 역사에서 보듯이 압제 세력에 대한 민족적 연대성을 강하게 드러내며 안중근 열사, 윤봉길 의사 등등 무수한 우국(憂國), 애국지사를 배출하게 되는 것이다. 임진왜란의 이순신 같은 장군이 자기 나라에는 왜 없는가 하며 통탄하는 외국인의 글을 읽어본 적이 있는데 동이족은 연대(연속)적 공동체가 위난을 당하면, 전체가 하나 되어 행주산성의 전투, 안시성 전투에서의 당나라에 대한 항전, 을지문덕의 살수대첩, 강감찬의 귀주대첩이나 3.1 운동 등에서 보듯이 거대세력에 대한 범민족적 항전이 시대를 불문하고 자연스럽게 드러나는 것이고 이들 모두는 **자발적**이라는 특징을 갖는다. 이것들에 대한 상세한 논의는 따로 뒤에서 논의될 것이다. 개개 인간 각자가 우주의 주인, 국가와 집단의 주인으로서의 **강한 주체의식**을 갖고 있는 것이다. 이렇게 강한 연대적 주인의식은 **기(氣)가 드센 민족**으로 드러난다. 어느 외국인 기자가 한국인은 그 어떤 강국 사람이라도 맞서게 될 경우 손톱에 낀 때만큼도 여기지 않는다는 분석을 내놓는 것을 본 적이 있다. 전 세계에서 기가 가장 센 민족이라는 것이다. 아무리 힘센 강자에게도 기(氣)가 전혀 꺾이지 않는다는 것이다. 한민족이 천손(天孫)의 후예란 말은 우주의 주인으로서 온 우주를 품고도 남는 막강한 주체성을 자각하고 사는 민족이라는 뜻이다. 불의(不義)한 강자일수록 속에서부터 피 끓는 항전(抗戰) 의지를 드러내는 한민족의 민족성은 압제적인 강국(强國)의 외국인에 대해서 태생적 전투 민족답게 '어느 나라 놈' 자를 붙이고 약한 나라 외국인에게는 전일적 하나라는 개념으로 돌아와 '어느 나라 **사람**'이라고 부르는 것이 일반화되어 있다. 약자에게는 관용을 베풀고 강자에게는 전혀 기죽지 않는다. 그래서 외국인으로부터 타고난 전투민족이라는 소리를 듣는 것이다. 우주를 마음 하나에 담고 품으려면 그 기가 얼마나 막강해야 하겠는가?

3. 법성게(화엄사상)에 내재된 연속의 '하나 임'

상기의 통찰에 이르렀지만 이를 화엄사상에서 다시 한번 숙고하기 위해 법성게를 펼치게 되었다. 홍익인간에 내재된 '하나 임'의 철학적 의미는 대승불교에 아주 훌륭하고 정확하게 연기에 기반하여 서술된 것은 주지의 사실이다. 그러나 필자가 주장하는 상호 공존의 '하나 임'은 **연기(緣起)**가 아니라 **연속(連續)**으로 풀었기 때문에 어떠한 오류나 차이점이 드러나는지 살펴보고 싶었다.

― **법성게(法性偈)**[14]

일중일체다즉일(一中一切多卽一):
하나 속에 모든 것이 있고 모든 것 속에 하나가 있으며
일즉일체다즉일(一卽一切多卽一):

하나 그대로 모든 것이며 모든 것 그대로 하나다

일미진중함시방(一微塵中含十方):

한 티끌 속에 시방을 머금고

일체진중역여시(一切塵中亦如是):

모든 티끌마다 또한 그러해

상기 경구는 다수가 '하나 임'을 잘 드러낸 경구라고 생각된다. 앞에서 예시된 것처럼 마치 수많은 세포가 살아서 하나의 장기를 이루어 합목적적으로 특정 기능을 수행하는 것에 비유할 수 있다. 여기서 '하나 임'을 설명할 수 있는 말로 '연대', '결속', '공동체성' 등 다양한 말이 있으나 전통적인 불교의 해석으로 '연기'가 있으며 이 말을 '연속'으로 바꾸어서 설명하여도 부족함이 없다고 생각한다.

'하나 임'을 철학적으로 '연속'(continuity)이라는 개념으로 설명하는 것은 존재와 상호 작용을 바라보는 독특한 관점을 제공한다. 특히, 법성게의 구절에서 드러나는 '일중일체다즉일'과 같은 표현은 전체와 부분, 다수와 단일체가 끊임없이 서로 연관되어 있다는 연기법의 통찰을 잘 보여준다. '연속'은 각각의 개체가 독립적으로 존재하는 것이 아니라, 다른 모든 존재와 상호 의존적으로 연결되어 있음을 의미한다. 이는 다음과 같은 측면에서 이해될 수 있다. 연속은 고정된 실체가 아닌, 시간과 공간을 초월하여 끝없이 흐르는 과정으로 존재를 본다. '일미진중함시방'은 한 개의 티끌 안에 시방세계가 들어있음을 나타내며, 모든 존재는 무한히 연계된 흐름에 놓여있음을 잘 보여준다. 개별적인 존재(부분)는 전체 속에서만 그 의미를 갖는다. 이는 마치 신체의 세포가 전체 생명체의 기능을 구성하고 유지하는 것과 같다. '일체진중역여시'는 모든 것이 서로 동일한 방식으로 작용하며 전체를 구성한다고 설명한다. 불교의 연기법은 모든 현상이 독립적으로 존재하는 것이 아니라, 원인과 조건에 의해 일어난다고 설명한다. 이를 '연속'이라는 개념으로 확장하면 다음과 같이 해석할 수 있다. 연속은 특정 사건이나 존재가 그 이전과 이후의 사건 또는 존재와 단절되지 않고 유기적으로 연결되어 있음을 강조할 뿐 아니라 이 관점에서 하나의 존재는 과거의 원인과 미래의 결과 사이에서 항상 지속적으로 변화하고 연결된다. **연기가 이웃하는 관계의 관점에서의 설명이라면 연속은 전체를 거시적으로 전일적 관점에서의 표현임을 극명히 알 수 있다. 왜냐하면 연기는 상호관계의 최소 단위이며 그 확장은 결국 '연속'이자 '하나 임'이라는 결론에 도달하게 하기 때문이다.** 물론 연속은 개체가 다른 개체와의 관계 속에서만 의미를 가질 수 있음을 보여준다. 그러나 '하나 임'은 단순히 동일성이 아니라, 다양한 존재가 상호 작용하며 함께 존재의 본질을 형성한다는 연속의 의미를 담고 있다. 연기는 관념적 용어이지만 연속은 실생활에서 부딪치는 구체적 용어로 그 범위가 광범위한 것임을 알 수 있다. 즉 현대철학과 과학에서도 '연속'의 개념은 광범위하게 적용된다. 생태계의 모든 구성원은 상호 의존적으로 연결되어 하나의 거대한 유기체를 형성한다. 공동체의 구성원들은 각각의 개별적 특성을 가지면서도 서로에게 영향을 미친다. 이러한 상호 작용이 사회를 형성하고 지속시키는 연속성을 만들어 낸다. '하나 임'을 '연속'으로 설명하는 것은 존재의 본질이 단일성과 다양성, 고정성과 변화의 통합적 관계에 있다는 사실을 잘 드러낸다. 이 관점은 개별성과 전체성, 차이와 통합을 조화롭게 바라보며, 모든 존재가 끝없는 연결 속에서 함께 존재한다는 통찰을 제공한다. 이는 특히 불교철학이나 동양 사상에서 중요한 개념 중 하나인 '연기법'과 긴밀히 연결될 수 있음을 알 수 있다. 따라서 '하나 임'의 개념은 단순히 물리적 또는 형상적으로 하나로 모이는 것이 아니라, 본질적으로 서로 연결되고 의존하는 존재들 간의 깊은 관계를 나타낸다. 이는 모든 존재가 서로에게 영향을 주고받는 연속적인 관계 속에서 이해될 수 있다.

'연속'이라는 용어로 '하나 임'을 설명할 때, 우리는 여러 개체가 시간과 공간을 넘어 지속적으로 연결되어 있는 상태를 상상할 수 있다. 예를 들어, 여러 개의 점들이 선으로 이어지면 하나의 연속체를 형성하게 된다. 이 연속체는 구성 요소가 서로 분리되거나 독립적으로 존재할 수 없으며, 오히려 각 점이 다른 점과의 관계를 통해 존재감을 가지는 것을 의미한다. 이러한 연속성이 강조되는 것은 철학적 상호 연결성을 더욱 부각시킨다. 즉 '하나 임'을 '연속'으로 보는 것은 각 개체가 독립적인 존재가 아니라 서로를 통해 정의되고, 이는 공동체, 사회, 혹은 우주적 관계 속에서의 연속적 흐름과도 관련이 있다. 이러한 관점은 **모든 존재가 지속적으로 상호 작용하고, 그 상호 작용을 통해 살아있다는 인식**을 보다 생생히 제공한다. 이는 결국 개인의 정체성과 존재 의미가 사회적, 공동체적 맥락 속에서 재확인됨을 의미한다. 따라서 우리는 '하나 임'의 깊이를 '연속'이라는 용어 사용을 통해 보다 풍부하게 탐구할 수 있다.

4. 공사상과 연속성의 재발견
   (무가치성에서 유의미성으로)

― 올바른 무상의 이해

불교의 공사상과 연기법은 모든 존재와 현상이 상호 의존적으로 존재하며 본질적으로 고정된 실체가 없음을 강조한다. 이러한 사유는 개별적 존재가 독립적으로 고유한 가치를 지닌다는 생각을 해체하고, 무가치성을 강조함으로써 집착에서 벗어나 궁극적 해탈을 추구하도록 하는 데 초점이 있다. 이는 개별적 진행이 무가치하거나 비본질적이라는 논리적 기반을 제공한다. 반면, 필자가 강조하는 연속의 개념은 단순한 무가치성의 논리를 넘어, 전체성과 현실적 관점에서 그 유익한 의미를 찾는 방향으로 나아간다. 여기서 유익한 의미추구에 대해서 이것을 또 다른 시각에서의 가치 추구라면 더 이상의 논의는 진행될 수 없다. 그러나 필자는 다음과 같은 결론에 다다르게 되었다. 삶이 존속되는 한 인간은 선택적 행위를 할 수밖에 없는 것이 필연적 조건이다. 그것은 생존 자체가 가치성이나 의미성을 절대로 벗어날 수 없다는 의미이며, 이러한 처지가 모든 살아있는 것의 숙명이라는 것이다. 왜냐하면 유익하든 무익하든 선택 자체가 의미와 가치 추구이기 때문이다. 예를 들어 허무주의나 금욕주의조차도 그것이 철학적으로 의미 있고 가치 있는 것으로 선택하는 자의 자가당착적(自家撞着的) 선택이기 때문이다.

― 선택과 가치 추구는 삶의 숙명이다

필자의 주장은 인간의 삶에서 선택과 가치 추구가 필연적이라는 관점을 기반으로 하고 있으며, 이를 통해 무의미함조차도 의미와 가치 추구의 연장선상에서 이해할 수 있다는 것이다. 이 주제에 대해 다음과 같은 점들을 생각해 볼 수 있다. 필자의 생각은 인간 존재 자체가 선택을 통해 의미와 가치를 부여한다는 점이다. 이는 인간이 단순히 생존하기 위해 선택할 뿐만 아니라, 생존의 맥락에서 자신이 의미 있다고 여기는 방향으로 삶을 설계하려는 본성을 가지고 있다는 점을 시사한다. 필자는 허무주의나 금욕주의조차도 철학적으로 의미 있고 가치 있는 선택이라고 보는 것이다. 이는 모든 선택이 어떤 형태로든 의미와 가치를 포함하며, 선택 자체가 그 본질에서 벗어날 수 없음을 보여준다. 예를 들어, 허무주의자가 '모든 것은 무의미하다'고 주장하더라도, 그러한 주장 자체가 어떤 의미와 가치를 담고 있음을 부정할 수 없는 것이다.

필자의 연속의 개념은 단순한 무가치성의 논리를 넘어, 전체성과 현실적 관점에서 유익한 의미를 찾는 방향으로 나아간다는 것이다. 이는 삶의 본질적인 속성을 탐구하는 데 큰 의미가 있다. 인간의 선택은 필연적인 조건이고 이 자체가 의미와 가치 추구의 행동이라고 생각한다. 우리가 선택하는 행위가 유익하든 무익하든 간에, 그것은 결국 우리의 가치체계와 세계관에 밑바탕을 두고 있는 것이다. 특히 허무주의나 금욕주의와 같은 철학적 입장도, 그 자체로는 자가당착적 선택이지만, 그것을 따르는 존재에게는 깊은 의미와 가치를 제공할 수 있다. 이는 선택 자체가 그 사람의 신념이나 가치관을 형성하는 데 중요한 역할을 한다는 점에서 중요하다. 결국, 삶은 지속적인 선택의 연속이며, 이러한 선택이 명시적이든 암묵적이든 간에 의미와 가치를 추구하는 과정이라는 것이다. 이는 인간 삶의 복잡성과 다양성을 포용하는 한편, 생존의 본질적인 필요성에 대해 다시 한번 상기시킨다. 선택의 결과에 따라 우리가 만들어 가는 삶의 의미는 각자의 경험과 가치관에 따라 다르게 해석될 수 있지만, 모든 선택이 결국 우리 존재의 뿌리가 된다. 따라서 필자의 주장이 주는 메시지는 삶의 선택들이 무의미한 것이 아님을 이해하는 데 도움을 주며, 우리가 우리 삶 속에서 선택의 의미를 냉철하게 되짚어 보는 것이 중요하다는 것을 일깨워 준다.

여기까지 연기(공사상)의 진정한 이해는 허무나 무가치가 무의미가 결코 아니며 연속에 기반한 전일적 '하나 임'의 깊은 철학적 의미 탐구를 촉구하고 있음을 알 수 있다. 개별적이고 사적인 가치가 아니라 '하나 임'의 관점에서 가치나 의미를 보아야 한다. 예수나 붓다의 인류를 위한 헌신적인 노력과 홍익인간의 철학은 종족과 종교와 철학을 떠나 이러한 '하나 임'의 가치체계 안에서의 모습을 보여주는 것이다. 필자의 연속 개념은 특정 존재나 사건이 비록 독립된 실체성을 지니지 않더라도, 그 연속성과 상호 연결성을 통해 새로운 의미와 가치를 창출한다는 점을 강조하는 것이다. 불교에서 무가치는 개별적인 집착으로부터 벗어나기 위한 방편이라면, 필자의 연속은 무가치한 것에서 의미를 새롭게 발견해 내는 창조적이고 실천적인 접근으로 읽을 수 있다. 붓다의 깨달음 이후 그가 보인 붓다의 중생제도에 보인 그의 헌신적 노력이 바로 그것을 보여주는 것이다. 연기법이 단순히 무상과 공을 깨닫는 데 그치는 것이 아니라, 상호 연결된 존재들이 새로운 의미와 가치를 형성한다는 관점에서, 필자의 연속 개념은 연기법의 보다 적극적이고 현실적인 응용으로 볼 수 있다. 불교는 궁극적 깨달음에 초점을 맞추지만, 필자의 전일적 접근은 현세적 삶과 인간 사회의 연속성 속에서 그 가치를 발견하려는 시도이다. 이는 불교의 중도(中道)와도 연결될 수 있는데, 궁극적 해탈과 현실적 삶 사이에서 균형을 추구하려는 것이다. 필자의 관점은 불교의 공사상과 연기법의 근본적 통찰을 바탕으로 하되, 그것을 보다 현실적이고 실천적인 삶의 연속성과 전일적 의미를 강조하는 방향으로 확장했다고 볼 수 있을 것이다. 이러한 해석은 불교적 사유의 현대적 적용과 통합적 이해를 위한 새로운 길을 제시할 수 있다고 생각한다.

연기법을 통해 모든 것이 인연에 의해 발생하고 사라진다는 것을 이해하게 되면, 이는 끊임없는 변화와 무상 속에서도 연관성을 발견할 수 있는 기초적 원리가 된다. 불교의 공사상은 종종 존재의 개별적이고 고정된 실체를 부정하고, 궁극적으로 모든 것이 상호 연결되어 있다는 점을 부각한다. 그래서 불교의 교리에서 제법무아(諸法無我)와 제행무상(諸行無常) 같은 개념이 중요한데, 이는 곧 모든 존재는 고정된 실체를 가지지 않으며, 순간순간 변화하고 있다는 것을 나타낸다. 이처럼 개인의 존재가 독립적이지 않다는 것을 깨닫게 되면, 우리는 집착을 줄이고 궁극적으로 괴로움을 넘어서 평화로운 마음 상태로 나아갈 수 있다. 그러나 불가의 주된 가르침은 이 깨침 이전에 모아져 있고 깨침 이후의 삶에 대한 지침은 별로 발견되지 않는다. 이러한 의미에서 필자의 연속에 기반한 '하나 임'의 입장은, 이러한 연기법의 원리를 통해 새로운 시각에서 현실적인 유익함을 발견하고 활용할 수 있다는 논지를 펼치기 위함이다. 특히 연기법을 통한 관점의 전환은, 개인의 삶뿐만 아니라 사회적인 구조나 관계망 내에서의 상호 작용에서도 중요한 통찰을 제공한다. 각 개체가 고립된 존재가 아닌, 서로에게 의존하고 있음을 인식하게 될 때, 우리는 더 광범위한 맥락 안에서의 소통과 이해를 도모할 수 있는 것이다. 더 나아가, 필자의 관점은 현대 사회에서 발생하는 다양한 문제들을 해결하기 위한 실천적인 접근법으로도 이어질 수 있다. 예를 들어, 사회의 개개인과 집단이 '하나 임'의 관점은 개인의 행동이 사회에 미치는 영향을 깊이 이해하게 함으로써, 보다 나은 상호 작용과 협력을 이끌어 낼 수 있는 가능성을 제공한다.

존재의 상호 의존성과 무상의 올바른 이해를 위해 연기를 연속으로 대치하여 그 용어를 사용할 때 본질을 보다 쉽게 이해할 수 있게 해준다. **결국 공사상은 모든 존재가 실체가 없고, 오히려 서로의 '하나 임'의 관계 속에서 의미와 가치가 형성된다는 점을 강조하는 것이다.**

이러한 관점은 연기법, 즉 모든 현상은 인연과 조건에 따라 발생하고 사라진다는 이치와 깊은 연관이 있다.

5. 연속의 의미 대치에 따른 결과

'공'은 말 그대로 '비어있음'을 뜻한다. 이는 단순히 '없음'이 아니라 앞에서 논의한 바와 같이 '실체성이 없음'을 말하며 공보다는 공성이라는 말이 보다 나은 표현이라고 지적한 바 있다. 분별되는 모든 현상은 고정불변의 실체가 없다는 의미로 '공(空)'하다는 것이다. 즉 이 세계의 만물은 고정불변의 실체가 없으며 상호 의존하여 존재하는 '공(空)'한 것이라는 관점이다. 여기서 **공**이라는 표현 대신 **연속**이라는 표현으로 대치해보자. 이와 같이 표현 하나를 대치함으로써 쉽게 도출되는 의미는 다음과 같다.

연속(공사상)에서 파악되는 의미는 **상호 의존**한다는 인식으로 타자와 공존(interbeing)하는 **평등성**이 도출되며 또한 독단적 이기심에서 벗어나게 해줌을 알 수 있다. 여기서 더 나아가 지금 여기의 현실은 물론 통시적 내지 공간적으로 **시·공을 초월한 상호 연대의식 혹은 공동체적 연속성의 자각**이 뒤따르게 된다. 그 연속의 범위는 단지 인간 사이의 관계나 특정한 민족이나 집단에 국한된 것이 아니다. 인간은 말할 것도 없고 하늘과 땅과 신 등 자신 스스로 설정한 모든 것이 상호 의존 내지 공존하는 시공을 초월한 **거대한 하나('하나 임')로 연속(통섭)**되는 것이다. 이 통섭 일통의 환희와 그 통쾌함은 그것을 맛본 자만이 알 수 있다! 우주(空間)와 역사(時間)가 바로 내 마음 안에 들어오게 되는 것이다. 일통의 환희에 대해서는 앞으로 10장 떼창과 BTS에서 좀 더 다룰 예정이다. 한국의 위대한 선사들 중 경허(鏡虛, 허공을 비추는 거울) 선사, 탄허(呑虛, 허공을 삼킨다) 선사와 만공(滿空, 허공에 가득하다) 선사의 명호가 떠오른다. 공사상을 연속으로 대치하여 바라볼 때 공사상의 이해가 훨씬 용이해짐을 확인하게 된다. 바로 공사상의 **상호 의존성, 평등성, 일체성, 공동체성, 연대성**의 이해가 그것이다. 이러한 이해를 가지고 다음 글을 살펴보자.

> 사람은 완전한 능력을 가진 존재이다. 사람은 하느님의 형상을 가지고 태어났다고 말해질 정도이다. 사람은 무생물의 요소와 식물의 요소, 그리고 동물의 요소를 최고의 상태에서 모두 가지고 있는 종합적인 존재이다. 그래서 무생물과 동식물들이 가지고 있는 이 모든 능력을 가지고 있다.[15]

상기의 인용문은 연기(공사상)의 함의가 고스란히 적시되어 있다. 그런데 이를 연속이라는 키워드로 보면 그 의미 파악이 보다 용이해진다.

환국의 태일인간(홍익인간) 사상은 인간이 천(天)·지(地)·인(人) 삼재(三才)가 통섭된 존재임을 밝히고 있다〔**천부경(人中天地一)**〕. 이러한 종교철학이 붓다나 예수 훨씬 이전에 완성되어 있었던 것이다. 후일 등장하는 붓다나 그리스도 개념에도 전 법계 일통의 하나라는 개념이 확인되지만 우리 조상들은 일찍이 모든 인간이 그 법계의 가장 큰 주인공 태일인간(홍익인간)으로서 파악하였고(天地之間 萬物之中 惟人最貴-童蒙先習), 이는 인간의 위대성을 간파한 것이었다. 다시 말해 상기 인용문에서 평등성, 상호 연대의식, 공동체적 연속성, 일체를 아우르는 연속 중의 하나, 태일인간(홍익인간) 사상을 볼 수 있다. 우리 각자는 **우주 법계의 주인공으로서 일체를 아우르는 연속성의 하나로 자각한 주체적 존재임**을 깨달았던 것이다. 연속이라는 표현의 이해를 바탕으로 우리는 홍익인간과 재세이화의 철학적 배경을 보다 선명하게 이해하게 된 것이다.

우리는 홍익인간이 이러한 연속(공)을 자각한 주체적 인간으로서 오늘날 우리 한국인의 잠재의식적 뿌리라는 것을 재발견하고 재확인시켜야 한다. 향후 글의 전개에서 보면 이러한 잠재의식의 사상적 유전인자(DNA)는 이미 한민족의 피 속에 수천 년 전부터 각인되어왔음을 깨닫게 될 것이다. 우리는 현재를 살아가면서 어떠한 위급한 상황에 처하면 시간과 장소를 불문하고 불쑥불쑥 자신도 모르게 집단적 연대적 성향이 드러나곤 한다. 여러분은 일본 지하철에서 취객을 구하다 사망한 한국인 이수현 씨[16]를 기억할 것이다. 그는 한국인이다. 위급한 상황에서 이수현 씨에게는 구하려던 사람이 어느 나라 사람이라는 의식은 없었다. 모든 구분과 단절을 떠나 너와 나가 동류의 한 인간이라는 연대적 존재로 인식한 것이 틀림없다(**너와 나는 둘이 아니다(不二). 우리가 남인가?**). 선 긋기를 좋아하는 일본인들은 이해하기 어려운 사건이었다. 당시 일본은 이를 충격으로 받아들였다고 한다. 이 사건은 한국인들에게 너무나 쉽게 이해하고 공감할 수 있는 것이었다. 이는 일본인의 연대적 집단 이기주의에 기반한 가미가제특공대 등에서 보이는 조국을 위해 죽음을 불사하는 행위와는 그 철학적 바탕이 근본적으로 다르다. 이수현 씨의 살신성인은 온 인류의 평등성에 입각한 온 세상을 이롭게 하려는 홍익인간이라는 고준한 (종교)철학적 사상에 뿌리를 두고 있는 연대성에서 나온 주체적 행동이다. 타자를 공격하여 타자를 제거함으로써 특정 집단의 이익을 쟁취하도록 세뇌된 연대성의 발로와는 시작부터 전혀 다른 기초 위에 서있다. 일본인의 집단의식과 중국인의 집단의식에 대해서는 뒤에서 좀 더 깊이 다룰 예정이다.

그러나 한국인 대부분 스스로 그러한 잠재의식적 성향을 자각하지 못하고 있다. 더구나 외국인들의 눈에는 더욱 이상한 특성의 민족으로 보일 것이며, 우리는 그들에게 우리 자신들의 행동방식이나 사고방식에 대한 정확한 해명조차 못 하고 있는 실정이다. 우리는 우리 자신의 잠재의식적이고 내재적인 성향에 대한 아무 자각이 없이 당연한 것으로 여기고 그렇게 살아왔기 때문이다. 우리는 한민족의 잠재의식적 뿌리가 **천손(天孫)으로서 시작된 홍익인간 사상을 의식상으로 끌어내어 확고한 주체적 주인의식을 깨달아야 하고 이를 땅끝까지 파급시켜 지구촌의 영적 리더로서의 역할을 감당해야 한다.**

이러한 담대한 주장은 본서를 읽으면 필자의 주장이 터무니없다거나 국수주의나 '한빠' 혹은 '국뽕'이라고 결코 치부할 수 없을 것이다. 인류의 최초 환국에서의 우리 조상들은 하늘에서 내려온 천손(天孫)이라는 인식하에 홍익인간 재세이화의 사상을 체화시켜 인류 최초 역사의 제1 황금기를 열었음을 역사학자들이 밝힌 바 있다. 물론 서구 학자들이 그 주체가 우리 동이족이라는 것을 지적한 것은 아니다. 그러나 역사적으로 동이족 이외에 여기에 부합하는 민족이나 집단의 유전(遺傳)이나, 흔적, 혹은 유적 등 어느 것도 알려진 것이 없다. 서구의 유태교와 기독교는 인간과 신을 제대로 통섭하지 못하고 그 분리적 세계관으로 말미암아 결국 역사적으로 숱한 갈등을 겪게 하였고 아직까지도 고통받고 있다. 그리고 그 분리(단절)적이고 결정론적 사유체계에서 문화 혹은 경제 발전이나 기술 발전의 한계에 이르게 된 상황에서 서구는 동양의 사상과 문화에 대한 관심이 높아졌으며 특히 미국에서는 정신적으로 불교에 대한 관심이 점증하고 있다. 다른 한편 이러한 시대적 환경에서 인류에게 한류가 확산되면서 대한민국에 대한 문화나, 교육이나, 기술 발전이나, 종교문화에 대해서 관심이 증폭되고 있다. 즉 그 시작은 젊은 사람들이 즐기는 K-pop, K-drama 등이 주요한 기폭제가 되어 K-food, K-beauty, K-culture, K-방산(defense), K-forest, 그리고 K-letter(한글)에까지 그 관심이 파급되고 있다. 서구인들에게서 자신들에게서 잘 보이지 않는 특이함으로서 한민족의 인정(人情) 혹은 편안함 등 표현하기 어렵지만 K-culture 고유의 매력에 끌리고 있는 것이다. 여하튼 우리 동이족(한민족)의 여타 민족과의 대비에서 연대성에 입각한 공동체적 이상인 홍익인간의 면모가 확인되면서 과거 역사적 진실(인류 최초 역사의 제1 황금기)의 강력한 증거가 아니라고 부정할 수 없는 지경에 이르게 되었다. 필자는 우리 한민족의 잠재의식적 감정이나 행동 패턴을 탐구하기 위해 그 심성과 역사를 추적하면서 홍익인간의 면모가 여지없이 드러난다는 사실을 종교철학적 연속의 입장에서 수도 없이 확인하게 되었다. 대부분은 외국인들이 한민족의 특이한 속성이라고 지적하는 부분이 바로 이것들과 연관된 것이다. 이성(理性)의 단절(斷折)적 문화에 익숙한 외국인들은 연속(連續)적 정(情))에 기반한 한류에 대해서 신선하고 알지 못할 매력과 끌림을 느끼는 것이다. 필자는 결국 다음과 같은 결론에 이르렀다.

한류(韓流)는 단절(斷折)의 연속(連續)을 향한 그리움이다.

제2장

단절(현대 문명의 한계와 모순)

이 챕터는 단절과 연속의 대비를 통하여 한민족의 연속에 기반한 철학에 대한 통찰을 깊게 하기 위한 시도로 서술되었다. 이제까지 서구 중심의 문화와 철학은 분리에 기반한 것이라고 볼 수 있다. 이러한 결론은 서구의 철학보다 기저 학문인 수학을 탐구하면서 이르게 된 통찰이었다. 이에 비해 한민족의 역사를 돌아보면 시작부터 연속에 기반하고 있다. 이 점에서 한민족은 시작부터 서구 문명과는 다르며 이점에 대한 깊은 통찰은 향후 지구촌의 나아가야 할 방향에 영감을 줄 것이라고 확신한다.

분리(2분법)에 기반한 서구 문명은 논리를 개발하고 자연을 정복하고 과학을 발전시킴으로써 경제적, 군사적, 물질문명에서 강자로 군림해 왔다. 열강들은 산업을 발전시키고 서로 다투어 식민지를 개척하고 정복하는 제국 시대를 거쳐 이제 과학문명이 크게 발전된 하나의 거대한 지구촌이라는 새로운 문명의 시대로 진입하게 되었다. 그간의 역사가 말해주듯 서구의 분리에 기반한 문명은 두 번의 큰 세계전쟁을 겪었으며 여러 가지 갈등과 고통을 낳았다. 이제 자연 파괴에까지 이르고 그 심각성을 크게 깨달은 서구는 너무 늦게 그 한계를 절감하게 되었다고 생각한다. 이러한 절망적 상황인데도 아직까지 서구는 러시아-우크라이나 전쟁으로 몸살을 앓고 있으며 꼭 같이 2분법의 토대 위에서 건립된 공산세력인 중국이라는 신흥 강자의 위협에 세계는 전전긍긍하며 동서를 막론하고 자국의 안전을 위해 새로운 군비 증강의 시대로 접어들고 있는 실정이다. 분리의 결과는 그 분야를 막론하고 결국 갈등과 전쟁과 파괴라는 종말로 끝을 맺을 것이다. 역사를 깊이 통찰해 보면 역사적 사실은 이것을 너무나 명백히 지시하고 있음에도 서구는 갈등의 철학적 기반이 분리에서 온다는 사실을 깨닫지 못하고 있는가?

이러한 역사적 흐름 가운데 한류 문화의 등장은 서구인들에게 큰 충격과 함께 호기심을 유발하기에 충분하였다. 한국의 한류는 앞으로 하나씩 설명해 나가겠지만 서구인들은 어찌하여 BTS를 위시한 한류에 열광하며 그 흐름이 일시적이 아니라 점점 더 확산하는 이유를 이해하지 못하고 있다. 어찌하여 한류가 이제 세계 문화를 선도하게 되었는가? 수많은 가설과 논리와 지견이 쏟아져 나오는 것은 그 이해가 불충분하다는 증거이고 한류 문명의 주체인 한국인의 잠재의식과 한국인의 정체성을 알지 않고서는 결코 합당한 결론에 이르지 못할 것이라는 사실이다. 나는 이러한 의문에 대한 최종의 올바른 철학적 답변은 분리의 절망적 상황에서 한류라는 연속의 문화에서 희망을 보았고 기쁨을 느끼기 때문이라고 확신한다. 그러한 희망과 기쁨의 한류에 대해 말하기 전에 과거 서구 문명이 걸어온 길을 간략히 조망함으로써 과거의 갈등과 고통의 철학적 배경이 분리에 바탕을 두었기 때문에 초래된 것이라는 사실을 확연히 깨닫게 될 것이다. 서구 문명의 가장 기초가 되는 종교와 과학에 대해서 먼저 살펴보겠다.

1. 인간과 신의 단절

인간의 행동을 결정짓는 가장 중요한 요인으로서 종교를 맨 앞자리에 놓지 않을 수 없다. 종교는 자신의 정체성과 매우 깊게 연관되어 있으며 타인이나 타민족과 구분 짓는 우선적 조건이다. 구분 짓는 것은 분리이며 그렇기 때문에 종교를 먼저 고찰하지 않을 수 없다. 인간과 신의 관계는 다양한 종교와 철학에서 중요한 주제이다. 역사적으로 많은 고대 종교를 비롯한 신념체계에서 신과 인간의 단절을 강조해 왔으며, 이 단절은 종종 종교적 갈등과 고통의 원인이 되었다. 필자의 전작인 『유월절과 연기법』에서 서구의 대표적 종교인 바울의 기독교뿐 아니라 유대교는 신과 인간을 엄격히 분리하는 입장에 있음을 제시하였다. 물론 예수가 전한 복음은 신과 인간의 연속을 깨우치는 데서 시작하나, 죄에 따른 신과의 분리에서 시작하는 바울의 기독교와는 다르다.[17] 고대 문명 이집트나 메소포타미아, 그리스에서 신들이 인간과 중립적이거나 초월적인 존재로 간주되었고, 이는 인간과 신의 단절을 더욱 부각시켰다. 또한 인간과의 분리로 인해 종교적 계층화가 강화되었다. 이는 종교적 계층화와 신비주의를 부추기며, 인간과 신의 단절을 심화시켰다. 유대교 역시 신과 인간의 분리를 강조하면서 외재적 유일신을 강조함으로써 절대적 단절을 경험하게 하였다. 신과 인간의 분리가 초래한 결과로 수많은 전쟁과 갈등이 발생했으며 중세 시대에 십자군 전쟁, 종교 개혁과 같은 사건들은 종교적 단절과 갈등의 대표적인 예이다. 이러한 갈등은 수많은 생명과 사회적 불안을 초래했다. 마땅히 인간을 위해 있어야 하는 종교가 오히려 종교를 위해 인간이 전쟁을 해야 하는 어처구니없는 일들을 겪어야 했다. 이는 신을 따로 세워 인간과 분리를 시도한 결과가 주요 원인이라고 생각한다. 가톨릭은 신과 인간의 분리를 강조하며 사제계급도 더욱 분리하여 세분화 했으며 중세에 종교권력을 쥐고 평신도들과 이방 종교를 박해하였다. 이는 사회적 불안과 폭력을 초래하며, 개인의 내면적 고통을 심화시켰다. 인간의 죄성(罪性)과 신의 심판이라는 관념을 강화하여, 종교적 갈등을 유발하고, 신과의 단절로 인해 인간은 영적인 공허함과 내면의 고통과 삶의 목적 상실을 경험하게 되었던 것이고 결국 인권은 신권에 밀려 대다수의 인간을 종교적 노예 상태로 전락하여 신에 매달리게 만들었다. 물론 서구 이외의 지역에서도 신과 인간의 단절이 있어 왔다. 이슬람교에서는 알라와 인간의 절대적인 단절을 강조하며, 힌두교는 브라흐만과 아트만의 구분을 통해 신과 인간의 분리를 설명하였다. 불교에서도 초기 교리에서 현실 세계와 열반의 단절을 강조하였으나, 후기에 들어서 연속의 개념을 발전시켜 이를 극복하였다. 아직도 이러한 신과 인간을 구분 짓기를 선호하는 사람이 많다. 인간과 신을 분리해 놓고 다시 신을 경외하며 합일하려는 노력을 평생 지속하나 분리를 극복하는 과정 자체가 어리석은 일이며 분리의 결과는 고통이라는 사실을 깊이 통찰하기 바랄 뿐이다. 여기서 일휴선사(一休禪師)[18]의 다음 한마디의 선(禪) 시구(詩句)를 소개하고 싶다.

기나긴 여행 끝에
쉴 곳이 없다면
헤매일 길은
또 어찌 있으리?

연속의 관점에서 애초에 분리 같은 것은 아예 없었다는 사실을 깨닫고 쉴 곳(신)은 따로 있는 저 곳(천국)이 아니라 분리가 없는 바로 이곳이라는 사실을 깨달으면 상기 일휴선사의 시구를 깨닫게 될 것이고 기쁨과 평화를 선물로 얻게 될 것이다.

2. 인간과 자연의 단절

인간의 몸은 자연의 일부이고 자연(땅, 우주)은 모든 곡식을 자라게 하고 길러내는 어머니와 같은 존재이다. 자연은 그 아름다운 모습과 부드러운 사랑의 연속성은 여성의 아름다움과 어머니를 연상시킨다. 이러한 연속에 기반한 한민족의 삼재사상(三才思想)에서 신과 인간과 땅(자연)이 분리되지 않으며 이러한 철학의 유익한 결과는 단적인 하나의 예로 앞으로 논의될 한글 창제의 철학적 원리에서 확연히 발견하게 될 것이다.

이에 반해 서구의 2분법적 분리에 기반한 대립구도는 인간을 자연과 엄격히 구분하였다. 땅을 정복하고 번성하라는 창세기의 언급부터 인류 환경 파괴의 씨앗을 포함하고 있는 것이다. 어머니 같은 땅이 정복의 대상이 될 수 있겠는가? 자연을 정복의 대상으로 파악하는 서구의 분리적 결과는 자연 파괴, 환경 파괴, 지구 온난화로 이어져 급기야는 '탄소중립'이라는 정책에 이르고야 말았다.

서구의 인간과 자연의 분리 사상은 기독교의 창세기에서 비롯된 '땅을 정복하라'는 언명에서 중요한 기원을 찾을 수 있다. 창세기 1:28에서 하나님은 인간에게 땅과 그 안의 모든 생물을 '정복하라'며 인간에게 자연에 대한 우월성과 통제권을 부여했다. 이 구절은 중세와 근대 유럽에서 발전한 인간중심주의와 자연의 도구적 가치 개념의 밑바탕이 되었다. 여기서 인간중심주의는 인간의 삿된 욕심을 충족시키란 말뜻으로 결코 인간의 위대성을 표현한 고상한 철학적 개념이 아니다. 이러한 생각은 이후 서양의 과학혁명과 산업화에 큰 영향을 미치게 된다.

르네 데카르트의 '나는 생각한다, 고로 존재한다'라는 명제도 인간의 이성을 강조하고 자연을 기계적 대상으로 바라보는 세계관을 강화했다. 자연은 이해하고 통제할 수 있는 대상으로 여겨졌고, 이러한 사고방식은 산업혁명과 결합해 자연 자원과 환경을 착취(搾取)하는 기초가 되었다. 산업화 과정에서 자본주의적 경제 시스템은 자연을 무한한 자원으로 간주했으며, 이는 결국 환경 파괴로 이어지게 된다.

산업혁명 이후 대량 생산과 화석 연료 사용은 지구의 생태계에 심각한 영향을 미쳤다. 대기 중 이산화탄소 농도는 급격히 증가하여 기후 변화와 지구 온난화를 일으켰다. 특히, 20세기 중반 이후 산업 활동의 급증과 인구 증가로 인해 지구의 온도는 더욱 가파르게 상승하게 되었으며, 이는 북극 해빙(海氷)의 감소, 해수면 상승, 생태계의 붕괴 등 다양한 형태의 환경 위기로 몰아넣고 있다. 그 결과 탄소중립 정책을 시행하게 되었는데 탄소중립이란 인간 활동으로 배출되는 온실가스를 최소화하고, 동시에 나머지 배출량을 흡수하는 대책을 통해 실질적으로 배출량을 '0'으로 만드는 개념이다. 이러한 정책은 21세기 들어 환경 위기의 해결책으로 대두되었으며, 기후 협약과 각국의 정책에서 중요한 요소로 자리 잡았다. 파리 협정(2015)은 지구 평균 온도 상승을 $2°C$ 이하로 제한하려는 국제적 합의로, 많은 나라가 탄소중립을 목표로 설정하고 있다. 이는 화석연료의 사용을 줄이고, 재생 가능 에너지원으로 전환하며, 지속 가능한 경제 성장을 추구하는 방향으로 나아가고 있다. 돌이켜 보면 서구의 자연 정복적 세계관은 오늘날의 환경 문제에 이르는 중요한 역사적 배경을 제공한다.

하지만 이와는 대조적으로 특히 한국의 전통 삼재사상은 자연과 인간이 둘이 아니며 자연은 인간과 조화롭게 살아야 할 대상으로 자연에 대한 존중과 상호 의존적 관계가 강조되었다. 인간도 자연의 일부인 것이다. 자연은 인간과 합일의 대상이지 결코 정복의 대상은 아니었다. 과거 한민족의 시인과 묵객들은 번잡한 세간을 떠나 자연 속에 묻혀서 자연과 일체를 꿈꾸는 시가와 노래를 지으며 자연과 동화되기를 염원하였다. 이러한 자연에 대한 태도와 사상은 오늘날의 환경 문제 해결에 있어 중요한 시사점을 제공할 수 있을 것이다. 오늘날 탄소 중립 정책은 단순한 기술적 해결책을 넘어서, 인간과 자연의 관계를 재정립하는 철학적 전환을 요구하고 있다. 자연을 더 이상 정복의 대상으로 보지 않고, 공존과 지속 가능성을 추구하는 인식의 전환이 필요하다. 서양철학의 역사적 고찰을 통해 우리는 오늘날 환경 위기의 뿌리를 이해하고, 이를 해결하기 위해서 한민족의 삼재사상에서 영감을 발견할 수 있을 것이다.

3. 인간과 인간의 단절

사실상 현실적 분리 중 가장 큰 분리는 인간과 인간 사이의 단절이다. 사람은 사회적 존재로 서로 함께 살게 되어있다. 우선은 태어나면서 부모의 슬하를 떠나면 생명을 존속할 수가 없다. 부모 밑에서 자라며 함께 살아야 한다. 장성하면 이웃 사람과 사회라는 더 큰 가정이나 국가의 일원으로 함께 살아야 한다. 인간은 함께 살아야 하는 존재임을 아무리 강조해도 지나치지 않는다. 문제는 개개 인간이 함께가 아니라 타인과는 독립된 존재로서의 인식이다. 서구의 인간관은 분리에 기반한 개인주의다. 이는 한민족의 인간관과는 시작부터 다른 점이다. 이 개인주의 사상은 근대 이후 서구 사회의 발전과정에서 중요한 역할을 했으며, 특히 계몽주의와 자유주의 사상의 영향 아래 개인의 권리와 자율성을 강조하는 방향으로 발전해 왔다. 이러한 철학적 경향은 인간 상호 간의 관계를 협력보다는 경쟁과 독립성에 더 초점을 맞추는 결과를 낳았다.

르네 데카르트와 같은 철학자들은 인간의 이성을 통해 세계를 이해할 수 있다고 보았으며, 이성적 사고는 개인이 주체적 존재로서 독립적으로 사고하고 행동할 수 있는 능력을 상징했다. 데카르트의 '나는 생각한다, 고로 존재한다'는 명제는 인간의 자율적이고 개별적인 주체로서의 존재를 강조한 대표적인 사상이다. 이 사고는 인간 개개인을 분리된 독립적 존재로 보게 했으며, 다른 사람과의 관계보다는 개인의 자아 인식(ego)에 집중하게 만들었다. 18세기 계몽주의는 개인의 자유와 권리를 중시하는 사상으로, 사회를 구성하는 기본 단위로서 개인의 중요성을 부각시켰다. 로크(John Locke)와 홉스(Thomas Hobbes)와 같은 철학자들은 사회계약론을 통해 개인의 권리와 자유를 지키기 위해 국가와 계약을 맺는 개념을 발전시켰다. 이러한 사상은 민주주의와 법치주의의 기초가 되었으나, 동시에 개인의 권리를 사회나 공동체의 요구보다 우선시하는 경향을 강화했다. 또한 자유주의 철학은 개인의 자유와 자율성을 최고 가치로 삼으며, 이는 자본주의 경제체제와 긴밀하게 연결되었다. 아담 스미스(Adam Smith)는 개인의 이익 추구가 결국 사회 전체의 번영으로 이어진다고 주장했다. 이와 같은 자본주의 체제는 인간 상호 간의 경쟁을 자연스러운 것으로 보았고, 경제적 경쟁이 사회 발전의 원동력이라는 신념을 강화했다. 이로 인해 개인 간의 협력보다는 경쟁과 이익 추구가 더 중요시되었던 것이다.

그러면 이러한 인간 간의 분리의 결과를 살펴보자. 서구 사회에서 개인주의가 강조되면서 사람들은 점점 더 사회적 고립을 경험하게 되었다. 특히 현대 도시 사회에서는 개인이 고립된 상태로 살아가는 경우가 많다. 이는 가족과 공동체의 해체, 인간관계의 약화로 이어졌으며, 결과적으로 심리적 소외와 우울증, 불안과 같은 정신 건강 문제를 증가시켰다. 이는 서구 사회에서 '외로움 전염병'(Loneliness Epidemic)이라고 알려져 있다. 고립감, 소외감, 외로움과 불안감 등 모든 부정적 감정은 인간과 인간을 분리된 존재로 보는 것에서 파생된 정서적 최종 산물이다.

2024 파리 올림픽을 시청하며 발달된 서구 문명의 메카와 같은 파리에 그토록 소매치기가 많다는 사실을 발견하고 충격을 받았다. 자기와 꼭 같은 성정을 갖는 타인의 소지품을 자기 것으로 만드는 일이 파리에서만 일어나는 것은 아니다. 그러나 4년마다 열리는 지구촌 잔치에 그렇게 많은 무고한 친선 선린의 외국인 손님들이 도난을 당하고, 소매치기가 사회에 만연되어 있다는 사실에서 인간 간의 분리의 결과를 보는 것 같아서 씁쓸한 마음을 금할 수 없었다.

자본주의적 경쟁 체제는 개인 간의 경제적 불평등을 심화시켰다. 인간 상호 간의 협력보다는 경쟁이 우선시되면서, 부유한 계층과 빈곤한 계층 간의 격차가 점차 커졌다. 이로 인해 사회의 양극화가 심화되고, 소수의 엘리트가 다수의 부를 차지하는 불평등 구조가 고착화되었다. 이러한 양극화는 서구의 많은 나라에서 정치적 갈등과 사회적 불안을 초래했다. 서구의 개인주의적 철학은 공동체적 연대와 협력의 중요성을 상대적으로 약화시켰다. 공공 복지 시스템이나 사회적 안전망이 약화되거나, 서로 협력하여 문제를 해결하는 문화보다는 개인의 자율적 해결 능력을 강조하는 경향이 두드러졌다. 이러한 경향은 개인이 어려움을 겪을 때 사회적 지지망이 부족해지는 결과를 초래한다.

서구의 분리적 사고는 개인의 권리와 자유를 존중하는 면에서 긍정적인 측면이 있지만, 동시에 인간 상호 간의 관계를 소홀히 하여 사회적 연대와 협력이 약화되는 결과를 낳았다. 이를 극복하기 위해서는 인간과 인간의 관계를 다시금 재정립할 필요가 있다. 현대 사회에서 공동체적 연대와 '하나 임'의 철학을 강화하는 것이 중요한 과제로 떠오르고 있으며, 이를 통해 분리적 사고가 초래한 문제들을 해결할 수 있는 가능성이 열릴 것이다.

4. 단절에 기반한 기저 학문의 한계

상기에서는 크게 3가지 관점에서 단절에 대한 분석을 시도하였다. 이제 여기서는 서구의 수학과 물리학이라는 학문의 기초적 분야에서 분리를 살펴보겠다. 수학과 과학은 가장 주관이 배제된 객관적 태도가 요청되고 만인의 공감과 진리로서 받아들이는 학문이 아닐 수 없었다. 이러한 수학과 과학 등에 적용되는 기초적인 법칙 혹은 원리를 살펴보면 중요한 3가지가 있다. 그 법칙들은 다음과 같다.

― 배중률(Law of Excluded Middle)

배중률은 형식 논리학에서 사용되는 법칙으로, '어떤 명제는 참이거나 거짓이거나 둘 중 하나여야 한다'는 원칙이다. 예를 들어, 명제 P가 있으면, P가 참이거나 P가 거짓이어야 한다는 뜻이다. 이 원리는 이론적으로 참과 거짓 외의 중간 상태가 없다는 것을 전제로 한다. 수학적 논리와 증명, 컴퓨터 과학에서 자주 사용된다. 예를 들면, '이 사과는 빨갛다'는 명제가 있을 때, 그 명제는 참이거나 거짓이어야 한다. 아날로그적 중간 상태는 있을 수 없다.

― 모순율(Law of Non-Contradiction)

모순율은 배중률과 밀접하게 관련된 원리로, '어떤 명제가 참이면서 동시에 거짓일 수 없다'는 법칙이다. 즉 어떤 진술이 참이면 그 진술의 반대는 거짓이 되어야 하며, 반대로 어떤 진술이 거짓이면 그 진술의 반대는 참이 되어야 한다. 이는 논리적 일관성을 유지하는 데 중요한 역할을 한다. 예를 들면, '이 사과는 빨갛다'는 명제가 참이면, '이 사과는 빨갛지 않다'는 명제는 반드시 거짓이어야 한다.

― 아이덴티티의 법칙(Law of Identity)

아이덴티티의 법칙은 '어떤 명제는 자기 자신과 동일하다'는 법칙이다. 이는 논리적 사고의 가장 기초적인 법칙 중 하나로, 수학과 과학에서 일관성을 유지하는 데 필수적이다. 예를 들면, A는 A이다. 즉 '이 사과는 빨갛다'는 명제는 그 자체로 그 명제와 동일한 의미를 가진다는 뜻이다.

상기 법칙들을 보면 이러한 세 가지의 중요한 법칙의 내밀한 사유의 핵심은 논리적으로 격절과 단절 혹은 분리를 엄격하게 고착시키는 기초를 세우는 것이다. 결코 무너뜨릴 수 없는 철옹성 같은 단단한 보루(堡壘)로서 모든 논리와 이론의 최후 지지대인 것이다. 이러한 법칙들을 기반한 이원론(二元論, Dualism)적 철학이 지배적이던 19세기의 수학과 과학은 점차 그 한계를 드러내기 시작했다. 특히, 이러한 경향은 양자역학의 발전과 미세한 세계에 대한 우리의 이해가 넓어짐에 따라 더욱 두드러지게 나타났다. 이원론은 물질과 정신, 주체와 객체, 또는 자연과 인간을 분리하는 서양철학의 근본적인 사고방식으로, 특히 데카르트(Descartes) 이후 서양의 과학과 수학 발전에 큰 영향을 미쳤다. 이러한 이원론적 사고는 19세기까지 과학과 수학의 기초로 작용했다. 그 당시 고전 물리학은 뉴턴의 운동 법칙을 중심으로 발전하였으며, 물질 세계는 기계적인 법칙에 따라 움직인다는 이원론적 관점을 따랐다. 여기에서 자연은 하나의 독립적인 체계로서 존재하며, 이를 이해하고 예측하는 것이 인간의 역할이라는 사고가 근간이었다. 이원론적 철학은 객관적 진리가 존재하며, 이를 탐구하는 것이 과학의 목표라는 전제를 제공했다.

그러나 양자역학의 발전은 이러한 관념에 도전장을 던졌다. 양자역학의 등장(20세기 초)은 이원론의 결정적 한계를 드러낸 주요 요소였다. 고전 물리학이 관찰자와 피관찰자가 분리되어 있다고 가정한 반면, 양자역학은 관찰자의 개입이 물리적 현상에 영향을 미친다는 사실을 보여주었다. **하이젠베르크의 불확정성 원리(Heisenberg's Uncertainty Principle)**는 입자의 위치와 운동량을 동시에 정확히 알 수 없다는 것을 나타내며, 고전적 이원론적 관점에서는 받아들일 수 없는 개념이었다. 양자역학은 물질과 에너지가 고전적 물리학에서와 같이 독립적이지 않으며, 실재(實在)에 대한 이원론적 분할을 허용하지 않는다는 사실을 증명했다. 따라서 자연을 기계적이고 분리된 단위로 보는 관점이 아닌, 상호 연관되고 상호 작용하는 전체적 시스템으로 보아야 한다는 사고가 대두되었다. 양자역학은 본질적으로 불확실성과 상호 작용을 기반으로 하고 있으며, 시공간과 물질의 관계를 재정립하는 데 큰 기여를 했다. **아인슈타인의 상대성이론(Einstein's Theory of Relativity)**에서 시간과 공간이 독립적으로 존재하지 않고 상호 의존적인 구조를 형성한다고 주장하였고, 이는 기존의 결정론적 세계관을 심각하게 훼손하는 결과를 가져왔다. 이러한 변화는 과학적 사고에 있어 기계론적 해석을 넘어서는 새로운 이해를 필요로 하게 만들었다. 특히, 현대 물리학자들은 '관찰자가 관찰하는 세계에 영향을 미친다'는 양자역학의 원칙을 통해, 기존의 독립적 존재로서의 개체를 넘어서 서로 연결된 존재로서의 인간과 자연의 관계를 탐색하게 되었다. 따라서 양자역학은 이원론적 사고에서 벗어나, 모든 것이 상호 작용하는 하나의 통합된 시스템으로 이해되는 일원론('하나 임')적 세계관의 토대를 제공하였다. 특히 양자 얽힘(Quantum Entanglement)과 같은 개념은 고전 물리학의 이원론을 완전히 뒤엎으며, 불교철학이 오랫동안 주장해 온 상호 연관성에 대한 이해를 더욱 부각시켰다. 이처럼 자연을 연속에 기반한 단일한 시스템으로 보는 일원론적 철학은 양자역학의 본질과 일치하는 것이다.

19세기의 수학의 맥락도 고전물리학과 마찬가지였다. 이 당시까지 수학도 절대적이고 변함없는 진리로 여겨졌다. 그러나 19세기 말 수학은 자신이 구축한 체계 내부에서 스스로의 모순을 드러내기 시작했다. 버트란트 러셀(Bertrand Russell)의 역설은 집합론을 포함한 수학의 기본체계가 내재적인 모순을 가지고 있다는 사실을 밝혀냈다. 수학사적으로도 이 시기에 나타난 '수학의 위기'는 이러한 변화를 반영한다. 20세기 초, 수학자들은 수학의 기초를 엄밀하게 정의하려는 시도를 했지만, **괴델의 불완전성 정리(Gödel's incompleteness theorems)**에 의해 이 시도가 불가능하다는 사실이 드러났다. 이는 수학이 단순한 공리적 체계에 기반할 수 없다는 것을 의미하며, 결국 '확실성'이라는 개념이 위협받는 결과를 초래했다. 이러한 수학적 모순은 과거의 이원론적 접근 방식에 대한 근본적인 재검토를 요구했다.

이러한 맥락에서 연속의 일원론적 '하나 임'의 철학은 과학적 발전과 관련하여 자연히 일원론적(一元論, Monism) 사고로의 전환을 촉발하게 된다. 19세기 말과 20세기 초에 과학과 수학에서 발생한 여러 중요한 변화들은 이원론의 한계를 명확히 드러냈기 때문이다. 현대 물리학의 이론과 일원론의 사상은 여러 연구자들에 의해 점점 더 유사한 점이 발견되고 있다. 예를 들어, 현대 물리학의 양자 필드 이론과 동양 철학의 '상호 의존성' 개념은 근본적으로 물질과 정신, 또는 개인과 우주의 관계가 독립적이지 않고 서로 얽혀있다는 점에서 공통점을 가진다. 일원론의 철학적 체계가 현대 과학과 연결된다는 주장은 이처럼 과거의 이원론적 사고를 넘어서 새로운 이해의 장을 여는 주요 요인이 되고 있다. **일원론('하나 임') 사상은 세계와 인간, 물질과 정신의 분리가 배제된 전일적이고 연속적인 하나로 바라본다는 철학이다.** 이는 자연과 인간이 상호 의존적이며, 분리할 수 없다는 점을 강조한다. 양자역학과 새로운 수학적 패러다임이 이러한 동양의 일원론적 사고에 공명하면서, 과학과 철학의 통합적 관점을 새롭게 형성하게 되었다.

결론적으로, 과거의 이원론적 철학은 19세기에 과학과 수학의 발전을 통해 그 한계를 드러냈고, 양자역학 등의 새로운 패러다임이 등장함에 따라 일원론적 사고가 부상하게 되었다. 이는 연속에 기반한 일원론적 철학의 중요성을 재조명하게 만들며, 결국 **과학과 철학은 상호 보완적으로 발전**해 나가는 길로 나아가게 되었다.

이렇게 서양의 철학과 과학의 역사적 추이(推移)를 되돌아보면 그 발전과정의 끝에서 얻어진 결론이 결국 **한민족이 5000년 이전에 이**

룩한 연속에 기반한 '하나 임'의 홍익인간이라는 종교철학에 이르게 됨을 확인할 수 있을 것이다. 이러한 이해와 통찰은 향후 인간 존재와 세계에 대한 이해를 심화시키는 데 큰 기여를 할 것이다.

제3장

단절과 연속(진정한 '하나 임')*
*단절과 연속이 상호 작용하며 형성하는 새로운 의미

    1장과 2장에서 단절과 연속을 떼어서 고찰하였다. 본래의 진실을 자신의 입장에서 파악하고 살아온 결과가 상기와 같았으며 그것이 오늘날 우리가 처한 현실이라고 생각한다. 여기서 단절과 연속이라는 대립적 구도를 떠나 실상(實相)을 정확히 파악하여 순리에 합당한 평화와 진리가 강같이 흐르는 조화로운 인간과 사회의 성취가 요청된다.
    붓다의 깨달음은 연기법인 바, 사실상 연기법(緣起法)은 연속(實相, 眞實)의 철학적이고 논리 과학적 기초를 확립한 것이다. 즉 연기법은 실상(連續)을 인과적(因果的) 진행(進行)이라는 과학적이고 타당한 논리에 의해서 규명한 것이다. '아니 땐 굴뚝에 연기가 날 수 없다'는 한민족의 속담이 바로 그 한 예이다. 그러한 연속은 한민족의 근본 사상임은 전술한 바 있다.
    그러면 여기서 연속의 의미를 더 깊게 탐색해 보자. 우리가 반드시 깨쳐야 할 중요한 실상은 존재의 본질은 의식이라는 것이다. 신성(神性)도 의식이며 인간성(人間性)도 의식이라는 점에서 동질성과 연속성을 갖는다. 이 사상은 인간(아들)과 신적인 존재(아버지)가 결코 단절된 별개의 존재가 될 수 없는 것으로 상호 연관되어 있음을 의미한다. 이 사상은 인간과 신에만 국한된 것이 아니라 인간을 포함한 모든 존재(諸法)를 통섭한다. 왜냐하면 우리가 인식하고 경험하는 모든 것은 우리 의식을 통해 이루어지며, 이러한 의식이 없으면 존재도 없는 것과 같다는 의미이기 때문이다. **존재의 본질은 의식과 연속성으로 설명될 수 있으며,** 신성과 인간성이 통합된 하나의 흐름인 것을 깨쳐야 한다. 신성과 인간성은 분리되어 있는 의식이 아니다. 개별적인 것으로 믿고 있는 인간의식은 사실상 더 큰 전체의식의 일부이기 때문이다. 이는 마치 바닷물 한 방울이 전체 바다의 일부인 것과 같다. 인간 개개인의 의식이 거대한 전체의식과 연결되어 있는 하나이기 때문에 궁극적으로 신과 별개의 것이 아니다. 하나의 거대한 바닷물과 거기 이는 파도는 둘로 보이지만 파도는 물이다. 한시적으로 다양한 개체성이 있는 것으로 보이는 파도의 본질은 물이다. 인간이 자신을 육체(파도)와 동일시할 때 인간은 제한적이고 분리된 것처럼 보일 수 있지만, 각자 내면에 깃든 인간의 의식을 존재의 본질(바닷물)로 통찰할 때 인간과 신은 둘이 아님이 명백히 드러난다. 이를 자각하고 깨닫는 것은 인간 각자의 몫이다. 그 이해 정도에 따라 의식의 진화가 이루어지는 것으로 보이지만 사실상 그 진정한 깨달음의 정점은 이미 자신 안에 있다.

상기 내용을 불교철학은 '불일이불이(不一而不異)'라고 한다. 두 가지가 하나가 아니면서도 다른 것도 아니다 혹은 다른 말로 '하나가 곧 모두이고, 모든 것이 곧 하나'라는 뜻이다. 이것은 하나의 흐름 속에서 파악되는 기초적이고 본질적 통찰이다. 모든 존재가 서로 연결되어 있고, 서로가 서로에게 영향을 미친다는 이 가르침은 모든 존재가 단절된 개별적 존재가 아닌, 서로 연결된 '하나 임'의 인간과 사물에 대한 인식이다. 예를 들어, 공동체 내에서 각 개인은 자신만의 역할을 수행하지만, 동시에 모든 역할과 활동이 서로 영향을 주며 연결되어 있다는 뜻이고 이를 깨달아 갈등과 분리를 줄이고, 공동체의 조화로운 발전을 도모할 수 있다는 것이다. 이 개념은 불교라는 한 종파나 학파의 개념을 넘어 실상을 파악하는 유용한 지혜로서, 이 개념의 이해는 모든 단절을 넘어서 통섭적이고 조화로운 '하나 임'의 지혜를 얻을 수 있는 인류의 지적 자산이다. 이렇게 도달한 철학적 사유의 확장된 지평은 그 실천적 측면에 있어서 한민족의 홍익인간(재세이화) 사상이 비교적 잘 반영된 한류의 고찰과정에서 쉽게 찾아볼 수 있을 것이다. 오늘날 한국인들이 사용하는 '우리'라는 말은 모든 것이 통섭된 홍익인간에서 나온 연속에 기반한 '하나 임'의 개념이 현실적으로 잘 반영된 말이다. 타국어의 우리라는 뜻의 어휘와는 개념상에 그 뿌리부터 분명한 차이가 있다. 이 말을 처음 접한 외국인들이 '하나 임'이 일상화된 한민족의 '우리'라는 말뜻을 잘 이해하지 못하는 것은 당연하다. 이 '하나 임'의 '우리'라는 어휘는 한민족의 잠재의식의 DNA에 깊게 각인되어 있다. 그 '우리'라는 말은 **단절이 아닌 연속의 '하나 임'**을 단적으로 표현하는 철학 사상을 함의하기 때문이다. 이 '하나 임'의 홍익인간 사상은 어느 민족 어느 누구나 동일하게 본받아야 할 소중하고 숭고한 인류의 좌표라고 생각한다. 이 '하나 임'의 이 사상의 범위는 특정 민족에 국한되지 않으며 또한 되어서도 안 된다. 이 철학 사상이 한민족의 고유사상이라 하여 한민족의 우월성을 주장할 의도는 전혀 없다. 더구나 이 사상 자체는 범인류적이며 그 사상의 실현에 종족별 한계는 있을 수 없기 때문이다.

    그러나 이러한 이상을 실현함에 있어 각 민족은 한민족과 다른 그들 나름의 특질과 고유한 문화와 전통이 있기 마련이다. 이러한 시각에서 각 민족들은 자신들의 전통과 새로운 연속이라는 통찰과의 조화로운 융합 발전이 요구된다. 이러한 이해를 바탕으로 각 민족들의 이상 사회를 구현하기 위한 실천적 방법론은 다음과 같이 생각해 보았다.

우선 요구되는 것은 온 인류가 본질적으로 태일(홍익)인간이고, 붓다고, 그리스도라는 인식을 가져야 하며 이는 곧 영원한 생명을 가리키는 것이다. 하나님과 '하나 임'을 구현하기 위해 자기 성찰과 변화를 수용할 수 있는 열린 마음을 가져야 한다. 이러한 자세는 진정한 종교의 본질인 변화의 수용이라는 통찰에 맞닿아 있다. 개인과 사회는 끊임없이 자기 성찰을 통해 과거의 잘못된 관습이나 체제를 변화 향상시켜야 한다. 이를 통해 발전할 수 있는 공간을 열어주고 급격한 변화로 인한 혼란을 야기하지 않도록 할 수 있다. 각 민족은 당연히 고유의 공동체적 문화가 있을 것이며 이를 더욱 발전시켜야 한다. 그러기 위해서는 과거의 가치나 전통을 무조건 버리는 것이 아니라, 그 속에서 여전히 유효한 본질적인 가치를 보존 유지하는 것이 중요하다. 또한 모든 사람이 서로를 가장 귀한 존재로 인식하고 존중하고 배려하는 소통을 통해 단절을 극복해야 한다. 공동체의 구성원 모두가 동등한 권리와 의무를 가지고 있다는 것을 인식하고 이를 기반으로 자율적인 의사결정 체계를 마련하고 민주적인 구조 속에서 각자의 의견이 반영되고, 공동의 목표를 위해 모두가 함께 나아가기 위해 노력할 때 진정한 '하나 임'이 이루어질 수 있다. 결국 공동체의 결속 강화는 높은 생산성과 성취와 발전의 토대가 될 것이다. 이러한 성공은 결국 지구촌 전체로 '하나 임'의 범위를 점차 확장시킬 것이다. 그러기 위해서는 이러한 공동체적 문화의 훈련이 한 단체나 한 민족이나 한 국가의 범위에 한정되어서는 안 된다. 왜냐하면 자칫 그 범위가 한정된다면 집단 이기주의에 머물기 쉽기 때문이다. 이를 위해 교육과 정책에서 개인과 공동체가 고착된 한 단위가 아니라 연속 속에서 균형을 이루는 사고를 강조할 필요가 있는 것이다. 단절 해법의 과거 역사를 보면 급격한 혁명이나 폭력적 수단이 자주 동원되었다. 인간의 가치가 최귀하다는 근본 가르침을 이해하지 못한 데에서 초래되는 현실이다. 지금도 러시아와 우크라이나는 전쟁을 겪고 있다. 두 국가 모두에 전혀 이득이 되지 않는다. 이 같은 폭력적 수단으로 인해 인류는 얼마는 많은 고통을 겪어야 하는가? 그것은 우리 인류가 근본적으로 하나라는 '하나 임'을 망각한 필연적 결과다. 유명한 속담 중에 '쥐를 잡으려다 장독대를 깬다'라는 말의 의미를 깊게 생각해 보아야 한다. 단절과 연속의 조화를 이루기 위해서는 폭력적이거나 극단적인 방법을 피하고, 소통을 통해 갈등을 해결하려는 은근과 끈기의 노력이 필요하다. 이는 불일이불이의 원리처럼, 다름을 인정하되 근본적으로는 '하나 임'의 입장에서 나아가는 협력적 관계라는 인식의 제고(提高)가 필요한 것이다. 또한 이러한 발전을 이루기 위해서는 지식과 정보의 평등한 분배가 중요하다. 오늘날 한국의 눈부신 발전의 요인으로 한국인의 교육에 대한 투자를 꼽는 학자들이 많다. 분명 이러한 투자를 통해 지식과 정보의 평등한 분배가 급속히 이루어졌음을 부인할 수는 없다. 지식과 정보의 평등한 분배를 통해 개인과 사회가 변화와 전통 사이에서 올바른 판단을 내리고 발전할 수 있는 필수적 토대를 마련할 수 있을 것이다.

 결국 단절을 극복한 '하나 임'의 사회를 구축하는 위대한 비전은 따뜻하고, 평화롭고, 진리가 강 같이 흐르는 세계가 가까이 왔음을 선포함으로써 시작된다. 이러한 시작은 마가복음에서 예수가 복음을 선포한 것과 맥을 같이하는 것이다.

 이러한 의미에서 '하나 임' 철학의 구체적 현시로서 오늘날 한민족의 한류는 재조명되어야 한다. '하나 임'의 특성이 한민족을 지탱하는 중요한 요소라는 점에서, 역사와 문화적 맥락을 통해 그 의미를 깊이 이해할 수 있다. 한민족은 오랜 역사와 다양한 문화적 경험을 공유하며 형성된 민족이다. 이러한 과정에서 '하나 임'의 개념은 단순히 물리적, 지리적인 합일이 아니라, 정신적이고 문화적인 통합의 상징으로 자리 잡았다. 전통적으로, 한민족은 하늘과 자연에 대한 경외심을 바탕으로 한 고유의 신앙체계를 발전시켰다. 이는 『환단고기』와 같은 고대 문헌에서 잘 나타나며, 한민족이 예로부터 하늘과 인간, 자연이 하나라는 세계관을 가지고 있었다는 사실을 보여준다. 이러한 세계관은 민속종교와 의례를 통해 지속적으로 전승되며, 오늘날까지도 한국인의 삶과 문화에 깊이 스며들어 있다.

한류는 이러한 '하나 임'의 가치가 현대 사회에서 어떻게 구현되는지를 보여주는 중요한 사례로 볼 수 있다. 한국의 대중문화는 음악, 드라마, 예술 등을 통해 전 세계와 소통하며, 대한민국의 문화가 다양한 배경을 가진 사람들 간의 연결고리를 형성하고 있다. 이는 단순한 문화의 수출이 아니라, 사람들을 하나로 묶는 새로운 형태의 공동체 의식을 불러일으키고 있음을 의미한다. 또한, 한민족의 역사적 경험—종교와 철학, 그리고 고유의 문화적 특성들은 한류와 같은 현대 문화 흐름 속에서도 그 뿌리를 자각하게 한다. 예를 들어, 많은 사람들이 K-Pop이나 한국 드라마를 통해 한민족의 정체성을 느끼고 이를 공감하는 과정을 경험하고 있다. 이러한 문화적 교류는 '하나 임'의 가치를 체험할 수 있는 계기가 되며, 이는 세계인이 한국 문화를 받아들이고 함께 나눌 수 있는 토대를 마련해 준다.

결론적으로, 한민족의 '하나 임'의 특성이 글로벌한 차원에서 표현되며, 한류를 통해 그 가치가 세계에 전파될 수 있다는 논리는 확고한 기반을 가지고 있다. 이 과정에서 한국 문화는 단순히 과거의 유산이 아니라, 현대와 미래를 연결하는 지속 가능한 문화운동으로 자리매김할 것이다. 이러한 맥락을 통해 한민족의 정체성과 문화적 가치를 세계인과 나누는 것이 바로 오늘날 우리가 추구해야 할 방향일 것이다. 이제 우선 한민족의 '하나 임'의 잠재의식적 원류를 살펴보기 위해 단군 신화를 살펴보겠다.

2부
한국인의 정체성과 집단의식

한민족의 사상과 정체성을 중심으로
역사적·문화적 흐름을 탐구

제4장

단군 신화와 한국적 인간관

여기서 우선 한민족의 잠재의식적 원류를 살펴보기 위해 단군 신화를 살펴보겠다. 이 단군 신화는 한민족만의 귀중한 고유의 신화이지만 이것이 외국인의 눈에는 어느 변방 민족의 흔한 옛 이야기 중 하나로 보일 수 있을 것이다. 솔직히 필자 역시 서구의 학문을 어린 시절부터 익혀왔기 때문에 과거에는 이 신화에 대해 별 관심이 없었다. 그러나 종교와 철학에 관심을 갖고 공부하면서 이 신화에 한민족의 핵심적인 철학과 사상의 뿌리가 녹아있는 원형(原形, Archetype)이라는 통찰에 이르게 되었다. 이 신화를 심층 분석하면서 그 종교철학적 깊이에 감탄하지 않을 수 없었다. 그 깊이가 심오(深奧)하면서도 구성이 정교하고 치밀하여 오늘날까지 인류에 알려진 어떠한 종교철학도 능가하는 풍부한 지혜가 내장(內藏)된 신화라고 생각한다.

개아가 연속을 떠난 단독자(단절, 不一)가 아니라 전체 연속의 하나(不二)라는 인식의 발생학적 근거인 삼재사상(三才思想)를 찾을 수 있으며 인간이면 마땅히 가져야 할 세계관 인생관 우주관이 들어있다. 환웅과 웅녀가 혼인하여 출생한 단군왕검의 출현은 그 의미상 홍익인간, 그리스도, 혹은 붓다의 출현과 다를 바 없다. 홍익인간의 출현은 출생으로부터 완전한 인간의 시작으로 이는 불교적 관점에서 깨침 이후 중생구제를 위해 출세간에서 세간으로 복귀하는 것과 맥을 같이 하는 것이다. 불가에서 깨침 이전에 수행의 과정이 있는 것처럼 이와 유사한 원초적 변화의 과정의 원형이 이 신화에 포함되어 있다. 신화의 특성상 구체적인 방법론의 제시보다는 원시적 은유와 상징으로 간략하게 응축되어 있다. 이 같은 종교철학적 원형이 바로 단군 신화이다. 여기서 먼저 떠오른 생각이 마늘과 쑥, 그리고 여자의 몸(사람)이 된 웅녀였다. 단군 신화는 우리 한민족의 풍부한 원시적, 상징적, 은유적, 영적 자산의 원형(原形)이자, 풍부한 영적 가치를 현대적 해석에 의해서 이끌어 낼 수 있는 인류의 자산이며, 한국인의 의식을 이해하는 데 결정적 단서를 제공할 수 있다. 한국인의 의식을 이해하기 위해서는 이 단군 신화에 대한 이해와 현대적 통찰이 필요하다. 특히 본서의 주요한 키워드인 **연속이라는 개념('하나 임')**이 단군 신화에 내재되어 있음에 주목할 필요가 있다. 단군 신화(檀君神話)는 한민족 최초의 나라인 고조선의 건국신화로서 그 서술은 다음과 같다.

> 옛날에 환인(桓因)의 서자(庶子) 환웅(桓雄)이 천하에 자주 뜻을 두어 인간세상을 구하고자 하였다. 아버지가 아들의 뜻을 알고 삼위태백(三危太伯)을 내려다보니 인간을 널리 이롭게(홍익인간[弘益人間])할 만한지라, 이에 천부인(天符印) 3개를 주며 가서 다스리게 하였다.
>
> 환웅이 무리 3천을 이끌고 태백산(太白山) 꼭대기 신단수(神壇樹) 밑에 내려와 여기를 신시(神市)라고 하니 이로부터 환웅천왕이라 불렀다. 풍백(風伯), 우사(雨師), 운사(雲師)를 거느리고 곡(穀),

명(命), 병(病), 형(刑), 선(善), 악(惡) 등 무릇 인간의 3백 60여 가지의 일을 주관하고 인간세상에 살며 다스리고 교화하였다.

이때 곰 한 마리와 호랑이 한 마리가 같은 굴에서 살면서 항상 신웅(환웅)에게 빌기를, "원컨대 (모습이) 변화하여 사람이 되었으면 합니다"라고 하였다. 이에 신웅이 신령스러운 쑥 한 타래와 마늘 20개를 주면서 이르기를 "너희들이 이것을 먹고 백일 동안 햇빛을 보지 아니하면 곧 사람이 될 것이다"라고 하였다.

곰과 호랑이가 이것을 받아서 먹고 기(忌-싫지만 참는다는 뜻)하였는데 삼칠일(三七日 : 21일) 만에 곰은 여자의 몸이 되었으나 범은 기하지 않아 사람이 되지 못하였다 전해지고, 웅녀(熊女)는 그와 혼인할 사람이 없었으므로 항상 신단수 아래서 아이를 가지기를 빌었다. 이에 환웅이 이에 잠시 (사람으로) 변해 결혼하였다. 웅녀는 출산한 아들의 이름을 단군왕검(檀君王儉)이라 하였다.

단군왕검(唐高, 요[堯])이 즉위한 지 50년인 경인년에 평양성(平壤城)에 도읍하고 비로소 조선(朝鮮)이라 칭하였다. 또 도읍을 백악산아사달(白岳山阿斯達)에 옮겼으니 그곳을 궁홀산(弓忽山) 또는 금미달(今彌達)이라고도 한다. 나라를 다스리기 1천5백 년이었다.

주(周)나라의 호왕(虎王, 무왕)이 즉위한 기묘년에 기자(箕子)를 조선(朝鮮)에 봉하니, 단군은 곧 장당경(藏唐京)으로 옮겼다가 뒤에 아사달(阿斯達)에 돌아와 숨어서 산신이 되니, 수(壽)가 1천 9

백 8세이었다 한다.

1. 홍익인간의 원류

옛날에 환인(桓因)의 서자(庶子)[19] 환웅(桓雄)이 천하에 자주 뜻을 두어 인간세상을 구하고자 하였다. 아버지가 아들의 뜻을 알고 삼위태백(三危太伯)을 내려다보니 인간을 널리 이롭게(홍익인간[弘益人間])할 만한지라, 이에 천부인(天符印) 3개를 주며 가서 다스리게 하였다.

환웅이 무리 3천을 이끌고 태백산(太白山) 꼭대기 신단수(神壇樹) 밑에 내려와 여기를 신시(神市)라고 하니 이로부터 환웅천왕이라 불렀다. 풍백(風伯), 우사(雨師), 운사(雲師)를 거느리고 곡(穀), 명(命), 병(病), 형(刑), 선(善), 악(惡) 등 무릇 인간의 3백 60여 가지의 일을 주관하고 인간세상에 살며 다스리고 교화하였다.

상기 단군 신화는 한민족의 건국신화로서 우리의 역사는 이 이야기로부터 시작된다. 단군 신화는 한민족의 잠재의식적 뿌리로서 그 근본이념은 홍익인간 사상이다. 홍익인간 사상은 환단고기에 의하면 사실 9천 년 전 환국의 통치이념이다.[20] 이 사상은 종교철학적 관점에서 한민족을 포함한 전 인류에게 소중한 가치체계를 제공한다는 사실을 떠나서 오늘날 과학이 어떠한 방향으로 발전 및 구현되어야 할지를 명백히 제시하고 있다. 최근 유튜브에서 독일의 과학자들이 한국을 방문하여 과학 연구 성과가 곧바로 인간을 이롭게 하는(홍익인간) 실용적 적용에 이어지는 것을 발견하고 깊은 인상을 받는 것을 확인하게 되었다. 필자는 이 영상에서 한민족의 잠재된 홍익인간 사상이 오늘날 한국의 최첨단 과학자들의 연구에도 그대로 녹아있다는 사실을 통찰하게 된다. 더구나 현시점에서 인류에게 지금 당면한 AI의 발전에 있어서 홍익인간 사상은 그 방향 설정에 중요한 나침반 역할을 할 수 있다고 생각한다. AI가 열어가는 시대는 누구도 감히 그 파국적 전개에 따른 인류 생존의 위기에서 안전하다고 장담할 수 없게 되었다. AI 발전의 독점적 위치에 있는 몇몇 기업가나 과학자들에게 반드시 명심해야 할 방향 설정에 홍익인간의 사상은 아무리 강조해도 지나치지 않는다.[21]

여기서 한민족과 홍익인간 사상의 연계에 대해 좀 더 고찰해 보자. 오늘날 한국의 눈부신 경제 성장과 한류의 세계적 파급이 한국인의 무의식 속에 자리 잡고 있는 홍익인간이라는 철학과 깊이 관련되어 있다고 생각한다. 홍익인간 사상은 '인간(세상)을 널리 이롭게 한다'는 의미로, 단순히 개인이나 특정 집단의 이익을 넘어 전체 인류의 이익을 추구하는, 포괄적이고 이타적인 철학이다. 이를 연속의 무의식적 인식과 연결하여 설명할 수 있다. 즉 한민족의 집단적 연속성을 강조하는 이것이 한민족의 전통이다. 한민족의 사고방식에서는 개인의 성공이 곧 집단의 성공으로 이어지고, 집단의 번영이 개인에게 돌아오는 순환적 관계가 매우 중요하게 여겨진다.

이는 정서적 차원에서 BTS와 같은 그룹의 춤과 노래(한국인 고유의 제식, 집단축제가 그 뿌리)를 통한 기쁨과 환희를 공유하고 한국 고유의 발전된 음식과 맛을 널리 공유함으로써 삶의 질을 높이고 이롭게 하며 문화적 상호 이해와 발전의 측면에서 홍익인간의 독특한 현대적이고 구체적 실현이라고 볼 수 있다.

한국의 경제 성장과 한류의 확산은 글로벌 의식과 연속성을 강화하는 결과를 가져왔다. 이는 홍익인간 사상이 현대에 와서 새로운 방식으로 실현된 모습이라고 할 수 있다.

2. 창세기와 단군 신화의 비교

物有本末 事有終始 知所先後 則近道矣
[大學]

사물에는 근본과 말단이 있고, 일에는 끝과 시작이 있으니 먼저 할 바와 나중에 할 바를 알면 곧 도에 가까운 것이다.

여기서 필자의 시도는 단군 신화를 구약성경 창세기의 창세 신화와 비교적 관점에서 해독하려고 한다. 단군 신화는 창세기 천지 창조의 이야기가 기록되기 수 천 년 전의 내용을 담고 있지만 그 내용은 창세기가 제시하는 천지창조의 신화보다 시작부터 분명한 인류에 대한 하나님(天, 하늘)의 뜻이 명시되어있다. 창세기는 후대에 기록된 문서지만 태초를 시작으로 천지창조의 시간별 창조 내용이 서술되며 그 창조의 유인으로 볼 수 있는 내용은 대략 다음과 같은 내용이다. 즉 매일 창조 작업 후에 보니 그 만든 것이 **하나님 보시기에 좋았더라는 내용이 반복적으로 언급**되고 있다. 그리고 아담을 창조한 후 인간으로 하여금 **생육하고 번성하고 땅을 정복하라**는 것이었다. 천지도 하나님이 창조한 것이고 인간도 하나님이 창조한 것인데 인간으로 하여금 땅을 정복하라는 것은 무슨 이유인가? 하나님은 여기서 인간의 입장을 고려하지 않은 채 인간이 천지(땅)와 대결 정복하는 것을 보고 즐기려는 하나님의 의도가 읽혀지는 것이다. 인간을 주체적 존재가 아닌 종속물로서 하나님의 기호를 만족시키는 노리개로 여기는 하나님의 의도를 숨길 수 없다. 그러나 내가 아는 하나님은 결코 이러한 하나님일 수 없다. 결국 창세기 성경 기자는 천지 창조 신화의 기록에 엄청난 우를 범하고 있는 것이다. 인간과 땅 양자를 분리적 대결 구도로 만들었을 뿐 아니라 **(인간과 자연의 분리)** 그리고 **인간과 신의 분리**를 창세 신화부터 기록하고 있는 것이다. 창세기를 포함한 토라는 모세가 기록한 것으로 알려졌는데 모세의 기록이라면 모세는 엄청난 문제를 인류에게 던진 꼴이다. 결국 오늘날 환경 문제의 시작은 바로 창세기의 창세신화에 귀결되기 때문이다. **物有本末 事有終始**(사물에는 근본과 말단이 있고, 일에는 끝과 시작이 있으니) 너무나 당연한 이치다. 필자가 『대학』의 가르침을 들고 나온 것은 그 간결한 표현이 오늘날 현금의 시대를 살아가는 인류에게 뼈져리게 다가오기 때문이다. 시말(始末)이 이러하니 아무리 창세기가 권위있는 경전이라 해도 그 잘못을 지적하지 않을 수 없다. 필자는 분리의 결과(**物有本末**) 초래한 오늘날 전 인류적 파국(**事有終始**)을 보는 것이다.

이에 비해 단군 신화에는 창세기에 보이는 거창하고 장황한 천지 창조의 꾸며낸 이야기는 시작부터 아예 없다. 그 시대의 인류에게 빅뱅가설과 같은 고등한 물리과학적 지식에 따른 우주 창조의 설명을 기대한다는 것은 어불성설이다. 단군 신화는 그 시작부터가 아버지의 뜻을 밝히는 것으로부터 출발한다. 아버지 환인(신)은 널리 인간(세상)을 이롭게 하는 홍익인간이라는 뜻을 두었고, 아들 환웅(신)은 인간세상을 구하고자 하는 뜻을 두었다. 아버지와 아들이 한 가지로 인간과 세상을 사랑(仁)하는 일념이었다. 그리하여 아들은 아버지의 뜻을 받들어 하늘 뮤(開天)을 열고 내려와 **태백산(太白山) 꼭대기 신단수(神**

壇樹) 밑에 내려오게 된다. 이 사건은 하나님의 아들인 환웅이 하늘 문을 열고 인간세상에 강림하는 사건으로 예수의 하나님의 아들로서의 공생애 시작에 하늘 문이 열리는 사건과 맥을 같이한다. 환웅은 땅에 내려왔어도 신격이 유지된다. 그러나 예수는 스스로 하나님이라는 주장(나와 하나님은 하나이니라), 즉 신격을 지키려는 주장 때문에 참람하다 하여 살해당한 것이 환웅과 다르다. 또한 마가복음에는 예수님이 공생애의 시작에 세례 요한에게 세례를 받으시고 물에서 올라오실 때 하늘이 열리는(開天) 이적(異蹟)이 일어난다. 그 기원은 단군 신화에서 비롯된 것일 수 있다. 바로 개천절이다. 내가 아는 한 오늘날도 한국인들은 이날을 기념하여 국경일로 지키는 세계 유일한 민족이다.

여기서 분명하게 명심할 것은 홍익인간 사상이 인류를 향한 하나님의 뜻이자, 개국의 으뜸가는 국시(國是)로 단군 신화에 명명백백하게 시초부터 주어졌다는 것이다. 한국 철학계의 원로이자 고려대학교 철학과 윤사순 교수는 다음과 같이 말하였다.

> 한국의 신화(神話)를 분석하면 정작 신(神)의 세계와 그들의 이야기가 없다. 현세의 인간 중심, 인간 본위 사유가 강하다. 단군 신화의 단군은 하늘의 아들이며 그의 후예인 한국인은 천손(天孫)이다. 이것은 인간을 근본으로 삼는 인본(人本) 사상보다 더 수위가 높은 인존(人尊) 사상, 즉 인간을 소중하게 여기는 사상으로 이어진다. 여기서 등장하는 철학적 이념인 홍익인간(弘益人間)은 결코 선민의식이 아니라는 것을 보여준다. 널리 다른 나라의 인간들까지 이롭게 한다는 점에서 세계인과 공유할 수 있는 보편적 이념이 된다.

윤 교수는 "한국 철학사의 특징은 다름 아닌 '인존사상'이었다"며 "경험적 사실로 이뤄진 사상인 데다가 보편성과 실용적 타당성을 담지했다"고 했다. 또한 이것을 중심으로 한 '새로운 휴머니즘'을 바람직한 이념의 얼개로 삼을 수 있는데, 세계인 및 자연과 함께 어울리며 재난, 전쟁, AI 등 과학기술이 초래할 위험에서 인간을 보위할 **공존·공생의 철학**이라고 했다.

"한국 사상의 요체는 인간을 소중하게 여기는 인존사상(人尊思想)을 바탕으로 한 공존(共存) 공생(共生)의 휴머니즘이라 할 수 있습니다."[22]

상기 인용에서 보듯이 윤사순 교수의 관점은 필자의 관점과 정확히 일치한다. 한국의 신화(神話)를 분석하면 정작 신(神)의 세계와 그들의 이야기가 없다. 또한 결국 인종적인 분리를 초래하고 우열(愚劣)로 나누는 선민(選民)의식도 없다. 유대인들은 선민의식으로 얼마나 많은 고통과 질곡을 겪어야 했는지 역사는 말하고 있다. 홍익인간 사상은 선민의식과 같은 분리와 구별이 아닌 보편적 공존사상이다. 현세의 인간 중심, 인간 본위 사유가 강하다. 한국 신화는 '정작 신(神)의 세계와 그들의 이야기가 없다'는 데서 애초부터 인간과 신의 단절은 염두에 둘 필요성 자체가 없는 것이다.

3. 돈오사상의 원류

여기서 짐승(곰과 호랑이)이 사람이 되는 과정을 자세히 살펴보자.

짐승이 사람이 된다는 것은 영적으로 의식의 변성 혹은 개화 혹은 깨침의 과정으로 볼 수 있다. 깨침을 상정한다면 이는 수행과정으로 여기에서는 100일이라는 예상 기간이 주어졌으며, 곰은 21일 만에 웅녀라는 사람(여인)으로 변하였다. 여기서 필자가 주장하고 싶은 것은 그 변화의 과정이 문자적으로 해석하는 것에는 물론 무리가 있을 수 있으나 지금까지 전통적으로 알려진 점수(漸修)적 수행문화와는 다르다는 것이다. 그 기간이 비교적 짧다는 점에 주목한다. 더구나 예상된 100일 중에서 단 21일 만에 속성으로 변화가 일어났다는 점과 햇빛이 없는 캄캄한 환경에서 마늘과 쑥을 먹으며 싫어하는 것을 참는 과정을 통해서 달성된다는 점이다. 도를 터득 실천하기 위해 장기간의 은둔이나 수행이 꼭 필수조건으로 대두되지 않으며 단기간(단박)에 세속제적 전체로서의 자아실현에 곧바로 나서게 되는 것이다. 불교의 돈오사상도 석가모니 붓다 후대에 출현한 것이다. 그의 출가는 삶이 고(苦)라는 단절의 인식으로부터 출발한 것이다. 불가피하게 출발부터 점수적 성격을 띠지 않을 수 없었다. 결국 완전한 인간성인 불성의 발견으로 귀결되지만 출발은 그 역시 이미 인간이 완전한 존재라는 인식에서 시작된 것이 아니다. 그러나 예수의 천국이 가까웠다는 복음 선포와 단박에 제자가 되어 중생 구제에 나선 예수의 가르침과 선불교의 단박에 깨닫는 돈오 사상은 연속에 그 기반을 두는 것이며 돈오사상의 원류를 여기에서 볼 수 있다. 이 내용은 차후 **기완성 의식**에서 상술할 것이다. 홍익인간에 함의된 돈오사상은 인간으로서의 출범이 기완성(旣完成) 신인(神人)으로의 시작이라는 점을 지적하지 않을 수 없다.

4. 삼재(三才, 三神) 사상의 원류

환인(桓因)은 신이다. 그의 아들 환웅(桓雄)천왕 혹은 신웅은 신이 천왕으로서 세상에 나타난 것이다. 그의 속성은 삼재사상 천·지·인 중 **천신(天神)**이며 완전한 천지인의 통섭된 태일인간(홍익인간)인 단군왕검을 낳기 위해 웅녀와 혼인하기 위해 잠시 사람으로 변한다. 비록 환웅이 세상에 천부인을 갖고 수행단을 이끌고 신시(神市)라는 지상에 내려왔으나 웅녀와 혼인하기 위해 사람으로 잠시 변했다는 점에서 결혼 전에는 사람의 형체를 입지 않았음을 알 수 있으며 그 성품은 하나님 아버지 같은 **부성(父性)**을 상징한다.

한편 곰에서 사람인 여인으로 변환 웅녀는 환웅과 대(對)를 이루며 짐승이지만 은근과 끈기로 사람이 되는 것에서 보이듯이 어머니 같이 부드럽고 질긴 **모성(母性)**으로 만물을 낳고 길러내는 성품을 지닌 **지신(地神)**을 상징한다. '그는 항상 신단수 아래서 아이를 가지기를 빌었다.' 이 구절은 어머니 같이 만물(아이)을 낳고 길러내는 **지신(地神)**의 성품을 극명하게 드러낸다. 좀 더 철학적으로 표현하면 우주의 뒤편에서 온 우주를 끊임없이 이끌어 가는 역동성(Dynamicity)의 주체인 것을 알 수 있다.

환웅과 웅녀의 결혼으로 웅녀는 결국 단군왕검(단군임금)을 출산한다. 천신과 지신이 결혼하여 낳은 인간 단군왕검은 날 때부터 신성을 띄지 않을 수 없다. 부모가 둘 다 신이기 때문이다. 신과 신의 결합은 신을 낳을 수뿐이 없다. 이렇게 태어난 인간 단군왕검은 바로 홍익인간(태일인간)으로 **인신(人神)**인 것이 당연하며 성품은 세속제적 의미에서 **인성(人性)**이다. 그러나 형이상학적 의미로 부른다면 인성(人性)이 곧 천성(天性)이다. 우리말에 '인심(人心)이 곧 천심(天心)'이라는 말이 바로 이것을 가리키는 것이다. 형이상학적 의미에서 태일인간이며 이를 이 세상의 구체적 존재로 볼 때는 홍익인간으로 불가의 이제(二諦)의 관점에서 파악할 수 있다. 승의제(勝義諦)적 인신(人神) 태일인간(太一人間)이 세속제(世俗諦)적 인성(人性) 홍익인간(弘益人間)으로 구체화 된 것이다.

이상에서 보듯이 **천신(天神)·지신(地神)·인신(人神) 삼신(三神) 혹인 천지인(天地人) 삼재(三才)가 결합된 홍익인간은 한민족 고유의 종교철학적 의식의 뿌리를 이루는 것이다. 이 삼신 혹은 삼재사상은 전 우주를 일통하는 하나라는 '하나 임'의 위대한 의식이다.** 즉 한민족의 조상인 단군왕검의 세계관·인생관·우주관은 **온 존재의 상호 연속(연결)에 대한 지고(至高)한 통찰**이 선행되었다. 인간과 인간 사이에서 겉모습은 둘로 보이나 형제로서 그 뿌리가 하나임을 깨달았고, **하늘(天, 하나님)과 땅(地, 자연)**은 나를 낳아준 부모로서 둘이 서로 사랑으로 하나 되지 않으면 나를 낳을 수 없다. 아버지(하늘)는 나를 낳고(낳게 해주고) 어머니(땅)는 **나(人, 사람)**를 기르신다. 그러니 하늘과 땅과 인간 일체가 본래 하나라는 연속에 기반한 지고하고 숭고한 결론에 이르렀던 것이다. 이러한 기본인식에 의해서 결집된 종교철학적 사상은 이 삼재사상이 구현된 것이 아니면 안 되었다. 그러므로 그렇게 출현한 홍익인간의 의미는 단순히 인간만을 이롭게 한다는 의미가 아니라 인간을 포함하여 인간이 살아갈 수 있도록 품어주고 길러주는 부모 같은 자연(天地)을 온전히 포용(包容)하는 사상인 것이다.

한민족의 **한**이라는 말뜻 자체가 **하나('하나 임')**라는 뜻이 있으므로 온 나라가 하나의 마음을 갖고 사는 하나 된 민족이라는 뜻이고, 다른 한편 **한**이라는 말뜻은 **크다**는 말뜻도 갖고 있으므로(한강=큰강) 한은 우리 한민족에 국한되지 않으며 전 인류와 전 우주까지 하나로 통섭하는 '하나 임'의 의미 확장이 가능한 용어이다. 온 인류와 전 우주가 하나라는 의식을 갖고 사는 세계가 될 때 지구촌의 평화와 역사적 제2의 황금시대가 도래할 것임은 분명하다.

삼신 혹은 삼재사상에 따른 홍익인간은 한민족의 뇌리에 잠재의식적으로 각인 되어 있는 것이다. 특별히 **삼신**(天神一, 地神一, 人神一) 중 가장 큰 하나로 표현하는 태일(太一), 즉 인신(人神)은 삼신 중에서 으뜸으로 여긴다는 의미이다. 홍익인간인 태일의 특징은 그 구성 자체가 천신과 지신이 결합되어 생겨난 존재로서 천신의 뜻과 지신의 뜻을 알고 이를 받들어 구체적으로 인간 세에서 구현하며 실천하는 주체인 **인신(人神)**으로서 신령한 영각성(靈覺性, 신령하게 깨닫는 성품)을 지녔기 때문이다. 그러니 어찌 크지 아니한가? 이러한 의미에서 사람이 최귀한 것이다 [天地之間 萬物之中 惟人最貴-『동몽선습(童蒙先習)』].

홍익인간은 창세기의 아담이 인간을 대표하듯이 모든 인간을 대표하는 것이다. 그러면 여기서 홍익인간에 대한 이해의 폭을 넓히기 위해 구약성경에 나타난 삼신사상의 흔적을 살펴보고 비교해 보자. 우리는 창세기 1장과 18장에서 삼신사상의 흔적을 살펴볼 수 있다.

> 26 하나님이 가라사대 우리의 형상을 따라 우리의 모양대로 우리가 사람을 만들고 그로 바다의 고기와 공중의 새와 육축과 온 땅과 땅에 기는 모든 것을 다스리게 하자 하시고
> 27 하나님이 자기 형상 곧 하나님의 형상대로 사람을 창조하시되 남자와 여자를 창조하시고(창세기 1장)
>
> 1 여호와께서 마므레 상수리 수풀 근처에서 아브라함에게 나타나

시니라 오정 즈음에 그가 장막 문에 앉았다가

2 눈을 들어 본즉 사람 셋이 맞은편에 섰는지라 그가 그들을 보자 곧 장막 문에서 달려나가 영접하며 몸을 땅에 굽혀

3 가로되 내 주여 내가 주께 은혜를 입었사오면 원컨대 종을 떠나 지나가지 마옵시고

4 물을 조금 가져오게 하사 당신들의 발을 씻으시고 나무 아래서 쉬소서

5 내가 떡을 조금 가져오리니 당신들의 마음을 쾌활케 하신 후에 지나가소서 당신들이 종에게 오셨음이니이다 그들이 가로되 네 말대로 그리하라

6 아브라함이 급히 장막에 들어가 사라에게 이르러 이르되 속히 고운 가루 세 스아를 가져다가 반죽하여 떡을 만들라 하고

7 아브라함이 또 짐승 떼에 달려가서 기름지고 좋은 송아지를 취하여 하인에게 주니 그가 급히 요리한지라

8 아브라함이 뻐터와 우유와 하인이 요리한 송아지를 가져다가 그들의 앞에 진설하고 나무 아래 모셔 서매 그들이 먹으니라

9 그들이 아브라함에게 이르되 네 아내 사라가 어디 있느냐 대답하되 장막에 있나이다 (창세기 18장)

상기 창세기 1장 26절에 보이듯이 하나님이 자신을 가리켜 **우리**라고 표현하는 것을 볼 수 있다. 비록 삼신이라는 표현은 찾을 수가 없으나 복수형의 우리라는 표현에서 적어도 하나의 신이 아닌 것을 추정할 수 있으며, 창세기 18장 2절의 **사람 셋**에서 비로소 하나님이 삼신(三神)임을 유추할 수 있다. 이 구절을 후일 기독교에서 성부, 성자, 성신의 삼위일체 사상과 연관 짓지만, 삼위일체는 훨씬 후대의 사상으로

그것은 기독교의 해석이다. 단군 신화에 나오는 삼신 삼재사상은 기독교 삼위일체 신과는 다르다. 기독교의 삼위에는 지신(地神)이 빠져있다. 그러므로 이러한 이유로 자연을 정복의 대상으로 대하는 서구 문화는 결국 환경 파괴와 오염의 파국을 맞이한 것이다. 여하튼 창세기에 나타나는 삼신사상의 흔적이 창세기가 기록되기 수천 년 전에 이미 완성되어 있었던 점에 비추어 이러한 기록은 고대 환국 건국 신화의 삼신(삼재) 사상의 영향을 받았으리라고 추정해 볼 뿐이다.

이 기회에 창세기의 상기 삼신 삼재사상에 덧붙여 위 구절에서 한 가지 빼놓을 수 없는 중요한 사항을 설하고자 한다.

'우리의 형상을 따라 우리의 모양대로 우리가 사람을 만들고'

바로 창세기 1장 26절의 말씀에 대한 해석이다. 인간은 분명 하나님의 형상을 따라 하나님의 모양대로 만들어졌으니 쉬운 말로 **하나님의 복제품**이라는 뜻이다. 다른 말로 사람이 하나님이라는 사실이다. 피조되었으되 창조자와 동일한 위상과 자격을 갖는다. 이는 부모와 자식과의 관계와 마찬가지로 신화적 표현일 뿐이다. 이 구절에 대하여 이러한 담대한 주장을 하는 것은 예수님이 말씀하신 마태복음 5장 48절의 말씀을 보면 더욱 확신을 갖지 않을 수 없기 때문이다.

'그러므로 하늘에 계신 너희 아버지의 온전하심과 같이 너희도 온전하라'

예수님은 인간에 대해서 죄로 타락 단절하여 구원받지 못할 죄인으로 결코 생각(인식)하신 적이 없다는 것이다. 예수님은 인간을 보

실 때 창세기 1장 26절에서와 같이 하나님의 형상을 보고 계신 것이다
(旣完成 意識). 그러니 '너희 아버지의 온전하심과 같이 너희도 온전
하라'는 말씀은 본래 인간은 하나님 같이 온전한 존재(旣完成 意識)
이니 당연히 하나님 같은 온전함을 드러내라는 가르침이다. 쉬운 말로
제 정신(하나님) 차리라는 얘기다. 정신을 똑바로 차리면 본래 모습으
로 돌아오는 것이 합당한 이치이다. 예를 들어 원래 짐승을 보고 사람
같아지라고 해도 짐승이 사람이 되는 것은 불가능하다. 본래 짐승이기
때문이다. 이같이 개에게 인간이 되라는 식으로 인간을 가르치실 리는
없다. 그러니 예수님은 인간을 본래 하나님으로 보고 계신 것이 분명
하다. 그러므로 인간이 하나님같이 온전해지는 것은 원래 인간은 하나
님이기 때문이다, 창세기 1장 26절이 바로 이 말씀과 같은 맥락이다.

5. 사람과 짐승(한민족의 인간 분류)

한민족은 인간을 두 종류로 파악한다. 한민족은 모든 인간을 기본
적으로 홍익인간(사람)으로 파악 인식한다. 그러나 사람의 탈을 썼지
만 그 인간의 마음이 사람 같지 않으면 이를 짐승으로 파악한다. 홍익
인간이 태어나는 과정에서 보이듯이 호랑이는 사람이 되는 데 실패했
다. 호랑이가 비록 곰보다 영리하고 동작이 날쌔며 용맹스럽지만 그
기(忌)하지 못하는 조급함으로 인하여 사람이 되지 못하였다. 이에 비
해 곰은 호랑이보다 영리하지 못하고 동작이 굼뜨지만 그 심지가 굳어
어려움을 은근과 끈기로 **기(忌, 싫지만 참는다)**하여 사람이 된 것이
다. 여기서 한민족은 재기발랄하고 약삭빠른 사람보다 심지가 굳고 한
결같은 사람을 선호하는 이유를 알 수 있다. 그 중심이 한결같아 변함

이 없기 때문이다. 호랑이는 결국 사람이 되지 못하고 짐승으로 머물러 있게 되었다. 그러므로 한민족에게는 잠재의식적으로 두 종류의 인간이 있게 된 것이다. 사람 아니면 짐승. 짐승은 겉모습은 사람이지만 인격(신격)을 갖추지 못한 자격 미달의 인간을 가리킨다. 한국인이 다툼의 끝에 상대방의 나쁜 심성을 알아채 버리면 하는 욕이 있다. '네가 사람이냐?'가 바로 그것이다. 나는 너를 사람으로 보았는데(인식) 그렇지 않음을 발견하고 던지는 직설적 의문이다. 바꾸어 말하면 너는 사람이 아니고 짐승이라는 욕의 우회적 표현이다.

6. 홍익인간에 드러나는 기완성(旣完成) 의식

　필자가 뒤늦게 발견하고 도달한 귀중한 통찰은 인식에 관한 것이다. 사실 알고 보면 이미 잘 알고 있다고 생각했던 논리학의 귀납(歸納, Induction)과 연역(演繹, Deduction)에 대한 것이다. 그런데 귀납이냐 연역이냐는 인간의 두 가지 형태의 사고방식이지만 이 두 가지 쌍은 서로 상반된 접근 방향에 관한 것이다. 귀납은 어떠한 과정을 거쳐서 어떠한 결론이나 목적에 이르는 상향적 방향성을 갖는 점수적 접근법이다. 연역은 이미 도달한 결론이나 명제에 대한 인식에서 출발하여 그 이후의 과정은 이미 도달한 결론의 예시 혹은 증명에 불과한 것이다. 그 접근은 돈오의 하향적 방향성을 갖는다.
　인간의 마음 자세를 가만히 살펴보면 인간은 각자마다 이러한 두 가지 방향성 중 하나를 선택하는 잠재의식적 성향을 갖는 것으로 보인다. 그런데 이제까지 대다수 인류가 믿어온 귀납적 방법은 연역적 접근보다 훨씬 힘들고 사람을 힘들게 한다는 사실을 깨닫게 되었다. 마치 물살을 가르고 올라가는 것과 같다는 것을 깨닫게 되었다.

여기서 필자의 학창 시절 경험을 한 가지 소개하고자 한다. 학창 시절에 주된 관심이 학업 성적인 것은 예나 지금이나 똑같다. 중간고사가 끝나고 몇 주가 지난 어느 날 방과 후 담임 선생님은 성적이 많이 하락한 학생들의 이름을 호명하여 교단 위에 세우시고 사랑의 매를 들으셨다. 그중 한 급우에게 한 방의 매를 드시기 전에 다음과 같이 말씀하셨다. "아무개야, 너는 충분히 좋은 성적을 받을 수 있는데 이게 뭐니?" 여기서 필자가 주목하는 것은 너는 충분히 좋은 성적을 받을 수 있다는 말이었다. 선생님은 그 학생의 자질을 높이 평가하고 계셨다. 그렇게 그 학생의 자질에 대한 높은 평가와 인식(앞으로 논의할 기완성 의식)은 비록 그가 선생님으로부터 사랑의 매를 맞아도 크게 불명예스럽거나 수치스러운 것은 아니었다. 아마 선생님의 매를 맞아도 크게 아프지도 않았을 것이다. 그 학생은 앞으로 자신의 자질을 내보일 수 있는 기회는 얼마든지 앞으로 널려있다고 생각할 것이다. 선생님은 어느 학생이든 학생을 높이 평가하고 그 자질을 이끌어 내는 법을 터득하신 현명한 분이셨다. 이미 훌륭한 학생의 자질을 갖고 있다는 인식 혹은 결론은 그 이후 그 학생의 분발에 의하여 자연히 무수한 실례를 증명해 보일 것이다. 그리고 이후 분발에 소요되는 노고는 심리적으로 열등감이나 피곤함을 벗어나 있을 것이다. 여기서 필자의 관점은 사물을 대하는 그 연역적 접근의 우수성에 대한 통찰이다.

그러나 고래로 대부분 인류의 사물을 대하는 접근 방법은 귀납적 방법이 대세를 이루고 있다. 열심히 노력하여야 성공한다. 십자가가 없으면 승리는 없다. 모든 애쓰고 힘을 써야 목적을 성취하는 상향적 구도로 물을 거슬러 올라가는 것과 같다. 노력과 애씀은 인간을 한없이 피곤케 하는 것이다. 이러한 잠재의식적 인간의 성향은 도나 진리에

접근 방법에서도 여실히 드러난다. 바울의 기독교는 인간이 죄인이라
는 인식에서부터 출발하고, 남방(소승)불교는 인생은 고(苦)라는 데
서부터 출발한다. 물론 예수님과 선불교에서 연역적 접근성을 찾을 수
있다. 예수님은 기독교와는 달리 인간이 하나님이라는 인식(복음)에서
출발하고, 선불교는 어느 한순간 단박에 부처임을 깨닫게 된다는 접근
법을 사용한다. 원칙적으로 선불교에 수행은 있을 수 없다. 수행의 과
정은 자신이 붓다가 되는 과정이 아니라 붓다임을 증험(證驗)하는 과
정이기 때문에 더 이상 닦을 것이 없는 돈오돈수(頓悟頓修)인 것이다.
물을 타고 내려가기 때문에 노역이 필요 없는 것과 같다. 이러한 이해
를 바탕으로 홍익인간의 핵심을 살펴보자.

상기 이같이 현명한 통찰에 도달한 우리 한민족의 조상은 그 지고
한 종교철학적 가르침을 역사의 시원에서부터 내보이고 있다. 그것은
바로 홍익인간이라는 대명제인 것이다.

홍익인간은 이미 완성된 인간(신-인간-자연이 합일된 인간)으로
부터 출발한다. 그 시작이 성취 구현을 당연한 것으로 여기는 인식에
서부터 출발한다. 그 시작이 수행을 통해 홍익인간이 되어 미래에 달
성한다는 개념이 아니다. 인간으로 날 때부터 이미 신의 품성과 땅의
자질을 지닌 홍익인간으로서 스스로의 능력을 보이는 것으로 출발한
다는 것이다. 이미 완성된 존재이기 때문에 수행이 강조되지 않는다.
몇 주간의 어려움을 견디는 마음(끈기)만 있으면 충분하다. 비교적 짧
은 삼칠일(21일)에 곰이 웅녀(인간)가 되었다. 사실 이 기간은 자신이
짐승이 아니라 인간이었다는 사실을 깨닫는 데 소요된 시간이었다. 이
것은 불가의 돈오와 맥을 같이한다. 21일은 돈오의 신화적(상징적) 표
현일 뿐이다. 처음 예상한 100일이 다 필요하지 않다. 이에 비해 100일
은 점수적 수행의 상징이다. 한민족에게서 인간은 출생부터 그 자체로

최고의 성취다. 이미 신의 자격이 내재해 있기 때문이다. 이러한 기완성 인식(연역)은 미완성 인식(귀납)과는 전혀 다르다. 기완성 인식은 **연속** 전체로서의 인식이고, 미완성 인식은 **단절**에 기반한 인식이다. 단절과 시간을 전제하고 노력해야 달성되는 구조이다. 이를 잘 드러내 주는 성경을 인용하겠다. 여기에 예수 그리스도(선불교, 홍익인간)의 관점이 무엇인지를 유감없이 발휘되는 것을 볼 수 있다.

22 회당장 중 하나인 야이로라 하는 이가 와서 예수를 보고 발 아래 엎드리어
23 많이 간구하여 가로되 내 어린 딸이 죽게 되었사오니 오셔서 그 위에 손을 얹으사 그로 구원을 얻어 살게 하소서 하거늘
⋮
35 아직 말씀하실 때에 회당장의 집에서 사람들이 와서 가로되 당신의 딸이 죽었나이다 어찌하여 선생을 더 괴롭게 하나이까
36 예수께서 그 하는 말을 곁에서 들으시고 회당장에게 이르시되 두려워 말고 믿기만 하라 하시고
37 베드로와 야고보와 야고보의 형제 요한 외에 아무도 따라옴을 허치 아니하시고
38 회당장의 집에 함께 가사 훤화함과 사람들의 울며 심히 통곡함을 보시고
39 들어가서 저희에게 이르시되 너희가 어찌하여 훤화하며 우느냐 이 아이가 죽은 것이 아니라 잔다 하시니
40 저희가 비웃더라 예수께서 저희를 다 내어보내신 후에 아이의 부모와 또 자기와 함께한 자들을 데리시고 아이 있는 곳에 들어가사

41 그 아이의 손을 잡고 가라사대 달리다굼 하시니 번역하면 곧
소녀야 내가 네게 말하노니 일어나라 하심이라
42 소녀가 곧 일어나서 걸으니 나이 열 두살이라 사람들이 곧 크
게 놀라고 놀라거늘
43 예수께서 이 일을 아무도 알지 못하게 하라고 저희를 많이 경
계하시고 이에 소녀에게 먹을 것을 주라 하시니라

(마가복음 5:22-43)

여기서 예수의 야이로의 딸에 대한 인식은 그 주변의 사람들과는 전혀 다른 인식을 보여주고 있다. 예수를 제외한 여타 사람들의 인식은 그 소녀가 죽었다는 **단절에 기반한 미완성(未完成)** 인식이다. 그러나 예수의 인식은 아예 처음부터 야이로의 딸이 죽은 것이 아니라 잔다, 즉 살아있음의 **연속에 기반한 기완성(旣完成)** 의식에서 출발한다. 그리고 그 소녀가 살아있다고 인식하기 때문에 당연히 일어나라고 하신다. 여기는 우리 인간의 온갖 사상에 대하는 기본적 태도가 분기하는 지점으로 이는 아무리 강조해도 지나치지 않는 핵심이다. 다음의 두 가지 출발을 비교해 보자.

(A) **기완성(旣完成) 의식**: 목적이 이미 이루어졌다는 인식(히브리서 11:1 믿음은 바라는 것들의 실상이요 보지 못하는 것들의 증거니)-목적은 실상과 증거로서 이미 완성(旣完成)되어 마음 가운데 존재함으로부터 출발하는 것 → 신뢰(信賴), 인식(認識)을 바탕

(B) **미완성(未完成) 의식**: 열심히 노력하면(未完成) 목적을 이룰 수 있다는 생각으로 출발하는 것 → 노력(努力), 행위(行爲)를 바탕

상기 (A), (B) 양자는 어떠한 차이가 있고 어느 편이 우월하다고 생각하는가? 앞에서 지적했듯이 붓다와 기독교는 미완성 의식에서 출발한다. 석가모니는 고로부터의 해탈을 위해서 길을 나선 것이다. 생로병사라는 고를 전제(미완성)로 출발하여 해탈을 통한 연속(완성)에 이르는 것이다. 그러나 대승불교의 선사상은 돈오사상으로 깨달음에 이르기 위하여 단절에 따른 긴 수행을 요구하지 않고 단박에 깨쳐있음을 발견한다. 미완성에서 출발하지만 본래의 완전한 자신을 일깨움으로써 단박에 획기적으로 본래 상태로 회복되는 구조이다.

기독교는 죄에 따른 하나님과의 단절을 전제하고 이로부터 구원에 이르려는 것이란 점에서 미완성으로부터 역시 출발하여 대속론까지 펼친다. 이에 비해 돈오의 선사상과 홍익인간은 완전한 존재(旣完成)라는 인식으로부터 출발한다. 예수가 가르친 진리는 기독교와는 다르다. 성경에는 예수가 처음부터 하나님의 아들(그리스도)이라는 인식(旣完成)으로 출발하는 것이 홍익인간과 그 인식적 궤를 같이한다. 그의 공생애 첫 성은 모든 만인이 그리스도라는 복된 소식으로 출발한다. '회개하라 천국이 가까웠다'는 말씀의 선포가 그것이다. 이 말씀은 기존의 하나님과 인간 사이에 단절에서 연속으로의 인식 전환을 촉구하는 강렬한 선언이라 볼 수 있다. 구약의 종교적 가르침은 인간은 원죄(아담의 타락) 혹은 자신의 한계로 인해 하나님과 분리되어 있다는 단절의식을 가르친다. 이 단절은 고독, 허무, 소외 등의 감정으로 나타나며, 종교적 관점에서는 인간이 스스로 구원을 얻을 수 없다는 절망에 이르게 한다. 여기서 **'회개하라'는 단순히 잘못을 뉘우치라는 말이 아니라, 하나님으로부터 분리되어 있다는 생각으로부터 방향을 돌려 본래 하나님과 연속된 하나라는 인식으로 거듭나라는 뜻이다.** 이 하나님과 하나 된 지평이 예수가 가르친 천국이다. **천국은 단순한 미래**

의 보상이 아니라, 현재의 삶 속에서도 경험되는 하나님과의 깊은 연속성을 의미한다. 이는 신과 인간이 하나의 관계 속에서 호흡하고 상호 작용하는 상태를 지향한다. 인간은 본래 단절과 연속 사이의 긴장 속에서 살아간다. 예수의 선언은 인간이 더 이상 단절 속에 머무르지 않고, 초월적 존재와의 연속성을 깨우쳐 준다. 이는 또한 인간 존재의 목적과 의미를 새롭게 인식하게 하며, 연속성을 기반으로 한 새로운 세계관을 제공하는 것이다. 단절된 관계를 회복하고, 파편화된 삶의 요소들을 통합하며, 진정한 연속성을 추구하는 삶의 태도를 형성하는 데 있어 중요한 전환점이 된다. 이 메시지를 통해, 인간은 육체적으로 자신의 연약함과 한계를 깨닫는 동시에 초월적 존재와의 연속을 경험하며 새로운 정체성과 삶의 목적을 발견할 수 있게 해준다. 바로 이러한 가르침의 실례가 바로 회당장 야이로의 딸에 대한 이야기다. 야이로의 딸에 대한 두 가지 기본인식을 비교해 보자.

(A) '자고 있다'(o) → 연속으로 인식, 연속의 입장에서는 죽음과 단절은 없다.

(B) '죽었다'(x) → 미완성(未完成) 의식에서 단절로 인식.

한민족은 죽음에 대해서 그 고유한 표현으로 '돌아가셨다'로 표현한다. 죽음은 단절이 아니라 본래 근원으로 돌아가는 것이다(一終無終一). 단절이 아니라 삶의 연속성을 드러내는 표현이다. 유대인의 구약성경에도 죽음에 대하여 '열조에게로 돌아갔다'는 표현[23]을 쓴다. 유대민족도 한민족과 유사한 개념을 가지고 있는 것으로 보인다. 두 문화 모두에서 죽음을 단순한 소멸이 아니라, 본래의 근원적 존재로의 귀환이나 재결합으로 이해하는 사고방식이 담겨있다. 인간 존재의 지속성을 강조한다는 점에서 두 문화 사이에 공통점이 있다. 여기서 예수의 '자고 있다'는 표현도 유대인의 잠재의식적 삶의 연속성을 드러내는 표현으로 볼 수 있다. 결론적으로 **기완성 의식은 연속에 기반**하며 죽음이나 단절은 존재하지 않는다.

7. 홍익인간과 감정적 주체성

한민족의 홍익인간 사상과 인존(人尊)사상은 한국 문화의 근본적인 가치관을 형성하는 중요한 요소이다. 이 철학적 기초는 한국인의 고유한 세계관과 윤리적 지향성을 형성하며, 그 원류는 단군 신화에 등장하는 홍익인간이라는 사상에 깊이 뿌리를 두고 있음을 앞에서 밝힌 바 있다. 이 사상은 곧 인존사상(사람을 가장 귀한 존재로 여기는 사상)과 맥을 같이하며 인간의 내면적 감정과 주체적 주관성에 기반을 둔 독특한 철학적 구조를 지니고 있다. 이러한 사상은 서구 사상과는 달리 객관적인 가치나 외부적인 대상에 의존하기보다는 인간의 감정, 즉 '정'이라는 감정적이고 주관적인 요소를 핵심으로 삼는다. 이는 주관적인 감정, 즉 '정'(좋음과 싫음)에 크게 의존한다. 여기서 '정'은 단순한 감정 이상의 의미를 가지며, 인간의 본성과 관련된 깊은 감정을 포함한다. 이는 한민족의 삶과 문화에서 중요한 역할을 하며, 상호 존중과 이해를 바탕으로 한 '하나 임'의 개념과 연결된다.

이는 객관적 보편성을 추구하기보다 주체적 주관성을 중시하는 것이다. 이는 인간 개개인의 감정과 정서를 중심으로 삼는 문화적 특성에서 기인하며, 공동체 속에서 개개인의 감정과 관계를 존중하는 사고방식으로 이어진다. 주체성이란 단순히 **개인의 독립성을 뜻하는 것이**

아니라, 감정적 교류를 통한 **관계의 주체로서의 인간**을 강조하는 개념이다. 이러한 주체적 주관성은 한민족의 정서를 바탕으로 한 독특한 가치관과 세계관을 형성하며, 한국적 정체성의 핵심이 된다.

결론적으로 **한민족의 인존사상은 홍익인간이라는 철학적 토대 위에, 주체적 주관성과 감정 중심의 사고방식을 통합한 독특한 체계를 이룬다.**

홍익인간-인존사상-정

이러한 '정'에 기반한 주관적 가치체계를 중시하는 문화는 부정적 관점에서 올바른 판단을 그르칠 위험성이 존재한다. 그 실례가 감정에 호소하는 부당한 선동이나 정치적 선전에 취약한 양상을 드러내 보이는 것이다. 오늘날 대한민국은 대통령 탄핵정국을 맞이하여 탄핵 찬성파들의 주장이 한국인의 가치 판단 기준이 객관적 사실보다는 주관적인 감정에 치우쳐 엄혹한 범법에 대한 처단을 도외시하는 것으로 보인다. 한국 사회는 '정'과 '한' 같은 감정적 가치를 중시하는 문화적 전통을 가지고 있다. 이는 사람 간의 관계를 중시하고 공동체적 유대감을 강화하는 긍정적 측면도 있지만, 때로는 법적·객관적 판단보다 감정에 의한 판단이 우선시되는 부작용을 초래하기도 한다. 예컨대, 조선시대의 사회 질서에서 유교적 도덕성과 관계 중심의 사고가 법치주의보다 더 중요한 기준으로 작용했던 전통이 오늘날에도 일정 부분 남아 있을 수 있는 것이다. 한국 현대사는 민주화운동과 촛불집회 같은 집단적 행동을 통해 정치적 변화를 이뤄낸 역사가 있다. 이런 경험은 국민에게 '집단의 감정과 의지가 곧 정의'라는 강한 믿음을 심어주었다. 이러한 경험이 법과 제도보다는 집단 감정에 의존하는 문화적 패턴을 강화했을 가능성이 있는 것이다. 탄핵과정에서 국민적 논의가 분열된 이유는 법적 판단과 대중적 정서 사이의 충돌 때문이다. 이 점을 어떻게 보완할 것인가? 객관적이고 공정한 법적 판단이 최우선이라는 사회적 합의가 필요하다. 감정적 논의와 별개로, 법적 시스템이 신뢰를 얻고 독립적으로 작동해야 한다. 국민들에게 객관적 사실과 법적 근거의 중요성을 교육하고, 비판적 사고를 함양할 수 있는 시스템을 구축해야 한다. 이는 교육 제도뿐 아니라 미디어와 공공 담론을 통해서도 이루어질 수 있다. 감정적 요소는 인간다움의 중요한 부분이지만, 이를 사실과 객관적 판단과 조화롭게 통합할 필요가 있다. 이는 '정'과 '한'의 감정을 긍정적으로 활용하면서도 법적 기준을 강화하는 방향으로 나아갈 수 있다. 한국인의 감정 중심적 사고는 역사적으로나 문화적으로 중요한 요소이지만, 법치와 객관적 판단이 제대로 기능하지 못할 때 약점으로 작용할 수 있다. 탄핵정국에서 이러한 문제를 반면교사 삼아, 한국 사회가 법치주의와 감정적 공동체 정신 간의 균형을 모색하는 계기로 삼아야 할 것이다.

8. 홍익인간 사상(성선설)과 서구적 인간관(성악설, 원죄)

홍익인간 사상은 근본적으로 인간의 지고한 가치(唯人最貴)를 천명한 사상이기 때문에 인간의 심성에 대해서 선하고 인자하며 착하다는 긍정적인 믿음(성선설)을 전제한다. 이러한 잠재의식적 믿음은 인간의 모든 사상과 행위에 결정적인 영향을 미칠 수뿐이 없다고 생각된다. 왜냐하면 이 잠재의식적 믿음은 인식의 출발선상에 있으며 향후 모든 언행에 그 방향성을 제시하기 때문이다. 한민족에게 있어서 선악의 개념은 근원적으로 서구의 이분법적 개념과는 다르다. 우리말에 '죄는 미워해도 사람은 미워하지 말라'는 말이 있다. 이 말은 악한 죄를 저지른 그 사람조차도 지고한 가치를 지닌 인간이기 때문이다. 이러한 관점은 전술한 바와 같이 한민족의 삼재사상(天·地·人)과 홍익인간 사상이 일원론적 사고에 근거하고 있다. 이는 한민족의 세계관이 단순한 이분법적 대립보다는 조화와 연속을 중시하며, 선악조차도 대립 구도로 파악하지 않고 본래의 선한 본성이 발현되지 못한 상태로 이해하는 것이다.

이 관점을 중심으로 단군 신화와 호랑이의 상징성을 분석하고자 한다. 삼재사상은 하늘(天), 땅(地), 인간(人)의 조화를 통해 세상의 균형을 이루려는 철학적 토대를 제공한다. 홍익인간 사상은 이러한 조화 속에서 인간이 본래 지닌 선한 본성을 최대한 발현하여 자신뿐 아니라 타인과 세상을 이롭게 하려는 이상을 강조하는 것이다. 한국 문화 속에서 형성된 '정'과 '하나 임'(우리) 역시 홍익인간 사상의 연장선상에 있다. 이는 서양철학에서의 이분법적 선악 개념과 달리, 인간의 선함이 환경적·내적 장애로 인해 발현되지 못한 상태를 극복하는 것을 더 중요하게 여기는 것이다. 단군 신화에서 곰은 인내와 끈기를 통해 인간이 되는 과정을 완수한 반면, 호랑이는 이를 완수하지 못하고 인간이 되지 못한다. 호랑이는 도전과 욕망을 상징하면서도, 인간이 되지 못한 이유는 내면적 인식의 결핍과 인내의 결여 때문으로 해석할 수 있다. 신화에 드러난 호랑이와 곰의 자기 인식은 물론 자신들이 인간이 아니라는 것이다. 그래서 통상 인내와 노력을 통해서 인간이 되는 길에 많은 노력과 인내가 필요한 것으로 해석한다. 이에 대하여 필자는 다른 관점을 가지고 있다. 동일한 신화적 표현에 대해서 그 백일 간의 과정은 필요 없고 단순한 인식의 전환(믿음)을 통해서 달성될 수 있다고 믿는다. 예수의 가르침대로 믿음으로 단박에 하나님의 아들로서 신의 성품에 참여할 수 있는 것이다. 증오(證悟)는 닦음의 결과로 얻어지는 것이 아니다.[24] 즉 돈오(頓悟)는 노력으로 얻어지는 것이 아니다. 이 정신이 불가의 돈오사상이요 인간 모두가 이미 하나님의 아들(인자)이라는 예수의 복음이다.[25]

곰이 백일을 다 보내지 않고 삼칠일(21일) 만에 웅녀가 된 것은 처음 예상대로 노력과 인내의 길을 가서 된 것이 아니라는 표현이다. 다른 길, 즉 인식의 전환이라는 빠른 길(21일)로 들어섰다는 상징으로 보이기 때문이다. 호랑이는 선악의 대립으로 평가되기보다는 본래 잠재된 선한 성질을 발현하지 못한 미완성의 존재로 볼 수 있다. 이는 선악의 개념이 이분법적 대립이 아니라, 연속선상에서의 발현과 억제라는 관점으로 해석될 수 있음을 시사한다. 인간은 본래 선(붓다, 그리스도)하며, 선한 본성이 발현되지 못한 경우가 있을 뿐이다. 구원의 방식은 개발과 인식의 전환(在世理化)을 통해 선한 본성을 재발견하고 조화를 이루는 것이다. 환경적·사회적 요인, 그리고 개인적 의지가 어떻게 작용하느냐에 따라 선이 발현되거나 억제될 수 있다.

이에 비하여 서구적 선악 이분법은 기본 전제로 선과 악은 상호 대립하고 양립할 수 없는 개념이다. 인간의 본성이 본래 악하므로(원죄), 악한 경향성을 억제해야 한다. 종교적 구원, 규율과 통제를 통해 악을 억제함으로써 구원될 수 있다. 대표적으로 토마스 홉스(Thomas Hobbes)는 저서 『리바이어던』에서 "인간은 자연 상태에서 만인에 대한 만인의 투쟁 상태에 있다"고 주장했다. 그 맥락은 오늘날 서구의 치안이 이 사실을 고스란히 보여주고 있다. 기독교 신학 역시 인간은 원죄(Original Sin)[26]를 타고난 존재로 간주하며, 구원과 신의 은총 없이는 선한 행동이 불가능하다고 본다. 인간은 본래 이기적이고 탐욕적이며,

악한 본성을 억제하기 위해 강력한 규율이나 사회적 통제가 필요하다고 본다. 개인주의와 경쟁 중심의 사회적 구조는 이러한 성악적 인간관의 영향을 받은 결과로 볼 수 있다. 이 결과 종교철학 교육의 이념 자체가 한민족과 서구는 다르다. 결론적 목표는 같으나 인식의 출발이 다르다. 홍익인간은 인간의 선한 본성을 재발견하고, 공동체적 가치를 강화하는 데 비해 서구는 인간을 죄에서 구원하고, 악한 본성을 억제하며 질서를 유지하는데 그 방향성이 있다. 그러므로 결국 개인주의 중심, 경쟁과 통제 기반의 사회 구조를 형성하게 된 것이다, 이에 비해 홍익인간 사상은 인간의 선한 본성을 강조함으로써 상호 신뢰와 협력의 사회를 구축하는 데 유리하다. 한민족과 서구의 결과적 차이는 인식의 출발이 다르다는 결론에 이를 수뿐이 없다. 결국 오늘날 비교적 안정된 한국의 치안은 이러한 맥락의 한 예라고 볼 수 있다.

제5장

한민족의 '한'과 '정'(한국인의 감정 구조)

어느 민족의 정신적 정체성을 알기 위해서는 먼저 그 잠재의식적 정서와 감정을 이해하고 탐구하는 것이 하나의 좋은 접근이라고 생각한다. 물론 다각적인 시야에서 분석하고 통찰함으로써 이해의 폭을 넓힐 수 있을 것이다. 그러나 그중에서도 정서와 감정이 우선적으로 고려되는 것은 인간의 가장 내밀한 특질은 지성적 특징보다는 감정적 영역에서 그 고유성이 보다 더 잘 드러날 것이기 때문이다.

이와 같이 생각하는 이유는 인간의 정서와 감정을 담당하는 뇌 부위가 해부학적으로 뇌의 심부[변연계 (Limbic System), 편도체 (Amygdala), 시상하부 (Hypothalamus)]에 위치하며[27], 이는 감정이 생존과 직결된 원초적이고 본능적인 반응이라는 것이다. 감정이 생존과 직결되고 그것을 관장하는 부위가 뇌의 더 깊은 심부에 위치한다는 사실에서 그 중요성을 시사하고 있으며 인간의 정체성의 주요 부분을 차지하고 있다는 것을 추론할 수 있는 것이다. 이성적 사고를 담당하는 부위는 뇌 중에서도 바깥쪽에 위치하고 있으며, 그 해부학적 부위는 주로 전두엽(Frontal Lobe)인데 그중 전두전야 (Prefrontal Cortex)는 논리적 사고, 계획, 의사결정, 사회적 규범을 이해하고 따르는 능력 등을 관장한다. 하지만 이 부위는 변연계보다 진화적으로 후기에 발달한 구조로서 감정적 반응을 조절한다. 이와 같이 감정은 인간 경험의 더 근본적인 영역을 차지한다고 볼 수 있으며, 이는 민족의 정체성이나 개인의 행동에 있어서도 매우 중요한 요소로 작용함을 알 수 있다. 결국 정서적·감정적 측면은 그 민족의 가장 내밀하고 진정한 모습을 이해하는 데 있어 필수적인 출발점이라고 할 수 있을 것이다.

그러면 이러한 정서적·감정적 특징이 형성되는 과정을 살펴보자. 인간은 살아있는 의식체이기 때문에 그 정체성은 한 인간이 살아오며 겪은 모든 경험에 의하여 차곡차곡 배움과 교훈을 얻고 업그레이드되는 과정에 있다고 생각된다. 그러한 의식상의 작업이 이루어지는 것은 시간과 공간이라는 기본 조건 하의 것으로 이는 곧 역사와 지정학적 무대를 가리키는 것이다. 그러한 작업은 그 시대와 그 공간을 함께 사는 대다수 사람의 잠재의식적 합의 혹은 동의라는 공통된 의식을 통해서 구체화된다고 생각된다. 이렇게 구성되고 또한 계속 구성되어 가는 것이 특정 민족의 잠재의식적 정체성이고 특질일 것이다.

1. 역사와 지정학적 조건

한편 이러한 정서적·감정적 특질이 형성되는 것이 **역사와 지정학(地政學)적 조건**으로 한 민족의 정체성을 모두 이해할 수 있는 것은 아니라고 생각한다. 대개 외국 학자들이 한국인의 정체성에 대한 분석은 한민족이 아니기 때문에 그 특성을 객관적으로 잘 분석할 수도 있을 것이지만 같은 이유로 한민족 스스로가 아니면 보지 못하는 부분이 있게 마련이다. 일반적으로 대부분의 연구가 역사와 지정학적 범위를 벗어나지 못하는 한계를 갖는다. 이러한 통찰의 타당성은 또한 비슷한 역사와 지정학적 조건을 가진 다른 민족을 상정할 경우 보다 분명해질 수 있다. 사고 실험으로 타민족에게 한민족과 꼭 같은 **역사와 지정학(地政學)적 조건**이 주어졌더라면 그들도 한(동이)민족의 고유한 정서와 꼭 같은 특질을 갖게 되었을까? 필자의 생각은 아니라고 생각한다. 이 문제는 차후 유대민족과의 비교에서 보다 심도 있게 다룰 것이지만, 여하튼 동일한 무대라도 배역이 누구냐에 따라 연극의 감동이 다른 것과 같은 이치다. 역사와 지정학적 조건이 어느 민족의 특질을 이해하는 중요한 시야를 제공하지만 결정적 조건은 될 수 없다고 생각한다. 보다 더 결정적인 요소는 물리적 경계나 역사적 사건에만 의존하지 않고, 정신적·철학적 요소가 민족성의 가장 깊은 차원에서 작동한다고 생각한다. 그것이 비록 독립적으로 존재하는 것이 아니라 다른 요소들과의 긴밀한 상호 작용 속에서 민족 정체성을 형성한다는 점을 인정한다 할지라도 여전히 원초적 조건으로서 중요하다고 확신한다. 시·공간적 조건 외에 그보다 더 결정적이고 우선적인 조건이 있을 것 같고 이것이 고려되어야 할 것 같다. 그 결정적 조건이 있다면 그것은 대체 무엇일까?

    필자의 생각은 '어느 민족이 애초부터 갖고 있는 종교철학적 세계관이나 사유 방식이 아닐까?' 하는 것이다. 실제로 많은 학자들의 연구는 민족 정체성의 근본적인 부분이 **그 민족이 공유하는 고유한 종교철학적 세계관이나 사유 방식 등에서 비롯된다**는 점을 밝히고 있다.[28] 시공간적 무대에서의 경험 이전에 특정 민족의 고유한 종교철학적 세계관은 그들의 정체성을 규정짓는 데 있어 가장 중요한 역할을 담당하는 것이다.

2. 공자사상의 잠재의식적 원류

동아시아를 연구하는 외국 학자들은 공자의 유교적 사상이 뿌리 깊은 한민족을 포함한 동아시아 사회에서는 가정과 사회 내에서의 위계질서와 윤리가 민족의 정체성을 규정하는 중요한 요소로 작용해 왔음을 지적한다. 중요한 지적이다. 그러나 필자는 공자의 사상이 무르익어 펼쳐지기 이전의 상황을 고려해 보아야 한다고 생각한다. 물론 연구의 어려움은 있었을 것이지만 저간의 연구가 공자사상의 형성 배경을 살피지는 못했다는 아쉬움이 남는다. 필자는 한민족의 입장에서 다른 견해를 갖고 있다. 공자는 중국 노나라 사람으로 알려져 있으나 그는 동이족이다. 그의 아버지가 동이족이고 그의 스승들 역시 동이족이 대부분이었다고 한다. 공자는 늦은 나이에 그가 살던 산동성을 떠나 동쪽 바다 건너 동이족이 사는 나라에 가서 살고 싶다는 바람을 드러내곤 했다. 다음 글은 중국 동한(東漢) 시대 허신(許愼)이라는 사람이 집필한 『설문해자(說文解字)』의 동이(東夷)에 관한 기록이다.

> 오직 동이(東夷)는 큰 뜻을 따르는 대인이다. 이(夷)의 습성은 어질다. 어진 사람으로 오래 살고 군자들이 죽지 않는 나라다. 공자께서도 말씀하시길 "중국 땅에 도가 행해지지 않으니 군자불사지국(君子不死之國)인 동이에 가고자 한다" 하시고 뗏목을 바다에 띄웠다. 참으로 연유 있는 일이다.

공자는 자신의 학문적 성취에 대해서도 스스로 새로 만든 것은 없고 과거의 것을 이어받았을 뿐이라고 말했다 전해진다. 과거의 것을 이어받았다는 것은 그의 학문의 뿌리가 동이족의 잠재의식적 문화적 영향 하에 있었음을 시사하고 있다.[29] 이러한 혈통적 계보도 그렇고 그의 내적 염원에서도 추론해볼 때 그의 유교 사상은 그 사상적 뿌리가 동이족의 잠재의식적 사유에 기초를 두고 펼쳐졌을 것이라는 확증을 깊게 해준다. 더구나 그의 사상을 전해 받은 한국인의 유학적 성취는 중국의 것과는 다른 한국인만의 고유한 특질을 갖고 있다. 한민족은 유학의 가치를 한국적으로 해명하여 중국과는 다른 점을 갖고 있다. 이러한 의미에서 한국의 유학은 오히려 공자의 사상 핵심의 적통(嫡統) 계보를 잇는다고 해도 과언이 아니다. 세간에 알려진 것에 반해 한국 유학은 일률적으로 중국 유학과 동일한 것으로 보아 넘길 수 없다는 사실을 지적하지 않을 수 없는 것이다.

"한국 유학은 성리학자들이 도덕의 올바른 파악과 실천을 중시하며 인간의 가치 구현 철학을 추구했다. 인존정신에서 더 나아가 '인존의 이유'까지 파악했던 것이다. 한국 유학은 중국 사상이 아니라 우리가 독창적으로 개발한 한국 사상이다. 중국 유학을 넘어서는 뛰어난 성취는 열 가지도 넘는다."

[윤사순 교수]

이상에서 상기 역사와 지정학적 조건과 공자사상의 형성 배경을 논의한 것은 공자사상조차 바로 이러한 동이족 고유의 잠재의식적 성향 위에 세워진 구조물이었으며 한민족의 어질고 도덕적인 **고유의 종교철학적 세계관이나 사유 방식은 한민족의 정서**를 구성하는 핵이라는 점을 명확히 하고 싶었기 때문이다.

3. 한민족 정체성에 담긴 '한'과 '정'의 철학적 기반

　　정신적·철학적 요소는 민족의 정체성을 규정짓는 **기초**로 작용하며, 나머지 요소들은 그 위에 쌓이는 특질(**구조물**)로 볼 수 있다. 이러한 의미에서 지금 논의하고자 하는 한민족의 '한'과 '정'은 한민족 특유의 정체성을 규정짓는 특질(구조물)이다. 이것들이 한국인만의 독특한 정서로 생각되는 이유는 외국인들이 보기에 한국인의 '한'과 '정'은 그들의 언어로 그대로 번역할 수 없는 어휘(語彙) 부재(不在)에서도 찾을 수 있다. 외국인들이 한민족을 대하면서 그들도 분명히 그들과 구분되는 한민족의 정서를 경험하며 이질감과 동시에 그 매력에 빠지는 것이다.

　　한민족의 '한'과 '정'은 그 철학적 기반이 연속에 있다. '한'과 '정'이 한민족 개개인의 정서적 특징으로 발견되는데 그 '한'과 '정'을 깊이 통찰해 보면 전체가 하나로 통섭(연속)된 개개 홍익인간들의 공통된 정서로서 표출되는 것이다. 이와 같이 '한'과 '정'의 연원(淵源)은 연속의 구현인 홍익인간 사상에 철학적 **기초**를 두고 있는 것이다. 홍익인간은 가장 핵심적인 한국의 건국이념 중 하나로, '널리 인간을 이롭게 한다'는 의미를 담고 있다. 이는 **이상적인 인간상과 사회를 추구하는 가치로서, 한국인들에게 중요한 정신적 지표가 되어왔다.** 한민족에 있어서 '한'과 '정'은 한민족이 본래 홍익인간(한민족 고유의 종교철학적 세계관이나 사유 방식)이라는 자기 정체성의 인식 하에 현세에서 홍익인간으로서의 삶을 제대로 살아내지 못한 것에 대한 **'한'이고 '정'이다.** 즉 '한'은 인간 본연의 가능성과 이상에 대한 깊은 갈망이 좌절되었을 때 나타나는 정서라고 할 수 있다. 동시에 '정'을 통해 이러한 '한'을 극복하고, 서로를 돕고 연대하며 이상적인 인간상에 다가가

려는 노력을 해왔다. 이 두 가지 정서는 한국인의 역사적 경험과 깊이 연결되어 있으며, 오늘날에도 여전히 한국인의 삶과 문화를 이해하는 데 중요한 역할을 하고 있다.

'한'이 과거에 대한 것이라면 '정'은 현재와 미래에 대한 것이다. '한'과 '정'에서 시간성을 배제한다면 '한'은 곧 '정'이다.

이러한 기초 위에서 한민족 특유의 '한'과 '정'에 대한 탐구를 수행해 갈 것이다. 이 과정에서 바로 '한'과 '정'은 한민족 특유의 정체성을 규정짓는 특질(구조물)임을 확연히 깨닫게 될 것이다. 왜냐하면 홍익인간이라는 인류의 지고한 이상에 대한 이해 없이 한민족 특유의 '한'과 '정'을 설명할 길을 찾기 어려울 것이기 때문이다.[30] 이 기초는 한민족이 스스로를 어떻게 인식하고 세계와 어떤 관계를 맺고 있는지에 대한 깊은 통찰을 제공한다. 또한 앞으로의 분석에서 외국인들의 눈에 이상하게 비친 한국인의 고유한 특질의 비밀이 홍익인간에 기반한 한국인의 정체성을 이해하면 할수록 깊이 이해하리라고 생각한다.

'한'과 '정'은 연속(홍익인간), 즉 '하나 임'의 공동체 의식의 철학적 기반에 세워진 한민족의 끊임없는 사랑이다. 사랑은 따뜻함과 배려다. 사랑에는 두려움과 분리나 단절은 없다. 한국인에게 나타나는 '한'과 '정'은 바로 이 사랑의 지칠 줄 모르는 감성으로 은근과 끈기로 표현된다.

4. '한'의 정서

감정은 사람들에게 즉각적이고 깊이 있는 경험을 제공하며, 어떤 이성적 설명보다 더 강렬하고 오래 지속되는 영향을 미친다. 그 감정

중에서 '한'은 한민족에게 깊고 강렬하게 자리 잡고 있다. '한'은 한국어 사전에서 '몹시 원망스럽고 억울하거나 안타깝고 슬퍼 응어리진 마음'으로 정의된다. [최상진과 이희경은 이전 연구를 자세히 소개하고, '한'을 '불가항력적인 좌절상황에 대하여 시간이 경과한 후 슬픔과 체념으로 느끼는 것'으로 정의하였다.] **'한'은 한국인 특유의 정서**로, 억울함, 슬픔, 원통함, 분노, 그리고 절망 등을 포함하는 복합적인 감정상태를 말한다. 이는 단순한 슬픔이나 분노를 넘어서, 개인의 능력 부족으로 인해 느끼는 상대적 박탈감, 후회의 감정 등 다양한 복합적 감정을 아우르는 개념이다. '한'은 인간의 여러 감정 중 하나이지만 그 한의 범위는 통섭적이어서 여러 가지 중첩된 감정을 한마디의 말로 압축 표현하고 있다는 사실이다. 수많은 가슴 아픈 감정들을 **한마디의 어휘로 모아서 표현**하는 것에서 표현 방법 자체가 통섭적이고 연속의 성질을 반영하고 있음을 통찰할 수 있다. 한국인의 뼈에 사무치는 한의 기원이 오랜 역사 속에서 반복적으로 겪은 고난과 아픔에서 비롯된 집단적 경험의 산물로 보일 수 있다. 특히, 빈번한 거대 세력들의 침략, 식민지 시대, 전쟁, 그리고 경제적 어려움 등은 한민족에게 반복적이고 끊임없는 내적인 불안정성을 강요하고 이로 인해 개인과 집단의 억울함과 원통함이 집단적인 한의 정서로 자리 잡게 되었다는 분석이다. 이러한 지정학적 역사적 분석은 한의 정서가 당연히 한 시대나 한 개인의 감정일 수가 없다는 결론에 이르게 한다. 분명 타당한 분석이지만 이것만으로는 한의 정서적 기원을 다 설명할 수 있는 것은 아니라고 앞에서 논의한 바 있다. 이러한 주장을 명확히 하기 위해 우리와 비슷한 반복적이고 집단적 억압의 경험을 가진 유대민족에게도 이러한 한의 감정을 표현하는 어휘가 존재하는지 조사해 보기로 했다. 그 결과 비슷한 하나의 어휘를 발견했다. 그것은 '짜르(Tza'ar)'라는 어휘다.

유대민족도 다수의 역사적 고난과 추방, 박해를 경험해 왔고 특히 홀로코스트와 같은 비극적인 사건은 그들의 정서적 깊이를 형성하는 데 중요한 역할을 담당했을 것이다.

한국어에서의 '한'과 비슷하게 유대인 문학에서는 'Tza'ar'라는 어휘가 사용되는데, 이는 깊은 슬픔과 고통, 상실감을 의미하며 이러한 개념은 개인적 경험뿐만 아니라 집단적 경험과 역사적 정체성과도 연결되어 있다는 것이다. 이러한 점에서 한민족의 한과 유사성을 띠나 그 개념이 동일한 것은 아니다. 유대민족의 'Tza'ar'를 한민족의 한과 비교해 보면 '한'은 한국의 역사적 맥락에서 더욱 **집단적이고 사회적인 정서**로 자리 잡고 있는 반면, 'Tza'ar'는 **개인적이고 신앙적 맥락**에서 나타나는 경향이 있다. 한민족의 '한'은 대개 공동의 상처와 아픔을 표현하며, 집단 혹은 개인이 이를 극복하는 과정을 강조하나, 유대인의 'Tza'ar'는 특히 개인의 신앙과 관련이 깊으며, 자신의 슬픔을 하나님과의 관계를 통해 이해하고 극복하려는 모습이 두드러진다. 즉 '한'은 주로 **공동체**의 상처와 회복을, 'Tza'ar'는 **개인의 고통과 믿음을 바탕으로 한 치유**를 중시하는 경향이 강하다는 것이다. 이 역시 한민족 특유의 연속에 기반을 둔 통섭적('하나 임') 사상의 반증이라고 할 수 있으며 유대인의 'Tza'ar'와 구별된다. 한민족 정체성 형성에 '한'의 기여도는 유대인의 'Tza'ar'가 유대인의 정체성 형성에 끼친 기여도보다 훨씬 크게 작용했다.

여하튼 '한'의 정서가 오직 한민족 유일의 고유한 정서라면 유대민족과의 비교에서도 보이듯이 역사와 지정학적 분석만으로는 충분하지 않다는 결론에 도달한다. 역시 앞에서 예시한 바와 같이 '한'의 정서는 연속의 구현인 홍익인간 사상에 철학적 **기초**를 두고 있다는 필자의 주장을 고려하지 않을 수 없다. 홍익인간이라는 온전하고 완성된 신인

(神人)으로서의 삶을 살아내지 못한 **전체로서의 하나**가 좌절을 절감하는 정서가 '한'인 것이다. 외국인이 보기에 '한'이 한민족이라는 종족(種族) 특유의 것으로 보일 것이지만 **한민족이 느끼는 홍익인간으로서의 '한'은 한 국가나 하나의 종족 혹은 민족의 범위를 넘는 초월적인 것이다.** 왜냐하면 홍익인간은 그 범위가 한 인간이나 한 민족에게 국한되지 않고 전 인류를 아우를 뿐만 아니라 하늘과 땅 온 우주에까지 연속(확산)되기 때문이다. '한'의 정서는 그 한이 풀릴 때까지 결코 끝나는 것이 아니다. 한민족의 문화는 **한풀이 문화**라는 말이 따로 있을 정도로 한민족의 삶에 깊숙이 자리 잡고 있다. 한풀이 문화는 한민족 특유의 유머 감각, 고난에 대처하는 방식, 삶의 아름다움을 감상하는 방법 등 한민족의 고유한 정서를 보여준다.

5. '한'의 초(超) 시간성(時間性)

그 드러나는 다양한 양상 중에서 한민족에게 있어 '한'은 한 가지 특이한 속성이 있다. 그것은 그 시간성을 넘어서는 통시적 초시간성을 보여준다는 점이다. 결국 홍익인간의 철학적 기반은 공간적 차원(신, 인간, 자연)뿐 아니라 시간적 차원까지 그 연속성을 여실히 보여주는 것이다. 다음 시는 한국의 위대한 시인이자 선사인 한용운 님의 시 「알 수 없어요」라는 작품이다. 이 작품에서 그는 한민족의 정서인 '한'이 포함하는 초시간성을 다음과 같이 표현했다.

바람도 없는 공중에 수직의 파문을 내이며 고요히 떨어지는 오동잎은 누구의 발자취입니까

지리한 장마 끝에 서풍에 몰려가는 무서운 검은 구름의 터진 틈으로 언뜻언뜻 보이는 푸른 하늘은 누구의 얼굴입니까

꽃도 없는 깊은 나무에 푸른 이끼를 거쳐서 옛 탑 위의 고요한 하늘을 스치는 알 수 없는 향기는 누구의 입김입니까

근원은 알지도 못할 곳에서 나서 돌부리를 울리고 가늘게 흐르는 작은 시내는 구비구비 누구의 노래입니까

연꽃 같은 발꿈치로 가이없는 바다를 밟고 옥 같은 손으로 끝없는 하늘을 만지면서 떨어지는 날을 곱게 단장하는 저녁놀은 누구의 시(詩)입니까

타고 남은 재가 다시 기름이 됩니다 그칠 줄을 모르고 타는 나의 가슴은 누구의 밤을 지키는 약한 등불입니까

[한용운 「알 수 없어요」]

이 시에서 반복적으로 언급되는 '누구'는 불가(佛家)의 입장에서 본원(불성)을 나타내지만 이 시는 시이기 이전에 선가(禪家)의 현성공안(現成公案)[31]이다. 불가의 불성인 본래면목을 나타내지만, 그러나 이를 떠나 한민족의 홍익인간의 관점에서 바라보면 그 '누구'는 바로 자연 자체로서 삼재 중 하나인 지신(地神)을 의인화(擬人化)한 것이다. 그 아름다운 자태(姿態)의 현시(顯示)는 바로 '발자취, 얼굴, 입김, 노래, 시'로 나타난다. 이 본원은 바로 연속에 기반한 홍익인간이라

고 보아도 좋을 것 같다. 그 까닭은 시의 마지막 구에서 확연해지기 때문이다.

타고 남은 재가 다시 기름이 됩니다

불꽃을 피운 후 타고 남은 재가 다시 기름이 되고, 다시 그 기름은 그 불꽃이 된다. 이같이 시간을 초월하여 연속된다. (불꽃 → 재 → 기름 → 불꽃 → …) 이는 한의 정서가 한풀이로서 끝나지 않는다면 결코 단절될 수 없다는 한민족 고유의 '**한**'의 **초시간성(超時間性)**을 여실히 표현한 것이다.

그칠 줄을 모르고 타는 나의 가슴은 누구의 밤을 지키는 약한 등불입니까

그 불꽃은 나의 가슴(홍익인간)에 그대로 이어져 그칠 줄 모르고 타고 있다. 비록 그 불꽃이 미약할지라도 약한(은근) 등불로서 밤을 지키기 위해서 연속(끈기)되는 것이다. 여기서 보이는 **은근과 끈기**는 한민족의 중요한 특성 중 하나로 따로 떼어내어 다루겠다.

6. '한'의 에너지

한편 이러한 한민족의 한에는 아픔과 고통의 부정적 측면만 있는 것이 아니다. 한의 정서에는 엄청난 에너지가 응축(凝縮)되어 있다. 반복된 압력을 받아 응축된 기체(氣體)는 돌파구를 만나면 폭발하여 어

마어마한 에너지를 발산하는 것처럼 한민족의 한은 에너지의 저수지 (Reserved Energy)와 같은 것이다. 외국인들이 한민족에 대해서 한국인은 위기를 극복하는 자질(資質)을 타고났다고 한다. 수많은 위기에 한이 쌓이면서 그 위기에 살아남기 위한 끊임없는 해결방안의 모색은 마침내 유전인자가 되어 잠재의식적으로 한민족의 뇌리와 피와 세포 속에 각인되었으리라고 생각된다. 필요는 사랑과 관심을 끌어들이고 **사랑과 관심의 한국적 표현인 은근과 끈기**는 방법을 창안해 낸다. 위기를 적극적인 자기 계발과 발전의 동기로 전환 승화시킨 한민족 특유의 슬기로운 대응 방법이다. 이러한 위기에 대응 능력을 본 미국 펜실베이니아 주립대 샘 리처드 교수가 "전 세계가 맞이한 위기 속에서 환경문제의 극복은 한국인이 달성할 수 있다"는 주장을 한 적이 있다. 다음은 건국대 개교 76주년 기념 초청강연에 대한 뉴스 보도이다.

미국에서 손꼽히는 한류 연구학자인 샘 리처드(Samuel Richards)[32] 펜실베이니아 주립대 사회학 교수가 "글로벌 위기에 맞설 해답이 한국에 있다"고 말했다. 샘 리처드 교수는 2022년 5월 13일 서울 광진구 건국대학교 학생회관 프라임 홀에서 '한국이 글로벌 위기에 맞서는 방법'이라는 주제로 진행된 강연에서 기후 변화 등 전 세계가 맞이한 위기 속에서 한국만이 가진 강점을 소개했다. 리처드 교수는 "**한국은 공동체 지향적인 도덕관**을 가져 어떤 결정을 내릴 때 **공동의 이익을 추구하는 방향으로 향한다**"며 "이러한 정신이 한국에 깊이 뿌리내려 있어 옳고 그름을 결정하는 기준이 된다"고 말했다.

상기 보도에서 보듯이 샘 리처드 교수는 한국인의 위기 대처 능력을 정확히 간파하고 있다. **한국은 공동체 지향적인 도덕관**을 가졌다는 표현과 **공동의 이익을 추구하는 방향으로 향한다**는 표현에서 한국인의 연속에 기반한 홍익인간 됨('하나 임')을 자신의 표현으로 명백히 언급하고 있다. 이러한 한민족의 역량과 에너지는 지금까지의 서술에서 보듯이 한민족 특유의 초시간적 한의 정서와 맞물려 있음을 통찰할 수 있을 것이다.

7. '정'의 정서

미국의 노벨문학상 수상자 펄 벅(Pearl S. Buck, 1892~1973) 여사가 한국에서 경험한 두 가지 에피소드를 소개하고자 한다. 첫 번째 에피소드는 다음과 같다. 한 농부가 하루 일과를 마치고 집으로 돌아가는 길에 소를 데리고 가면서도 자기 지게에 볏단을 가득 지고 가는 것이었다. 마땅히 자신의 짐을 소달구지에 실을 수도 있었지만 그렇지 않아 펄 벅 여사의 눈에는 이상하게 보였을 것이다. 마침내 "당신은 소달구지가 있는데도 왜 힘들게 지게로 운반하느냐?"는 그녀의 질문에 "소도 낮에 열심히 일했는데 집에 갈 때는 편히 가야죠"라고 답하는 것이었다. 펄 벅 여사는 이 대답에 크게 감동했다고 한다. 두 번째 에피소드는 다음과 같다. 펄 벅 여사가 여행 중 감나무 끝에 몇 개의 감이 남아있는 것을 보고 "저 감들은 따기 어려워서 놔둔 건가요?"라고 물었다. 이에 동행인은 "아니요, 그것은 까치밥이라고 해서 새들을 위해 일부러 남겨둔 것입니다"라고 설명했다. 이 말은 들은 펄 벅 여사는 탄성을 질렀다고 한다. 이후 펄 벅 여사는 "한국은 고상한 사람들이 사는 보석 같은 나라"라고 표현하게 된다.

이 특이한 한국인의 에피소드를 분석해 보면 한국인의 인간에 대한 '정'은 말할 것도 없고, 인간을 넘어 한국인의 자연에 대한 '정'까지도 잘 드러내는 사례로 볼 수 있다. 이 이야기에서 농부는 단순히 소를 일하는 도구로 여기지 않고, 하루 종일 함께 고생한 동료로서 존중한다. 동료로서의 연대(연속)의식은 존중과 배려와 '정'을 낳는다. 이 '정'은 한국인의 잠재의식이 인간과 인간 사이의 연대를 넘어서 동물과 자연 심지어 소를 존중하는 태도에까지 연결되어 있고 그 범위가 새에까지도 미치고 있음을 볼 수 있다.

한국 전통 문화에서는 자연을 인간이 지배하거나 정복해야 할 대상이 아니라, 인간과 더불어 살아가는 '하나 임'의 존재로 여겨진다. 이는 한국 전통 농업 사회에서 인간은 자연의 일부로서 자연의 리듬과 조화를 이루며 살아왔으며, 이 과정에서 자연에 대한 존중과 공생의 정신, 그리고 동물에 대한 동료의식으로까지 미친 결과인 것이다. 물론 이러한 자연관은 원초적 의미에서 홍익인간에 내포된 연속이라는 철학에 기반한 필연적 결과이지만 그 '정'의 핵심적 정서는 사랑과 배려인 것이다. 그러면 이 한민족의 '정'에 대해서 좀 더 살펴보자.

우선 '정'의 기원과 의미를 살펴보면 '정'은 우리는 모두 하나라는 한민족의 연대의식과 그것을 실생활에서 구현하는 데서 유래한 것이며 우선적으로 이웃과의 깊은 유대감으로 나타난다. 이는 따뜻함, 연민, 배려, 그리고 서로의 관계를 중시하는 감정으로, 가족부터 이웃, 더 나아가 자연까지 포함되는 넓은 범위의 정서적 연결을 의미한다(천·지·인 통합). 정은 공동체 구성원인 우리 하나하나를 하나로 이어주는 보이지 않는 실과 같은 것으로 그것은 어떠한 논쟁보다 강하고 세상의 어떠한 것보다 더 귀한 것으로 여긴다. '정'은 어떠한 합리적 이유나 계산이 배제된 것이다. 우리말에 '묻지도 따지지도 않는다'라는 말이 있다. 이 말은 논리성이나 합리성을 중요시하지 않는다는 뜻이다. 만일 누군가 특히 친구를 사귐에 있어 어떤 이유나 목적을 가진다면 순수하지 않은 것으로 여긴다. 사귐에 있어 후일 배후에 감춰진 특정 목적이 밝혀지면 한국인은 심한 배신감을 느끼고 그 사귐은 끊어지기 쉽다.

한국어에는 '미운 정 고운 정'이라는 말이 있고, '미운 자식에게 떡 하나 더 준다'는 속담도 있다. 이러한 말뜻을 새겨보면 밉고 고움의 서로 상반된 정서가 '정'이라는 하나의 지평에 동등하게 자리매김하고 있는 것을 알 수 있다. 즉 '정'이 단순히 긍정적 감정에만 국한되지 않고, 상반된 감정이 공존하면서도 그 관계를 유지하고 심화시키는 **포용적** 특징을 지녔음을 보여준다. 즉 미운 감정이 있더라도 그것 또한 하나의 정으로서 취급하는 의식구조를 반영하고 있으며, 한민족은 정으로 맺어진 관계를 끊고 담을 쌓는 일을 피하고 있는 것이다. 이를 '정'이라는 넓은 범주 안에서 다음과 같이 해석할 수 있다. '미운 정'과 '고운 정'은 정서적 이중성으로 이는 한민족의 정서가 갈등과 화합을 동시에 품는 **관계의 지속성**을 중요시한다는 점을 드러낸다. '미운 자식에게 떡 하나 더 준다'는 이 속담은 '정'은 의무와 책임을 통해 **관계를 지속**하고 강화한다는 점이다. 한민족은 미움 속에서도 관계를 포기하지 않는다. 자식이 부모에게 실망을 주거나 말썽을 피우더라도 부모는 더욱더 자식을 보살피려 한다. 이는 '정'이 단순한 감정 이상의 책임감과 헌신의 표현임을 보여주는 것이다. 부모는 떡을 더 줌으로써 자식에게 자신의 애정을 표현하고, 이를 통해 관계를 회복하거나 강화하여 더욱 깊게 만들려고 한다. 이로 보건대 '정'은 한쪽의 감정이 아니라 관계 속에서 끊임없이 순환하는 **상호 작용적 성격**을 지님을 알 수 있으며, 개인보다 관계와 공동체를 우선시하는 한국적 정서를 반영한다고 볼 수 있다. 이러한 한민족의 '정'에 대한 탐구는 한민족의 집단의식의 기저에는 '정'이 가장 강력한 세력 중 하나로 자리 잡고 있으며 관계 유지와 공동체를 지탱하는 사회적 원리이자 실천적인 삶의 방식으로 해석될 수 있다.

이렇게 아주 작은 단위인 개인적 인간관계에서 시작한 '정'은 가정, 사회, 국가로 점점 크게 확장되는 것을 볼 수 있고 전술한 바와 같이 자연과 모든 사물에 미치고 있다.

특히 한민족은 고향과 산천에 대한 남다른 '정'을 갖고 있는데 한민족의 노래에는 고향을 그리는 노래가 한 장르를 구성할 정도로 많다는 것이 이를 반증하는 것이다. 이는 한민족이 가진 독특한 정서적 깊이와 관계 맺음의 방식에서 기인한 것으로 보이며, 특히 옛 노래에는 자신이 살던 고향을 향한 그리움을 표현하는 노래에서 두드러지게 나타난다. 이 현상은 한민족의 '정'이 단순한 인간 사이의 감정을 초월하여 **존재론적 연대를 형성**하고 있음을 보여준다고 하겠다. 한민족의 민요, 가곡, 그리고 현대 대중음악에서도 고향을 향한 그리움과 '정'을 주제로 한 노래는 매우 풍부하다. 이러한 노래는 전통적으로 고향을 떠나 타향에서 떠돌며 느끼는 외로움과 함께 고향을 향한 애절한 그리움을 담고 있다. 이는 고향이 단순히 물리적 공간이 아니라, 정서적·정신적 뿌리로 기능하기 때문이다. 한 세대 전만 해도 한민족에게 있어 고향은 어머니와 같은 존재였다. 이러한 고향에 대한 '정'은 나를 둘러싼 자연환경과의 긴밀한 유대를 통해 형성되며, 자연과 인간이 하나로 연결되어 있다는 '하나 임'이라는 한민족 특유의 세계관에서 비롯된 것이다. 단군 신화에 표현된 천·지·인 삼재사상이 삶과 동떨어진 관념적인 신화나 철학적 원형에 머물지 않고 삼재 중 지(地)에 포함된 철학의 구현이 바로 이러한 고향(地)과 고향을 그리워하는 '정'을 노래에 실어 여실히 표현되고 있음을 깨닫게 된다. 한민족은 전통적으로 자연을 단순한 자원으로 보는 것이 아니라, 교감의 대상으로 간주해왔기 때문이다. 대표적으로 윤선도 시인은 자연을 친구로 표현하며 오우가[五友歌

(水石松竹月)]를 지었다. 오우가는 조선 중기의 문신(文臣)이자 시인 윤선도가 당쟁(黨爭)에 몰려 유배생활에서 돌아와 해남에 은거할 무렵 지은 작품이다. 한민족의 자연에 대한 깊은 애정이 어떠한지 이해를 돕기 위해 이 시를 소개한다.

一 오우가

나의 벗이 몇이나 있느냐 헤아려 보니 물과 돌과 소나무, 대나무, 달이로다
동산에 달 오르니 그것 참 더욱 반갑구나
두어라! 이 다섯이면 그만이지 또 더하여 무엇 하리

구름 빛이 좋다 하나 검기를 자주 한다
바람 소리 맑다 하나 그칠 때가 하도 많다
깨끗하고도 그치지 않은 것은 물뿐인가 하노라

꽃은 무슨 일로 피자마자 빨리 지고
풀은 어이하여 푸르다가 누레지는가
아마도 변치 않는 것은 바위뿐인가 하노라

더우면 꽃이 피고 추우면 잎 지거늘
솔아 너는 어찌 눈서리 모르는가
구천(九泉)에 뿌리 곧은 줄 그로하여 아노라

나무도 아닌 것이 풀도 아닌 것이

곧기는 누가 시키며 속은 어찌 비었는가
저리하고도 사시(四時)에 푸르니 그를 좋아하노라
작은 것이 높이 떠서 만물을 다 비추니
한밤중에 밝은 것이 너만 한 것 또 있느냐
보고도 말 아니하니 내 벗인가 하노라

한편 자연을 묘사한 전통 산수화를 보더라고 그것이 단순한 경치의 아름다움을 표현하는 것이 아니라, 자연을 통해 인간의 내면을 성찰하고 삶의 의미를 찾아가는 과정을 담고 있다. 자연 속 고향을 떠올리는 노래는 이러한 자연과의 감정적 연결을 고스란히 보여준다. 마찬가지로 한 폭의 산수화에 표현된 산, 들, 강, 나무와 같은 요소들은 그림으로 끝나는 것이 아니라 한민족의 삶을 지탱해 주는 감정적 기반이 되는 것이다.

이상 '정'을 탐구하면서 한민족의 '정'은 하나의 인간 중심적인 감정이 아니라, 공간, 시간, 그리고 존재 전반으로 확장된다는 점에서 철학적 의미를 지님을 깨닫게 되었다. 이는 제1장에서 다룬 연속의 의미 탐구에서 상세히 서술되었다. 인간과 자연, 사물은 서로 분리된 것이 아니라, 상호 의존적이고 유기적인 관계를 맺고 있다. 한민족에게 있어서 고향을 그리워할 때 그 대상은 인간 공동체에만 국한된 것이 아니다. 그 공동체를 둘러싼 자연과 환경으로 확장되며 확장된 자연과 환경의 의미는 단순히 물리적 자연과 환경이 아니라 '정'이 깃든 고향 산천인 것이다. 나아가 이러한 '정'은 그곳에서 사용했던 사물들에까지 확장 포함된다. 옛날에 사용하던 아궁이, 물레, 나무 책상과 고향의 물레방아[33] 같은 사물들은 과거의 정서와 삶의 흔적을 담고 있는 존재로 간주된다. 이러한 사물을 떠올리는 것도 일종의 '정'으로 연결되며, 이는 과거의 추억을 넘어 인간 존재와 삶의 의미를 재구성하는 데 기여한다. 현대 사회에서는 고향을 떠나 도시로 이주한 사람들이 많아지면서, 고향에 대한 그리움과 정은 과거의 사람들보다 많이 약화된 것으로 보이지만 여전히 향수(Nostalgia)의 형태로 나타나기도 한다. 특히 디지털 매체와 대중문화 속에서 고향의 이미지를 재현하거나, 그리움을 노래하는 작품들이 많아진 것은 한민족이 여전히 고향과 자연, 사물에 대한 '정'의 정서를 강하게 유지하고 있음을 보여준다. 예를 들자면 K-드라마와 K-영화에서는 종종 주인공이 고향으로 돌아가며 치유를 경험하거나, 어린 시절의 물건을 통해 정서적 연결을 회복하는 장면이 자주 등장한다. 이는 한민족의 정이 과거에만 머물러 있는 것이 아니라, 현대에서도 여전히 중요한 감정적 자원으로 작동하고 있음을 보여준다. 이는 개인에 국한된 감정이 아니라, 연속과 연대의 철학적 기반을 이루며, 고향을 중심으로 형성된 '정'은 한민족 정체성과 문화의 중요한 축으로 작용하는 것이다. 이를 통해 한민족의 '정'은 모든 존재와의 관계를 통해 자기 자신을 재발견하고 성찰하는 데 기여하고 있음을 파악할 수 있다.

― '정'과 '사랑'의 차이

그러면 서구인들이나 여타의 외국인들에게 한민족의 '정'은 '사랑'과 어떠한 공통점과 차이점이 있는지 비교 설명함으로써 그 의미를 보다 명백히 하고자 한다. 한민족의 '정'과 일반적인 의미에서의 '사랑'은 비슷한 감정적 뿌리를 공유하지만, 그 본질과 작동 방식에서 중요한 차이가 있다. 그 차이를 구체적으로 설명하면 다음과 같다.

'정'은 단순히 낭만적이거나 개인적인 애정이 아니라, 시간이 쌓이면서 형성되는 관계와 유대감에 기반한 복합적인 감정이다. 즉 '정'은 오래된 관계(시간의 축적)에서 자연스럽게 생기는 감정이기 때문에 가족, 친구, 동료, 심지어는 오래 알고 지낸 이웃이나 단골가게 주인과도 쌓일 수 있다. 또한 '정'은 주고받는 상호 의존의 관계에서 생기는 감정으로, 때로는 의무감, 책임감, 심지어 미움까지 포함할 수 있다. 예를 들자면 부모가 자식을 위해 희생하면서 느끼는 감정, 오랜 연인이 느끼는 유대감 등이 '정'에 해당한다. 정은 포괄적이고 유연한 것이어서 꼭 긍정적이지 않아도 된다. 사랑과 증오, 기쁨과 슬픔이 뒤섞여 하나의 정서로 나타날 수 있는 것이다. 정의 사례는 한 이웃이 갑자기 어떠한 어려움을 겪을 때 잘 드러나는데, 오랜 시간 정을 나눈 이웃들이 서로 돕고 함께 어려움을 나눈다. 이는 의무감과 애정을 넘어선 깊은 유대에서 비롯된 것으로 결국 한민족의 '정'을 더 깊이 탐구하면 그 기저에는 연속에 기반한 '하나 임'의 철학에 연결되어 있음을 통찰할 수 있다.

　반면 사랑은 상대적으로 개인적이고 특정한 감정을 지칭한다. 사랑은 일반적으로 더 강렬하고, 때로는 즉각적이며, 특정한 대상에 대한 집중적인 애정이다. 사랑은 낭만적 사랑, 우정, 또는 가족 사랑 등 다양한 형태로 나타날 수 있지만, 대부분은 특정 조건과 상황에서 피어나고 유지된다. 사랑은 '내가 느끼는 감정'에 더 초점이 맞춰져 있다. 예를 들자면 사랑에 빠지는 순간의 설렘, 특정 대상에 대한 애착 등이 이에 해당한다. 즉 두 연인이 첫눈에 반해 열정적으로 사랑을 시작하고 서로에게 강한 애착을 느끼는 상황. 이는 개인적인 감정의 강렬함이 중심이 된다. 상기의 비교에서 '정'과 '사랑'의 미묘한 차이를 이해하기를 바란다.

　역사적 관점에서 '정'은 전통적인 농경사회에서의 상호 도움을 통해 강화되었으며, 사람들은 자원을 공유하고 서로를 지원하는 가운데 단단한 유대감을 쌓아간 것이다. 여기에 더해 후대에 출현한 한국의 유교적 사상에 의해 '정'은 더욱 체계화하게 되었다. 유교는 조화와 인(仁)에 기반한 인간애를 강조하며 이러한 가치가 '정'이라는 감정에 깊이 스며들게 했으며, 더 나아가 불교의 자비사상(慈悲思想)도 '정'의 범위를 확장시키는데 기여했다. 이는 인간을 넘어 자연과 상기 에피소드에서처럼 소와 같은 다른 생명체와의 유대감(연결)으로까지 확장하는 사장적 기반을 더욱 다지게 해주었던 것이다. 이러한 '정'의 가치는 한민족의 잠재의식적 뿌리가 되어 상기에 소개된 개화기 한국 시골 농부에서 자연스럽게 드러난 것이다. 또한 일제강점기에는 공동체적 유대가 더 많은 사람들의 심리적 지지로 작용하며 '정'의 중요성이 대두되었다. 현대 사회에서도 '정'은 직장 내의 유대감이나 디지털 커뮤니티를 통해 여전히 나타나고 있으며, 사람들 간의 따뜻한 관계와 지지를 이끌어 내는 역할을 하고 있다.

8. '한'과 '정'의 대조

'한'과 '정'은 한국인의 기질에서 대표적인 두 가지 정서로 크게 나타나는데 '한'과 '정'의 대조를 통해 그 차별적 의미를 밝히고자 한다. 정서라는 것이 본래 명확한 구분이 쉽지가 않다. 왜냐하면 대개 정서는 여러 가지 상황에 따라 뒤섞여 복합된 경우가 많기 때문이다. 그 한 예로 우리말에 '시원섭섭하다'는 말이 있다. 상대방과 그 간의 관계가 끝을 맺고 이별을 고하게 되는 경우, 한편으로는 그 관계가 정리되는 시원한 긍정적인 면이 있지만, 다른 한편 그간 쌓인 정 때문에 보내기가 섭섭한 부정적 측면이 동시에 섞인 것이다. 다른 언어에서도 이러한 양가적(兩價的) 정서를 한마디 말로 표현하는 경우가 있는지 궁금하다. 한민족에게서 '정'은 이렇게 복잡한 것일 수도 있다. '정' 자체도 복잡한 것일 수 있지만, '정'과 '한'도 뒤엉켜있어 '한'과 '정' 둘을 딱 끊어서 규정하는 일이 쉽지는 않다. 그러나 이 둘을 보다 깊이 파악하기 위해서 구별해 보자.

필자의 주장은 '한'은 주로 과거와 관련된 것이고, '정'은 주로 현재와 미래에 대한 것이라는 것이다. '한'은 종종 과거 고난을 통해 축적된 감정, 즉 고통, 슬픔, 억눌린 감정으로부터 비롯되는 것이다. 이에 비해 '정'은 지금 여기서의 정서적 유대감이자 공동체 의식과 관련되어 그 고난 속에서도 타인과 연결되고자 하는 긍정적으로 작용하는 현재의 힘이다.

'한'은 한풀이를 통해 끝날 수 있는 것이지만 '정'은 결코 끝나지 않는다는 데서 '한'과는 조금 다르게 초시간적인 것이다. 물론 애초부터 감정이 메마른 이지적(理智的) 인간에게는 예외일 것이지만 감정은 결코 쉽게 끊고 맺기가 어려운 것이다. '정'은 감정이 풍부한 한민족의 영원의 지평 위에 드러나는 민족 정서이다. '한'은 과거로부터 쌓인 것으로 '한풀이'로서 그 한이 풀리면 끝나는 것이지만 '정'은 지금과 앞으로도 영원히 끝나지 않는 것이다. 다만 오랜 세월이 흘러 '정'이 잊혀지거나 혹은 식거나 아니면 어떤 계기로 '정'이 떨어지는 경우가 아니라면, 한민족에게서 '정'은 영원히 끝나지 않는 것이다.

한민족의 '정'은 집단적 정서로 나타나는 경우에 특히 과거의 기억으로까지 거슬러 올라간다. 그러므로 한민족의 '정' 역시 초시간적이라는 것이다. 벌써 1950년 6.25 전쟁이 끝난 지 70여 년의 세월이 흘렀다. 그럼에도 불구하고 대한민국의 경제가 발전되고 그 입지가 개선되자 한국인은 6.25 참전용사들을 결코 잊지 않았다. 본인들에게서조차 잊혀졌을지도 모르는 16개국의 유엔 참전용사들을 찾아가 과거의 은혜를 갚는 모습이 비일비재하다. 매스컴을 통해 보도되는 보은(報恩)하는 한국인의 그 감동적 이야기가 세계인의 가슴을 뭉클하게 한다.[34] 이것이 한민족의 '정'이고 그 은혜를 다 갚지 못한 '한'의 '한풀이'가 아니겠는가? '한'은 '한풀이'를 통해 끝날 수 있지만 한풀이 이후로는 '정'이 그 '한'을 대신한다. 이같이 '한'이 '정'으로 이전되는 것이다. 미운 정이든 고운 정이든 '정'은 결코 끝이 없다. 이 이야기는 '정'이 현대 사회에서도 어떻게 변화하고 있는지를 말해준다. 도시화, 글로벌화 등의 변화 속에서 '정'이 새로운 방식으로 형성되고 있으며 그 맥이 면면히 이어지는 하나의 대표적 사례라 할 수 있다.

또한 '한'과 '정'은 상보적인 역할을 하면서도 서로 다른 기능을 수행한다. '한'과 '정'은 서로 떨어진 정서처럼 보이지만, 사실은 상호 보완적인 관계를 형성하고 있다. '한'이 억울함과 슬픔, 분노와 같은 부정적인 정서라면, '정'은 이러한 감정을 치유하고 극복할 수 있는 긍정적인 힘이다. '한'이 과거에 관한 것으로 '한'은 해결되지 않은 과거의 상처와 그에 따른 슬픔을 포함하지만, '정'은 따뜻한 애정과 관계의 회복과 치유를 강조한다. '한'은 이러한 연대와 회복이 필요함을 일깨우는 역할을 하여 한민족의 정체성을 형성해 온 것이다. 이와 같이 한국인들은 어려운 상황 속에서도 서로에게 도움을 주고, 함께 고통을 나누며 연대하는 모습은 시공을 초월하여 '한'과 '정'이 함께 작용하는 것을 볼 수 있다.

9. '한'과 '정' vs 유대인의 '짜르(Tza'ar)'와 '헤세드(Chesed)'

'한'과 '정'을 더 깊이 이해하기 위해, 지정학적 도전과 역사를 공유한 유대민족의 감정적 개념인 '짜르(Tza'ar)'와 '헤세드(Chesed)'를 비교해 보고자 한다. 이 개념들은 각각의 독특한 감정과 관계를 반영하며, 각 민족의 역사, 종교, 문화적 배경 속에서 발전해 왔다.

먼저 한민족의 '한'은 깊은 슬픔과 해소되지 않은 고통을 나타내며, 한국 문학과 예술에서 고통 속에서도 견뎌내는 인내심으로 자주 표현된다. 대표적으로 판소리에서 이러한 감정이 잘 드러나는데, 심청가[35]는 심청이 아버지를 위해 자신의 목숨을 희생하는 이야기로 '한'의 본질을 보여주는 것이다. 이는 공동체적 차원에서 고통을 받아들이는 모습을 반영하고 있다. 반면 '정'은 오랜 시간 동안 쌓인 관계에서 자연히 형성되는 애정과 유대감을 나타낸다. 이는 가족, 친구, 이웃 간의 유대 속에서 발전하며, 서로 돕고 희생하는 방식으로 표현된다. 예를 들자면, 한국 드라마와 영화에서 "정 때문에 도와줬다"는 대사처럼, 타인과의 관계에서 중요한 역할을 한다. 또한, 춘향가에서는 춘향과 이몽룡의 사랑 이야기를 통해 '정'의 희생적이고 헌신적인 측면이 강조된다. 이는 사랑과 유대가 깊은 인간적 관계를 통해 형성된다는 것을 보여준다.

이에 비해 유대인의 '짜르'는 고통과 슬픔을 뜻하며, 개인적 아픔뿐만 아니라 공동체적 고통을 포함한다. 이는 유대민족이 오랜 박해와 디아스포라의 삶을 통해 경험한 것을 반영한다. 예를 들어, 욥기는 '짜르'의 대표적 사례로, 욥이 모든 것을 잃고 슬픔 속에서 고난의 의미를 성찰하는 모습은 개인적 고통이 공동체적 성찰로 확장되는 유대인의 특징을 보여준다.

'헤세드'는 '정'과 유사하게 따뜻한 인간관계를 바탕으로 하지만, 도덕적 의무와 윤리적 실천을 강조하는 점에서 차이가 있다. 이는 자비와 사랑의 실천적 측면을 포함하며, 룻기에서 나오미와 룻의 관계[36]가 이를 잘 보여준다. 룻은 시어머니 나오미를 끝까지 돌보며 떠나지 않겠다고 다짐하는 모습으로 '헤세드'의 자기희생적이고 의도적인 사랑을 상징한다.

결국 '한'과 '짜르'는 모두 슬픔과 고통을 중심으로 하지만, '한'은 한국의 역사적 맥락에서 억압된 슬픔을 내면화한 감정으로, 해소되지 않은 아픔을 강조한다. 반면 '짜르'는 고통 속에서도 신을 찾으며 더 큰 의미를 탐구하려는 특징을 지닌다.

'정'과 '헤세드'는 인간관계와 따뜻함을 공유하지만, '정'은 시간이 흐르며 자연스럽게 형성되는 감정이라면, '헤세드'는 의도적이고 윤리적이며 자기희생적이다. '정'이 상호 관계에서 느껴지는 감정이라면, '헤세드'는 더 일방적이고 실천적인 사랑에 가깝다. 이러한 차이는 각 민족이 역사를 통해 형성한 관계와 감정의 차이를 반영하며, 고통과 사랑을 이해하고 표현하는 방식의 다양성을 보여준다 하겠다.

결론적으로 '한', '정', '짜르', '헤세드'는 각각 한국인과 유대인의 정체성을 형성하는 데 중요한 역할을 한다. '한'은 한국의 역사적 아픔과 고통을, '짜르'는 고통 속에서의 성찰과 신앙을, '정'은 자연스럽게 형성된 인간적 유대감을, '헤세드'는 의도적이고 윤리적인 사랑과 자비를 대표한다. 이 모든 요소는 각 민족의 독특한 정서와 문화를 보여주며, 서로 다른 방식으로 인류의 보편적 가치를 반영한다고 할 수 있다.

10. '한'과 '정'의 한국시 감상

그러면 여기서 한민족의 '한'과 '정'이 잘 표현된 한국시 두 편을 감상해 보고자 한다.

엄마야 누나야 강변 살자
뜰에는 반짝이는 금모래 빛
뒷문 밖에는 갈잎의 노래
엄마야 누나야 강변 살자

상기 시는 대표적인 한국의 시인 김소월의 시 「엄마야 누나야」이다. 간단한 4행시지만 한국인이 '한'과 '정'이 절묘하게 어우러진 대표적 시로서 일제강점기(日帝强占期)라는 암울했던 시대적 아픔 속에서 한민족(민중)의 '한'과 '정'을 어린아이의 맑고 밝고 순수한 영혼의 목소리를 통해 평범한 시어로 풀어쓴 민족시이다. 시 속에서 어린아이의 이상과 현실 사이의 간극(間隙), 그리고 그로 인해 발생하는 아쉬움과 슬픔('한')은, 가족과 자연 속에서 찾고자 하는 따뜻한 유대감과 애정('정')으로 승화되고 있다. 이 시는 어린이를 위한 동요 같지만 한국인의 깊은 정서를 담고 있는 작품이다. '한'과 '정'이 교차하는 이 시는, 단순히 슬픔('한')에 머무르지 않고 그 속에서 애정('정')을 발견하고, 함께 살아가려는 염원을 담아내고 있다. 시어를 중심으로 시를 음미해 보자.

엄마, 누나 - (본원 성품의 **Metaphor**) 어린아이의 순진무구한 평화와 기쁨에 대한 갈망의 구체적 현시로서 엄마나 누나 같은 따뜻하고 애틋한 성품을 가리킨다. 소망하는 그곳, 즉 장소(강변)에서 그들과 함께하기를 염원한다. 그리하여 이러한 천진무구한 소망은 자신의 요청에 구체적 동참이 가능한 대상인 엄마나 누나를 불러들이고 싶은 것이다.

강변 - (본원의 공간적 **Metaphor**) 아름답고 수려한 이상향을 강변이라는 시어로 표현한 것이다. 강변의 이미지는 맑은 물의 끊임없는 흘러감, 낮은 물소리, 물의 맑고도 깨끗함, 생명의 젖줄, 무상함, 물소리에 드러나는 강의 고요와 평화로움, 그 풍요와 친숙함 등이다. 물론 여기서 노래하는 강변의 의미는 단순한 자연적 공간을 넘어 일제의 압제와 강점으로부터 벗어난 한민족 본래의 삶의 공간이자 온 민족이 함께 염원하는 이상적 삶의 공간이다. 그러나 그 의미를 더 확장하면 인간이 꿈꾸는 이상세계(본원의 자리)에까지 확장될 수 있다. **엄마, 누나, 강변**은 철학적 관점에서 모두 본성이 아낌없이 나투는 세계로 어린 순수한 영혼뿐 아니라 모든 인류 공통의 마음 붙이고 살 대상이자 장소에 대한 염원이자, 소망이다.

'○○**야**' - 엄마야 누나야에서 나타난 한글의 '○○야'는 어른이 아이를 부르거나 같은 또래끼리 서로 부르는 호격 조사로서 손윗사람에게는 거의 쓰이지 않는다. 이 시에 나타난 손위의 엄마나 누나에게 붙인 것은 천진한 어린아이의 무구성과 천진성을 유감없이 표현한 것이며, 또한 강변 살자에 나타난 '○○자'는 '○○해라' 할 자리에 쓰여, 어떤 행동을 함께하자는 뜻을 나타내는 종결(終結) 어미(語尾)로서 이 또한 손윗사람에게 거의 사용되지 않는다. 굳이 이러한 어법을 사용함으로써 전술한 어린 영혼의 순수한 소망을 한 마디 조사에서 표현되고 있다. 이 부분에서도 시인의 엄청난 문학적 재능이 돋보인다. 여기에 표현된 순수한 어린 영혼은 일제하에서 압제당한 한민족 전체의 은유(Metaphor)라고 보아도 좋을 것 같다. 시 전체의 리듬, 음률은 단순하나 엄마, 누나를 연이어 부르는 절실한 어법에서 엄마나 누나를 벗어나서 그 의미의 확장성이 느껴지는 바 그 감정적 울림이 민족의 연속적 집단의식에 퍼져가고 있다. 즉 이러한 호격 조사 'ㅇㅇ야'의 연속적 표현은 그 부르는 절실함에서 그 대상이 무엇이든 자신이 사랑을 주고 받을 수 있는 모든 대상으로까지 확장되고 있다는 여운을 남기는 것이다.

'ㅇㅇ**야**'와 'ㅇㅇ**자**'의 사용에 대해서 한발 더 나아가 자세히 살펴보자면 이 부분에 대한 영어 번역에는 호격 조사가 없기 때문에 이 표현을 살리는 번역이 어려울 것이다. 분절어인 한국어의 조사 하나가 이같이 시에 상당한 의미 부여가 되어있음을 통찰하기 바란다. 이런 부분이 한글의 장점이라고 생각한다. 이 표현이 시에서 중요한 역할을 하는 이유는, 이러한 순수한 언어적 표현이 한민족의 전체의 순수한 염원과 소망을 담고 있다는 점이다. 또한 억압된 현실 속에서도 여전히 어린아이같이 맑고 순수한 마음을 유지하려는 한국인의 정신을 상징적으로 표현하고 있다.

뜰에는 반짝이는 금모래 빛 - 이 시의 시구 행간에는 강변에 자리 잡은 집은 직접 표현되지 않지만 '뜰에는'이라는 단어를 통해서 우리의 머릿속에서는 강변에 자리 잡고 있는 집의 존재를 유추할 수 있다. 이 집 앞뜰의 반짝이는 금모래 빛의 이미지는 금과 같이 밝고 황홀하고 아름답게 번쩍이는 환희와 기쁨과 신비, 인간을 부풀게 하는 양(陽)

의 측면이다. 여기 모래는 황금과 같이 고귀한 가치를 표상한다. 양의 계절인 봄, 여름은 표현되지 않지만 다음 구에 의하여 저절로 드러난다.

뒷문 밖에는 갈잎의 노래 - 집의 뒷문을 열면 드러나는 것은 집을 감싸 안는 언덕이나 산이 떠오른다. 앞 구의 대구로 삶의 무상함을 드러내는 음(陰)의 측면이다. 이 구는 앞 구와 대를 이루지만 그 사이에 세월이 더해졌다. 여름이 지나고 가을이 온 것이다. 그 푸르름을 자랑하던 뒷문 밖 나뭇잎은 갈잎으로 변했다. 갈잎의 운명은 삶보다는 죽음을 의미한다. 삶의 무상함과 슬픔이 당연한 정서적 추이겠으나 이 시에 표현된 순진무구한 어린아이의 영혼은 도인(道人)의 경지에까지 이르렀는지도 모른다. 추락이 임박한 갈잎, 운명같이 스쳐 지나가는 스산한 바람에 갈잎이 파르르 떨며 내는 소리를 **갈잎의 노래**라고 부른다. '갈잎의 노래'는 단순한 자연의 소리가 아니라, 삶의 고통과 슬픔, 그리고 그로 인해 형성된 '한'을 상징하지만 이 '한'이 절망으로 끝나는 것이 아니라 오히려 '갈잎의 노래'라고 의식이 반전(反轉)되면서 의식 수준의 성취 진보가 엿보이기 때문이다. **갈잎의 노래**는 무상함과 덧없음을 나타내며 한민족의 '정'과 연결되지만 갈잎이 시드는 모습에서 느껴지는 애상감은 단순한 슬픔이 아니라 **노래**다. 자연의 이치와 인생의 순환을 받아들이는 마음에서 나오는 깊은 정서적 반응으로, '정'의 또 다른 측면, 즉 삶의 모든 순간을 받아들이고 품어 안는 포용적 감정인 것이다. 이 시속에서 노래라는 시어는 죽음조차도 포용한다. 슬픔의 어두운 터널을 극복한 이후에나 나올 수 있는 표현의 반전이 보이기 때문이다. 삶과 죽음을 동시에 무심히 관조할 수 있는 의식의 진보가 이루어진 것이다. 그러므로 앞 구 **반짝이는 금모래 빛**에서의 의식은 삶의 환희와 기쁨을 보지만(**황금과 같이 고귀한 가치**) 그 기만적 (欺瞞的) 나툼37이 영속적이지 않다는 실상(實相)의 필터(filter)를 거쳤을 것임에 틀림없다. **노래**는 한민족의 삶과 죽음을 초월한 깨달음의 경지를 상징하며, 민족적 고통 속에서 오히려 철학적 성장을 이룩하려는 염원으로까지 이어진다. 이렇게 되어야 시를 올바로 음미할 수 있는 의식의 품격을 갖출 수 있다. 금모래와 갈잎의 체험을 통한 깊은 철학적 달관을 이루어 낸 모습을 노래함으로써 한민족의 정서적 철학적 진보와 달관에 이르기까지의 성취 혹은 염원을 노래하고 있는 것이다.

엄마야 누나야 강변 살자 - 다시 이렇게 4구는 1구와 동일하게 반복된다. 시의 리듬과 음률이 단순하면서도 반복적이라는 점에서, 이 시는 집단적 정서와 감정을 자극한다. '엄마', '누나'를 반복적으로 부르는 방식은 개인적 호소를 넘어서서, 민족 전체의 소망과 염원을 상징하는 것으로 볼 수 있기 때문이다. 이는 한국인의 집단적 의식, 특히 공동체적 정서가 강하게 반영된 부분이며, 시가 민족의 의식을 울리고 있는 것이다. 또한 말을 지극히 아끼는 간결한 구조의 이 시에서 동구 반복의 숨은 뜻은 무엇일까? 단순한 염원의 반복을 통한 강조 외에 다른 뜻은 없을까? 2구와 3구의 과정을 거친 후의 4구의 의식 상태는 1구와는 한 차원 높은 상태가 아닐까? 일반 사람이 '산은 산이요, 물은 물이로다'와 성철 스님의 '산은 산이요, 물은 물이로다'라는 동일한 표현(法門)은 분명 의식상의 다른 차원에서의 표현이라고 볼 수밖에 없는 것이다.38 흔히 보는 들에 핀 풀잎이 어느 날 갑자기 과거와는 전혀 다른 모습으로 다가올 수 있는 것과 마찬가지다. 변한 것은 자신의 의식이다. 4구는 강변에서 **금모래**와 **갈잎**을 체험하고 거기에서 삶의 의미에 대한 깊은 통찰을 얻은 후의 표현이라고 보는 것이 좋을 것 같다.

이 시는 일제강점기의 작품으로 한국인의 '한'과 '정'의 정서가 잘 녹아 있다. 이상에서 보듯이 김소월의 시는 단순한 동요나 자연 시가 아니라, 그 뿌리가 한국 민족의 '하나 임'에서 흘러나온 깊은 정서적 구조를 반영한 작품이다. 한민족의 내재된 슬픔과 억울함의 '한'은 이루지 못한 소망을 담고 있으며, '정'은 이러한 상황 속에서도 가족과 공동체에 대한 깊은 애정이 엄마야 누나야로 표현되고 있다. 이 시에서 엄마와 누나라는 존재는 단순히 가족을 넘어, 피압박 민족의 구체적인 고통 속에서 위안과 애정을 갈망하는 한민족 전체로 확대 해석할 수 있다.

또한 일제강점기라는 암울한 역사적 관점을 배제하고 이 시를 읽는다 하더라도 그 의미의 폭이 넓어 인간의 근원적 소망과 염원을 아름답게 표현한 걸작이라고 생각된다.

이제 한국인이 가장 좋아하는 시들 중 하나인 윤동주의 「서시(序詩)」를 감상해 보자. 시인에 대해서는 다음 장에서 소개될 것이다,

죽는 날까지 하늘을 우러러
한 점 부끄럼이 없기를
잎새에 이는 바람에도
나는 괴로워했다.

별을 노래하는 마음으로
모든 죽어가는 것을 사랑해야지.
그리고 나한테 주어진 길을
걸어가야겠다.

오늘 밤도 별이 바람에 스치운다.

죽는 날까지 하늘을 우러러 / 한 점 부끄럼이 없기를 - 윤동주가 이 시에서 표현한 하늘은 기독교적 신이나 자연의 이법(理法) 혹은 도덕적 질서를 상징할 수 있다. 시인은 이러한 하늘의 표준에 완벽하게 부응하는 고결한 삶을 염원하고 있으며, 스스로를 항상 살피고 바라보는 삶의 자세를 보여준다. 스스로에 대하여 얼마나 높은 수준의 도덕적 이상(理想)의 잣대를 갖고 있는지 알 수 있으며, 젊은 시인의 높은 철학적 인격적 품격을 엿볼 수 있는 구절이다. 그가 살아내야 했던 시대는 일제강점기로 억압과 자신의 무력함과 민족적 비극을 절감할 수밖에 없는 상황이었다. 이러한 조건에서 깨끗한 양심(도덕적 이상)을 지향하고 진정한 자신의 올바른 도덕적 정체성을 잃지 않으려는 고결한 의지를 드러내고 있다. 이 고결한 의지는 신의 뜻과 다를 바 없는 순수한 것이다.

'**죽는 날까지**'라는 표현은 스스로의 삶이 그리 길지 못할 것임(27세에 사망)을 예감한 듯한 고백으로 읽히기도 하지만, 최후까지 삶에 대한 진지한 자세를 결코 잃지 않겠다는 결연한 시인의 의지가 느껴진다.

'**한 점 부끄럼이 없기를**'은 식민지 현실 속에서도 순수한 선한 양심을 지키고자 하는 강인한 의지의 표현이다. 시인은 하늘을 우러러 자신의 삶을 되돌아보려 한다. 이 부분은 열악한 시대적 조건의 피하기 어려운 갈등이나 고통 속에서 움튼 '한'과 '정'에서 연유한 염원으로 보인다. 그리고 한민족에 있어서는 '한'과 '정'의 정서 이후에 비로소 표출되는 염원은 결코 자신만을 위한 것이 아니다. 자기라는 개인의 좁은 영역을 넘어, 인간과 자연, 조국과 자신을 연결하여 거대하고 심원한 한민족의 이상이 내포된 표현일 수도 있는 것이다. 그의 깨끗한 양심과 도덕적 이상의 배후에는 그 역시 한민족의 한 사람으로서 당연히 '한'과 '정'의 정서가 자리 잡고 있을 것이기 때문이다. 다음 구를 보면 이 점이 보다 명백해진다.

잎새에 이는 바람에도 / 나는 괴로워했다 - 그의 감수성과 관심은 어디까지 미치고 있는가? 윤동주는 잎새에 이는 사소한 바람에도 괴로워하는 예민한 감수성을 지니고 있다. 그러기에 시인의 내적 고뇌와 염원은 그를 둘러싼 자연과 우주에까지 확장되고 있다. 하늘을 우러르는 그의 거대한 시선은 현실적 주변 가까이에서 느끼는 자연의 미세한 변화, 즉 '잎새에 이는 바람'에도 미치는 바, 자신 밖 자연과 하나로 확장되고 있음을 알 수 있다. 여기서 우리는 시인이 자연과의 깊은 교감을 통해 물아일체(物我一體)적 경지에 있음을 알 수 있다. 이는 한민족의 '하나 임'의 철학적 사상과도 연결될 수 있는 중요한 지점이다. 즉 잎새와 바람이 단순한 외부 현상이 아니라, 자신과 한몸이 되어 자신의 존재와 분리되지 않은 감각적·정신적 경험이라는 점이다.

물아일체란 자연과 자아가 구분되지 않고 하나가 되는 경지를 의미한다. 특히 불교의 연기(緣起)사상이나 도교적 자연주의에서는 인간과 자연이 본질적으로 연결되어 있으며, 개별적인 존재가 아니라 상호 의존적 관계 속에서 하나의 실체로서 작용한다는 것으로 **'잎새에 이는 바람에도 / 나는 괴로워했다'**는 이 시구에 잘 표현되어 있다. 다시 말해 바람은 단순한 자연 현상이 아니라, 시인의 존재와 직접적으로 연결된 내면적 감각으로 드러난다. 이는 시인이 자연의 일부로서 자연과 합일된 존재로 살아가고 있음을 내포하기 때문이다.

이 우주적 아픔의 정서는 곧 온전한 삶을 이루어 내기 어려운 조건을 반영하며 이 아픔은 한민족의 '한'과 같은 것이다. 이러한 '한'의 정서를 시인은 예리한 감수성으로 끌어내고 있다. 이 '한'은 개인적 감상이 아니라 시대적 고통과 민족의 슬픔을 대변하는 '한'이 아닐 수 없다. 왜냐하면 이 시구 역시 시인인 인간과 자연 우주가 분리된 존재가 아니라 물아일체, 즉 '하나 임'이라는 철학적 사상이 밑바탕에 깔려있음을 부인할 수 없기 때문이다.

별을 노래하는 마음으로 / 모든 죽어가는 것을 사랑해야지 - 한민족의 '한'과 고통은 결코 부정적 느낌으로 끝나지 않는다. 반드시 '한'의 에너지는 저장고에 응축되며 승화하는 과정을 거치게 되고 결국 그 발산 혹은 분출은 자아를 초월하여 거대한 전체 온 우주를 향한 형태로 드러나게 된다. 이 시에서 등장하는 '별'은 하나의 상징으로, 순수한 이상을 나타낸다. 순수한 이상(**별을 노래하는**)을 좇는 그의 열정은 결국 **모든 죽어가는 것**이라는 거대한 지평에 대한 사랑으로 퍼져나가고 있다. 이 시구는 모든 존재를 하나로 보는 '하나 임'의 사상의 당연한 귀결을 보여주고 있다. 이는 절망적 현실 속에서도 사랑과 희망을 포기하지 않겠다는 다짐이며, 동시에 사라져 가는 존재들에 대한 슬픔을 수용하는 '한'의 정서와 깊이 연결되었음은 두말할 나위도 없다. 물론 **모든 죽어가는 것**에 대한 '한'은 '함께 아파하는 마음'에서 끝나는 것이 아니라 '한'은 곧 '정'으로 변하여 **사랑해야지**로 나타난다. 이 시구는 앞서(제5장, 8. '한'과 '정'의 대조) 논의한 '한'과 '정'의 관계성을 명백히 보여주는 또 하나의 예시이다.

그리고 나한테 주어진 길을 / 걸어가야겠다 - 시인의 시선은 내면의 다짐이 이제 현실적 삶으로 돌아와 구체적인 모습으로 구현되어야 한다. 전체('하나 임') 중의 하나로 각성된 인식으로서 개아에게 할당된 소명(혹은 사명)을 자각하고 올바른 삶을 살아내겠다는 다짐이자 결의를 보여주고 있다. 이 **'나한테 주어진 길'**이라는 것이 삶의 시작과 함께 던져지는 숙제(宿題) 같은 것으로 모든 생명체에 부여된 것이지만, 그 길에 대한 올바른 인식과 자각은 삶에서 점차적으로 경험과 깨침과 사유의 진화를 통해 이루어지는 것으로 보인다. 안타까운 것은 이러한 올바른 인식에 도달하지 못하고 헛된 삶을 살다가 죽음을 맞이할 수도 있다는 점이다. 이 시에서 **걸어가야겠다**는 시인의 다짐에서 그 소명을 명백히 자각한 당당한 태도를 읽을 수 있다. 이는 조국과 민족을 향한 염원과 운명을 스스로 개척하고자 하는 의지를 반영하는 것일 것이다.

오늘 밤도 별이 바람에 스치운다 - 마지막 구절로 '별'과 '바람'이 다시 등장한다. 별은 이상과 희망을 상징하지만, 바람에 '스치운다'는 표현은 별에 일상적으로 가해지는 거친 세력의 스침으로 느껴진다.

현실(바람)과 이상(별)이 끊임없이 상호 작용하고 있다. '별'은 그의 순수한 이상을 의미하며, '바람'은 그것을 방해하는 현실의 장애물이다. 그러나 '스치운다'는 표현에서 윤동주는 단순히 이상이 현실에 의해 무너진다고 말하는 것이 결코 아니라, 거친 바람 속에서도 별이 계속해서 존재하고 있음을 암시하고 있다. 이는 그의 희망이 완전히 꺾이지 않았음을 보여주는 것이다. 별이 오늘 밤도 계속 빛나고 있다는 점에서, 그는 여전히 희망의 끈을 놓지 않는 모습을 보여주기 때문이다. 이는 그의 시 전체를 관통하는 깊은 한민족의 정서적 '한'의 유대감 혹은 사랑 그리고 '정'에 기반한 '은근'과 '끈기'를 반영하는 것이다.

요약하자면 「서시」는 단순한 개인적 서정시가 아니라, 시대적 현실

속에서 한국인이 품어온 '한'과 '정'의 정서를 집약한 작품이다. 시대적 고통과 개인적 무력감 속에서 탄생한 깊은 '한'과 좌절을 느끼지만 여기서 끝나지 않고 윤동주의 내면에 자리한 윤리적, 도덕적 이상과 전체를 향한 사랑과 '정'을 포함한다. 그는 하늘과 자연, 그리고 '모든 죽어가는 것'까지 사랑하려는 '하나 임'에 기반한 한민족 정서의 핵심인 '정', 즉 '함께 아파하며 살아가는 마음'을 잘 표현하고 있다는 점에서 윤동주의 작품을 존재론적 관점에서 재해석하고 싶다.

제6장

한풀이 문화(해소와 승화의 방식)

　한민족의 정서 중 중요한 요소인 '한'은 한으로서 끝나는 것이 결코 아니다. 쌓인 울분과 한은 사람을 정서적으로 불안정하게 만들고 심리적으로 크고 작은 손상을 입힌다. 사람이 신체적으로 상처를 입으면 자연력(생명력, 웅녀, Dynamicity)은 스스로 이것을 회복하려 한다. 정서적 손상도 이와 다를 바 없다. 어떻게든 손상(한)을 회복하려 한다. 그러면 한민족은 이 손상(한)을 어떻게 회복할까? 한민족은 그들만의 고유의 방식으로 이것을 회복하는데 그것을 '풀어낸다'고 한다. 한민족은 다양한 방식으로 한을 풀어내는데, **궁극적으로는 인간 존재의 어려움을 공감하고 이해하는 데 중점을 둔다는 것이다.** 이러한 점에서 그 치유방식 또한 타민족과 다른 분명한 차이가 있다고 할 수 있다.

　풀어내는 방식은 점진적인 방법과 발 빠른 방식이 있다. 최근 '**빨리빨리**' 문화가 널리 외국인들에게 알려져 있지만, 기실 오랜 역사적 관점에서 보면 점진적인 방법이 대세를 이룬다. 물론 '빨리빨리' 문화도 본래 한민족 문화의 한 부분이다. 이 '빨리빨리' 문화는 산업화가 본격적으로 시작된 1960년대부터 뚜렷하게 나타나는 현상으로 변화에 대해서 상당히 발 빠르고 적극적으로 대처한다. 이는 한민족의 위기에 맞서는 넓은 대처 능력의 폭을 보여주는 것이다. 그러므로 이 빨리빨리 문화는 점진적 문화인 '**은근**'과 '**끈기**'와 함께 이미 병존해 왔으며 사안별로 구별되어 나타날 뿐임을 이해해야 한다. 한민족의 위기 대응 능력은 매우 가변적이며 대응의 폭이 넓고 탄력적인지를 보여주는 것이다. 이 부분에 대해서는 따로 다룰 것이다.

본래의 점진적인 방법은 그 이전의 모든 실행에 드러나는 한민족의 성향으로 이는 지신(地神, 어머니, 곰)의 성품을 빼닮았다. 바로 '**은근**'과 '**끈기**'가 그것이다. 일 년 365일은 24절기가 있다.[39] 매일 조금씩 변하면서 한 절기에서 다음 절기로 어김없이 이행된다. 이것이 자연(지신, 곰, 웅녀)의 실행 방법이다. 조금씩 달라지므로 눈에 잘 띄지 않으나 결국 은근과 끈기로 예정된 절기(목표)에 도달하는 것이 자연의 이치가 아닌가? 한민족의 삶은 이러한 자연의 이치를 따라 온전한 삶을 지상에서 펼쳐가는 것이었다. 이러한 의미에서 본다면 한풀이 문화는 자기 발전은 물론 집단적인 연대감 속에서 회복과 치유의 과정이라고 볼 수 있다.

한민족의 '한'을 극복하기 위한 치유의 과정, 즉 한풀이 문화는 너나 할 것 없이 발전을 위해 엄청난 노력이나 새로운 기술 습득으로 이어진다. 6.25 전쟁 이후 이룩한 '한강의 기적'은 그 집단적 차원에서 보여준 한풀이 문화의 대표적 본보기이다. 그 시대의 구호는 '잘살아 보세. 우리도 한 번 잘살아 보세'였다. 그 당시 한반도는 36년간 일제에 의해 수탈(收奪)을 당하고 미처 회복할 기회조차 얻지 못한 채, 또다시 6.25 전쟁에 의해 국토는 거의 황폐화(荒廢化)되었다. 그 당시 한국은 세계에서 가장 가난한 나라 중 하나였다. 그 시대의 궁핍과 찌든 가난은 한민족의 민족적 '한'이 되었다. 그 '한'을 푸는 구호가 바로 '잘살아 보세. 우리도 한 번 잘살아 보세'였으며 이를 멋지게 풀어낸 것이

한강의 기적이다. 그리고 그 기적은 지금도 현재 진행형으로 이어지고 있다. 결국 '한'은 한민족에게 있어서 아픔이면서도, 동시에 이를 통해 성장하고 발전할 수 있는 모티브이자 동력이었음을 알 수 있다.

이러한 특성은 한민족의 고유한 '한풀이' 문화에 잘 녹아있다. '한풀이' 문화는 글자 그대로 '한'을 풀어내는 문화이다. 집단이나 개인 속에 억압되고 응어리진 '한'을 적극적으로 밖으로 끌어내어 그 '한'을 문화와 예술 등에서 해소하고 풀어냄으로써 손상을 치유하고 원상으로 회복하려 한다. 이같이 '한'을 풀어냄으로써 본래 연속의 온전(연속)한 인간인 홍익인간으로 돌아가는 것이 한풀이 문화의 핵심이다. 이러한 은근과 끈기의 회복력은 결국 무수한 난관을 극복하고 결코 끊어지지 않으며 반만년 동안 한민족의 동력으로 작용해 왔다. 그리고 '한'의 저류에는 바로 연속의 '하나 임'이라는 홍익인간으로 돌아가려는 철학과 사상이 깔려있는 것이다. 이같이 한민족은 하나 되기를 선호하는 족속이다. 그래서 우리의 조상들은 우리 민족(韓民族)의 이름조차 '**한민족(one nation)**'이라고 붙였다.

그 '한'을 풀어내는 구체적인 방법으로 전술한 은근과 끈기의 메커니즘이 작동하고 여기에 덧붙여 한민족 특유의 풍자(諷刺)와 해학(諧謔)이 중요한 다른 한 축을 담당한다.

한풀이 문화의 범위는 한민족의 삶에 광범위하게 퍼져있다. 그 범위가 방대하기 때문에 여기서는 몇 가지만 다루기로 하겠다.

1. 살풀이춤

살풀이춤은 한국 전통 무속의식에서 유래한 춤이다. 이 춤은 불행이나 악운을 '살'[40]이라고 표현하며, 이를 해소하기 위해 추는 춤이다. 이 춤은 응어리지고 손상된 한의 정서에 대한 직접적 해약(解藥)과 같은 것이다. 이 춤은 원래 '허튼춤'이라고도 불리며, 무당이 굿판에서 나쁜 기운을 씻어내기 위해 즉흥적으로 추는 형태로 시작된 것이다. 살풀이춤은 슬픔을 해소하고 순수한 기쁨으로 변화시키는 과정을 아름답게 표현하는데, 이는 한민족이 겪어온 고난과 시련을 바탕으로 진정한 감정을 드러내는 예술 양식이다. 공연자는 하얀 수건을 들고, 슬픔을 한층 더 깊이 있게 표현하며 그 과정에서 관객과의 정서적 연속을 도모한다. 살풀이춤은 예술적 형식으로 발전하여 현재는 단순한 의식이나 민속춤을 넘어, 한국의 전통문화와 정서를 대표하는 예술로 성장했다.

2. 한풀이 놀이와 해학

한풀이 놀이란 전통적으로 힘든 삶의 과정을 겪은 사람들 사이에서 이루어지는 경우가 많다. 살풀이춤이 보통 1명의 춤꾼이 중심이 되어 추며, 개인의 감정 표현에 집중하는 경향이 있는 데 비해, 해학적 한풀이 놀이는 여러 사람이 **함께 참여하여** 각자의 아픔을 나누고 해학과 풍자 혹은 유머로 풀어내는 공동체 행사로 볼 수 있다. 이렇게 두 가지 형태는 같은 '한풀이'라는 주제를 가지고 있으나, 참여 방식과 감정 전달의 접근 방식이 다른 전통 민속놀이다. 이 놀이는 주로 사회적 상황이나 개인적인 원한을 해학적이고 유머러스한 방식으로 풀어내는 데 중점을 둔다. 즉 참여자들은 함께 즐기며 각자의 고통을 나누고, 서로를 위로하는 분위기 속에서 진행된다. 따라서 이 놀이에는 공연자뿐만 아니라 관중들도 함께 참여하여 서로의 기운을 교환하며, 공동체의 연대감을 느끼게 되며 참여자 너나없이 모두가 주인공이 되는 해소의 장이다. 이 과정 중에 사람들은 결속감(연속)을 느끼고, 슬픔과 고통을 나누며 한을 풀어내는 공동체적 체험을 한다. 즉 개인의 슬픔이 집단 내에서 공유되고, 그렇게 함으로써 서로 위로하고 치유하는 장이 마련되는 것이다. 그 내용은 주로 힘든 삶을 살면서 경험하게 되는 부조리나 한을 해학으로 풀어내는 것인데 유머와 재치, 혹은 상황의 아이러니를 활용한 이야기나 공연 등을 통해 드러난다. 해학은 본래 고통이나 슬픔을 **웃음으로 승화**하는 독특한 한국의 문화적 특성을 반영하는 요소로, 사회적 역경이나 고난에 대한 긍정적인 태도를 담고 있다.

한민족 전통에서 해학은 주로 민속극이나 풍자적인 노래, 설화의 형태로 나타난다. 예를 들어, **'판소리'**와 같은 전통 공연 장르에서는 슬픈 이야기 속에서도 웃음을 주는 요소가 강하게 얽혀 있다. 판소리의 주인공들은 고난과 역경을 겪으면서도 그 속에서 풍자와 유머를 찾아내어 청중과 소통한다. 이러한 성격은 '한'의 정서를 해소하는 방법 중 하나이다. 또한, 한국의 전통놀이인 **'탈춤'**에서는 다양한 인물들이 등장하여 사회적 부조리나 인간의 약점을 유머러스하게 표현한다. 예를 들어, '선비'와 '양반'이라는 캐릭터들은 자주 등장하여 고정관념을 어떻게 해체하는지를 보여준다. 이렇게 해학은 단순한 웃음을 넘어, **사회적 메시지를 전달하고** 사람들의 정서를 공감하는 중요한 수단으로 기능한다. 이외에도, 현대에 들어서는 다양한 미디어에서 해학이 표현되는데, K-드라마나 예능 프로그램에서 슬픈 상황이나 갈등을 해학적으로 풀어내는 경우가 많다. 이를 통해 사람들은 웃음으로 스트레스를 해소하고, 현명하게 문제를 다룰 수 있는 통찰력을 얻게 된다. 이는 한을 해학적인 방법으로 풀어내는 전통적 잠재의식의 표출로 볼 수 있다.

3. 한국 문학

'한'은 한국 문학에서 매우 중요한 주제로, 과거 삼국 시대 이후 통일신라, 고려왕조, 그리고 조선왕조로 이어지며 '한'의 주제를 다룬 문학작품들을 찾아볼 수 있다. 특히 통일신라 시대는 한국 문학의 전성기로 평가받으며, 이 시기에는 '한'의 정서가 중요한 문학적 주제로 다루어졌다. 최치원과 설총 등이 대표적 인물로 알려져 있다. 최치원(崔致遠, 857~?)은 신라 말기의 문신, 유학자, 한문학(漢文學)의 대가로, 그의 작품에서 '한'의 정서가 드러나는 한시를 썼고, 그의 문장은 후세의 유학자들에게 큰 영향을 미쳤다. 설총(薛聰, 655~?) 역시 이 시대의 학자로, 중국 한자를 신라어로 치환(置換), 해석(解釋)한 이두(吏讀)를 창시하였다. 여하튼 설총은 향가(鄕歌)를 통해 한민족의 정서를 담아내었으며, 신라의 문화와 사회에 대한 깊은 이해를 바탕으로 작품을 남겼다. 향가는 신라 때에 불리던 민간 노래로서 학자, 승려, 화랑(花郎)[41]을 포함한 다양한 작자층에 의해 쓰인 노래다. 통일신라의 문학은 향가와 한문 모두에서 '한'을 표현하면서 후속 시대의 문학에도 지대한 영향을 미쳤다. 고려 시대에는 근본적으로 불교의 영향 아래에서 '한'이 문학작품에 녹아들기 시작했다. 일연이 쓴 『삼국유사』[42]는 삼국 시대의 전설이나 역사적 사실을 엮어나가면서 고려 시대의 문화와 사상을 반영하고 있다. 이 작품 속 여러 설화는 '한'의 정서와 공동체의 고난을 잘 보여준다. 이후 조선왕조에 들어서면서 문학은 한문학과 국문학으로 나뉘었고, 국문학에서 '한'의 주제는 더욱 다양해졌다. 정철(鄭澈, 1536~1594, 조선의 시인이자 문신, 학자, 작가), 윤선도(尹善道, 1587~1671, 조선 시대 중기, 후기의 시인·문신·작가·정치인이자 음악가)와 같은 시인들이 잘 알려져 있으며 그 시대의 소설 중 홍길

동전과 춘향전 같은 작품들은 개인의 희생과 사회에 대한 저항을 통해 '한'을 표현하고, 그 속에서 나타나는 인물들의 고난은 조선 사회의 슬픔과 고통을 반영하고 있다. 그들의 작품은 슬픔, 이별, 사랑 등의 '한'의 정서를 주요 테마로 삼았다.

그 이후 한일합방을 기점으로 그 시기의 전후에 한국의 대표적 시인과 문인들이 태어난다. 이 시대의 한국 문학은 일제강점기(日帝强占期)라는 망국(亡國)의 시대를 살아내면서 겪는 민족의 응축(凝縮)된 '한'의 정서를 더욱 깊이 있게 다루게 된다. 그중에서 '한'의 정서를 잘 들어낸 김소월, 윤동주, 한용운 등 대표적인 시인들을 중심으로 이 주제를 어떻게 다뤘는지 살펴보겠다.

김소월(金素月, 1902~1934, 본명 김정식)은 한국 현대시의 대표적인 시인으로, 한의 정서를 그 표현의 중심에 두었다. 그의 시의 대표작인 「진달래꽃」, 「님의 노래」 등은 사랑의 이별과 고통을 담고 있으며, 그 속에서 강한 향토성과 서정성이 드러난다. 특히, 「진달래꽃」은 한국의 상징적 꽃으로, 이별이나 그리움과 같은 한의 중첩된 감정을 효과적으로 전달한다. 그의 시는 전래의 '정'과 '한'의 세계를 현대적 감각으로 재해석한 것으로 평가받고 있으며, 이는 많은 가곡으로 변모되어 한국 가곡의 기본이 되었고 지금도 한민족의 사랑을 받고 있다. 김소월은 '한'을 통해 한국인의 서러움을 노래한 시인으로, 그 정서는 단순히 슬픔에 머물지는 않았다. 앞 챕터에서 다룬 것처럼 「엄마야 누나야」 같은 시는 이상적인 삶을 꿈꾸지만 그것이 현실에서 이루어지지 못하는 데서 오는 아쉬움과 슬픔, 그리고 그로 인한 정서적 '한'이 잘 표현되어 주목된다.

윤동주(尹東柱, 1917~1945)는 일제강점기의 독립운동가, 시인, 작가이다. 그는 일제강점기라는 특수한 시대적 배경 속에서 그의 대표시 「서시」, 「자화상」 등에서 나타나는 '한' 역시 단순한 개인적 슬픔이 아니라, 민족적 아픔과 고통을 함께 담고 있으며 연속이라는 하나 의식이 저변에 깔려있다. 윤동주는 존재의 고독과 민족적 고통을 얘기하며, 이러한 '한'의 감정은 그가 겪은 사회적 억압과 깊은 연관이 있다. 그의 시는 그리움과 고독에서 비롯된 것이며, 이는 시적 언어의 힘을 통해 울림을 준다. '한'은 그가 유작으로 남긴 시 속에서 결코 잊혀질 수 없는 테마로 자리 잡고 있다.

한용운(韓龍雲, 1879~1944)은 일제강점기의 시인, 승려, 독립운동가이다. 한용운은 앞에서 소개한 시 「알 수 없어요」에서 보이듯이 불교적 철학과 민족관이 잘 결합된 시인으로 평가받는다. 그의 시집 『님의 침묵』은 '한'의 정서가 깊이 배어있는 작품들로 구성되어 있다. 그는 자아의 정체성, 인생의 고난을 자신의 시적인 언어로 풀어내며, 그 과정에서 독자는 깊은 한의 정서를 느낄 수 있다. 한용운 역시 '한'을 단순히 슬픔으로 국한 짓지 않고, 이를 극복하고자 하는 의지를 시에 담으려 했다. 그의 시에는 민족의 고난을 공유하는 힘이 스며들어 있다.

이처럼 한국 문학에서 '한'은 매우 넓게 공통적인 배경이 되며 다양한 각도와 형식으로 다뤄지고 있다. 각 시인은 자신의 사상과 감정, 그리고 시대적 상황에 따라 한을 해석하고 표현하여 독자에게 깊은 감동과 공감을 불러일으켰다. 이러한 시들은 개인적 슬픔을 넘어서 한국인의 정서, 문화, 역사를 이해하는 데 중요한 역할을 하고 있다. 또한 이 작품들은 우리의 정체성을 형성하는 데 기여해 왔으며, '한'은 한국 문학이 어떻게 발전해 왔는지를 이해할 수 있는 중요한 통로가 된다. 이러한 성향은 한민족 특유의 한국 문학 전반에 걸쳐 지속되어 왔으며, 여러 가지 작품들 속에 이 정서가 밑바탕에 깊이 자리 잡고 있음을 깨닫게 된다. 이와 같이 '한'을 주제로 다룬 문학작품들은 오늘날에도 여전히 그 가치를 지니고 있으며 '한'에 대한 깊은 통찰은 한국 문학을 이해하는 중요한 열쇠 중 하나임을 강조하고 싶다.

4. 민화(民畵)

한국 민화는 우리 선조들의 오랜 전통 미술로서, 한민족의 정체성과 감정을 깊이 담고 있는 예술 형태 중 하나이다. 민화는 일반적으로 서민들의 삶과 꿈을 반영하며, 한국 문화에서 중요한 역할을 하고 있다. 일본의 한 미술이론가는 민화에 대해 "민중 속에서 태어나고 민중을 위해 그려지며, 민중에 의해 구입되는 그림을 의미한다"고 하였다. 이처럼 민화는 특정 계층에 국한되지 않고, 광범위한 대중의 정서를 담아낸 예술로 자리 잡고 있다.

한국 민화는 다양한 테마와 모티프를 통해 우리의 생활과 꿈을 표현한다. 예를 들어, 십장생 그림은 장수와 복을 기원하는 표현이며, 이는 한민족의 전통적인 가치관을 잘 보여준다. 민화에 자주 등장하는 호랑이는 강한 힘과 권력을 상징하는 동시에, 한민족이 겪은 역경을 극복하고자 하는 강한 의지의 표현이다. 까치가 등장하는 그림에서는 까치가 전하는 좋은 소식과 희망이 억눌린 감정을 해소하는 상징이다. 즉 민화의 상징적 이미지는 미학적 요소와 함께 우리의 역사, 철학적 사상, 그리고 집단적인 정서와도 깊이 연결되는 것이다.

이처럼 민화 속 다양한 상징들은 고통을 풀어 승화시키는 '한풀이'의 정서적 표현물로서 '한'과 이를 극복하려는 '한풀이'의 시각적 미술로서 이해할 수 있는 것이다. 민화가 비록 서민들이 그린 예술로서 그 표현이 예술적으로 미흡하게 보일 수 있지만, 오히려 솔직하고 정직하게 서민의 감정과 '한'을 표현한 것이다. 그러기에 이러한 그림들은 사회적 억압과 고난을 극복하려는 또 하나의 한민족 민초들의 강인한 표현이다.

5. 한국의 탈과 탈춤

한국의 탈과 탈춤은 전통적으로 마을의 안녕과 풍농을 기원하는 중요한 문화유산 중 하나이다. 특히 하회탈춤과 하회별신굿탈놀이 등이 잘 알려져 있다. 하회별신굿탈놀이는 지역 주민들이 가면을 쓰고 춤과 노래를 결합한 공연으로, 마을의 수호신을 기리는 의식에서 발전했다. 이 과정에서 탈은 단순한 장식품이 아니라, 마을 공동체의 역사와 정서를 담아내는 중요한 매개물이었다.

한국의 전통 탈은 다양한 종류와 기능을 가지고 있으며, 보통 연극, 춤, 판소리와 같은 공연 예술에 활용된다. 그중 놀이탈은 농민, 상인, 양반 등 다양한 사회 계층을 표현하며, 사람들의 일상적 삶을 반영하고 웃음을 유발한다. 어사탈은 조선 시대 관료를 형상화하여 정의를 표현하지만, 역시 해학적 요소가 포함된다. 이외에도 하회탈은 특히 안동 하회 마을과 관련이 깊으며, 십여 종류가 존재하여 특별한 사회적 메시지를 전달한다.

탈은 하나의 장식이지만, 한국인의 가치관과 사회 구조가 반영된 중요한 매개물이기도 하다. 각 탈은 특정한 감정이나 이야기를 시각적으로 전달함으로써 관객과의 감정적 연속을 형성하는 동시에 일종의 행위 예술적 요소를 갖는다. 예를 들어, 탈춤에서는 울음이나 기쁨과 같은 감정이 탈의 표현을 통해 전달되어 관객에게 감정적 울림을 제공한다.

전술한 하회별신굿탈놀이는 안동 지역에서 오래전부터 중요한 의식으로 전해져 왔고, 이 탈춤은 마을 주민들이 직접 참여함으로써 공동체의 정체성을 더욱 강조하며, 사람들 사이에 '우리는 하나'라는 '하나 임'을 강화한다. 탈춤의 공연은 언어와 풍자, 과거의 행위를 현대적인 시각으로 재구성하여 사람들에게 메시지를 전달하는 중요한 수단이다.

탈문화는 이웃 나라인 일본에도 있다. 한국의 탈문화를 일본의 탈화와 비교해 보면 한민족의 것은 일본과는 다른 맥락에서 발전해 왔음을 발견할 수 있다. 일본의 전통 연극 장르에서 사용되는 탈은 대개 특정한 캐릭터를 고정적으로 묘사하는 반면, 한국의 탈은 그 사용에 있어서 다양성을 지니며 공동체의 참여를 강조한다. 이러한 탈문화에서 일본 문화가 **고정적이고 독립적인 성향**을 보여주는 반면 한민족의 문화는 **참여와 공동체가 중시되는 연속(연결, 유대, 연대)적 성향**이 강함을 볼 수 있다. 여기서 일본이 한국의 근접한 이웃 나라이지만 한민족과는 잠재의식적 배경에서 상이함을 통찰할 수 있다. 한국의 탈춤은 문화적 풍자와 해학이 가득한 요소를 포함하고 있다. 또한 탈춤이 단지 놀이문화로서 끝나는 것이 아니라 **사회적 문제를 비판하고 다루는 방편** 중 하나로 여겨졌으며, 그 탈문화 속에 보다 나은 사회를 지향하는 발전적 메시지를 담고 있다는 점에서 한민족의 고유한 특성을 드러낸다.

결론적으로, 한국의 탈문화는 마을 공동체의 전통과 정체성을 함축하고 있는 소중한 자산이다. 이 문화는 현대 사회에서도 중요한 문화적 의미를 지니고 있으며 여전히 사람들에게 지속적으로 영향을 미치고 있다.

6. 한국 가곡과 대중음악

한국 가곡은 시와 같은 문학적 요소에 멜로디를 결합하여 피아노나 관현악 반주로 불리는 예술 음악으로, 한국인의 정서와 역사적 경험을 담고 있다. 그 기원은 20세기 초 개화기 시절로, 당시 종교와 교육이 밀접하게 관련되어 발전하였다. 특히, 한국 가곡은 그 시대의 사회적 분위기와 민족적 아픔을 반영하며, 한국의 고유한 정서인 '한'을 담아내었다. 대표적인 예로 홍난파(洪蘭坡, 1898~1941)의 가곡 「봉선화」(1920)를 들 수 있다. 이 곡은 식민지 현실에서 느낀 슬픔과 고통을 아름답고 애절한 선율로 표현하며, '한'의 정서를 극명하게 드러낸다. 「봉선화」는 한국 가곡의 중요한 출발점이 되었으며 이후에도 「사공의 노래」, 「금강에 살으리랏다」와 같은 곡을 발표하는 등 한국 가곡의 범위를 넓혀 '한'을 다양한 형태로 표현했다.

한국 가곡은 1920년대 개척기를 시작으로, 1930년대의 서정 가곡기, 1940년대의 예술 가곡기로 발전했다. 이 과정에서 시인 김소월을 비롯한 여러 시인의 작품이 가곡의 가사로 쓰였고, 그들의 시는 깊은 향토적 감수성과 애상적인 정서를 지니고 있었다. 이러한 요소들이 가곡에 '한'을 더 풍부하게 담아내는 데 기여했다. 특히, 김소월의 시 「진달래꽃」은 가곡으로 변주되어 슬프지만 아름다운 '한'의 정서를 표현했다. 이 곡은 음악적 아름다움을 담고 있으며, 당시의 시대적 고통과 상실감을 한국인의 내면의 소리로 승화시켰다.

일제강점기 동안 한국 대중음악에서도 '한'의 정서는 뚜렷하게 드러났다. 대중가요는 일본의 영향 아래 발전했으나, 그 안에 한국 고유의 정서가 담긴 곡들이 많이 만들어졌다. 대표적인 예로 고복수(高福壽)의 '타향살이'가 있다. 이 곡은 고향을 떠나 이국의 낯선 땅에서 살아가는 사람들의 외로움과 슬픔을 노래하며, '한'의 깊은 그리움과 상실감을 잘 표현한 노래다. 특히 이 곡은 만주로 이주하여 살게 된 동포들의 망향가가 되어 그들에게 큰 위로가 되었다고 전해진다.

이후 대중음악에서도 '한'의 정서는 계속해서 다양한 방식으로 표현되었다. 특히 한국전쟁 이후 등장한 곡들에서도 '한'의 정서는 슬픔, 상실, 그리고 새로운 희망을 향한 갈망으로 이어졌다. 이러한 정서는 현대에 이르러서도 발라드나 트로트, 힙합 등의 장르를 통해 새로운 세대에게도 전해지고 있다.

한국 가곡과 대중음악은 모두 한민족의 감정과 역사를 반영하는 중요한 매체로서, '한'의 정서를 중심에 두고 발전해 왔다. '한'은 음악 속에서 슬픔, 그리움, 상실감을 담아내면서도, 동시에 이를 극복하고자 하는 희망과 의지를 드러낸다. 한국 가곡과 대중음악은 이처럼 깊은 감정의 층위를 음악으로 승화시켜, 한국인의 정체성과 역사를 대변하는 중요한 예술적 자산으로 남아있다. 앞으로도 '한'의 정서는 다양한 음악 장르를 통해 이어질 것이며, 한국 음악의 본질을 이해하는 데 중요한 요소로 작용할 것이다.

7. 영화와 드라마

한국 영화와 드라마는 최근 한류의 확산과 함께 전 세계적으로 큰 인기를 끌고 있다. 이들은 주로 억압과 상처, 그리고 이를 극복하는 과정을 중심 주제로 다룬다. 한국 드라마와 영화의 특징 또한 한민족의 '한'의 정서와 깊은 연관성이 있다. 이러한 정서는 한국의 현대 콘텐츠에도 강하게 반영되어, 전 세계적으로 공감할 수 있는 이야기로 확장되며 성공의 주된 배경적 요인으로 작용하고 있다. 이러한 한국 드라마와 영화가 세계적으로 성공한 이유는 여러 가지 요인이 있지만 '한'이라는 기초적 배경을 중시하지 않을 수 없으며, 그 위에 축조된 독특한 스토리텔링, 문화적 매력, 높은 제작 품질이 주목할 만한 요소이다. 한국 콘텐츠는 전통적인 '한'의 가치와 현대적인 서사를 결합하여 다양한 관객들에게 신선하면서도 익숙한 느낌을 주고 있다. 먼저, 접근성과 글로벌 확산 측면에서, 넷플릭스 같은 스트리밍 플랫폼 덕분에 한국 콘텐츠는 전 세계적으로 쉽게 접근할 수 있게 되었고, 자막과 더빙을 통해 언어 장벽을 허물면서, 많은 국제 관객층이 한국 드라마와 영화를 즐길 수 있는 길이 열리게 된 것이다. 이러한 접근성 덕분에 한국 엔터테인먼트는 폭발적인 인기를 끌게 되어, 많은 사람들이 그 매력을 느끼게 되었다. 여기에 더하여, 다양한 스토리텔링과 함께 한국 드라마는 로맨스, 스릴러, 역사, 공상과학 등 다양한 장르가 혼합되어 있다. 이러한 장르의 결합은 시청자들에게 예측할 수 없는 몰입감을 선사하며, 인간관계, 자아 발견, 사회적 갈등 등 공감할 수 있는 감정적 깊이를 전달한다. 특히, 가족적 가치나 사회적 압박과 같은 문화적 요소도 포함되어 있어 독특한 매력이 발산된다. 또한, 높은 제작 품질과 미적 매력 역시 한국 콘텐츠의 특징 중 하나이다. 세심한 촬영, 패션, 그리고 세련된 배우들이 조화를 이루어 현대적인 도시 생활과 한국의 아름다운 풍경을 잘 담아낸다.

한국 드라마와 영화는 종종 사회적 비판과 현실성을 주제로 삼는다. 불평등, 부패, 경쟁, 세대 간 갈등 같은 사회적 문제를 다루는 대표적인 작품으로는 「오징어 게임」과 「사랑의 불시착」, 「기생충」 등이 있다. 이러한 작품들은 심각한 주제를 담아내면서도 동시에 엔터테인먼트적 요소를 유지하기 때문에, 시청 경험에 깊이를 더한다. 이러한 영상문화의 뿌리가 전술한 탈과 탈춤, 민화, 문학, 해학 등에 일관되게 나타나는 '한풀이 문화'에 닿아있으며 이는 또 하나의 교훈적 메시지를 전달하는 장르이자 표현임을 통찰할 수 있을 것이다.

끝으로, 한국 드라마에서 그려지는 감정적이고 공감 가능한 캐릭터들은 복잡한 내면을 가진 인물들로 구성되어 있다. 이들은 감정적으로 깊이 있는 이야기를 통해 팬들과 연결될 수 있게 하며, 이러한 캐릭터들은 시청자들에게 극복해야 할 갈등의 여정을 함께하도록 이끌어낸다. 이처럼 다양한 요소들이 결합되어 한국 콘텐츠는 전 세계적으로 인기를 끌고 있으며, 그 매력은 하루아침에 형성된 것이 아니라 수천 년 동안 한민족의 가슴 속에서 자라온 것이기 때문에 그 내공의 풍부함과 그 무게를 경시할 수 없다. 앞으로 계속해서 성장 발전할 가능성이 높다. 이러한 한민족의 영상예술은 할리우드 영화에 익숙한 세계인들에게 하나의 신선한 매력이 아닐 수 없었을 것이다. 왜냐하면 그 발전의 역사적 배경에서 한민족 고유의 문화적·철학적 차이점이 곳곳에 내재해 있으며 그 문화적 깊이와 통찰은 온 인류에게 나아가야 할 올바른 방향성을 제시할 것이기 때문이다.

'한'은 한민족의 억압된 감정과 이를 극복하려는 의지를 표현한다. 권력자들에게 끊임없는 수탈을 당하고 무수한 침략을 겪으면서도 대다수의 한민족은 '한'을 단순한 정서로 끝내지 않았다. '한'의 정서를 더 깊게 살펴보면 단순히 자신의 감정적 수준에 머물지 않고 타자(他者)를 향한 측은지심(惻隱之心)[43], 자기희생(自己犧牲), 물아일체(物我一體)[44]라는 삶의 실천적 영역으로까지 이어져 왔음을 통찰할 수 있다. 이러한 정서는 많은 한국 드라마와 영화의 주제를 관통하며 이 주제는 글로벌 관객들과 감정적으로 연결된다.

영화와 드라마는 현대 사회에 있어서 종합문화이자 예술의 중요한 한 장르이다. 이상의 분석에서 보듯이 한국 영화와 드라마의 성공 뒤에는 이제까지 논의한 '한'에 기반한 정서가 영화와 드라마 저변에 배어있으며, 이를 현대적 해석을 통해 표현하고 있음을 알 수 있다. 특히 '한'의 회복과 치유 그리고 해학적 요소는 드라마를 이끌어 가며 그 해학적 즐거움(오락성)과 강인한 의지를 엿볼 수 있는 드라마의 중심축으로 자리 잡고 있다. 이는 더 나아가 개인의 깊은 정서를 나누고, 사회적 연대감과 문화적 정체성을 형성하는 데 필수적인 요소로 작용하고 있다. 따라서 '한'의 정서는 단순한 아픔의 상징이 아닌, 한국 문화의 풍부함과 깊이를 이루는 에너지와 활력의 저장고임이 분명하다.

여기서 한국 드라마 중 세계적 선풍을 이끈 드라마 「오징어 게임」을 한 섹션으로 할애하고 그 내용을 심층 분석하여 철학적 메시지를 공유하고자 한다.

8. 오징어 게임

나는 우선 이 K-드라마의 성공에 대해서 주목하게 되었고 그 이유를 분석하게 되었다. 그 결과는 이 드라마가 현대 자본주의 사회의 분리에 기반한 **경쟁의 문제점**을 극대화시켜 흥미를 유발함과 아울러 그 참상을 밝힌 점에 있다는 통찰에 이르게 되었다. 이를 철학적 및 심리적 관점에서 더 깊이 분석해 보고자 한다.

「오징어 게임」은 현대 자본주의 사회의 도구적 이성이 어떻게 인간을 수단화하고, 경쟁을 통해 비인간적인 결과를 초래하는지를 극적으로 보여준다. 참가자들은 게임이 진행됨에 따라 점점 다른 사람을 단순히 목적을 위한 수단으로 여기게 된다. 분리적 사고의 끝판왕인 셈이다. 이 과정에서 **인간의 존엄성이 무참히 훼손**된다. 드라마는 자본주의 체제 내에서 게임 참가가 공정한 자신의 선택이었음을 내세우며 경쟁과 효율성에 의해 인간이 탈 합리화되는 문제를 고발한다. 루소는 『사회계약론』에서 "사회는 인간의 존엄과 평등을 보장하기 위해 만들어졌다"고 주장하지만, 「오징어 게임」은 이러한 사회계약이 깨진 세계를 묘사한다. 참가자들은 경제적 불평등과 사회적 불안정으로 인해 극단적 경쟁으로 내몰리고, 이는 **사회의 근본적인 불평등 구조를 폭로**한다. 게임에 참여한 사람들은 전통적 가치체계가 무너진 세계 속에서 살아남기 위해 극단적인 선택을 한다. 이 과정에서 실존주의적 불안이 부각되며, 이는 **삶의 본질적 목적과 가치를 상실한 현대인**을 대변하는 것이다. 드라마는 인간의 기본적인 생존 본능을 자극한다. 극한 상황에서 살아남기 위해 벌어지는 경쟁은 시청자들에게 깊은 심리적 긴장감을 유발한다. 게임 이론의 관점에서, 참가자들은 제한된 자원(생존)을 놓고 협력과 배신 사이에서 갈등하며 **인간 본성에 내재된 신뢰와 배신의 딜레마**를 드러낸다. 드라마 속 참가자들은 서로를 경쟁 상대로만 보이게 유도되며, 이 과정에서 열등감과 분노가 극대화된다. 이는 현대 사회의 과도한 경쟁 구조 속에서 많은 사람들이 느끼는 심리적 압박을 반영한다. 분리가 극대화된 극한 상황에서 참가자들은 개인이나 소수집단의 이익이나 생존을 위해 타인을 비인간적으로 대하게 된다. 특정 규칙 안에서 처음에는 다수의 군중 심리가 작동하지만, 참가자들은 점차 자신의 행동에 대한 윤리적 판단을 상실한다. 「오징어 게임」은 한국의 사회 문제(빈부 격차, 부채 문제, 경쟁 문화)를 소재로 삼으면서도, 자본주의적 경쟁의 문제는 전 세계적 공감대를 형성할 수 있는 주제이다. 특히, 코로나19 팬데믹 이후 심화된 불평등과 개인의 생존에 대한 위협이 전 세계적으로 이 드라마의 메시지를 더욱 강렬하게 느끼게 했다. 게임에서 벌어지는 잔혹한 상황은 공포를 유발하지만, 참가자들의 인간적 고뇌와 희생은 연민을 이끌어 낸다. 이는 관객들이 자기 자신을 참가자들과 동일시하게 만든다. 드라마는 단순한 오락을 넘어 현대 사회의 구조적 문제를 성찰하게 만든다. 관객들은 이러한 메시지를 통해 일종의 정신적 카타르시스를 경험한다. 「오징어 게임」은 철학적 관점에서 현대 사회의 구조적 문제(불평등, 경쟁, 도구화)를, 심리적 관점에서 인간 본성과 감정의 복잡성을 적나라하게 드러낸 작품이다. 이 드라마는 개인과 사회가 직면한 윤리적, 실존적 딜레마를 반영하며, 이러한 보편적 주제의식이 세계적인 공감을 불러일으켰다고 할 수 있다.

「오징어 게임」 시즌1이 끝난 후 최근 넷플릭스에 「오징어 게임」 시즌2가 방영 중이다. 시즌1이 문제 제기라면 시즌2는 문제 해결의 시작편이라고 볼 수 있다. 주인공은 시즌1에서 게임 주최 측의 시도가 인간의 본성을 훼손하고 이를 즐기는 일부 기득권 세력의 변태적 욕망임을 깨닫고, 이와 맞서 싸워 인간의 존엄성을 되찾고 인간 본연의 정(연속)에 기반한 사랑과 배려의 '하나 임'으로 회귀하기 위해 분연히 나선다. 주인공은 그가 받은 거액의 상금을 저들과의 전쟁에 사용한다. 그 돈은 게임에서 살해된 사람의 핏값이라는 인식을 갖고 있으며 모든 상금을 사욕을 위해서가 아니라 이웃과 인류와 올바른 사회를 향해 사용한다. 이 드라마의 메시지는 한마디로 분리의 소산인 '경쟁'에서 연속의 '하나 임'으로의 귀환을 이루어 나가는 거대한 인류의 몸부림이라고 보고 싶다. 이 드라마는 현대 인류가 직면한 심각한 문제를 통찰하는 철학적이고도 윤리적인 서사로 자리 잡을 가능성을 엿보게 한다. 여기에 대해 몇 가지 관점을 덧붙이고자 한다. '연속'과 '하나 임'은 한국 철학에서 중요한 개념인 '홍익인간'의 사상과 맞닿아 있다. 인간 존엄성과 이웃 사랑의 실천을 통해 사회적 연속성을 유지하려는 이 이상은, 드라마가 제시하는 대안적 사회의 철학적 근간이 될 수 있다. 이는 경쟁과 도구화된 관계(I-It)[45]를 넘어, 진정한 인간적 관계를 통해 하나의 공동체를 형성한다는 메시지와 연결된다. 니체는 인간이 "기존의 가치 체계를 넘어서 초인이 되어야 한다"고 주장했지만, 「오징어 게임」 시즌 2는 초인적 개인이 아닌 '공동체적 초월'을 지향한다. 이는 개인의 승리를 넘어 공동체의 회복과 연대를 강조하는 것이다. 주인공이 상금을 사용하여 자신만의 목적이 아니라 사회를 위한 전쟁에 나서는 것은, 초인의 자기 초월과는 다른, 공동체적 윤리의 복원을 보여준다. 주인공이 상금을 '핏값'으로 인식하고 그것을 자신이 아닌 타인을 위해 사용하는 것은 강렬한 윤리적 메시지를 담고 있다. 이는 칸트의 정언명령[46]에서 강조된, 인간을 수단이 아닌 목적으로 대우하라는 윤리를 구체화한 사례라 볼 수 있다. 또한, 이는 고대 영웅 서사에서 전리품을 개인의 영광을 위해 사용하는 영웅적 모델을 넘어, '공동체적 영웅'으로의 전환을 상징한다. 주인공의 행동은 이타적 사랑과 배려를 바탕으로 한다. 이는 한국 문화의 '정'과 연결되며, 개인의 희생과 타인을 위한 헌신을 통해 하나 된 '하나 임'이라는 공동체를 이루려는 윤리적 이상을 실현한다. 이러한 이타성은 서양철학의 아가페(Agape, 무조건적 사랑)와도 공명하며, 드라마의 메시지가 특정 지역이나 문화에 국한되지 않고 보편적 공감을 얻을 수 있는 이유를 설명한다. 이러한 분석은 서구인들에게 친숙하게 다가올 것이다.

이러한 메시지를 한민족 고유의 홍익인간 사상을 중심으로 살펴보자. 홍익인간은 개인의 이익을 초월하여 공동체의 이익과 조화를 우선시하는 사상이다. 이 과정은 '나'에서 '우리'로, 그리고 경쟁에서 연대로의 전환을 상징한다. 이는 한민족의 전통적인 '우리가 함께 잘 살아야 한다'는 홍익인간 정신은 물질적 풍요나 세속적 성공이 아니라, 모든 인간을 이롭게 하는 도덕적이고 윤리적인 삶을 강조한다. 이는 궁극적으로 모든 존재가 서로 연결되어 있다는 통합적 세계관을 바탕으로 한다. 홍익인간은 단순히 이상적 철학이 아니라, 고조선 건국 이래로 한민족의 정신적 DNA로 자리 잡아왔다. 드라마는 이러한 철학을 현대적 상황에 맞게 재해석하며, 변태적 욕망에 사로잡힌 '기득권과의 투쟁'이라는 주제를 통해 정의로운 사회를 위한 실천적 방향성을 제시한다. 이는 과거에서 현재로, 그리고 미래로 이어지는 통시적 홍익인간 사상의 연속적 진화라 볼 수 있다.

결국 이 드라마는 홍익인간의 보편적 이상과 현대적 실천을 동시에 담아낸, 한민족 철학의 글로벌 서사로 자리 잡을 잠재력을 지니고 있다. 또한 '분리'에서 '연속'으로, '경쟁'에서 '하나 임'으로 나아가는 거대한 인류의 여정을 그린 기념비적 작품으로 기억될 수 있을 것이다.

3부
한국 문명의 독창성

한글과 금속활자를 중심으로
한국 문명의 지속성과 창조성을 탐구

제7장

한글 창제(철학과 과학의 만남)

1. 동이족과 한자

먼저 한글에 대해서 서술하기 전에 한민족의 조상인 동이족이 한국, 중국, 일본의 문자체계에 미친 역사적 고증과 영향을 살펴보겠다. 한자는 일반적으로 그림 문자의 발달을 통해 생성된 중국에서 시작된 고대 문자로 알려져 있다. 그러나 한자의 기원은 갑골문자에 뿌리를 두고 있다. 갑골문자는 기원전 14세기에서 11세기 사이에 사용된 문자로, 주로 거북이의 배딱지나 짐승의 뼈에 새겨진 점치는 문서이다. 이 문자는 상나라 시기에 활발히 사용된 문자로, 주로 제사의식이나 점괘와 관련된 내용이 새겨졌다. 형상을 본뜬 문자로서, 사물이나 개념을 그림으로 묘사하는 데 초점이 맞춰져 있었다. 예를 들어, '날아가는 새'를 표현할 때는 실제 새의 모습을 단순화하여 그린 것이다. 이렇게 초기 문자는 매우 직관적이었다. 이 문자가 후에 문자 형태로 발전하여 현재의 한자가 되었다. 앞으로 더욱 많은 연구와 자료가 쌓여야 할 것이지만 상족과 동이족의 관계를 보면 상족은 역사적으로 동이족과 연결될 수 있는 여러 요소가 있다. 먼저, 상족은 자신들의 종교적 관습으로 조상 숭배와 점복을 중요시하였는데, 이는 동이족 문화에 뿌리를 두고 있는 것이다. 동이족이 사용한 점복 방법 가운데는 골복, 즉 뼈를 사용한 점술 등이 있으며, 이는 상족의 전통과 밀접한 관계가 있음을 방증하고 있다. 또한 상족의 주요 활동 지역인 황하 유역은 동이족의 중심지와 일정 부분 겹치며, 이들 간의 문화적 상호 작용이 있었음을 암시한다. 즉 상족은 동이족의 문화적 요소를 계승하고 발전시켰다고 볼 수 있으며, 이는 상나라의 문화를 이해하는 데 중요한 단서가 됨을 부인할 수 없다. 한자는 동아시아 여러 나라에서 사용되었고, 그 구조와 개념은 모두 갑골문자의 영향을 받았다. 한자는 뜻글자(表意文字)로, 본래 의미를 상징적으로 전달하는 데 초점을 둔다. 이로 인해 한자는 글자의 결합을 통하여 다양하고 복잡한 개념까지 표현할 수 있는 특성을 지니고 있다. 갑골문자에 대해서는 18장에서 좀 더 다루어질 것이다.

2. 동이족과 가나

일본의 가나는 한자의 영향을 받아 만들어진 '음절문자'임에는 틀림없으나, '가타카나'와 '히라가나' 두 가지 형태가 있다. 가나는 초기 일본어를 보다 효율적으로 표기하기 위해 한자의 음을 변형한 것이다. 이는 한자의 복잡함을 줄이고, 일본어의 발음을 보다 명확히 전달하기 위한 방법으로 매우 유용했다. 특히, 일본의 가나는 일본인들 스스로가 가나를 만들기 이전에 백제와의 관계를 통해 전달되었다는 주장이 많으며, 이를 통해 신라의 이두[47]와 문자가 교류했을 가능성이 제기되고 있다.

가나의 발달과정에 대해서 미나모토 노리요시와 같은 사상가들이 일본인들이 한자를 가공하여 새로운 음절문자를 개발하게 된 역사적 배경을 주장하고 있다. 그러나 다른 한편 이두와 일본어 가나와 관련하여 최근 히로시마 대학 고바야시 요시노리(小林芳規) 명예교수 등 일본 학자와 한국 학자들의 연구가 활발하다. 그 결과 설총이 창시한 이두에 기반한 '일본 가나 한반도 유래설'이 주목받고 있는 실정이다. 즉 신라의 이두가 일본 전통문자의 기원이라는 연구도 함께 존재한다. 그러면 두 학자의 주장을 비교해 보자.

— 미나모토 노리요시의 주장

미나모토 노리요시는 일본 역사와 언어학의 여러 측면을 연구한 사상가로, 가나의 발전과정을 설명하면서 일본의 문자체계가 한자를 기반으로 발전했다고 주장했다. 이들은 음절문자인 가나가 처음 형태를 갖추기 시작한 것은 한자의 음과 의미를 차용하거나 변형하는 과정에서 비롯되었다고 보았다. 특히, 가나는 초기 일본어의 표현을 돕기 위한 도구로서, 기존의 한자만으로는 일본어의 복잡성을 충분히 반영할 수 없었기 때문에 새로운 음절문자가 필요하다고 인식한 것이다. 미나모토의 주장은 특히 만요가나(万葉仮名)에 의해 뒷받침된다. 만요가나는 일본의 고전 문헌인 『만엽집』에서 사용된 한자의 음을 빌려 일본어를 표기한 방식으로, 당시의 음절 구조를 반영한 중요한 문서 자료로 간주된다. 이와 함께 일본의 고전 문헌에 나오는 다양한 한자를 이용한 음차표기법은 가나의 발전에 중대한 영향을 미쳤다는 점을 강조한다.

─ 일본 가나 한반도 유래설과 고바야시 요시노리의 연구

고바야시 요시노리 명예교수와 다른 일본 학자 및 한국 학자들은 가나의 기원이 이두와 연관이 있다고 주장하고 있다. 특히 이들은 신라의 이두가 일본의 전통 문자가 발전하는 데 있어 중요한 기초가 되었음을 시사한다. 이두는 신라 시대에 만들어진 한국어의 표기법으로, 한자를 사용하여 한국어를 유사하게 기록하는 방법이다. 설총이 창시한 이두는 한국어의 문법적 요소를 통합하여 한국어로 음차하는 방식을 체계화한 것이다.

이러한 연구 결과들은 신라의 이두가 일본 가나의 형성과정에서 영향력을 미쳤을 가능성을 제기한다.

─ 두 입장의 종합적 이해

이렇게 미나모토 노리요시와 고바야시 요시노리의 주장을 종합적으로 살펴보면, 두 가지 접근 방식이 유기적으로 연결된다는 것을 알 수 있다. 미나모토의 이론은 일본어 가나의 기초가 한자에서 출발했음을 강조하는 반면, 고바야시의 접근은 한국의 이두가 일본의 문자 시스템의 형성에 중요한 영향을 미쳤다는 점을 부각한다. 따라서 이들은 일본어 가나의 발전과정을 설명하는 데 서로 보완적인 관계에 있다고 볼 수 있다. 이러한 논의는 단순히 일본과 한국의 언어적 유사성을 넘어서, 동아시아 문자체계의 발전과 상호 작용을 분석하는 데 있어 중요한 역할을 하고 있다. 역사적, 문화적 배경 속에서 두 나라의 문자체계가 어떻게 연결되었는지를 이해함으로써, 현대의 글쓰기와 언어 표현에도 여전히 중요한 시사점을 제공할 수 있다. 이는 언어학, 역사학,

문화 연구의 여러 분야에서 지속적으로 논의될 주제이며, 앞으로도 더 많은 연구가 필요하다.

결론적으로 이상의 동이족과 한자와 가나의 관계를 보면 동이족은 중국 역사에서 중요한 민족으로, 그들이 사용하던 문자와 문화는 현재의 한자 및 관련 문자체계의 기초가 되었음을 알 수 있다. 이들은 동아시아의 다양한 민족들에게 영향을 미쳤으며 동이족의 역사적 배경을 고려할 때, 중국의 한자, 일본의 가나가 모두 동이족이라는 뿌리와 밀접하게 연결되어 있음을 확인할 수 있다.

3. 한글 창제의 철학적 배경

최근 한글에 대한 세계적 언어학자와 석학들의 분석 및 찬사가 이어지고 있다. 이들은 한글의 독창성과 과학성을 높이 평가하며, 한글이 지닌 특별한 가치와 역할에 주목하고 있다. 한글은 조선왕조 제4대 임금인 세종대왕(재위: 1418년~1450)에 의해 창제된 문자로, 한글은 단순한 문자 이상의 의미를 지니고 있으며, 세계 유일의 창제과정과 관련된 문서가 전해지는 문자로 인정받고 있다. 특히, 스물여덟 글자에 담긴 다양한 소리와 의미의 조화는 인류의 문화를 풍부하게 만드는 요인으로 작용하고 있다. 많은 언어학자들은 한글의 이러한 특성이 다른 언어 문자체계에서도 충분히 활용될 수 있을 만큼 뛰어난 것이라고 평가하고 있다.

그러면 세종이 한글을 창제한 주된 이유를 살펴보자. 그는 백성이 자기 뜻을 제대로 펼치지 못하는 점에 주목하였다. 한 예를 들자면, 그가 백성이 억울하게 죄인으로 몰려 죽임을 당하게 되는 경우를 접하게 되었는데 더욱 한심한 것은 죄명조차 모르고 죗값을 감수하게 되었음을 목도한 것이다. 세종이 한글을 창제한 중요한 이유 중 하나가 모든 백성이 쉽게 읽고 쓰게 하는 것이었다. 당시 한자 중심의 사회에서 백성들의 문맹은 사회적 불평등의 원인이 되었기 때문이다. 그는 통치자로서 이와 같은 백성의 사정을 가엾게 여긴 것이다. 다음 글은 훈민정음으로 한글의 창제 취지를 밝힌 것이다.

나라의 말이
중국과는 달라
문자(한자)와는 서로 맞지 아니하므로
이런 까닭으로 글을 모르는 백성들이 말하고자 하는 바 있어도
마침내 제 뜻을 능히 펴지 못할 사람이 많으니라
내 이를 위하여, 가엾게 여겨
새로 스물여덟 자를 만드노니
사람마다 쉽게 익혀 날마다 씀에 편안케 하고자 할 따름이니라

'**내 이를 위하여, 가엾게 여겨**' - 연민과 사랑과 배려는 방법을 창안해 낸다. 한민족의 국시(國是)가 홍익인간이 아닌가? 그는 **백성들이 어려운 한자를 익히지 못해 고통받는 것을 보며** 표현상의 어려움을 배제하기 위한 배려와 사랑으로 **누구나 쉽게 읽고 쓸 수 있는 문자를 만들기로 결심하였고, 신하들의 반대에도 불구하고 이를 완성하였다.** 백성의 불편함을 덜기 위한 세종의 노력은 바로 **재세이화(在世理化)**의 사상으로, 이것이 **문자의 혁신이라는** 기술 혁신을 가져온 셈이다. 즉 백성을 재세이화하여 문맹을 퇴치하고 정확하고 빨리 소통하여 **의미를 공유(共有, 평등성)**하기 위한 노력이었고 또 다른 하나 간

과할 수 없는 철학적 함의는 **평등성의 실현**이었다. 홍익인간 재세이화 사상은 '널리 인간을 이롭게 하고 세상을 이롭게 한다'는 의미로, 한국의 전통적 이상이자 국가이념이다. 이 개념은 고조선의 건국이념으로 전해진 것이며, 그 철학적 바탕은 인류의 공동체적 삶과 이타적 행동을 중시하는 사상이다.

한글의 창제는 그러한 불평등을 해소하고, 모든 백성이 지식을 공유하며 삶의 질을 향상시키는 데 기여하고자 하는 목적이 있었다. 한글 창제 시 동북아시아의 시대적 상황은 중화 질서가 지배하는 시대였다. 신하들은 그 시대의 엘리트 집단으로 자신들의 지식과 정보에 기반한 기득권을 가진 보수 세력이었다. 이들은 새로운 문자 창제가 중화 문명의 정통성에 도전하는 것이며 중화 질서에 위배된다는 논리로 세종에게 맞섰다. 그들은 백성의 지적 계발 수단인 쉬운 문자의 창제가 탐탁지 않을 수도 있었다. 그러나 세종은 이러한 외적 조건에 결코 굴하지 않았다. 당시 세종의 학문적 성취는 신하들을 훨씬 능가하였다. 반대하는 신하들에게 "너희가 운서[韻書-음운학(音韻學)을 지칭]를 아느냐" 그리고 "사성칠음자모(四聲七音字母)가 몇이나 되느냐"고 물어 신하들의 입을 봉쇄하였다고 한다.[48]

여하튼 이러한 시대적 배경과 신하들의 반대보다 세종은 백성을 무지로부터 구해내고자 하는 열정과 배려가 우세하였다. 그는 비밀리에 한글 창제 작업에 착수하였던 것이다. 그러면 중화 세력에 맞서는 정치적 위험을 감수하면서도 이러한 열정과 배려는 어디로부터 오는가? 새로운 문자의 창제의 철학적 배경에 대해서 생각하지 않을 수 없다. 그것은 한민족이면 누구나 알 수 있는 연속에 기반한 홍익인간·재세이화·삼재사상에서 그 철학적 배경을 찾을 수 있을 것이다. 이들 중 삼재사상(천지인)은 우주 만물의 질서와 인간의 삶을 설명하는 핵심적인 철학적 원리이다. 보다 간단하게 한마디 말로 요약하면, 홍익인간 사상에 내재된 평등이다. 사실상 소통에 따른 지식과 정보의 공유가 없다면 진정한 평등은 달성될 수 없는 것이다. 인간의 평등화와 민주화 이전에 지식과 정보의 공유를 통한 평등화가 선행되어야 한다. 실제로 지식과 정보에 대한 접근은 현대 사회에서 중요한 권리로 인식되며, 그것이 기반이 되어야만 진정한 평등과 민주주의가 실현될 수 있다. 역사적으로도, 지식의 독점은 권력과 권위를 유지하는 수단이었고, 정보에 대한 접근을 제한함으로써 사회적 불평등이 유지되었음을 볼 수 있다. 그러나 정보와 지식이 널리 공유되고 민주화될수록, 사회 전반에서 더 많은 사람들이 권리와 기회를 동등하게 누릴 수 있는 기반이 마련된다. 인터넷의 발전과 디지털 기술의 확산은 이러한 지식 평등화의 가능성을 크게 확장시켰으며, 이에 따라 정보에 대한 접근성이 높은 사회는 보다 민주적이고 평등한 사회로 나아갈 수 있다는 점을 보여준다. 정보가 소수에 의해 통제되거나 불투명하게 운영될 경우, 대중은 힘을 잃고 그들의 삶을 개선할 기회를 상실하게 된다. 따라서 평등화된 정보 공유는 민주주의의 필수적인 전제 조건이며, 이러한 과정이 선행되지 않는다면 참된 민주주의나 평등은 이루어지기 어려울 것이다.

한글 창제 당시 지식과 정보의 차이는 관료와 일반 백성을 구분 짓는 주요 요인의 하나였다. 인간의 평등화는 평등화 이전에 지식과 정보의 평등화가 선행되어야 달성될 수 있는 것이다. 서구의 종교혁명만 보더라도 라틴어 성경을 볼 수 있는 사제와 원천적으로 성경 열람이 불가능한 평민 간의 기초적 차이를 성서 지식과 정보를 공유함으로써 성취할 수 있었다고 생각된다. 라틴어 성경 번역을 통한 정보의 공유가 없었더라면 종교혁명이 결코 성공하지 못하였을지도 모른다.[49] 정보와 지식의 공유는 이렇게 중요하며 그 좋은 수단인 빠른 소통은 민주화와 평등의 기본요건이라고 생각한다. 이 빠른 소통의 수단으로서 언어문자가 평등과 민주화의 필수 불가결한 요소 중 하나임이 분명하다.

이러한 의미에서 세종의 한글 창제 필요성에 대한 인식의 탁월함은 필설로 다할 수 없는 것이다. 그의 백성에 대한 인식은 일반 통상적 전제군주와는 달랐다.

'세종대왕은 어느 날 노비까지도 하늘에서 낸 사람이라고 하면서 존중했습니다.'[50] - 그의 사람에 대한 인식은 이러하였다. 그는 성군(聖君)이었다. 세종 시대 대부분의 발명이 농사를 짓는 백성을 위하는 것들인 것만 보아도 백성을 향한 그의 진심을 읽을 수 있다. 플라톤이 주장한 철인정치[51] 수준을 넘는다고 생각한다.

또한 그가 한글 창제를 하기 위한 인문학적 접근 방법에 주목하지 않을 수 없다. 만일 우리가 오늘날 문자를 창안한다고 생각해 보자. 어디서 어떻게 시작할 것인가? 이것만 생각해 보아도 막막하기 그지없는 일이다. 그러나 세종은 그 접근법 자체가 탁월한 천재성을 드러내고 있다. 언어문자는 의미를 나타내는 시각적 부분과 그 문자를 발성하는 청각적 소리, 그리고 소리와 문자가 표현하는 의미, 세 부분에 의해서 완성된다. 이 분명한 인식은 시각적 부분과 청각적 부분이 하나의 의미를 나타낸다는 점에서 각각이 셋이 아니며 셋이 되어서는 안 된다는 점을 간파한 것이다. 의미와 문자와 소리는 셋이지만 하나다. **시각(문자)·청각(소리)·의미(뜻)**, 이 세 가지가 하나로 통섭되어야 한다.[52] 그리하여 시각적으로(문자)는 자음(子音)이 자연의 일부인 인간의 구강, 즉 발음기관의 모습을 반영하였으며, 그 모습을 받아 표현해 주는 어머니 같은 모음(母音)은 한민족의 철학적 우주관인 천(天 ·)과 지(地

一)와 인(人ㅣ)을 표현하는 데 기반을 두었다. 이와 같이 이 문자의 모습은 문자 자체가 소리를 내는 발성기관을 본뜬 것이기 때문에 거기서 나오는 소리는 시각적 요소와 청각적 요소가 직관적으로 연속되어 분리되지 않는다. 그러니 어느 나라 사람이든 그토록 짧은 시간에 한글의 자모를 습득할 수 있는 것이다. 이것을 가능케 하는 것이 무엇일까? 모든 것이 연속된 하나로 귀결된 태일인간인 홍익인간 사상의 잠재적 뿌리를 배제하고 세종의 한글 창제의 접근법을 유추한다는 것은 있을 수 없는 일이라고 생각한다.

한글에 대한 세계적 학자들과 언어학자들이 그들의 시각에서 훌륭하고 탁월한 분석과 함께 찬사를 보내고 있다. 이에 대해서 한국인의 한 사람으로서 우리 글에 대한 그들의 노력과 관심에 깊은 감사를 보내고 싶다. 단지 필자는 언어학자도 아니고 평범한 한 한국인에 불과하지만 한 한국인의 입장에서 우리 글에 대한 나의 인식을 이 글을 읽는 모든 사람과 공유하고 싶은 바람이다.

4. 한글 창제의 원리

삼재는 우주와 인간을 구성하는 세 가지 기본 요소인 하늘(天), 땅(地), 사람(人)을 의미한다. 이는 한민족의 세계관에서 중요한 기초 개념으로, 우주 만물의 질서와 인간의 삶을 설명하는 핵심적인 철학적 원리이다. 한글의 자음과 모음체계는 바로 이 삼재사상을 바탕으로 홍익인간·재세이화의 이상을 실현하기 위해 설계되었다.

자음: 자음의 기본 글자는 자연(땅)의 일부(地)인 사람의 발음기관

을 본떠서 만들어졌다. 예를 들어, 'ㄱ'은 혀뿌리가 목구멍을 막는 모습을, 'ㅁ'은 입술의 모양을 본떠 만들었다.

모음: 모음은 하늘(·), 땅(ㅡ), 사람(ㅣ)을 상징하는 세 가지 기본 요소로 구성된다. 이는 천·지·인 삼재사상(三才思想)을 문자에 그대로 반영한 것으로, 모음은 우주의 조화와 질서를 상징한다.

한글은 이러한 천·지·인 삼재사상을 문자체계에 반영함으로써 우주의 조화와 인간의 소통을 실현하는 이상적인 문자로 설계되었다.

여기에서 보듯이 세종은 인간을 자연(地神)의 일부라고 보았다. 인간이 자연이니 인간이 내는 소리도 당연히 자연의 일부다. 하늘(마음)의 뜻(天神), 목구멍, 발음기관인 성대(地神), 뜻을 표현하고자 하는 의지(人神)의 합일이 한글의 과학적, 철학적 기반이다. 문자가 다름 아닌 **천·지·인 삼재합일**의 형태다. 물론 **모음 3자**(· ㅡ ㅣ) 자체만 떼어서 보더라도 삼재의 상징으로 문자체계의 한 축을 구성한다.

세종은 단지 새로운 문자를 만든 것이 아니라 인간의 발음기관을 해부학적으로 분석하여 그에 맞는 과학적이고, 철학적이고, 미학적(예술적)인 문자체계를 창안한 것이다. 그러기 위해서 그는 소리를 따라 글자를 만들었다. 이 생각은 소리를 음가(音價)에 맞추어 적을 수 있어야 한다는 생각이었다. 이것은 **의미**와 **형태**와 **소리**로 구성된 제자(製字) 원리(原理)가 단순하고 직관적이어서 순리에 부합하고 배우기 쉬워야 한다는 조건을 고려한 발상이었다. 다시 한번 상기 내용을 요약하겠다.

한글은 인간의 **뜻**(天, 뜻, 의미)을 발성기관인 구강의 해부학적 **구**

조(발음기관)에 기반한 청각적 소리와 시각적 문자 구조(地)를 **매개**로 인간 의지의 **표현**인 발성(發聲)인 말(人)의 천·지·인 삼재사상이 그대로 녹아있는 언어 문자체계이다.

  天-의미(관념)
  地-매개(구조)
  人-의지(표현)

  모음을 드러내는 3자(· ㅡ ㅣ) 역시 천·지·인을 형상화한 것이다. 이를 조각에 비유하면 인간인 작가가 자기가 표현하고자 하는 뜻(天)을 조각칼과 재질이라는 매개(地)를 이용하여 작품으로 표현(人)하는 것과 같은 이치이다. 또한 문자 창안의 연구 방향 설정부터 인간의 구강에 관심을 가졌다는 것은 **언어도 인간이라는 자연이 내는 소리**로서의 인식이다. 인간도 자연이라는 생각에 미치자 언어도 인간이라는 자연의 소리가 아닐 수 없다. 매개는 시각적 문자 모양과 청각적 발음기관의 모형의 두 가지 통로에 의한 것이다. 그리하여 세종은 그 자연의 소리에 부합하는 문자를 고안하게 된 것이니 **구강의 형상과 문자 모양이 1:1로 합일되어 문자(형상)와 소리의 괴리 현상을 원천적으로 배제**하려는 의도였다. 그 결과 인간이 내는 소리뿐 아니라 온갖 자연의 소리를 문자로 표현할 수 있게 된 것이다. 그러므로 한글은 세상의 모든 소리의 부호인 셈이다. 인간을 자연의 하나라고 볼 때 이러한 엄청난 결과가 도출된 것이고 한글 창제의 철학적 기반은 천지인 삼재사상의 구현인 홍인인간(태일인간) 재세이화의 한 예인 것이다.

  앞에서 '**구강의 형상과 문자 모양이 1:1로 합일되어 문자(형상)**

와 소리의 괴리 현상을 원천적으로 배제하려는 의도였다'라고 하였는데 여기서 언어 발생의 원리적 측면을 고찰해 보자. 문자의 발명 전에는 인간의 의사(의미)소통은 당연히 소리에 의존하였을 것이다. 그리고 후대에 문자가 발명되어 의미를 전달하게 된다. 소리가 청각적 수단이라면 문자는 시각적 수단이고, 소리와 문자는 의미전달이라는 의미에서 분리되지 않는다. 그러므로 언어는 시각(文字), 청각(發音), 의미(意), 세 가지의 영역을 가지며 이 세 가지는 언어(言語)에서 하나로 통섭된다. 세 가지는 각각 다른 영역이지만 그것이 표현하고자 하는 것이 하나인 것은 너무나 당연한 이치다.

이러한 관점에서 동이족이 최초로 창안한 갑골문자는 사물을 형상화함으로써 언어의 시각적(視覺的) 분야(分野)를 열었다고 할 수 있다. 물론 그 이후 한자의 발달은 갑골문의 이러한 개척을 발판으로 이어지게 된 것이다.

다른 한편 문자 이전에 의미 전달은 소리에 의한 것이었다. 동양의 한자 문화권에 살면서 사물을 형상화한 문자의 고정적 틀은 의사소통에 적잖은 불편의 요소가 인식되기 시작하였다. 각 민족은 이미 고래로 사용해 오던 소리에 의거한 의미 전달을 사용하면서 문자에 의존하는 의미 전달과정에서 불편함과 동시에 소리의 중요성을 인식하였을 것이다. 이에 문자를 통한 의미 전달에 있어 자기들이 현금 사용하고 있는 소리를 첨가하려는 발상이 시도되었다. 이러한 시도는 한민족의 본래 혁신적이고 창조적인 특성의 발현으로 볼 수 있다. 언어의 시각적 분야를 연 것도 동이족이었지만 그 불편을 깨닫고 청각적 분야를 연 것도 동이족이다. 이러한 혁신적 발상은 오랜 세월 한자 문화권에서 살면서 그 상형문자의 제한성을 근본적으로 혁신하려는 시도로서 어쩌면 한민족에서는 당연히 움튼 역사적 소산물인 것이다. 누구인지 모르는 신라 사람들이 이두(吏讀)를 사용하기 시작한 것이 역사에서 밝혀지고 있다. 문헌 자료에는 신라의 설총이 이두를 만들었다는 기술이 나온다(신라 진평왕 때의 서동요나 진흥왕의 순수비문에 쓰인 것이 있어 실상은 설총이 창작한 것은 아니고 집대성한 것으로 보인다). 이러한 문자를 이두라 한다. 이두는 한자에 의한 한국어 표기법의 한 가지이다. 한민족은 한글 창제 이전에 이러한 소리의 필요성을 인식했던 것이다. 2016년 윤선태 교수는 "오랫동안 구두 전달 위주로 행정 명령을 내린 신라의 특수성이 한자 도입 이후 문서에도 반영되어, 구어체를 살릴 수 있는 이두 개발로 이어졌다"고 주장했다. 여하튼 한민족은 소리에 관심을 갖고 언어 발달에 청각적(聽覺的) 분야(分野)라는 새로운 장을 연 것에 주목하지 않을 수 없다. 물론 일본의 가나는 이렇게 창안된 이두를 가져가 소리글을 만들되 구강의 모습을 딴 소리글을 만든 것이 아니라 여러 부분이 조합되어 하나의 글자를 이루는 한자에서 일부분을 따내어 발음(소리)문자 51개를 만들었다는 주장에서 일본의 가나 역시 동이족이라는 뿌리와 밀접하게 연결되어 있음을 확인할 수 있다.

갑골문자-한자-이두로 이어지는 동이족의 언어학적 계보는 더 이상 여기에 머무르지 못하고 새로운 혁신적 발전을 막을 수 없었다. 드디어 언어 문자체계의 혁신의 끝판왕이 도래하게 된 것이다. 조선조 세종대왕에 이르러 창안된 한글은 소리와 형상 양 분야가 둘이 아니라 통섭되어 한 가지 의미를 전달하고자 하다는 깨침은 곧 혁신에 이르고 말았으며 가히 그 발상이 천재적이고 문자적 혁명이라 하지 않을 수 없다. 구강의 시각적 형상(문자)에서 나오는 소리(발음)에 착안한 것은 **시각과 청각의 괴리(乖離)를 원천적으로 봉쇄하려는 '하나 임'의 철학적 반영**이다. 한글 창제의 철학적 의미를 더 깊이 추적해 보면

의미 혹은 뜻은 하늘(天)을, **구강(자연)의 모습을 본뜬 문자 형상과 소리는 땅(地)**을, 그 문자를 쓰고 발성하는 **인간의 표현은 사람(人)**을 표상하며, 문자 자체에 **천·지·인 삼재사상**의 통섭된 '하나 임'의 한 예시다. 이러한 의미에서 하늘과 땅을 합일하여 하나의 소리로 구현해 내는 인간의 가치는 세상의 어느 것과도 비길 수 없는 가치를 지닌 태일(太一)인간이 아닐 수 없다. 이러한 분석은 세종대왕 그 역시 '하나 임'을 좋아하는 동이족의 후예(後裔)임을 새삼 깨닫게 해준다.

5. 한글의 확산

여기서 외국 학자들의 한글에 대한 연구를 간략하게 소개하겠다. 마크 피터슨 교수[53]와 같은 전문가들은 새롭게 한글의 철학과 창제 원리에 대해 연구하고 있으며, 특히 한글의 발음과 문자체계가 교육적으로 어떻게 효과적으로 전달될 수 있는지를 강조하고 있다. 이를 통해 한글이 어떻게 다른 문화와 언어에 통합될 수 있을지를 모색하고 있다. 영국 리즈 대학교의 제프리 샘슨 교수[54]는 그의 저서에서 한글을 "세계에서 사용되는 문자 중 가장 과학적인 문자체계"라고 평가했다. 샘슨 교수의 주장은 한글의 자음과 모음이 음성학적으로 잘 결합되어 있다는 점에 기반한다. 자음은 조음 위치와 방법에 따라 구조화되어 있고, 모음은 점과 선의 조합으로 이루어져 있다. 이러한 설계 덕분에 한글은 신속하게 배우고 읽는 데 용이하다는 장점을 지니고 있다. 또한 미국의 교육행정관인 다니엘 홀트는 한글이 "독창적이고 과학적인 글자"라고 언급하며, 그 명확성과 간결함으로 인해 한국인들이 하나로 단결할 수 있는 원동력이 된다고 강조했다. 또한, 펄 벅 작가는 한글의 단순함과 효율성을 강조하며, 24개의 자모음으로 모든 언어 음성을 표기할 수 있는 능력을 언급했다. 이러한 점들은 한글이 어떻게 세계적으로 독특한 문자가 되었는지를 보여준다. 서구의 한 한학자는 한글은 모든 언어의 공통분모이고 인간 언어의 본질(근본원리)을 꿰뚫는 과학적 체계라고 하였다. 이들의 평가는 한글에 대한 깊은 통찰력을 보여준다. 여기에 대하여 필자는 한글이 모든 인간 언어뿐 아니라 모든 소리의 본질을 꿰뚫고 있는 과학적, 철학적, 더 나아가 예술적 체계라고 생각한다.

　최근 유튜브에 공개된 영상에서 자폐아가 한글을 배움으로써 치유되어 가는 과정을 발표하여 주목받고 있다. 그는 자폐아를 자식으로 둔 어머니이자 언어학자로서 다음과 같이 말하였다. "한글은 자폐아의 인지 발달을 돕고 뇌기능 향상을 위한 도구이다. 자폐아의 두뇌를 깨우고 활성화하는 데까지 영향을 미친다." 이는 의학적 견지에서 소리를 관장하는 뇌 부위가 한글 발성에 의해 골고루 자극됨에 따라 자폐적 경향에 이르게 하는 빈약한 신경 시냅시스를 강화 활성화 시키는 것으로 보인다. 이로써 한글 교육이 자폐아의 인지 발달과 치료의 새로운 지평을 연 것으로 보인다. 이로 보건대 한글은 홍익인간에서 출발하여 재세이화의 철학을 구현하기 위해 한민족뿐 아니라 온 인류에게 준 선물이 아닐 수 없다.

　또한 한글의 창제부터가 창의적 발상이었음을 증명이라도 하듯이 최근 한글을 연구한 한 학자는 오늘날 발달된 AI 기술은 학생들의 창의력을 빼앗아가는 데 비해 한글을 배운 학생들은 계속 높은 수준의 창의력을 유지했다고 한다. 한글은 문장 구성의 틀이 정해져 있지 않고 한글이 갖는 표현의 다양성에서 그 이유를 찾으면서 학생들에게 한글 학습을 권고하고 있다. 한국어 학습이 창의력 습득에 도움이 된다는 것이다. 또한 한글을 통해 프로그래밍을 배우면 논리적 사고력과 문제 해결 능력이 크게 향상된다는 것이다.

훈민정음은 1997년 유네스코 세계기록문화유산에 등재되었으며, 이는 한글의 역사적, 문화적 가치를 세계적으로 인정받는 계기가 되었다. 매년 '유네스코 세종대왕 문해상'이라는 이름으로 문맹 퇴치에 기여하는 국가나 개인에 대해 상이 수여된다. 전 세계가 한글의 중요성과 우수성을 인정하고 있는 것이다.

이러한 인식과 맞물려 현재 한글을 배우고자 하는 세계인의 숫자는 급격히 증가하고 있다. 예를 들어, 최근 한국어는 동남아시아 및 다른 지역에서도 큰 인기를 끌고 있으며, 한국어 인구는 7,500만 명에 달하는 것으로 추산된다. 2023년에는 세계 88개국에 설치된 세종학당에서의 수강 대기자가 1만 5천여 명에 달했다. 이는 한국의 K-컬처(영화, 음악, 드라마 등)가 전 세계적으로 인기를 끌면서 자연스럽게 한글에 대한 관심이 확산된 결과로 해석된다. 최근에는 한국어능력시험 응시자 수가 증가하는 추세로, 이는 한글과 한국어의 세계적 위상이 상승하고 있음을 나타낸다.

이러한 과정에서 한글은 단순히 한국어를 표현하는 문자가 아니라, 다른 문화권에서도 활용될 수 있는 가능성을 보여주고 있다. 예를 들어, 인도네시아의 찌아찌아족은 한글을 공식 문자로 채택하면서 문화적 정체성을 강화하고 있다. 이들은 고유의 음성을 표현할 수 있는 방법으로 한글을 선택하였으며, 이는 한글의 세계적인 영향력이 실질적으로 확인된 사례로 평가받고 있다.

이러한 실례는 세종대왕의 원대한 뜻이 구체적으로 실현된 것이라고 말하지 않을 수 없다. 홍익인간 재세이화라는 철학적 이념에 따른 한글 창제는 우주의 조화와 인간의 소통을 염두에 두고 설계되었으며,

이는 그 사상의 이상을 실현하기 위한 구체적인 도구로 작용하게 된 것이다. 한글의 창제가 단순한 문자 발명에 그치는 것이 아니라, 모든 인간을 이롭게 하고 세상을 이롭게 하려는 철학적 이념을 담고 있음을 여실히 보여주고 있다고 생각된다.

6. 한글과 AI

한글의 잠재력은 문자로서의 효용 범위를 훨씬 능가한다. 한글 기반 AI가 향후 몇 년 내에 세계 시장을 주도할 가능성은 매우 높다고 한다. 특히 자율주행차와 번역 시스템 같은 최첨단 기술에의 적용 가능성에서 그 잠재력이 두드러진다. 테슬라의 AI 개발, 특히 완전 자율주행(FSD) 기술은 AI 시스템이 점점 더 정교해지고 있음을 보여준다. 테슬라는 복잡한 시각 데이터를 효율적으로 처리하여 차량이 실시간으로 운전 결정을 내릴 수 있도록 설계된 AI 인프라를 사용하고 있다. 이 시스템은 언어 모델과 같은 AI 기술을 적용한 것으로, 실제 환경과 언어 처리 모두에 매우 유용한 방법이지만, 여기서도 한글을 기반한 주행 시스템이 다른 언어보다 훨씬 우월하다고 한다. 한글은 전 세계적으로 유일무이한 문자체계로 자음과 모음을 조합하여 문자를 구성하는 방식은 다른 언어와는 달리 매우 체계적이며 규칙적이다. 이러한 독창성은 암호화나 디지털 텍스트 처리에서 특별한 장점을 제공할 수 있다. 즉 한글의 자모 조합 방식은 복잡한 암호화 알고리즘에 유리하게 적용될 수 있기 때문이다.

또한 번역 및 유비쿼터스 커뮤니케이션 분야에서 AI의 미래는 언어 장벽을 허물 수 있는 능력에 달려있다. 한글은 그 간결하고 체계적인 구조 덕분에 AI 학습에 적합한 언어로 주목받고 있다. 한글의 음운체계는 소리를 체계적으로 표현하며 언어의 복잡성을 줄여, AI 시스템이 언어를 더 빠르고 정확하게 처리할 수 있게 해준다. 이는 실시간 커뮤니케이션이 중요한 자율주행차나 정확하고 빠른 번역이 요구되는 시스템에 매우 중요한 요소이다.

이러한 AI 발전은 한글의 구조적 이점이 자연어 처리에서 큰 장점이 될 수 있음을 시사하며, 번역 정확도를 높이고 다양한 산업에서 커뮤니케이션 효율성을 향상시킬 가능성이 크다. 앞으로 5년 이내에 한글 기반 AI가 세계 시장을 주도할 가능성은 상당히 높다고 한다. 이는 자율주행차와 AI 기술의 결합, 한국어의 독특한 구조와 표현력, 그리고 이에 대한 높아진 글로벌 관심과 수요에 힘입은 바가 크다고 할 수 있다. 과거의 패러다임을 넘어, 새로운 혁신의 시대를 여는 데 있어 한글과 AI의 상호 작용은 중요한 변곡점이 될 것이다.

오늘날 한글은 AI 시대에 접어들면서 더욱 중요성이 부각되고 있다. 디지털 환경에서 한글의 특징은 정보의 저장, 전송, 처리에 유리하게 작용할 수 있다. 한글은 그 구조적 독창성 덕분에 다양한 암호체계와의 융합이 가능하다. 예를 들어, 양자 암호화와 같은 최첨단 기술에서도 한글의 독특한 구조는 새로운 형태의 암호 알고리즘 개발에 영감을 주고 있다. 특히 로봇과 사용자 간의 상호 작용, 번역 기계, 음성 인식 등의 영역에서 한글의 우수성은 더욱 두드러질 것이다. 외국 학자들이 자신들의 연구 결과를 토대로 향후 세계의 공용어로서의 예측을 내놓고 있는 실정이다.

여담이지만 여기서 한 유튜버에 나온 이야기를 소개한다. 외국인이 한국어를 들을 때 받는 느낌을 묻는 질문에 대답한 내용이다. 한 응답자는 "**한국어는 뭔가 다 섞여서 하나로 녹아드는 느낌이다.** 일본어는 모든 게 더 체계적인 느낌이고 리듬감이 뚜렷한 편인데 한국어는 더 따뜻하고 사람들도 더 다정하게 맞아주는 느낌이다"라고 대답하였다. 다른 여성 응답자는 **"한국어는 물결 같다"**라고 대답하였다. 필자는 이러한 외국인들의 인터뷰 내용에서 한국어에 함유된 내밀한 철학적 요소를 정확히 끄집어내고 있다는 인상을 받았다. '뭔가 다 섞여서 하나로 녹아드는 느낌'은 바로 '하나 임'의 한민족 정신의 핵심을 언어에서 간파하고 있는 것으로 보인다. 모든 경계(단절)를 허물고 하나로 인식하는 '하나 임'은 모든 것을 하나로 통섭하는 것이다. 물론 그가 한민족에 대한 그러한 철학적 지견에 도달했는지는 알 수 없으나, 적어도 필자의 귀에는 민족의 얼과 혼이 담긴 언어에서 그러한 느낌을 받았다는 데서 놀라움을 느끼지 않을 수 없었다. 다른 응답자의 '물결 같다'는 말도 마찬가지다. 양자역학에서 모든 입자는 결국 파동(물결)이다. 입자가 단절의 표상이라면 파동(물결)은 연속의 표상이다. 이 여성 응답자는 보다 더 근원적 차원에서 한국어를 물결 같이 느끼고 있는 것이다. 모든 입자는 일원적 파동(연속)의 개체적 표현(단절)에 불과하다. 화엄사상에서 모든 개개의 파도를 한 가지 물의 표현으로 보는 이치와 똑같다.[55]

제8장

금속활자의 발명(지식 평등과 정보 확산)

　고려의 금속활자 발명 이전 인류의 기록문화의 발전을 간략히 요약해 보면, 선사 시대에는 암각화, 기호, 토기의 문양이 발견되고 문자 발명 이후에는 파피루스, 양피지, 목간 등에 필사가 행해졌고, 그 이후 목판 인쇄술이 발달하게 되었는데(신라~고려), 세계에서 가장 오래된 목판본은 무구정광대다라니경으로 알려져 있다. 그 이후 고려왕조는 금속활자를 발명했고 드디어 오늘날에는 현대 인쇄술의 발전과 함께 디지털 시대를 맞이하여 오프셋 인쇄, 전자책, AI 필사 등이 행해지게 되었다.
　조선 시대에 한글 창제가 있었다면 고려 시대에는 세계 최초의 금속활자 발명이 있었다. 한글 창제가 소프트웨어의 발명이었다면 그 이전 금속활자의 발명은 하드웨어의 발명이 선행된 셈이다. 한민족은 그 시대에 걸맞은 혁신적인 창조의 민족임을 알 수 있다. 독일 구텐베르크의 금속활자 발명이 세계 최초라고 알려져 있었지만 그 이후 역사적 진실이 밝혀지면서 한민족의 금속활자 발명이 먼저였음이 밝혀졌다. 고려는 13세기 초반(현존하는 기록으로는 1234년 '상정고금예문' 제작이 가장 이른 사례)에 금속활자를 발명했다. 이는 구텐베르크의 서양 활자 인쇄술(1450년대)보다 200여 년 앞선 것으로, 동양뿐만 아니라 전 세계적으로도 가장 이른 금속활자 사용 사례이다. 이에 대한 관련 사료는 고려 후기 문신 이규보(李奎報)의 『동국이상국집(東國李相國集)』으로 "활자로 책을 인쇄하여 찍어낸다"는 기록이 남아있다. 또한 인류 역사상 현존하는 가장 오래된 금속활자본은 1377년에 인쇄된 불교 경전 『직지심체요절(직지)』[56]로 유네스코 세계기록유산으로 등재되었다.

앞글에서 세종대왕의 한글 창제의 철학적 배경을 이미 살펴보았다. 여기서 조선왕조 이전 고려왕조로 거슬러 올라가 금속활자 발명의 철학적 배경을 살펴보는 것은 한민족의 잠재의식적 정체성이 한 개인이나 한 시대에 국한된 것이 아니라 대대로 이어져 온 것임을 여실히 파악하고 싶기 때문이다. 세종의 애민(愛民)이 한글 창제의 유인이라면 고려 시대(918-1392) 금속활자의 발명은 지식의 확산과 평등화라는 면에서, 한글 창제와 동일한 철학적 동기를 반영하는 것이다. **속도, 평등, 유익**이라는 키워드는 금속활자 발명 또한 한글 창제와 마찬가지로 연속적 공동체 의식에 기반한 **홍익인간·재세이화**라는 한민족의 국시에 닿아있으며, 이는 고려왕조라 하여 다를 바가 없는 것이다. 그 철학적 배경이 시대에 따라 다양한 방식으로 표현된 것일 뿐이다. 세상을 밝히고 이롭게 하려는 뜻(사랑)은 항상 방법을 창안해 낸다. 그것은 한민족 특유의 혁신성, 근면성, 교육에 대한 열정의 모태가 된다. 그것이 새로운 글자의 발명이든 금속활자의 발명이든 다 마찬가지 한 뿌리에서 나오는 것이다.

고려 시대 금속활자의 발명은 대량 인쇄를 가능하게 함으로써 지식과 정보를 널리 확산시키려는 의도에서 비롯된 것이다. 그 의도는 빠른 소통에 따른 지식과 정보의 공유에 의해서 인류의 사회적 평등성을 향한 철학적 의의가 내포된 것이다. 철학적 견지에서 고려 시대의 금속활자 발명은 한글 창제와 크게 다를 바 없는 동일한 이념적 선상에 놓여있는 것이다.

금속활자가 발명되자 불교 경전, 역사서, 법령 등 다양한 문서들이 금속활자로 인쇄되었으며, 이는 당시 사회에서 지식의 보급과 문화 발전에 크게 기여했다. 금속활자의 발명은 귀족이나 상류층만이 아닌 보다 넓은 계층이 지식에 접근할 수 있는 가능성을 열어주었다. 일반 백성들이 쉽게 배울 수 있는 문자를 통해 지식과 정보를 습득하고 표현할 수 있도록 돕기 위한 목적의 한글 창제가 조선왕조의 철학적 버전(Version)이라면 금속활자 발명은 고려왕조의 철학적 버전(Version)인 것이다. 금속활자의 도입은 기존의 노동집약적이고 시간이 많이 소요되던 문서 복제를 빠르고 효율적으로 만들었다. 불교 사회였던 고려에서 이 혁신은 종교 문서의 배포에 특히 유용했으며, 영적 지식뿐만 아니라 세속적 지혜의 보급도 가능하게 하여 보다 교육된 사회로 나아가는 기틀을 마련했다. 한민족은 일 처리에서 효과적인 빨리빨리 문화의 면모가 여기 금속활자 발명에서도 발견된다. 이 기술은 학자나 승려와 같은 엘리트 계층에만 국한되었던 문학, 경전, 교육 자료에 대한 접근성을 대중에게 넓히는 데 기여했다. 이러한 활자의 혁신에 따른 지식과 정보의 민주화 평준화의 바람은 서구의 구텐베르크 이후의 종교혁명이나 프랑스 대혁명 같은 서구의 민주화 바람보다 앞섰다고 할 수 있다. 구텐베르크의 발명은 서구에 문화적, 사회적으로 엄청난 영향을 끼치는 정보혁명이었다. 르네상스, 종교개혁, 인본주의 운동은 모두 구텐베르크 없이는 생각조차 할 수 없는 것은 주지의 사실이다. 이로 보건대 지식과 정보의 빠른 확산은 민주화 평준화의 선행요건이라 하지 않을 수 없다. 이 점에서 필자는 고려 시대에 이미 서구에 앞서 백성

(민중)의 평준화 민주화가 정치권 물밑으로 진행되고 있었다는 점을 통찰하고 있다. 여하튼 문서의 복제와 배포가 쉬워짐에 따라 지식의 확산이 빠르게 촉진되었고, 더 평등한 지적 환경이 조성되었다. 고려의 통치자들은 문화, 특히 종교 경전과 법전을 보급하는 것을 권력을 강화하고 한글과 마찬가지로 중국의 영향과 구별되는 고유의 주체성을 확립하는 방법 중 하나로 보았다. 고려는 독자적인 금속활자를 통해 중국에 의존하지 않는 출판문화를 확립하려 했고, 조선은 한글을 통해 중국 중심의 한자 문화권에서 벗어나려 했던 거시적 안목의 프로젝트를 감행했던 것이다. 한민족이라면 금속활자 역시 한글과 마찬가지로 이러한 우리 조상의 자주적인 문화 발전의 숨은 뜻을 결코 간과해서는 안 된다. 금속활자의 사용은 단순한 기술적 진보에서 끝나지 않았다. 대량으로 책을 생산함으로써 교육받은 계층뿐만 아니라 성장하는 관료제에도 영향을 미쳤다. 더 많은 사람들이 문서에 접근할 수 있게 되면서, 시간이 지나면서 문해력이 향상될 수 있었고, 이는 사람들이 정부와 사회적 역할에 더 큰 기회를 가지고 참여할 수 있도록 했다. 금속활자의 발명은 이후 한글 창제와 더불어 한민족의 오랜 의사소통, 지식 공유, 그리고 국가 정체성 발전에 대한 중요성을 보여준다. 이들은 더 평등하고 교육된 사회를 만들기 위한 한민족 지적 유산의 중요한 부분을 형성했던 것이다.

고려 시대 금속활자의 발명은 단순한 기술 혁신을 넘어 한민족의 창의성과 지식 공유에 대한 열망을 보여주는 중요한 사례이다. 이 발명은 고려의 목판 인쇄술, 특히 팔만대장경과 같은 대규모 프로젝트 이후에 이루어졌다. 이러한 연속된 혁신과정을 통해 우리는 한민족이 정보의 보존과 빠른 전파, 그리고 학문적 평등에 얼마나 큰 가치를 두었는지 알 수 있다. 이러한 열망이 혁신의 토대를 이룬다는 점에서 큰 의미가 있다. 사랑과 열정은 방법이나 혁신 혹은 창안의 어머니이다. 고려의 금속활자는 팔만대장경이 만들어지고 120여 년 후에 발명되었다. 고려 전반기의 시대적 상황은 불교와 유교 문화가 융성한 시기였다. 고려는 불교가 국가의 주종교로 자리 잡고 있었기 때문에, 경전을 대량 인쇄할 필요성이 대두되었다. 이를 위해 먼저 개발된 목판 인쇄술은 효율적이었지만, 여러 종류의 책을 인쇄하기 위해서는 새로운 판을 다시 짜야 하는 번거로움이 있었다. 이러한 제한점을 극복하기 위해 금속활자 기술이 필요해졌고, 이는 고려의 뛰어난 금속 가공 기술과 결합되어 금속활자의 발명을 이끌었다. 이것을 시간적 경과의 측면에서 볼 때 서서히 새로운 인쇄술 혁신 열망의 비축된 에너지가 밖으로 표출될 때가 된 것이다. 혁신적이고 창의적인 한민족은 더욱 신속하고 효율적인 지식 전파 방법을 모색했다. 고려는 이미 청동 기법에서 높은 기술을 자랑했다. 이로 인해 금속을 녹여 활자를 만드는 것은 상대적으로 용이했을 것이며, 지속적으로 사용할 수 있는 활자를 통한 인쇄는 경제적으로도 유리했다. 앞서 언급한 바와 같이, 세계 최초의 금속 활자가 고려에서 발명된 것은 이러한 기초적인 기술력 덕분이라고 할 수 있다.

이러한 금속활자 발명은 결코 우연일 수 없다. 한민족의 '은근'과 '끈기'의 추진력은 목판 인쇄술의 정점에서 한 걸음 더 나아가 혁신을 가져온 필연적인 결과였다. 이 기술은 목판 인쇄보다 훨씬 유연하고 생산성이 높아 다양한 서적의 인쇄를 가능하게 했다. 이러한 혁신의 저변에는, 정보를 더욱 널리, 더욱 '빨리빨리' 전파하려는 한민족의 철학적 지식 공유와 평등의 이념이 내재되어 있었던 것이다. 초기에는 불교 경전 인쇄가 중심이었지만, 점차 역사서, 의학서, 법전 등 다양한 서적들이 활자로 출간되었고, 이는 교육과 지식의 대중화에 기여했다. 더 나아가, 정치적 안정과 경제적 발전이 이루어진 후, 국가 수준에서 간행된 서적들이 사회 전반에 영향을 미치게 되었다. 지식이 특정 계층에만 제한되지 않고 널리 퍼질 수 있도록 하는 기술을 창안했다는 것은 한민족의 '하나 임'에서 출발한 높은 사회적 책임감을 의미한다. 이러한 인쇄술의 발전은 전술한 바와 같이 결국 조선 시대에 이르러 '훈민정음(한글)' 창제로 이어져, 언어와 지식을 보다 쉽게 공유할 수 있는 기틀이 마련된다. 또한 금속활자 발명은 단순히 혁신 기술의 도입을 넘어 고려 사회가 지니고 있던 공동체적 가치와 연속에 기반한 '하나 임'의 집단의식을 반영한다. 고려인들은 금속활자를 통해 지식을 소유하고 나누는 행위 자체가 공동체의 번영을 위한 길이라 믿었다.

결과적으로, 고려의 금속활자 발명은 단순한 기술 혁신이 아닌, 한민족의 지혜와 창의성을 바탕으로 한 종합적인 문화 발전의 아이콘으로 자리 잡고 있다. 이러한 발명은 이후 조선 시대의 한글 금속활자 제작으로 이어지며, 한국 사회가 지식과 정보를 어떻게 생산하고 공유하는지를 지속적으로 변화시킨 기반이 되었다. 또한 고려의 금속활자 발명은 문화사적 관점에서 다음과 같은 세계사적 의의를 갖는다.

1. 고려의 금속활자는 구텐베르크보다 200년 앞선 최초의 금속활자 인쇄술이었다.
2. 이는 기록문화의 대중화와 지식 확산을 촉진하는 계기가 되었다.
3. 이후 조선과 유럽 인쇄술에 영향을 주었으며, '정보 평등화'의 기틀을 마련했다.

고려왕조의 금속활자 발명은 단순한 기술 혁신을 넘어, 정보와 지식의 확산을 가속화하고 인류의 기록문화 발전을 이끈 중요한 사건이었다.

4부
동아시아 집단의식과 한국인의 사회적 표현 방식

제9장

동양 3국의 집단의식 비교

　동서양의 의식에 대해서 학자들은 서양과 동양의 차이점을 발견하였다. 서양의 개인주의에 비해 동양은 집단주의적 성격이 강하다는 것이다. 동양철학의 근간이 일원론적 성격을 갖기 때문에 학자들의 발견은 타당한 결론이다. 그러나 동양 3국(한국, 중국, 일본)은 공통적으로 집단주의적 성격을 갖고 있지만 그 집단주의 문화를 깊이 들여다보면 나라별로 차이가 있으며 그 뿌리가 달라 일률적으로 동일하지 않다는 사실을 간과해서는 안 된다. 왜냐하면 외국인의 눈에 중국인, 일본인, 한국인의 모습이 다 비슷하게 보여도 자세히 관찰하면 다르듯이 나라마다 지정학적 역사적 경험이 다르고 각 나라 혹은 민족의 기질과 종교철학이 서로 다르기 때문이다. 한류의 확산과 함께 한국을 방문한 서구인들 중에는 중국이나 일본인과는 다른 한국인의 현격한 정체성 차이에 놀라움을 표현하곤 한다.

1. 한민족의 집단의식

한민족의 문화적 키워드는 '**하나 임**', 홍익인간, 연속, 연대성 등이고 정서적으로는 '**한**'과 '**정**' 등이 알려져 있다. 이러한 요소들의 표출인 한민족의 집단의식은 그 잠재의식적 근본 바탕이 다른 민족과 차이가 있다. 이러한 의미에서 '**하나 임**'과 '**정**'에 주안점을 두고 동양 3국의 집단의식을 비교 분석하고자 한다.

한민족의 집단주의 문화는 '정'과 '한' 같은 개념과 깊이 연결되어 있다. 특히 공동체와 사람들 간의 정서적 유대와 관계를 중시하며, 서로 간의 정을 주고받는 과정에서 공동체 의식을 강화한다. 한국은 고조선에서부터 단일 민족적 정체성을 바탕으로 한 민족주의를 지속해 왔다. 고대 동이족의 뿌리를 두고 발전해 온 한민족은, 외부 세력과의 전쟁과 갈등을 통해 일관된 민족적 연대감을 강화했다. 이러한 민족적 일관성은 외부로부터의 침략과 식민 경험을 통해 더욱 강화되었고, '우리'라는 개념이 강하게 자리 잡게 되었다. 한국에서는 국가나 정치 체제에 대한 충성보다 공동체 구성원 간의 연대와 유대가 중요한 요소로 작용한다. '정'에 뿌리를 둔 **가족과 같은 정서적 유대**가 민족적 정체성과 결합되어, 공동체 내 구성원의 서로에 대한 책임감을 강조하는 문화가 발전했다. 그 기반이 정서적 유대인 '정'에 기반하기 때문에 그 결속력은 매우 강한 응집력으로 나타나며 **합산(合算)**이 아니라 **융합(融合)된 정체성**으로 드러내기 때문에 강한 힘을 발휘한다.[57] 우리 의식의 강함이 그것이다. 이는 민족적 통일성과 단결을 지향하는 우리라는 집단주의로 이어져, 한국인은 어려운 상황에서도 서로를 돕고자 하는 마음과 책임감이 강하게 형성되어 왔다. 또한, 한국은 유교적 전통 속에서 연장자나 상급자에 대한 예의를 중요하게 여기며, 가족 중심의 집단주의가 강하게 자리 잡고 있다. 이러한 가족 중심적 집단주의는 회사와 같은 조직에서도 가족과 같은 유대를 형성하게 하며, 공동체에 대한 충성과 의무감으로 연결된다. 주로 '하나 임'(우리)의 구체적 실현에서 자연히 형성되는 '정'과 '한'이라는 정서가 그 집단의식의 기반을 이루고 있는 것이다. 즉 한국인은 긴밀한 정서적 유대와 관계를 중시하며, '우리'라는 정체성에 큰 가치를 두고 있다. 이는 가족, 친구, 지역 사회를 넘어서 넓은 의미의 공동체와의 연대감으로도 표현되며, '한'으로 연결되어 있다. 또한 공동체의 이익을 위해 개인이 희생하는 문화는 일제강점기 안중근 의사 같은 수많은 우국지사를 배출했다. 따라서 한국인은 어려운 상황에서 서로를 돕고, 상황에 따라 자신의 목숨을 기꺼이 내놓으며, 함께 슬픔을 나누는 행동을 자연스럽게 받아들인다.

2. 중국인의 집단의식

이에 비해 중국의 집단의식은 유교 사상뿐 아니라 국가 중심의 정치적 이데올로기와 깊은 연관이 있으며 그 연대는 정서가 그 기반이 아니다. 중국은 오랜 기간 한족 외에도 다양한 민족들이 교류와 충돌을 반복하며 형성되었다. 여러 왕조가 교체되었고, 청나라 등 비(非)한족 왕조가 중국을 통치한 기간이 오히려 길다. 이러한 의미에서 중국은 한민족과 같이 단일 민족으로서의 정체성의 확립 내지 유지되는 국가는 아니다. 이러한 역사적 배경에서 중국은 통합된 국가적 정체성을 유지하는 것이 중요시되었으며, 이를 위해 다양한 민족과 문화적 차이를 포괄하는 방식을 취해왔다. 그렇기 때문에 중국에서는 가문이나 혈연 중심의 관계도 중요하지만, 보다 큰 범위에서 국가와 사회에 대한 충성심이 중요한 가치로 자리 잡고 있다. 현대에도 집단의 성공이 개인의 성공보다 중요하게 여겨지는 경향이 강하다. 특히 중국인의 집단의식은 중국은 큰 나라(大國)로 세계의 중심이며 우월하다는 자부심과 함께 이웃 국가나 타 민족을 무시하는 경향을 보이고 있다. 이러한 중국인의 집단의식 형성을 역사적 관점에서 살펴보자.

중국은 오랜 역사를 통해 자신을 '세계의 중심'으로 여겨온 중화사상(中華思想)을 발전시켜 왔다. 이는 한(漢)대부터 강하게 형성된 인식으로, 세계를 중국 중심으로 이해하고 주변 지역을 외국이나 속국으로 여기는 관점에서 비롯되었다. 이러한 사상은 현대에도 뿌리 깊게 남아있으며, 특히 근대 이후 '중화 민족주의'가 강화되면서, 중국 중심의 우월감을 더욱 부추기고 있다. 여기에 더하여 20세기 후반부터 중국은 세계에서 두드러진 경제 성장을 이루며, 정치적, 경제적으로도 영향력을 키워왔다. 경제 성장은 대국 의식을 강화시키고, 중국인의 자긍심을 크게 높이는 계기가 되었으며, 이는 주변 국가에 대한 우월감으로 이어지는 경우가 많았다. 이러한 맥락에서 중국 정부는 역사적 인물, 사건, 지역에 대해 국가의 통합성과 우월성을 강조하기 위해 일부 역사를 왜곡하거나 재해석하는 경향이 있다. 동북공정(東北工程)이 바로 그것이다. 고대 한반도와 만주 지역에서 번영했던 고조선, 고구려, 발해와 같은 한국의 고대 국가들에 대한 역사적 인식을 '중국 소수민족의 역사'로 편입시키려 한다. 이러한 왜곡된 역사 교육과 선전은 중국인들에게 왜곡된 인식을 심어주었으며, 이를 통해 주변국을 중국의 일부였던 역사적 '속국'으로 여기게 만드는 것이다. 사실상 중국 내부에서는 민족 다양성이 크고, 이로 인해 다양한 정치적, 사회적 갈등이 존재한다. 이러한 내부 문제를 해소하고 국민적 통합을 유지하기 위해, 중국 정부는 대외적으로 강대국 우월성을 내세우고 민족주의를 고취시키는 정책을 자주 사용한 것으로 보인다. 이러한 정책은 주변국에 대한 부정적인 인식을 심어주며, 특히 역사적으로 관계가 깊은 한국이나 일본에 대해 우월감을 가지도록 유도했다. 현대 중국은 경제력과 군사력을 바탕으로 '대국 역할'을 재해석하며 자신들이 문화적, 경제적으로 주도권을 행사해야 한다는 인식을 발전시키고 있다. 이러한 이유들로 인해 오늘날 중국인들이 한국에 대해 한국의 문화(김치, 한복 등)는 물론이고 심지어 중국어 시를 단 한편도 쓴 적이 없는 한국의 민족시인 윤동주를 중국인이라 하여 자신들의 일원으로 복속시키려 시도하는 모습을 보인다. 이는 역사적 사실과 상반되는 주장으로 이러한 세계 중심이라는 우월하다는 집단의식은 선민의식 못지않게 분리를 조장하고 모든 시민이 국가를 위해 헌신해야 한다는 주장을 강조한다. 이는 역사적으로 다양한 민족이 공존해 온 중국의 상황에서, 공산당이 일관된 집단주의 체제를 강화하고, 국민들의 맹목적인 충성을 이끌어 내는 요인으로 작용하고 있다. 중국의 '대국' 우월성 개념은 배타적이고 팽창주의적 형태의 집단 정체성을 조장할 수 있으며, 이를 절제하지 않으면 세계적으로 긴장을 조성할 위험이 있다. 최근 몇 년간 중국의 남중국해에서 타국의 영해를 침해하여 긴장을 고조시키고 있으며 대만인의 자주권을 무시하고 자국의 영토라고 주장하는 단호한 태도를 보이고 있다. 이러한 경향은 특별한 역사적, 문화적 지위를 믿는 모습의 한 예로 해석될 수 있다. 세계화가 가속화되면서 중국의 '대국' 이미지와 타국과의 상호 작용 방식은 갈등을 초래할 수 있으며, 이는 지역 불안정성을 넘어 더 큰 충돌로 이어질 가능성도 배제하기 어렵다. 이러한 중국의 집단의식의 뿌리는 사회적 통합과 충성, 결의, 대의 같은 사회적 가치에 닿아있으며 이 집단의식의 범위는 전적으로 자신들의 국가에 국한되어 있다. 이러한 국가 단위의 가치 지향적 집단의식은 자국인들 사이뿐만 아니라 외국인에 대한 범인류적 인간적 유대에 취약성을 보이며 남의 아픔에 공감하지 못하는 결과를 낳았다. 한 예로, 길거리에 차량 전복사고로 흩어진 물품이 보이면 중국인들은 이기적 개인의식이 발동하여 흩어진 물품을 각자 취득하기 바쁘며 그 물품을 상실할 위기에 처한 주인의 인간적 고통이나 아픔에 대해서는 전혀 공감하지 않는 태도를 보여준다. 자국인들에 대해서도 이러하니 외국인에 대해서는 두말할 필요도 없다. 이러한 사건이 발생하면 취하는 한국인들의 집단적 행위와 비교해 보자. 만일 이러한 사건이 발생한다면 한국에서는 지나가던 행인들이 몰려와서 누가 지시하지 않았음에도 자발적으로 흩어진 물건을 모아 원상 복귀시키고 아무 일도 없었다는 듯이 돌아간다. 그 물품을 주인에게 돌려주는 인간적 유대와 '정'을 유감없이 보여주는 사례들을 빈번히 볼 수 있을 것이다. 이제 일본의 집단의식을 살펴보자.

3. 일본인의 집단의식

일본인의 집단의식은 '와'(和)라고 불리는 조화와 협력의 가치에 큰 비중을 둔다. 일본에서는 개인의 의견보다는 집단의 안정성과 사회적 질서를 중요하게 여기며, 그 결과 집단 간의 관계가 강화된다. 조화를 중시하며, 개인이 속한 그룹에 대한 강한 충성심이 요구된다. 그 결과 집단 간의 관계가 강화된다. 이러한 문화적 특성은 예의를 중시하는 경향으로 나타나며, 이는 개인이 자신을 드러내기보다 집단의 일원으로서 행동하도록 압박을 가하는 경향으로 이어지기 쉽다. 결국 타인과의 상호 작용에서 갈등을 피하고, 집단 내에서의 조화를 유지하려는 특징이 있다. 루스 베네딕트(Ruth Benedict)[58]는 "일본의 문화는 수치의 문화"라고 말했다. 즉 개인이 속한 집단에서 누가 특히 주목하지 않거나 배척당할 경우, 개인은 큰 수치를 느끼게 된다. 이기적이라기보다는 집단에 소속된 개인으로서의 정체성을 강하게 인식하는 것이다. '아이마이(曖昧)'라고 부르는 모호한 소통 방식도 이러한 집단 조화를 유지하는 방법의 일환으로 나타난 것으로 볼 수 있다. 이 방식은 집단에서 따돌림을 받지 않기 위해 진실된 자신의 진면목을 감추는 겹겹의 가면을 써야 하는 이중성 내지는 다중성의 모습으로 드러난다. 그러므로 특히 일본 문화는 자기보호적 측면이 강하고 같은 종족의 위난이나 위급한 상황에서도 '하나 임'의 '우리'라는 한민족의 집단의식과 달리 자기 보호적이며 강한 이기적 경향성을 보인다. 한 예로 일본에 살던 한국인 이수현 씨의 사례(지하철에서 한 일본인의 생명이 위험한 상황에 처하자 같은 종족의 어느 일본인보다도 먼저, 다른 종족인 한 한국인이 오히려 그를 살리려다 목숨을 잃은 사건)를 앞장에서 소개한 바가 있다. 이러한 예는 각 민족의 특유한 집단의식 차이를 극명하게 보여주는 것이다. 이 사건은 일본의 집단의식은 상황에 따라 의도적으로 개입을 피할 수도 있음을 보여주는 본보기인 것이다. 반면 한국에서는 집단의 정체성과 상호 이해와 책임이 중시되기 때문에, 소중한 생명을 구하는 것과 같은 행동이 더욱 자연스럽고 가치 있게 여겨지는 경우가 많다. 이런 차이는 각 문화의 역사적 맥락과 사회적 가치에 깊이 뿌리내리고 있으며, 오늘날도 여전히 중요한 요소로 작용하고 있다.

그러면 이러한 일본인의 집단의식의 양상이 형성된 배경을 역사적 관점에서 살펴보자. 일본의 집단의식이 공포를 수단으로 개인을 통제하는 성향을 지니게 된 것은, 전국 시대(15세기 중반부터 17세기 초반까지) 동안 형성된 군국주의와 권위적 통제가 큰 영향을 미쳤을 가능성이 크다. 전국 시대는 군벌들 간의 끊임없는 싸움으로 개인의 생명과 안전이 불안정했던 시기였으며, 이로 인해 사람들이 집단에 충성하는 방식이 자주 강압(强壓)과 공포(恐怖)를 기반으로 이루어졌다. 이 시기에 사람들은 집단의 생존을 위해 자신의 개인적 이익을 희생하는 문화에 익숙해졌고, 이때 집단을 우선시하는 방법으로 공포와 통제에 의한 억압적 집단의식이 강화된 것으로 짐작된다. 또한, 일본의 경우 전국 시대를 거쳐 막부 체제가 정립되면서, 가혹한 계급제와 충성 제도가 정착되었고, 이는 힘과 공포에 기반한 집단에 대한 복종과 개인의 억압을 강화하는 문화적 기반이 되었을 것이다. 이러한 맥락에서 일본의 집단의식은 군국주의(軍國主義) 국가를 출범시키고 결국 태평양전쟁의 전범국가라는 결과와 무관하지 않음을 추정할 수 있다. 일본의 집단의식에서 군국주의적 뿌리를 탐구해 보면, 두려움과 힘이 일본 민족주의의 기초가 된 과정을 이해할 수 있다. 19세기 말 메이지 유신 이후 일본은 서구 식민지화를 피하기 위해 군대와 경제를 급격히 현대화했다. 하지만 이러한 급성장은 천황에 대한 충성과 군사력을 강조하는 국가 주도 민족주의를 통해 이루어졌으며, 일본이 동아시아에서 지역 강국이 될 운명이라는 믿음을 포함하고 있었다. 결국, 일본은 생존을 위해 확장과 동아시아 통제가 필요하다는 군국주의적 사고로 발전하게 되었고, 이는 일본이 제2차 세계대전에 참전하게 된 배경이 되었다. **힘과 두려움에 기반한 집단의식**은 결국 전쟁 발발의 중요한 요인 중 하나라고 생각된다.

또한 일본의 집단문화에서 나타나는 '이지메(いじめ, 집단 따돌림)'[59] 현상을 살펴보면 일본의 집단의식은 전통적으로 상하관계와 권력 구조에 뿌리를 두고 있다. 이러한 구조는 사람들이 전술한 바와 같

이 '와(和, 조화)'를 유지하려는 강한 압박 속에서 행동하게 만든다. 표면적으로는 '타인에게 폐를 끼치지 않으려는' 배려처럼 보이지만, 실제로는 집단 내에서 소외되는 것을 두려워하는 자기방어적 심리가 강하게 작용한 것이다. 이로 인해 구성원들은 개성을 억제하고 집단에 동화하려는 경향이 강화된다. 그러므로 집단의 조화를 깨뜨리는 개인이 나타날 경우, 그 개인은 집단의 균형을 위협하는 존재로 간주되어 '이지메'의 대상이 되기 쉽다. 이러한 현상은 '배려'보다는 '비판과 배제'를 통해 집단 내 규율을 유지하려는 경향을 보여준다. 따라서 집단의 조화가 깨질까 봐 두려워하는 심리가 오히려 공격성과 따돌림으로 이어지는 역설적 상황을 초래하게 되는 것이다. '이지메'는 집단의 조화를 유지하려는 집단의식의 문화적 부작용으로 볼 수 있다. 집단 내에서 갈등이 공개적으로 표출되기보다는, 은밀하게 약자를 희생양으로 삼아 해결하는 방식이 일반화된 것이다. 이 과정에서 집단은 단기적으로는 조화를 유지할 수 있으나, 장기적으로는 구성원들 간의 불신과 억압을 심화시키고 사회적 병리 현상을 초래한다. 이를 해결하기 위해서는 집단의식이 소외와 배제를 통해 유지되는 것이 아니라, 서로의 차이를 인정하면서 협력하는 방향으로 전환되어야 한다. 어린 시절부터 '폐를 끼치지 않기' 같은 소극적 접근이 아니라 적극적으로 '타인을 진정으로 배려하고 이해하는 법'을 가르치는 교육이 필요해 보인다. 여기에 갈등을 투명하게 논의하고 해결할 수 있는 시스템을 도입하여 은밀한 배제와 따돌림을 방지하는 긍정적 집단의식으로 전환한다면 집단 내 갈등을 줄이고 개인과 집단 모두의 성장에 기여할 수 있을 것이다.

　이상에서 보듯이 중국이나 일본의 집단의식은 이성적 측면이 강하여 자신들의 국가에 국한된 선별적이고 사회적이며 가치 중심적이다.

한민족의 집단의식이 '정'에 비롯된 인간 상호 간의 신뢰와 자발적인 희생을 기반으로 하는 반면, 중국인은 근거 없는 민족적 우월성과 사회적 가치를 중시하며 결과적으로 분리를 조장한다. 오늘날 세계적으로 중국인 회피 현상이 발생하게 되었으며 중국인은 만민 평등과 상대방을 배려하려는 의식이 취약하다. 일본인은 역사적으로 집단 내 계층 질서와 충성 강요, 공포가 보다 큰 역할을 해온 것을 알 수 있다. 공포는 자율이 아니라 타율을 이끌어 낸다. 그 결과 일본인은 겉과 속이 다르기 쉬우며 자발적이지 못하고 '이지메' 같은 소극적인 회피 양상을 드러내게 되는 것이다.

이상의 고찰에서 중국과 일본 두 국가의 사례에서 특히 우월성이나 두려움의 집단의식을 기반으로 한 국가가 어떻게 내부적으로는 결속을 다지고, 외부적으로는 갈등을 일으킬 수 있는지를 보여준다. 이러한 역사적 배경을 더 깊이 분석해 보면, 집단의식이 국가의 행동과 세계 평화에 미치는 영향을 더욱 잘 이해할 수 있을 것이다.

이상에서 필자가 얻은 결론은 온 인류가 진정한 '**하나 임**'의 전일적 통섭을 이루기 위해서 취해야 할 집단의식의 방향은 마땅히 '**정**'을 기반으로 발전해 나가야 한다는 것이다. 같은 집단의식이라도 중국에서 드러나는 바와 같이 사회적 가치라는 **이성에 기초한 집단의식**은 결국 정서적으로 타인과 공감하지 못하는 형태를 보여준다. 또한 일본에서와 같이 감정에 기초한다 하더라도 그것이 가슴에서 샘솟는 자발적 감정이 아니라 **두려움에 기초하는 집단의식**은 위기의 상황에서 소극적일 뿐 아니라 회피적 사회현상을 드러내며 힘을 발휘하지 못한다는 것이다.

인류 사회의 형성은 남녀의 '정'에 의한 결합으로 시작하여 작은 단위인 가족이 형성되고 그 가족이 확장된 결과로 사회와 국가를 이루고

결국 인류 사회를 이룬 것이다. 그러므로 진정한 '**하나 임**'의 집단의식
은 가족에서 나타나는 '**정**'에 뿌리를 두어야 한다는 것이다. 그 최초의
'정'을 기반으로 하는 작은 단위는 가정이기 때문이다. 여기서 무엇보
다도 가정이 무엇인가에 대한 깊은 통찰이 요청된다. 특히 한국의 가
족 간의 관계에 대해서 한 일본인은 다음과 같이 말했다.

> 한국의 드라마에 등장하는 '가족, 친척 간의 밀착된 인간관계는
> 한국 사회의 큰 특색'이라고 주장했다. 그는 일본에서도 당연히
> 가족이나 친척 간의 애정이 있지만 표현 방식이나 친척끼리 모이
> 는 빈도를 보면 한국은 일본과 비교도 안 될 정도로 밀착된 인간
> 관계를 유지하고 있다고 말하며, 특히 어머니와 아들 간의 직접
> 적 애정표현이나 너무나 강한 결합은 일본에서 보기 힘들다고 말
> 했다.[60]

상기 언급은 '**정**'에 기반한 가족이라도 민족 혹은 국가별로 가족
간의 유대나 '하나 임'의 밀착도에 있어서 크게 다를 수 있음을 보여준
다. 한민족에게서 유독 집단의식이나 가족 간의 유대가 강한 이유는
한민족의 역사적 경험과 깊은 관계성을 찾아볼 수 있으나 앞으로 더욱
깊은 연구가 필요할 것이다. 외국인이 오늘날 한국을 방문하면서 종종
무엇인지 잘 모르나 한국 사회의 배려와 따뜻함으로부터 평온함을 느
낀다는 경험을 말한다. 이는 분리의 철학적 배경으로부터 성장해 온
서구인들이 한국인의 연속, 즉 '하나 임'의 철학에 기반한 '정'의 문화
의식에서 매력을 느끼기 때문일 것이다. 한국에서는 친구나 이웃의 어
머니를 '어머니'라고 부르고, 식당에서 일하는 종업원에 대해서 '언니',
혹은 '이모'라고 부르는 문화가 있다. 이미 한민족의 집단의식은 개별

가족적 범위를 넘어 사회로 이미 확장되어 있음을 보여주고 있는 것이다. 정에 기반한 집단의식을 갖고 있다 하더라도 이러한 현상은 한민족 외에서는 찾기 어려울 것이다. 이러한 문화는 서구인들이 잘 이해하지 못하는 부분이다. 이미 한국인의 유대는 혈연이라는 생물학적 범위를 초월하여 감정의 영역인 '정'에 기반하고 있음을 통찰해야 한다. 여하튼 혈연을 배제하고 가정을 생각해 본다면 가정을 끈끈하게 '하나 임'으로 이어주는 집단의식적 유대는 '정'에 기반하고 있다는 결론에 이를 수뿐이 없다. **'정'**과 사랑으로 맺어진 가족과 같은 정서적 유대와 배려가 가정에 국한되지 않고 인류의 보편적 기반으로서 가정, 사회, 국가를 넘어 범인류적으로 확장된다면 온 인류가 **'하나 임'**을 이루어 인류의 염원인 공존(共存)·공영(共榮) 평화가 자연히 달성될 수 있을 것이다.

4. 'Morning Calm'과 '국화와 칼'

끝으로 상기 이해를 바탕으로 과거에 한국과 일본에 대한 서구인의 표현이 오늘날 어떻게 변모했는지 살피는 것은 의미 있는 일일 것이다. 과거 서구인은 한국을 'Morning Calm'의 나라로 불렀다. 'Morning Calm'이라는 표현은 조선이 한반도를 지칭했던 조선(朝鮮, '아침의 고요함')이라는 국호에서 비롯되었다 한다. 19세기 말 서구인들이 조선을 방문하며 자연 풍광과 문화적 고요함, 그리고 상대적으로 고립된 모습을 보고 이를 'The Land of Morning Calm'으로 번역해 사용하기 시작했다. 이는 조선의 아름다운 자연환경과 유교적 가치에 뿌리를 둔 전통 사회의 안정성과 평온함을 상징적으로 표현한 것이었다.

이에 반해 서구에서 일본을 '국화와 칼'의 나라로 불렀다. '국화와 칼'이라는 표현은 루스 베네딕트가 1946년에 발표한 책 제목에서 유래했다. 이 책은 일본의 이중성을 탐구하며, 국화는 일본의 전통적 미적 감수성과 평화로움을, 칼은 무사도(Bushido)와 전쟁 및 공격성을 상징한다. 베네딕트는 일본 사회가 내면적으로는 감정과 규율의 조화를 강조하면서도 외부적으로는 극단적이고 공격적인 태도를 보이는 이중성을 묘사한 것이다.

그러면 오늘날도 한국을 'Morning Calm'의 나라라고 부를 수 있는가? 오늘날 '빠르고 역동적인 한국'을 'Morning Calm'의 나라라고 부르는 것은 적합하지 않은 것으로 보인다. 오늘날의 한국은 빠르고 역동적인 사회로 변모하여, '빨리빨리' 문화와 첨단 기술, 그리고 한류와 같은 글로벌 현상으로 상징된다. 이는 전통적인 'Morning Calm' 이미지와는 대조적으로 보인다. 두 이미지 사이에는 연속성이 존재하지 않는다. 과거에는 언뜻 낙후된 조선의 기술과 안정된 정서적 평온함에서 Calm이라는 어휘를 선택한 것이 아닌가 생각해 본다. 이는 한민족의 '하나 임'에 뿌리를 둔 '정'에 기반한 안정과 평화스러운 특성에 주목한 것이라고 할 수 있다. 'Morning Calm'이라는 말은 한민족의 '하나 임' 속에 내재된 강력한 역동성과 유대를 표현하지 못한다. 다만 한민족의 '은근과 끈기(Resilience and Perseverance)'는 'Morning Calm'에 잘 반영된 것으로 보인다. 이는 언뜻 고요함으로 비춰질 수도 있었을 것이다. 전통적 한민족의 '하나 임'의 가치는 질서와 조화를 중시했고, 이러한 정신은 오늘날 한국 사회에서도 여전히 작용하며 빠른 변화 속에서도 균형을 유지하려는 경향으로 이어진다. 한국의 '은근과 끈기'는 과거 고요함 속에서도 내면의 힘을 키웠던 정신과 맥을 같이 하며, 현재의 도전적이고 역동적인 문화에서도 고스란히 녹아있다. 오늘날 인

천공항과 서울을 찾는 외국인들은 도시가 생동감 있고, 살아있는 활기와 질서 정연함을 느낀다고 한다. 서울과 같은 대도시의 빠른 생활 리듬과 혁신적인 산업 구조는 과거의 고요한 아침과는 확연히 다른 지배적 이미지를 제공한다. 전통적 한국이 자연과 인간, 그리고 사회의 조화를 강조했던 반면, 현대 한국은 기술과 속도, 혁신을 통해 세계적인 역동성을 보여준다. 오늘날의 한국은 과거의 '고요한 아침'의 이미지를 과감히 재해석하며, 기술 혁신과 문화 창출의 장으로 변모했다.

이에 비해 '국화와 칼'의 나라인 일본은 오늘날 어떻게 불려야 하는가? 일본의 오늘날 이미지를 대표하는 표현으로는 '규율의 나라' 또는 '마스크와 침묵의 나라'와 같은 표현이 적합할 수 있다. 이는 현대 일본 사회의 집단의식과 개인 억압, 공공 규율에 대한 집착, 그리고 코로나 19 이후 더욱 강화된 침묵과 거리두기 문화 등을 반영한다. 여기서 필자는 일본의 '와(和)'라고 불리는 조화와 협력의 가치에 대해 재고하게 되었다. 일본의 '와'는 한민족의 '정'이라는 연속에 기반한 '하나 임'과는 근본적 차이점이 존재한다고 생각된다. '와'가 정서에 기반하지만 그 정서를 분석해 보면 그것은 한민족의 '정'의 적극적인 유연함보다는 소극적이고 부정적 측면인 공포에 뿌리를 두는 것이기 때문에 이중성을 드러내며 이는 사실상 안팎의 분리를 의미하는 것이다. 그러므로 일본의 규율과 마스크는 어디까지나 이러한 이중성을 반영한 것임을 알 수 있다. 일본은 과거의 규율과 위계를 기반으로 유지된 집단의식이 오늘날 변화에 대한 유연성을 제한하며, 사회적 정체성의 딜레마를 겪고 있는 모습이 드러난다. 이러한 이중성은 결코 변하지 않았으며 적당한 기회와 상황이 닥치면 억압된 정서는 '칼'로 드러낼 위험성을 여전히 내포하고 있다고 생각된다.

결론적으로 오늘날 한국은 'Morning Calm'의 정신적 기반 위에서

'빠르고 역동적인 한국'으로 재탄생하며 글로벌 무대에서 혁신과 연대를 동시에 구현하고 있다. 반면, 일본은 '국화와 칼'의 이중성을 현대적으로 재해석하지 못한 채 여전히 규율과 침묵의 틀 안에 머물러 있다.

5. 최후 항전에 드러나는 집단의식

역사적으로 각 민족의 최후 항전은 절박한 상황에서 그들의 집단의식과 문화적 특징을 보여주는 중요한 사례로 볼 수 있다. 이를 유대인, 일본인, 그리고 한민족의 예를 역사적 배경과 이성과 정서라는 두 가지 축에서 분석하고자 한다.

'최후 항전'하면 유대인의 마사다(Masada, 73~74 CE) 항전이 떠오른다. 로마 제국의 지배에 저항하던 유대인 반란군(Zealots)은 유대-로마 전쟁의 마지막 단계에서 마사다 요새로 퇴각하여 최후의 저항을 펼쳤다. 마사다는 이스라엘 남부, 사해 서쪽 해안 유대 사막 동쪽에 우뚝 솟은 거대한 바위 절벽에 자리 잡은 고대의 왕궁이자 천혜의 절벽 요새를 말한다. 높이 400m, 정상은 길이 600m, 폭 250m의 평지를 이루고 있다. 마사다는 헤롯 왕의 요새인 동시에 유대인들이 로마에 항거했던 유대 전쟁 최후의 비극적 격전지로 유명하다. 1963~1965년 고고학자 이갈 야딘 교수의 발굴작업[61]으로 그 실체가 알려지게 되었다. 로마군이 15,000명 이상의 대규모 병력과 공성 기술로 이 요새를 함락하려 하자, 요새에 남은 약 960명의 유대인들은 항복 대신 집단자결을 선택했다. 유대교 신앙과 정체성을 유지하려는 강력한 의지를 보여준다. 로마 제국의 억압 아래에서도 종교적 자유를 지키기 위한 저항이었다. 근 천명에 달하는 사람들이 개인의 생명보다 집단의 정체성과 종교적 자유를 우선시하는 공동체적 결속을 보여주고 있다. 이 사건은 현대 이스라엘에서도 '다시는 이런 일이 반복되지 않을 것'이라는 결의를 상징하는 사건으로 간주된다고 한다.

마사다의 저항은 로마군의 압도적인 병력에 대한 현실적인 절망을 바탕으로 결정되었다. 생존 가능성이 없는 상황에서 유대교 신앙과 정체성을 유지하기 위한 선택을 했다는 점에서 일종의 전략적 판단으로 볼 수 있다. 로마에 의해 노예가 되거나 신앙을 잃기보다는 스스로의 삶을 마감하는 것이 종교적 가치를 지키는 가장 합리적이라는 인식이 있었으며 이는 유대인 개개인의 자의적(自意的)인 불굴의 의지를 보여주는 것이다. 이 선택은 강렬한 신앙과 민족적 자긍심에서 비롯된 정서적 결단이기도 했다. 신과의 유대를 지키려는 열망과 공동체 의식이 이러한 극단적 행동을 정당화했으며 자결이라는 행위 자체는 감정적으로 강한 연대와 소속감을 보여주는 상징적 행위였다. 유대인의 마사다 항전은 현실적 절망 속에서 자결을 선택했다는 점에서 정서적 요소가 더 강한 저항이라고 볼 수 있다.

한민족의 최후 항전의 예는 삼별초 항전(1270~1273년)을 들 수 있다. 고려 삼별초[62]는 원나라(몽골)의 간섭과 개경 환도에 반발하여 독립성을 유지하려는 저항군으로, 강화도, 진도, 제주도로 이동하며 최후까지 저항했다. 외세의 간섭에 맞서 국가의 자주성을 지키려는 강한 의지가 반영된 것으로 삼별초는 민간인과 협력하며 집단적 저항을 이어갔고, 이는 고려인의 '하나 임'의 의식을 상징한다. 전멸할 때까지 끝까지 포기하지 않고 저항하였다. 이동 경로(강화도 → 진도 → 제주도)와 방어체계 구축은 군사적 판단에 기반한 것이다. 끝까지 항전함으로써 민족적 자주성을 전승하려는 의도는 장기적인 목표를 가진 이성적 선택으로 볼 수 있다. 외세에 굴복하지 않겠다는 집단적 의지가 전투를 끝까지 지속하게 한 원동력이었다. 여기서 마사다의 항전과 비교되는 것은 우선 항전의 지속기간이다. 마사다의 항전 지속기간은 약 8개월이다. 사막이라는 마사다 요새의 지형적 특성상 아주 장기간의 항전을 지속할 수 있는 여건이 열악하였기 때문에 삼별초의 항전 기간보다는 짧다. 삼별초는 항전 장소를 이동하며 약 3년간 유리한 지형을 선택하여 방어체계를 구축하였다. 또한 삼별초의 결말은 마사다와 같은 집단자살이 아니라 군사적 패배로 종결되었다. 그렇지만 여기서도 전멸할 때까지 결코 포기하지 않고 끝까지 저항하여 싸우는 '은근'과 '끈기'라는 한민족의 특성을 보여주었다. 삼별초는 한민족의 자주성과 끈기를 상징하며, 독립을 향한 지속적 노력과 희망을 보여준다. 이와 같은 사고방식은 새로운 시대를 맞이하는 데 있어 중요한 통찰력을 제공할 수 있다. 삼별초 항전은 이성과 정서가 조화를 이룬 사례로, 전략적 판단과 강렬한 감정적 유대가 동시에 작용했다고 볼 수 있다.

일본인의 최후 항전은 제2차 세계대전에서 찾을 수 있다. 태평양전쟁 말기, 일본군은 사이판과 오키나와 등지에서 미군에 의해 패배가 확실해졌을 때, 항복 대신 '옥쇄(玉碎, Gyokusai)'라는 명분으로 집단자살을 선택했다. 일본 사회는 전통적으로 개인보다 집단의 이익을 중시하는 경향이 강했다. 이는 '항복은 치욕'이라는 신념이 지배적이었기 때문이다. 그 특징은 일본의 무사도(Bushido) 전통과 체면을 중시하고 천황을 위한 충성심이 극단적으로 표현된 사례이다. 전투 상황에서 자살은 군사적 전략으로는 효과적이지 않으며, 국가적 손실을 초래한다. 그러나 '명예를 지키기 위해 죽는다'는 사고방식이 사회 전반에 걸쳐 강요되었고, 개인의 이성적 판단은 억압되었다. 정서가 이성을 압도한 사례로, 명예와 충성이라는 감정적 요인이 이성적 판단을 희생시킨 것이다. 죽으면서도 진실된 자의(自意)보다는 수치(체면)를 피하고 강요된 충성심과 명예가 중시되는 죽음이라고 분석된다. 이는 민족의 명예와 자긍심을 높이는 역할을 하였으나, 개인적 인간 의지와 생명의 존엄성이 무시되는 느낌을 떨칠 수 없다. 이러한 죽음은 후세에 강력한 교훈이나 메시지를 남길 수 없다고 생각된다.

결론적으로 각 민족의 역사적 배경과 문화적 가치관이나 종교철학이 집단의식 형성에 지대한 영향을 미쳤음을 알 수 있다. 절박한 상황에서 최후 항전은 각 민족의 집단의식의 진면모를 잘 보여주기 때문이다. 이는 단순히 개인의 감정이나 이성의 문제가 아니라, 특정 문화와 역사 속에서 발전한 복합적 의식의 결과라 할 수 있을 것이다.

제10장

한민족의 집단적 의사표시

　우선 한민족의 집단적 의사표시의 특징으로 다른 민족이나 국가에 비해 매우 빈번히 표출된다는 점이다. 이는 역사적·문화적 특성으로 인한 것으로 민족적 정체성과 '하나 임'의 연대의식의 강한 반영을 드러내는 것이다. 일본의 그 빈도수는 한민족에 비하면 훨씬 낮다. 중국은 일본보다는 그 빈도가 높아 중간수준을 유지하며, 서구는 중간수준보다는 상회(上廻)하나 한민족에 비하면 낮은 편이다. 이와 같이 월등히 빈번한 한민족의 집단적 의사표시는 얼핏 사회의 불안정으로 비춰질 수 있으나 기실은 그렇지 않다. 오늘날 대한민국은 사회적으로 가장 안전한 나라 중 하나이다. 한국의 빈번한 집단적 의사표시는 체제의 불안정성보다는 **공동체적 가치와 이상을 실현하려는 열정의 표현**이다. 이는 민주주의의 성숙, 공동체 의식, 공공선 추구와 같은 요소에 기인하며, 단순히 체제 불만을 표출하는 것과는 본질적으로 다르다. 이는 한국 사회가 꾸준히 발전하고, 세계적으로도 주목받는 이유 중 하나로 볼 수 있다.

　한민족의 역사 속에서 나타난 집단적 의사표시는 단순한 불만 표출이 아닌, **중요한 사회적 변화를 이끄는 원동력**으로 작용해 왔다. 한민족의 정체성을 드러내는 집단의식의 표현은 다양한 관점에서 파악할 수 있겠지만 이 챕터에서는 시위나 응원 혹은 사회운동 등을 중심으로 고찰하고자 한다. 먼저 고대부터 역사적으로 그 개략을 살펴보고, 둘째로 조선조와 일제강점기를 거쳐 오늘날 대한민국까지의 기간을 논의하고, 셋째로 한민족의 집단적 의사표시를 서구의 것과의 비교해보고 그 이해의 폭을 넓히고자 한다.

고대에는 한민족의 집단의식이 주로 전쟁이나 외세의 침략에 대한 저항에서 표현되었다. 이 시기에는 공동체의 안녕과 생존을 위해 상호 협력하는 방식이 주를 이루었다. 전쟁에 비춰진 집단의식은 다음 장으로 넘기고 내부적으로 드러나는 부분을 살펴보기로 하자.

고려 시대에는 반란, 농민 봉기 등이 발생했으며, 이는 불합리한 세금 징수와 같은 경제적 이유나 왕조의 불안정성에 대한 반발에서 기인한 경우였다. 1170년 고려왕조의 무신정변[63]과 같은 사건은 무신들이 문신들에 비해 차별적 대우에 반발하여 집단적으로 권력을 장악한 사례이다. 고려 시대에는 불교가 사회 중심에 있었고, 대규모 불교 행사나 의식이 집단의식의 주요한 표현 방식이었다. 특히 몽골 침입 시기에는 팔만대장경을 제작하는 등, 국난 극복을 위한 집단적 신앙이 두드러졌다. 불교 신앙을 통해 전쟁의 고통을 함께 견디며 공동체의 결속을 다지는 방식으로 집단의식이 표현되었다.

조선 시대에는 유교적 가치관이 지배하면서 집단의식이 상하 질서와 왕실에 대한 충성으로 표현되었다. 조선은 분명 왕 중심의 정치체제였지만, 그 내부에는 견제와 균형을 위한 다양한 자정 장치가 존재했다. 예를 들어, 사헌부와 사간원, 홍문관[64] 등 언관 기관은 권력의 남용을 견제하고, 왕권의 균형을 유지하는 데 중요한 역할을 했다. 이러한 기관들은 군주에게도 간언(諫言)할 수 있었으며, 그들의 비판을 통해 국정을 보다 공정하게 운영하려는 노력들이 이루어졌다. 또한 유교적 이념에 따라 왕이 도덕성과 백성의 복지를 지키는 '군주다운 군주'가 되도록 요구된 점도 조선의 통치 방식을 독특하게 만들었다. 정치 제도의 틀에서 벗어난 사람들도 왕권에 대한 언로가 트여있었다. 그중 성균관 유생들의 시위문화와 구한말 동학농민운동은 한국 시위문화의 유구한 전통을 잘 보여주는 사례들로, 각기 다른 시기와 배경 속에서 왕권에 대한 비판과 사회 개혁을 외친 점에서 공통점을 찾을 수 있다. 성균관(成均館)은 한국의 옛 대학(大學)으로 고려 말과 조선 시대에 관리 양성을 위한 최고 국립 교육기관이었다. 이 기관에 입학한 학생들은 엘리트 집단으로 성균관 유생이라고 불렸다. 이 성균관 유생들은 왕권의 부정, 부패한 관리들에 대한 비판, 혹은 국정의 잘못된 방향성을 바로잡기 위해 '상소(上訴)'와 '집단 거사'를 활용했다. 이때 왕에게 간하는 유생들의 상투어가 '돈수백배(頓首百拜)'라는 말이다. 이 말뜻은 머리가 땅에 닿도록 수없이 계속 절을 한다는 뜻으로 나라를 위하여 심지어 목숨을 걸고 간절히 청원하는 경우도 있었다. 그들은 종종 국왕에게 개혁을 요청하거나 부패한 관리를 처벌하기 위해 사직서 제출, 단식, 거사(集思)와 같은 집단적 항의 방식을 사용했다. 이들은 때로는 도성(都城)에서 시위를 벌이며 국왕과 고위 관료들에게 민심을 전하고, 나라의 이익을 우선으로 삼는 정책을 요구했다. 이러한 집단의식 표현의 전통은 한민족과 한민족 왕조들의 긴 존속과 밀접한 관계가 있어 이를 분리된 주제로 다룰 예정이다.

임진왜란과 병자호란 같은 위기 시기에는 모든 계층이 연합하여 국가를 수호하고자 하는 집단의식이 강하게 나타났다. 이 시기 의병 활동과 민간인들의 자발적 군수 지원 등도 조선의 집단의식 표현이다. 조선 후기에는 홍경래의 난(1811~1812), 임꺽정의 난(1559~1562)

과 같은 농민 반란이 일어났다. 이는 부정부패와 가혹한 세금 징수, 그리고 양반 계급의 횡포에 대한 저항으로 발생했다. 또한 구한말 관료들의 부패와 나라가 어지러워지자 농민들이 대규모 민중운동이 발발하게 되었다. 동학농민운동이 그것이다. 이 운동은 조선 후기 농민들이 정부의 부패와 외세의 압박에 저항하며 벌인 대규모 민중운동으로, 1894년 전라북도 고부에서 전봉준을 중심으로 시작되었다. 동학은 평등과 인내를 중시하며 '사람이 곧 하늘'이라는 인식을 통해 사회 전반에 걸친 평등을 추구했다. 이 '인내천(人乃天)' 사상은 특히 하층민과 농민들에게 큰 영향을 미쳤고, 동학의 사상을 기반으로 한 농민들은 조선왕조의 부패와 외세의 부당한 개입에 반대하며 직접 행동에 나섰다. 동학농민운동은 단순한 개혁 요구에서 나아가 반봉건적, 반외세적 성격을 띠며 근대 한국 민중운동의 원형으로 평가받고 있다. 또한, 민중들이 직접적이고 체계적인 집단행동을 통해 정부에 저항한 사례로, 한민족의 저항의식과 집단적 연대의식을 잘 보여주는 사건이었다. 조선의 성균관 유생과 동학농민운동은 모두 부당한 권력과 사회적 불의에 저항하며 민중의 목소리를 대변하고자 했다는 점에서 중요한 공통점을 지닌다. 엘리트 계층이었던 성균관 유생들은 학문적, 도덕적 정당성을 바탕으로 고위 관료와 왕권에 도전했고, 동학농민운동은 평민들 중심으로 평등과 인간 존엄성에 대한 강한 믿음을 바탕으로 한 민중운동이었다. 이로 보건대 한민족의 시위문화는 평민이나 엘리트 계층 중 어느 하나에 국한된 것이 아니라는 점을 통찰할 수 있다. 타국에서는 시위를 특정 계층이 주도하거나, 외부에서 촉발된 경우가 많았지만, 한국의 경우 계층에 상관없이 공동체 전체를 위한 자발적 참여가 강하게 나타난 점이 차별화된다. 서양이나 일본과 같은 다른 나라에서는 저항과 시위가 특정 계층(예: 노동자 계급, 지식인)이 중심이 된 경우가 많았지만, 한국에서는 '모두가 동등한 주체'라는 뜻의 평등성의 '하나 임' 속의 평등성의 잠재의식은 그 표현에 있어서 특정 계층에 국한된 것이 아님을 보여주고 있는 것이다. 조선의 국력이 쇠잔해지자 군국주의의 일본제국은 한일합방을 통해 조선을 식민지화하였다.

나라를 잃은 일제강점기(1910~1945) 동안 한민족의 저항운동은 체계적이고 조직적으로 발전했다. 이 시기의 대표적인 사건이 국채보상운동[65]과 3.1 운동(1919)이다. 특히 3.1 운동은 전국적으로 확산된 대규모 저항운동으로, 일본의 식민통치에 대해서 한민족이 일제히 궐기하여 저항 의지를 전 세계에 알리는 계기가 되었다. 이 운동은 민족자결주의와 같은 서구적 사상에도 영향을 받았지만, 근본적으로는 한국인의 민족적 자각과 독립 의지에서 비롯되었다. 3.1 운동은 자발적인 독립운동으로 독립선언서 낭독을 시작으로 전국적으로 퍼져나간 비폭력 저항운동이다. 이는 한국인이 집단적으로 자신의 권리와 독립을 외친 대표적인 사례로, 한민족의 고유한 '하나 임'의 연대의식과 국권 회복에 대한 염원을 잘 보여준다. 이 운동은 이후 많은 독립운동의 기초가 되었고 강압적 지배에 대한 범국민적 의거이자 항거로서 민족자결의 독립운동이라는 역사적 기록을 남겼다.

드디어 1945년 8월 15일 일본의 무조건 항복과 함께 해방을 맞이하게 되었다. 그러나 해방 이후 얼마 안 되어 대한민국은 국가를 재건하고 새로운 정치제도에 제대로 적응하기도 전에 북의 공산혁명 세력과 남의 자유주의 세력, 둘로 나뉘어 6.25라는 동족상잔(同族相殘)의 비극적 전쟁을 겪으며 남북으로 분단되었다. 엄청난 격변의 시기를 겪으며 새로이 출범한 자유 대한민국은 폐허의 땅이 되었으며 극도의 가난과 정치적 혼란 속에서 다양한 형태의 집단적 의사표시가 나타났다.

1. 한국인의 민주주의에 대한 열망

새로운 민주공화국이 탄생했지만 진정한 민주적 통치제도가 정착되기까지 일반 시민들은 수많은 시행착오와 부조리를 극복하여야 했다. 시위, 반발, 항쟁 혹은 희생 등의 값비싼 수업료를 지불하고 나서야 오늘날 대한민국의 민주화가 결실을 맺게 되는 과정을 거치게 된다. 이 격변기 시민 혹은 학생의 시위문화는 정치권과의 마찰이 대부분이었다. 1960년 4.19는 대한민국 정부의 부정선거에 반발하여 일어난 대규모 학생운동이다. 이 혁명은 결국 초대 대통령[66]의 하야로 이어졌으며, 한국 현대사의 중요한 전환점이 되었다. 학생들의 대규모 시위로 시작된 이 혁명은 한국 민주주의운동의 중요한 전환점이 되었고, 이후 다른 나라에서도 독재와 억압에 맞서 싸우는 학생운동에 영감을 줄 수 있는 중요한 사례로 평가되었다. 4.19는 학생운동의 효시로서 학생운동으로 시작하여 살아있는 정권을 무너뜨린 세계적으로 최초의 사건이다. 그리하여 4.19를 기점으로 한국의 학생운동이 미국의 정치적 학생운동 점화에도 영향을 주었을 것이라는 시각도 존재한다. 왜냐하면 미국의 학생운동은 정권타도 같은 운동은 아니었지만 공교롭게도 한국의 4.19 이후 1960년대 후반에 폭발적으로 확산되었기 때문이다. 이 시기의 미국은 베트남 전쟁, 민권운동, 페미니즘운동, 반문화운동 등이 결합되면서 급진적인 사회 변화의 요구가 커지던 시기였다. 캘리포니아 대학교 버클리 캠퍼스에서 시작된 학생들의 언론자유운동은 미국 대학생 시위문화의 기초를 마련했다. 미국 전역에서 대학생들이 베트남 전쟁에 반대하는 시위를 벌였으며, 이는 미 전역의 시위문화를 형성하는 데 큰 역할을 했다. 4.19는 한국뿐 아니라 전 세계에 중요한 메시지를 전한 사건이었으며, 미국 대학 시위의 기원이 한국의 영향을 직접적으로 받은 것이라는 증거는 없지만 간접적 영향을 배제하기 어렵다. 1960년대 전 세계적으로 민주화와 자유를 위한 학생 저항운동의 흐름에서 공통된 역사적 맥락을 공유한다는 점은 확실하다. 여기서 한류라는 말도 생기기 전의 사건이지만 한국의 학생시위가 세계적인 확산에 간접적 영향을 주었다는 점에서 시위문화에서도 한류의 맥락을 느끼게 한다.

살아있는 정권에 대한 도전으로 학생들의 시위는 조선조 성균관 유생들 때부터 그 연원을 찾아볼 수 있으며 1919년 3.1 운동 당시 불과 16세의 이화학당 여학생이었던 유관순(柳寬順, 1902~1920) 열사는 일제의 압제와 불의에 항거한 표상으로서 한민족의 가슴에 깊이 새겨져 있다. 4·19 혁명 이후, 한국 사회는 다시 한번 갈등의 시기를 겪게 된다. 민주화운동은 물론 사회적 억압에 대한 저항을 표현하는 시위문화가 발전하게 된다. 이 시기의 시위는 주로 정치적 자유와 인권을 요구하는 것으로, 평화적인 비폭력운동과 함께 집단의식을 행사하는 중요한 방법으로 기능했다. 1980년대는 대한민국의 민주화를 위한 격렬한 투쟁의 시기였다. 이 시기의 데모는 군사정권에 대한 반발과 민주주의에 대한 열망을 반영한다. 또한 5.18 광주민주화운동(1980)은 전두환 대통령 당시 광주에서 일어난 시민 봉기로서 많은 희생을 낳았다. 결국 이 운동의 결과 6.29 선언을 통해 대통령 직선제를 쟁취하며 민주주의의 길을 열었다. 1990년대 이후에도 한국 사회에서는 다양한 이유로 집단적 시위가 계속되어 왔다. 경제적 불평등, 노동권, 환경 문제, 정치적 부패 등 다양한 이슈가 시위의 배경이 되었다. 2016~2017년 박근혜 대통령 탄핵을 요구하는 대중 집회는 평화적이고 조직된 현대적 시위의 대표적인 사례이다. 이 집회는 수백만 명이 참여하며 박근혜 대통령의 탄핵을 이끌어 냈다. 그러나 박근혜 대통령의 탄핵에는 반민주적 세력의 선동과 음모에 중도 보수 세력이 세뇌되었었다는 반성과 각성이 최근 증가하고 있다. 여하튼 이러한 과정을 돌이켜 보면 한국인들이 얼마나 정치에 역동적으로 대처하는지 가늠할 수 있으며 자유와 민주 평등을 향한 에너지를 집단적 시위를 통해서 분출함으로써 자유와 민주주의에 대한 열망이 얼마나 강렬한지를 보여준다. 흔히 학자들에 의해 짧은 기간 동안에 대한민국이 경제 발전과 정치 민주화 두 마리 토끼를 잡은 흔치 않은 사례로 손꼽히지만, 과거의 오천 년 역사를 뒤돌아볼 때 비교적 짧은 기간 내 이루어진 성취가 특정한 한 시대의 결집된 노력에 이루어진 것이 결코 아니며, 과거로부터 면면히 이어져 내려온 한민족 고유의 '하나 임'의 집단 의식적 밑바탕이 없이는 결코 이룰 수 있었던 결실이 아니라고 생각한다. 수천 년 전부터는 물론이고 대한민국 건국 초기부터 끊임없이 분출되는 개혁과 혁신을 향한 국민의 집단적이고 열정적 항거와 의사표시의 원천에 대해서 생각해 보지 않을 수 없는 것이다. 이와 더불어 한국인들은 온 가족이 모처럼 모이는 명절날에도 정치 이야기를 할 정도로 정치에 대한 관심이 뜨거운 이유도 이해할 수 있을 것이다.

한민족이 '홍익인간'이라는 '하나 임' 이념을 중심 가치로 삼아온 것은 독특한 인류학적, 철학적 특징을 보여준다. 이 이념은 단군 신화에서 기원하여, 사람을 가장 귀하고 존엄한 존재로 여기는 사상을 기반으로 하고 있다. 특히, 한민족은 인간 위에 군림하는 절대적 '신' 개념을 도입하지 않았다. 이는 모든 인간의 자유와 평등에 대한 깊은 존중이 사회 전반에 뿌리내린 이유 중 하나로 볼 수 있다. 한민족의 역사는 외세의 침략, 내란, 그리고 외부 영향 속에서도 민족 정체성을 유지하며 끊임없이 민족의 정체성을 이어왔다. 이러한 맥락에서 모두가 '하나 임'이라는 공동체 의식은 강한 평등사상을 내재화했다. 권위를 향한 잠재적 저항과 함께, 이러한 평등의식은 시대를 거쳐 한국 사회에서 끊임없이 표출되었다. 조선 시대에는 유교적 질서 속에서도 사대부와 평민 간의 이동 가능성(과거 제도)을 통해 일정한 평등의식을 담보하려 했으며, 이후 일제강점기와 현대에 이르러서는 평등과 민주화를 위해 끊임없이 투쟁해 왔다. 대한민국 건국 이후에도 평등과 정의를 향한 열망은 수많은 민주화운동으로 나타났다. 4.19 혁명, 1987년 6월 항쟁, 광화문 집회 등은 모두 권위에 대한 항거와 평등에 대한 갈망이 반영된 사례이다. 특히, 대한민국에서 최고 통치자가 종종 하야하거나 사법적 심판을 받는 현상은 권력에 대한 한국인의 인식이 단지 절대 권위를 따르기보다는, 평등과 정의라는 가치에 기반한 합의를 추구하기 때문이라고 분석할 수 있다. 이는 한민족의 '하나 임'의 정체성에서 비롯된 가치체계가 현대 민주주의 체제에까지 강하게 작용하고 있음을 보여준다.

미국 예일대 웨스타드 교수[67]는 그의 저서 『제국과 의로운 국가 (Empire and Righteous Nation)』에서 "한국은 단순한 국가를 넘어선 도덕적 공동체로 이해될 수 있다"고 했다. 그는 한국의 역사와 문화가 외세의 침략 속에서도 단순히 생존을 넘어, 도덕적 이상과 공동체적 연대의 가치를 추구해 왔다고 분석하는 바, 이는 '홍익인간'이라는 이상과도 일맥상통하는 것이다. **'도덕적 공동체'**라는 말에서 웨스타드 교수가 사용한 **'도덕적'**이라는 말에 대한 정확한 의미에 대해서는 언급된 것이 없다. 도덕적이라는 말을 지성과 감성('정') 양 분야의 관점에서 분석해 보았다. 즉 한민족에 있어서 도덕은 감성적이냐 아니면 지성적이냐는 물음이다. 물론 도덕적이라는 말을 둘 중 하나로 나눌 수 있는 것은 아니다. 그러나 필자의 분석은 한민족에게 있어서 도덕적이라는 말은 감성이 차지하는 부분이 지성보다는 크게 작용하고 있음을 통찰할 수 있었으며 이는 공동체의 강한 결속을 다지는 중요한 요소임을 파악할 수 있었기 때문이다. 한민족이 도덕적 공동체라고 분석되는 것은 한민족 고유의 '홍익인간'이라는 사상이 종교철학의 핵심으로서 종교적 당위인 도덕이 공동체의 중요한 가치로 인식되어 온 것이 너무나 당연하기 때문이라고 생각된다. 도덕적 공동체는 홍익인간의 필연적 결과물일 수밖에 없는 것이다.

한민족의 도덕은 서구철학의 관점에서 도덕이 인간의 이성에 기반하며, 선의지(善意志)를 통해 이루어진다고 보는 칸트의 입장보다는 데이비드 흄의 입장에 가까운 것으로 보인다. 왜냐하면 흄은 인간의 도덕적 판단이 이성보다는 감정에서 비롯된다고 보았으며, 공감(Sympathy)이 도덕적 행위의 핵심 동기라고 주장했다. 예를 들어, 누군가의 고통을 보고 연민을 느끼는 것은 이성적 판단이 아니라 정서적 반응에 기반하며 이는 행동으로 이어지는 중요한 동력으로 작용하는 것으로 보는 것이다.

여하튼 한국인의 평등사상과 권위에 대한 잠재적 항거는 이러한 '의로운 국가'로서의 자아상을 더욱 강화한다. 웨스타드는 특히 한국이 자신만의 도덕적 질서를 유지하면서도 이를 세계에 널리 홍보하고 공유하려는 특징을 지적한다. 이는 한민족의 **'하나 임'과 홍익인간 사상이 단순히 내부적으로만 작용하는 것이 아니라, 외부 세계와의 상호작용에서도 중요한 역할을 한다는 점을 지적한 말이다.** 한국의 이러한 특징은 '의로운 국가'라는 이상적 모델로 평가될 수도 있을 것이다. 한국의 지속적인 민주화운동과 통치자에 대한 비판적 자세는 이러한 가치체계가 현대에도 강력하게 작동하고 있음을 증명한다.

이제 한국의 시위문화의 특징과 성격을 이해하기 위해 한국을 제외한 동서양의 시위문화를 비교하고자 한다. 역사적으로 세계적인 혁명의 하나인 프랑스 대혁명(1789)을 돌아보면, 프랑스 대혁명은 계몽주의 사상과 불평등한 신분제도, 절대왕정에 대한 불만이 폭발하면서 일어난 대규모 사회적 변혁이었다. 이 대혁명은 기존의 봉건적 신분제를 타파하고 자유, 평등, 박애의 이념에 기반한 새로운 사회 질서를 수립하는 것을 목표로 했다. 이는 단순히 정치적 변화를 넘어서, 전 사회적 구조를 근본적으로 뒤흔든 사건이었다. 그러나 프랑스 대혁명은 매우 폭력적인 성격을 띠었다. 혁명과정에서 왕정이 전복되고, 루이 16세와 마리 앙투아네트가 처형되는 등 극단적인 폭력이 수반되었다. 이후 로베스피에르의 공포정치로 이어지면서 수많은 혁명 지도자와 시민들이 처형되었고, 프랑스 사회는 혼란에 빠졌다. 이와 유사한 혁명으로 러시아의 농민 반란과 러시아 혁명(1917)이 일어났다. 러시아에서는 오랜 기간 농민 반란이 있었고, 1917년 러시아 혁명으로 절대군주제와 귀족 지배 체제를 끝내는 변혁이 일어났다. 러시아 혁명은 농민 반란, 노동자 투쟁, 그리고 혁명가들이 결합하여 발생했다. 러시아 농민 반란과 1917년 러시아 혁명은 프랑스 대혁명과 유사하게 폭력적 성격을 띠었다. 혁명과정에서 대규모 전투, 처형, 반대파에 대한 탄압이 일어났으며, 이후 볼셰비키의 권력 장악과정에서 내전이 벌어졌다. 러시아 혁명은 프롤레타리아 계급, 즉 노동자와 농민들이 귀족과 부르주아 계급에 맞서 일어난 계급 투쟁이었다. 특히 사회주의 사상에 입각한 혁명 지도자들이 자본주의와 계급 불평등을 타파하고자 했으며, 이는 이후 세계 공산주의 운동에 큰 영향을 미쳤다.

시위문화에 나타난 한국의 집단의식과 서구와의 차이점을 비교해보면, 한국의 시위문화는 비교적 **평화적이고 집단적 참여와 자발적인 연대**를 기반으로 한다. 한민족의 시위는 역사적으로 처음엔 주로 외세에 대한 저항으로 시작된 것이었으며, 왕권(정권)이나 계급 투쟁보다는 민족적 자주성과 민주주의를 향한 열망이 더 강조되었다. 3.1 운동, 6월 항쟁 등은 폭력을 지양하고 법과 질서를 중시하며 상호 배려와 공동체 중심의 문화를 중시한다. 또한 한국인들에게는 '하나 임'이라는 집단적 의식이 매우 강하게 작용한다. 서구의 시위는 개인의 권리나 이익을 위한 경우가 많지만, 한국의 경우는 **공동체를 위해 개인이 희생하거나 양보하는 형태**로 이루어지는 경우가 많다. 개인의 권리와 이익이 중시되면서 서구의 혁명이 종종 파괴와 분열을 통한 급진적 변화를 추구했다면, 한국의 집단의식은 상호 보살핌과 공동체의 안녕을 중시하며, 전체가 함께 나아가는 방향을 지향한다. 한국의 시위는 종종 문화적 상징을 통해 나타나며, 단순히 정치적 요구에 그치는 것이 아니라 문화적 정체성을 강조한다. 반면에 서구에서는 정치 세력이 시위문화의 선두에 서서 권력을 확보하고자 하는 경향이 두드러졌다. 이는 한국의 시위와 응원문화가 단순한 저항의 수단이 아닌 하나의 통합적 정체성 형성이자 대안을 찾아가는 과정으로도 볼 수 있다는 점에서 차별화된다. 결국, 한국의 집단의식의 표현은 **역사적 맥락에 깊이 뿌리**를 두고 있어, 문화적 요소와 결합되어 지속적으로 변화하며 발전해 오고 있다는 점에서 시사하는 바가 크다.

또한 동양의 일본, 중국의 시위문화는 각 나라의 사회적, 역사적, 문화적 배경에 따라 특질이 다르다. 일본의 시위문화는 공공질서와 자제를 중시하는 경향이 강하다. 일본 사회는 집단적 연대보다는 개인의 역할을 중시하는 경향이 있으며, 이로 인해 시위 참여자들이 조용히 자발적으로 참여하되 조직적이지 않고 **규모가 제한적**이다. 일본에서는 체면을 중시하는 문화와 정부에 대한 신뢰가 높아 체제를 전복하는 유형의 대규모 시위가 드문 편이며, 전반적으로 온건하고 상징적인 항의에 그치는 경우가 많다. 2011년 후쿠시마 원전 사고 이후 발생한 일부 시위가 예외적이었지만, 그조차도 대체로 절제된 형태를 띠었다.

중국의 시위문화는 국가의 통제와 탄압이 강하게 작용하여 시위가 크게 억제되는 경향이 있다. 중국 공산당 정부는 시위나 집단행동을 사회 질서와 체제에 위협을 준다고 판단하여 강력하게 규제한다. 중국의 시위는 주로 경제적 불만(노동자 파업, 농촌 문제)이나 부패 등 특정 사안에 집중되는 경우가 많고, 대규모 시위가 발생할 경우 엄격한 단속과 통제가 이루어진다. 천안문 사태에서 보듯이 무자비한 시위주동자들에 대한 처벌이 탄압이 강하게 작용하여 시위가 크게 억제되는 경향이 있다. 최근의 홍콩 민주화 시위나 위구르 인권 문제에 대한 반응에서 보듯, 중국의 시위는 상대적으로 위험을 무릅쓰는 행동으로 간주되며, 주로 국가에 의해 민중의 항의가 제한되고 있음을 볼 수 있다.

요약하자면, 일본의 시위문화는 절제와 상징적 표현이 두드러지는 반면, 중국의 시위문화는 강력한 국가 억압이 특징적이다. 이는 각각의 사회적 가치를 반영하는 것으로, 일본은 조화를 중시하고, 중국은 국가 권위와 질서 유지를 우선시하는 경향을 보여준다.

2. 응원이나 사회운동으로 드러나는 집단적 의사표시

이제 비정치 분야인 스포츠나 국가적 재해에서 드러나는 한국인의 집단의식은 역시 역경과 도전 속에서 빛을 발하는 특징을 가지고 있다. 이는 한민족의 '하나 임'이라는 개념을 중심으로 형성된 독특한 문화적, 사회적 특성에서 비롯된다. 2002년 **한일 월드컵**, 1997년 IMF 외환위기 당시의 **금 모으기 운동**, 그리고 2007년 **서해안 기름 유출 사건**

은 이러한 집단의식을 잘 보여주는 역사적 사례들이다.

　2002년 한일 월드컵을 계기로 한국의 응원문화는 새로운 국면을 맞이했다. 사람들은 모든 사회 계층을 아우르는 응원문화를 통해 집단적인 정체성을 표현했다. 축구 응원은 더 이상 개인이 아닌 집단이 함께 고백하는 순간으로, 사람들이 민족에 대한 자부심을 공유하게 만들었다. 이러한 응원문화는 단순 스포츠 응원을 넘어, 사회적 메시지를 전달하는 장으로도 사용되곤 했다. 한국인의 단결된 응원문화는 국제적으로도 주목받고 있다. 2002년 월드컵에서의 붉은 악마 응원단은 한국인의 단결과 활기를 상징하는 대표적 사례로, 이는 평화로운 방식으로 집단의식이 표현되는 예이다. 이 대회는 한국 응원문화가 세계적으로 주목받은 사건이다. 이 대회에서 한국은 4강에 오르며 전 세계에 강한 인상을 남겼고, 이는 국민들이 하나 되어 응원하며 만들어 낸 결과이기도 했다. 당시의 응원문화는 단순한 관람이 아니라 적극적인 참여로 이루어졌다. 거리마다 형형색색의 태극기와 함께 응원전이 열렸고, 시민들은 일상의 모든 것을 제쳐두고 경기 앞에서 하나가 되어 환호했다. 한국 국민들은 '대~한민국! 짝짝짝 짝짝!'이라는 응원 구호와 함께 붉은색 티셔츠를 입고 거리로 나왔다. 광화문, 시청 앞 광장 등에서 수백만 명이 모여 하나 된 모습을 보여주며 응원문화의 새로운 장을 열었다. 이는 단순한 스포츠 응원을 넘어 **'우리'라는 민족 정체성과 집단 에너지**를 전 세계에 알리는 계기가 되었다. 한국 팀이 승리할 때마다 국민들이 한마음으로 기뻐하고, 패배하더라도 끝까지 지지하는 모습은 강한 연대감을 보여주었다. 월드컵은 단순히 축구 경기가 아니라 IMF 이후 침체된 사회 분위기를 되살리고, 한국인들에게 자긍심과 희망을 불어넣는 계기가 되었다.

　2002년 한일 월드컵이 있기 전 1997년 IMF 외환위기는 한국 경제와 사회에 큰 충격을 주었다. 1997년의 외환위기로 경제가 급속히 침체되면서 많은 사람들은 불안과 공포에 직면했다. 이를 극복하기 위해 정부가 외환 보유고를 확보해야 했을 때, 국민들은 자발적으로 금을 기부하기 시작했다. 이러한 단합된 모습은 일제강점기 때 국채보상운동(1907)을 떠올리게 한다. 그 당시 남자는 담배를 끊고, 여자는 비녀와 가락지를 내면서까지 국채를 갚으려는 국민들의 열망이 뜨거웠다고 전해진다. 국채보상운동으로부터 꼭 90년 만에 IMF라는 비슷한 상황이 전개되자 한민족은 또다시 결혼반지, 금장식품, 금괴 등 가족과 개인의 소중한 소유물을 내놓으며 국가를 돕고자 했다. 약 350만 명이 참여해 총 227톤의 금이 모아졌고, 이를 통해 약 21억 달러 상당의 외환을 확보할 수 있었다. 이 운동은 국가와 국민이 하나로 뭉쳐 위기를 극복한 사례로, 한국인의 '희생정신'과 '하나 임'의 공동체 의식을 잘 보여준다. 이러한 '하나 임'의 전통은 향후 논의하게 될 고려 시대의 팔만대장경 제작의 역사적 사건에 이미 잘 드러나 있음을 보게 될 것이다. 금 모으기 운동은 세계적으로도 유례를 찾기 힘든 사례로, 한국인의 집단적 힘과 연대의식을 상징한다. 외환위기를 맞은 동남아시아나 남미의 국가들과는 위기 대응에 있어 분명한 차이를 발견할 수 있을 것이며 위기에 대한 집단적 대응이 얼마나 빠른 위기 극복과 회복을 가져오는지 알 수 있다.

또한 2007년 태안 앞바다에서 발생한 삼성중공업의 기름 유출 사고[68]는 한국 역사상 최악의 환경 재난 중 하나였다. 유류 유출 사고로 인해 많은 해양 생태계가 피해를 입었고, 이에 대해 많은 시민들이 즉각적으로 자발적인 정화 활동에 나서는 연대의식을 보여주었다. 사람들은 힘을 모아 지리적으로 먼 지역의 복구에도 참여했고, 이는 한국 사회의 민족적 연합과 공동체 의식을 증진시켰다. 약 123만 명의 자원봉사자가 전국에서 태안으로 몰려와 방제 작업에 참여했다. 이는 전 세계적으로도 유례없는 규모의 자발적 참여였다. 국민들은 기름을 걸레로 닦아내고, 작은 돌 사이사이까지 정화하는 등 정교하고 헌신적인 작업을 수행했다. 한파 속에서도 작업이 이어졌으며, 이는 단순한 환경 정화가 아닌 한국인의 '하나 임' 의식과 자연을 아끼는 마음을 보여주었다. 태안은 사고 이후 놀라운 회복을 보여주었으며, 이는 국민들의 헌신 덕분이었다. 이 사건은 공동체의 힘이 국가적 재난을 극복하는 데 얼마나 중요한지를 다시금 증명한 사례였다.

오늘날 한국인의 집단의식은 '우리'라는 단어에서 드러나듯, 개인보다 공동체를 우선시하는 가치관에서 비롯된 것임을 알 수 있다. 이는 농경 사회에서 비롯된 상호 의존적 삶의 방식, 외세 침략 속에서 생존과 단결을 통해 극복했던 역사적 경험에서 강화되었다. 즉 오랜 역사적 경험에서 얻어진 저항의식과 민중의 목소리를 반영하려는 민주주의적 가치관에서 기인한다. 백성을 근본으로 여기는 유교적 사상은 지배층의 부정과 부패에 대한 반발을 정당화하는 이론적 토대가 되었고, 조선 후기와 일제강점기 동안 불교적 평등사상은 계층과 신분을 초월한 저항운동의 정신을 강화하였다. 또한 20세기 들어 서구의 민주주의 사상, 특히 민족자결주의와 인권 개념은 한국의 집단적 의사표시 문화에 중요한 영향을 미쳤다.

물론 이러한 연대는 전술한 바와 같이 '한'과 '정'이라는 정서가 단단한 기반을 제공하고 있음을 통찰해야 한다. 역경 속에서 형성된 '한'은 고통을 공유하고 연대하는 기반을 마련했으며, '정'은 인간적인 유대감과 공동체 의식을 더욱 공고히 했다. 한국인의 집단의식은 단순히 위기 극복을 넘어, 새로운 희망과 자긍심을 만들어 내는 원동력이 되고 있다. 한국인은 위기 때마다 '하나 임'의 의식이 더욱 강하고 명백하게 표출되며 하나로 움직이는 민족이다.

3. 광화문 집회

광화문[69]은 한국에서 민의(民意) 표출의 상징적인 장소로 자리 잡고 있으며, 역사적으로 다양한 사회적 요구와 이념을 반영한 집회의 현장이다. 광화문 일대는 단순한 지리적 장소를 넘어, 국민의 목소리를 모으고 사회적 이슈에 대한 의견을 내기 위한 중요한 공간으로 활용되어 왔다.

광화문은 서울의 중심부에 위치해 있어 역사적으로 정치적, 사회적 중심지로 기능해 왔다. 이곳에서는 1980년대 민주화운동을 시작으로 다양한 집회와 시위가 진행되어 왔다. 특히 1987년 6월 민주항쟁은 광화문에서 시작된 국민들의 대규모 시위로, 당시 정부에 대한 저항과 민주주의 요구가 집중적으로 표출된 사례로 기억된다. 이후에도 광화문은 특히 사회적 정의와 인권, 부정부패 척결 등을 요구하는 집회의 장으로 계속해서 활용되었다. 2014년 세월호 참사 이후에는 이를 추모하고 진상을 규명하기 위한 대규모 집회가 열렸으나, 이를 통해 국민들이 느끼는 슬픔과 분노를 과장함으로써 좌파 세력의 확장에 이용하였다. 이러한 집회는 좌파가 주도하여 정치적 목적을 달성하기 위한 수단으로 사용하였다.

최근 몇 년간 광화문은 또 다른 중요성을 띠게 되었다. 상기 좌파의 음모를 파악한 자유 우파 세력의 집회와 활동이 두드러지면서, 이곳은 이념적으로 여러 갈래의 목소리가 교차하는 공간이 되었다. 자유 우파는 기존의 민주화운동을 표방하나 내용상 좌파적 경향과는 다른 노선으로, 대체로 시장경제 및 자유주의적 가치에 기초한 정책을 지지한다. 이들은 주로 국가의 안전, 전통과 가족 가치 강조, 시장경제의 중요성을 주장하며, 이념적으로는 진보적 세력과 대립하고 있다. 광화문을 장악한 자유 우파 집회는 많은 경우 정치적 연대와 결속력을 다지기 위한 수단으로 활용되었다. 특히 2016년 박근혜 대통령의 탄핵과정에서 이들은 광화문에 모여 '탄핵 반대'와 '정권 교체 반대' 등을 외치며, 자신의 정치적 입장을 표명했다. 이들은 수많은 사람들을 동원하여 현장에서 집회를 진행하고, 온라인과 오프라인을 아우르는 다양한 캠페인과 시위 활동을 통해 세력을 확장해 갔다. 전광훈 목사 등 보수적 종교 지도자들이 참여하며 '자유통일'과 '주사파 척결' 같은 주제를 내세웠고, 박정희 전 대통령의 리더십을 본받자는 메시지를 전하기도 했다. 2023년에는 윤석열 정부를 지지하거나, 특정 법안 및 정책에 반대하는 활동이 이어졌다. 예를 들어, 애국 시민단체들은 '자유통일 1,000만 서명운동'을 진행하며 대중을 결집했다. 이들은 '광화문을 통한 혁명'이라는 구호를 내세우며 헌법적 가치를 강조하고 국가보안법 수호 등을 요구했다.

　자유 우파가 광화문에서 펼친 집회의 영향은 다각적이다. 정치적 논쟁을 바로잡고 조작된 좌파 여론을 폭로하는 동시에, 종북(從北) 종중(從中) 등 좌경화된 정부 정책에 대한 반대 여론을 분출하였다. 대규모 집회에서 보수적 가치와 국가 정통성을 강조하며, 그들의 주장을 굳건히 하려는 활동이 펼쳐졌다. 또한, 이러한 자유 우파 집회에 대한 보도는 조중동(조선, 중앙, 동아) 주류 신문과 KBS, MBC 등 방송 미디어에 의해 원천적으로 차단되어 공정한 보도가 이루어지지 않고 있다. 광화문은 이제 주사파를 비롯한 좌파에 대항하여 자유 우파가 결집하는 정치적 공간으로 변모하였다.

결론적으로, 광화문은 한국 사회에서 대다수 민의의 표출뿐만 아니라 시장경제와 자유라는 정치적 이념을 공고히 하는 중요한 장소이다. 광화문 집회는 단순한 국내 정치적 행위를 넘어, 민주주의 사회에서 평화적인 집회의 중요성과 효과를 세계에 보여주는 사례로 주목받고 있다. 이는 한국 민주주의의 역동성을 보여주는 한 단면이다. 광화문 집회는 수천 년 한국의 역사 속에서 지금도 멈추지 않는 집단적 의사표시의 장으로 단순한 불만 표출이 아닌, 진정한 보수적 가치를 지키고 이를 무너뜨리려는 세력에 대항하는 구심점으로 작용하고 있다고 하겠다.

제11장

떼창과 BTS('신바람'과 '흥'의 문화)

 외국의 유명 가수나 그룹이 한국에 와서 특별한 경험을 한다고 한다. 과거에는 이들이 주로 먼저 일본에서 공연을 하고 그다음 한국에 입국하여 공연하게 되는 경우가 종종 있었다. 공연자들이 한국에서 공연을 하게 되면 참관하는 대중의 태도가 일본에서 와는 사뭇 다른 경험을 하게 된다고 한다. 대중의 공연에 대한 참여와 호응도가 일본에 비해 훨씬 높고 이러한 공연에서 공감된 '흥'은 떼창까지도 이루어지게 된다는 것이다. 떼창문화[70]에 대한 한민족의 잠재의식을 살펴보자.
 한국의 BTS와 같은 그룹이 세계적 명성을 얻고, 그들의 공연에 많은 외국인이 참여해 함께 즐기는 모습은, 한국 고유의 집단적 축제문화와 깊은 연관이 있다고 볼 수 있다. 이와 같은 연관성은 한국의 전통적인 집단 축제가 지닌 공동체 의식, 참여적 경험, 감정의 공유와 연결되며, 이러한 문화적 유산이 현대에 와서 BTS와 같은 글로벌 현상으로 나타난 것이라고 해석할 수 있다.
 한국의 전통적인 축제, 예를 들어 단오제, 추석의 강강술래, 정월 대보름의 달맞이 등은 모두 집단적으로 행해지며, 공동체 구성원들이 함께 모여 노래하고, 춤추고, 음식을 나누며 즐기는 행사이다. 이 축제들은 공동체의 결속을 다지고, 함께하는 경험을 통해 집단적 정체성을 강화하는 역할을 해왔다. BTS의 공연도 이러한 전통적 축제의 현대적 표현으로 볼 수 있는데 BTS의 콘서트에서는 전 세계의 팬들이 한자리에 모여 음악을 통해 감정적으로 연결되고, 함께 춤추고 노래하며 하나의 공동체를 이루게 되는 모습은 한국인의 전통적 축제와 다를 바 없다. 이는 전통적인 한국의 집단 축제에서 볼 수 있는 공동체 의식과 감정의 공유가 현대적인 글로벌 무대에서 재현된 것이라 할 수 있다.

한국의 전통적 축제에서는 참여가 매우 중요한 요소였다. 사람들은 단순히 구경꾼이 아니라, 적극적으로 노래를 부르고 춤을 추며 축제의 한 부분이 된다. 왜냐하면 이러한 참여적 경험은 축제를 통해 개인이 공동체의 일부로서 느끼는 정체성을 강화하며, 그 과정에서 감정의 공유가 이루어지기 때문이다. BTS 공연 역시 팬들이 단순히 관람하는 것을 넘어, 함께 노래를 부르고 춤을 따라 하며 적극적으로 참여하는 형태로 진행된다. 팬덤의 일체감과 감정의 공유는 BTS의 음악을 통해 전 세계로 확산된다. 이는 한국 전통 축제에서 보이는 참여적 경험과 감정의 공유의 현대적 표현이라고 볼 수 있다. 전통적 한국 축제는 집단 에너지('신바람')를 불러일으키고, 이를 통해 공동체의 문화적 전승을 이어가는 중요한 역할을 했다. 이 과정에서 집단은 개인이 가지는 에너지 이상의 것을 만들어 내며, 이를 통해 문화적 유산이 지속적으로 전해질 수 있었던 것이다.

BTS와 같은 K-pop 그룹의 공연 역시 전 세계의 팬들이 한데 모여 강렬한 집단 에너지를 생성하는 장으로 기능한다. 이 에너지는 BTS가 전달하는 메시지와 음악을 통해 더욱 증폭되며, 전통적으로 한국 사회에서 중요시되었던 집단의 힘이 글로벌 무대에서 재현되는 것이다. 또한, 이러한 집단 에너지는 한국의 문화와 정신을 전 세계에 전파하는 데 중요한 역할을 하고 있다. 한국의 전통적인 축제는 이제 글로벌화된 현대 축제[71]로 진화하고 있다. 한국의 전통문화가 현대적인 방식으로 재해석되고, 글로벌 팬덤을 형성하여 전 세계적인 현상으로 자리 잡은 것이다. 한국 전통축제의 공동체 의식, 참여적 경험, 감정의 공유 등은 현대적인 음악 공연의 형식으로 진화하여, 전 세계인이 함께 공감하고 즐길 수 있는 새로운 형태의 축제로 발전했다.

BTS의 인기 비결은 특정한 음악적 재능에 그치지 않고, 젊은 세대가 공감할 수 있는 메시지와 이야기, 그리고 소통의 장을 제공하고 있는 것이다. 여기에 더하여 심리적 혹은 철학적 차원에서 아주 중요한 한 가지 사실을 주목하여야 한다. 그것은 다음과 같다.

즉 **서구의 단절에 기반한 개인주의가 만연한 현대 사회** 속에서 **연속에 기반한 BTS와 한민족의 떼창문화(한류)** 는 서구인들에게 하나의 큰 충격이었으며 그 반응은 가히 폭발적이었다. 왜냐하면 서구인들의 문화에서 익숙하지 않은 연속, 그것도 '정'에 기반한 공동체적 연대감은 새롭고도 신선하며 매력적인 것으로 다가왔을 것이기 때문이다. 무엇인지는 잘 의식하지 못했지만 역사적 관점에서 잠재의식적으로 지속되어 온 서구인들의 **심리적 갈급(渴急)함이 한류에서 해소되는 희열(Ecstacy)을 경험**하기 때문이라고 생각한다. 왜냐하면 BTS와 같은 K-pop 그룹의 공연에서는 떼창이 중요한 요소로 작용하는데, 이는 팬들과 아티스트 사이의 강한 유대감을 형성한다. **개개인의 감정을 하나의 목소리로 합치는 과정에서 '하나 임' 의식을 느끼게 하며, 이러한 경험은 소속감을 강화(ARMY)** 한다. 결정적으로 공연자와 관중이 정서적으로 '흥'이 고조되어 하나가 되는 **'하나 임'의 희열**을 맛보게 되는 것이다. 감정의 즉각적이고 집단적인 표현인 한국의 '흥'은 한국만의 독창적인 방식(서사적 요소와 강한 공동체성)이 결합되어 특별한 문화적 정체성을 형성하여 왔다. 이같이 떼창에 내재된 '흥'은 '하나 임'의 매개로서 강렬하게 작용해 왔던 것이다. 과연 한민족은 '하나 임'의 강한 열망을 품고 사는 족속이다.

1. 한국적 개념으로서의 '흥'

여기서 잠깐 한민족의 '흥'에 대해서 살펴보자. '흥'은 한국인의 정서적 특질 중 하나로, 기쁨, 열정, 흥미를 느끼고 표현하는 감정을 의미한다. 이러한 '흥'의 느낌은 고조된 감정으로 공동체적 경험 속에서 더욱 빛을 발한다. '흥'은 전통적으로 한민족의 **놀이, 축제, 음악, 춤과 같은 문화적 행위에서 주로 나타난다.** 한국의 전통 농경 사회에서 '흥'은 자연의 계절적 주기에 따라 형성된 축제와 밀접하게 연관되어 있다. 예컨대, 추수 후의 풍년을 기념하는 농악놀이[72]나 마을굿[73]은 사람들이 함께 모여 노래하고 춤추며 '흥'을 나누는 대표적인 사례이다. 판소리[74]와 탈춤 같은 전통예술 역시 '흥'을 표현하는 중요한 매체였다. 판소리의 흥겨운 가락과 극적인 표현은 청중에게 강한 감정적 몰입을 제공하며 '흥'의 정서를 고조시켰다. 윷놀이, 씨름, 강강술래 등 전통 놀이는 경쟁과 협동을 결합하여 '흥'을 높이는 데 기여했다. 이러한 놀이문화에서 '흥'은 사회적 측면에서 공동체의 결속('하나 임')을 강화하는 촉매제 역할을 해왔던 것이다. 이와 같이 '흥'은 한민족의 '하나 임'의 정서적 과정에 매우 중요한 요소였다. 이 '흥'을 분리된 두 철판이 하나 되는 용접(Welding)에 비유하자면 용접 시 반드시 수반되는 강렬한 '빛의 스파크 같은' 것이다.

이상의 논의에서 흥의 문화는 다음과 같이 정리될 수 있다. 첫째

'흥'은 감정을 해방하고 기쁨을 표현하는 특유의 정서적 움직임을 뜻한다. 둘째 '흥'은 신명(神明)과 연결되며, 무속(巫俗)과 민속놀이, 음악, 춤 등에서 두드러지게 나타난다. 셋째 '흥이 난다'는 표현처럼, '흥'은 개인적이고 즉각적인 감정의 분출을 뜻하는 경우가 많다. 넷째 '흥'은 즉흥적이고 자유로운 성격이 강하며, 예술적 표현과 결합될 때 더욱 극대화된다.

한편 한민족에게는 이러한 '흥'과 유사한 감정으로 '신바람'이 있다. 너무 '흥'과 유사하여 한민족에게서조차 확연히 구별하기 어려운 감정이지만 미묘한 차이점이 있다. 그러면 '신바람'이란 '흥'에 비하여 어떠한 차이점이 존재하는가?

2. '신바람'의 정서

'신바람'은 단순한 즐거움이 아니라, 내면에서 솟아오르는 강한 동기와 활력을 의미한다. '신바람'은 한국인들이 어떤 일에 몰입하거나 '하나 임'으로 결집할 때 다수의 사람이 혼연일체가 되어 나타나는 현상으로, 일종의 집단적 에너지로 연결된다. 흥과 같이 개인적인 정서(놀이, 춤, 음악, 연극, K-pop, 예술, 축제)보다는 보다 집단적이어서 전통적으로 농사일, 공동체 행사, 노동요, 춤과 놀이 등에서 일어나는 강한 **역동적 에너지**이다. 오늘날에는 주로 스포츠 경기 응원, 집단적 사회운동, 기업의 혁신문화 등에서 나타난다. 또한 **'흥'이 순간적이거나 즉흥적인 데 비해 '신바람'은 장기적이고 생산적이라는 점이 다르다.**

'신바람'은 '흥'과 상호 작용을 한다. '신바람'이 나면 '흥'이 발현되기 쉽고, '흥'이 고조되면 '신바람'이 지속될 수 있다. 예를 들면, 농사일을 할 때 '신바람'이 나면 노동요를 부르고 '흥'이 나면서 힘든 일이 즐거운 놀이처럼 변하는 현상이 나타난다. 현대에서는 K-pop 콘서트에서 떼창을 하면서 '흥'이 오르고, 집단적으로 몰입하게 되면 그 '흥'이 '신바람'으로 전환되어 집단적 에너지를 형성하는 현상이 보이는 것이다.

3. '신바람'과 '흥'의 문화가 한류에 미치는 영향

한국의 집단적 역동성과 몰입 문화는 K-pop, 드라마, 게임 산업에서 중요한 요소로 작용한다. 예를 들어, BTS의 팬덤(ARMY)이 보여주는 응원 방식은 집단적 '신바람'이 만들어 내는 문화적 현상이다. '신바람'은 한국의 IT 및 기업 혁신에도 영향을 미쳐, 빠른 변화와 창조적 시도가 가능하도록 한다.

한류 콘텐츠는 즉흥성과 감정적 몰입을 극대화하여 전 세계적인 공감을 불러일으킨다. K-pop 공연, 전통놀이(강강술래, 탈춤), 한국 예능에서 나타나는 특유의 유머감각과 감정의 해방은 '흥'의 문화와 연결된다. 예를 들어, 싸이의 「강남스타일」은 즉흥적인 '흥'이 강조된 대표적인 한류 콘텐츠이다.

한류의 성공 비결 중 하나는 신바람과 흥의 절묘한 결합에 있다. '신바람'이 동력(에너지)이라면, '흥'은 감성적 매력 요소로 작용한다. 이 두 요소가 결합되면서 한류 콘텐츠는 강력한 에너지와 몰입도를 가지면서도 감정적으로 쉽게 공감할 수 있는 형식을 띠게 되는 것이다.

4. '흥'과 다른 문화의 유사한 표현 비교

한민족의 '흥'과 유사한 다른 민족의 사례를 비교해 보면 아프리카, 라틴 아메리카, 유럽 등에서 한민족과는 다른 다양한 방식으로 표출되는 것을 볼 수 있다. 아프리카에서는 '흥'과 유사한 정서가 춤과 음악에서 강하게 나타난다. 예컨대, 서아프리카의 드럼 리듬과 춤은 공동체의 참여를 유도하며 감정을 공유하는 역할을 한다. 감정의 고조와 공동체적 유대를 형성하는 요소가 강하지만, 한국의 흥은 음악과 더불어 서사적 요소(판소리 등)가 포함되는 차이가 있다. 라틴아메리카에서는 축제(Fiesta) 문화와 살사, 삼바와 같은 춤을 통해 집단적 열정과 즐거움을 표현한다. 그중 알레그리아는 주로 신체적 표현(춤과 음악)에 초점이 맞춰져 있으며, 한국의 흥은 감정의 내적 고조가 사회적 관계와 더 밀접하게 연결된다는 점에서 차별화된다. 유럽 특히 독일과 오스트리아에서는 공동체적 아늑함과 즐거움을 뜻하는 '게뮐뤼틀리히카이트(Gemütlichkeit)'가 유사한 정서를 표현한다. 이는 옥토버페스트 같은 축제에서 잘 드러난다. 독일의 정서는 흥보다 차분하고 편안한 분위기에서 기쁨을 느끼는 경향이 있어, 한국의 역동적 흥과는 다소 대비된다. 표현 방식과 특성에서 각 민족 간에 차이가 있지만 인류 공통의 기쁨과 열정을 표현한다는 데서 서로 크게 다르지 않으나 한민족의 '흥'은 한국인의 고유한 정서의 특질 중 하나인 것은 분명하다.

다시 본 주제로 돌아가 한민족의 '하나.임'의 매개로서 떼창에 내재된 '흥'을 통한 짜릿한 경험은 외국인 특히 서구의 공연 애호가들에 있어서 결코 잊을 수 없는 기회를 제공하였을 것이다. 필자는 이 '하나. 임'의 희열에 주목한다. 왜냐하면 BTS를 비롯한 K-pop 공연예술의 인기 비결의 중요한 요소 중 하나라고 생각하기 때문이다. BTS의 공연 등에서 보듯이 젊은이들이 평소 억눌린 정서를 '하나 임'의 음악과 율동으로 마음껏 발산함으로써 살아있음의 환희('빛의 스파크')를 느끼고 거대한 무리가 '흥'이 나서 떼창을 부르며 너도나도 한 도가니가 되어 동호인들의 지구촌 팬덤이 구성되고 있다. 필자는 이러한 K-pop의 모습에서 과거 우리 민족 집단의 연대적 축제인 제천(祭天)행사[75]를 떠올리게 되었다. 물론 K-pop 공연은 종교행사가 아니다. 놀이문화에 속한다. 그러나 여기에서 일체성, 연대성, 참여성, 공동체적 일체성(연대성)을 주목하기 바란다. 공통제적 통섭 일통에서 자유와 통쾌함을 느끼는 것이다. 제천행사는 천지와 하늘에 제사(일종의 공연)를 지냄으로써 하늘(신)과 땅과 인간이 합일을 확인하고 그동안 천지가 베푼 풍성한 수확과 은혜에 감사하고 잔치를 벌이는 것이다. 즉 온 나라 백성이 한자리에 모여 하늘에 제사를 지내고 회의를 열어 며칠을 연이어 술 마시고 노래하고 춤추었다 한다. 이러한 이 행사를 통하여 공동체적 사람 사이의 연대성(人) 고양과 함께 하늘(天)과 땅(地)[천·지·인 삼재(三才)]과 일체감의 환희를 느끼는 것이다. 우리 민족은 모두 스스로에 대한 정체성이 천자(天子), 즉 천손(天孫)이었다. 천손들이 모여 우리 고향(본원)인 하늘에 해마다 제사를 지내며 기뻐하였던 것이다.

그러면 BTS 같은 K-pop 그룹의 공연에 나타나는 한민족의 떼창문화는 언제 어떻게 시작되었을까? 이 주제는 시간과 공간을 초월하여 한국인의 집단적 정서와 '하나 임' 의식을 탐구하는 데 매우 유효한 주제다. 이들은 각각 고대부터 현대까지 이어지는 한국인의 집단적 표현방식과 삶의 철학을 이해하는 열쇠가 될 수 있다.

이러한 다수의 사람이 모여 함께 노래하고 춤추는 떼창문화의 역사는 과거 고대 국가로까지 거슬러 올라간다. 이 떼창문화는 그렇게 오랜 기간 한민족의 놀이나 축제문화의 전통 중 하나로 오늘날까지 이어온 것이다. 그중 몇 가지를 살펴보자.

5. 고대 부여의 영고(迎鼓)

부여(기원전 2세기~494년)는 만주 송화강 유역에 위치한 국가로, 한민족의 기원과 관련된 중요한 나라 중 하나이다. 기원전 2세기경 고조선이 쇠퇴한 후 만주 지역에서 성립되었다. 왕이 중심이 된 계급 사회였으며, 사출도(四出道)라는 독특한 지방 행정 체제를 운영했다. 농업을 중심으로 한 경제를 이루었으며, 소, 말 등의 가축과 교역 활동이 활발했다. 그 문화적 유산은 환국에서 시작된 천손사상과 제천행사(영고)를 통해 하늘에 제사를 지내는 풍습을 유지했다. 494년 부여는 고구려에 병합되며 역사에서 사라졌으나, 고구려의 왕족이 부여 출신이라는 점은 고구려가 부여의 문화를 계승했음을 보여준다.

부여의 영고는 한국 고대 사회에서 집단의식을 형성하는 중요한 대표적 행사로 해마다 12월에 행하던 종교적 의례이다. 온 나라 백성이 모여 하늘에 제사를 지내고 화합을 도모하는 자리였다. 즉 부여 사람들은 은나라 정월이 되면 하늘에 제사를 드리는데, 온 나라 백성이 크게 모여서 며칠을 두고 마시고 먹으며 춤추며 노래 부르니, 그것을 곧 영고라 일컬었다. 낮밤을 가리지 않고 길목에는 사람이 가득 차 있었으며, 늙은이·어린이 할 것 없이 모두가 노래를 불러 그 소리가 날마다 그치지 않았다고 한다.

영고는 추수를 끝낸 후 풍작을 하늘에 감사하고 앞으로의 풍년을 기원하는 동시에, 공동체의 집단적 결속과 생존 전략의 하나로 이해될 수 있다. 영고의 춤과 노래, 놀이 행위는 축제의 성격을 띠며 공동체적 '하나 임'의 철학적 의미를 내포하고 있는 것이다. 영고는 한민족의 역사에 여러 가지 다른 이름으로 지속되어 왔으며 그 행사에 녹아있는 철학적 정신은 오늘날까지 한만족의 가장 오랜 전통의 하나로 자리 잡고 있다는 점에서 역사적 의의를 찾을 수 있다.

6. 고구려의 동맹(東盟)

고구려(기원전 37년~668년)는 부여를 계승한 국가로, 한민족의 강력한 정체성을 형성한 중요한 고대 국가이다. 시조는 주몽으로 기원전 37년 압록강 유역에서 건국했다. 고구려는 부여의 유민과 현지 토착민들의 결합으로 형성되었다. 고구려는 4세기경 광개토대왕과 장수왕 시기에 강성하여 만주와 한반도 북부를 아우르는 대제국으로 성장했다. 고구려는 독창적인 벽화, 강력한 군사력, 철기 문화를 바탕으로 주변국과의 경쟁에서 압도적 우위를 점했다. 족장 중심의 부족 연맹체에서 중앙집권적으로 발전했다. 668년, 신라-당 연합군에 의해 멸망했으나, 고구려는 한민족의 강인한 독립정신과 민족적 긍지의 원천 중 하나이다. 그러므로 고구려는 오늘날의 한국에서 여전히 한민족의 자부심을 심어준다는 점에서 중요한 역사적 위치를 차지하며 한민족의 진취적 기상을 상징한다.

고구려의 동맹은 고구려에서 10월에 행하던 제천의식이다. 동맹에 관한 기록은 『삼국지』·『후한서』 등에 처음 나타난다. 동맹은 고려 말기까지 팔관회로 이름이 바뀌면서 장장 1,500년 동안 지속되는 긴 역사를 가지며 그 속에 흐르는 철학적인 '하나 임'의 정신은 영고의 것과 다를 바 없다. 고대 부족 사회 공동체 제의에서 시작하여 국왕 즉위식 등 왕궁 제의에까지 승화·발전하였다.

7. 동예의 무천(舞天)

동예(기원전 3세기~5세기 초)는 한반도 동북부에 위치한 부족 국가로, 부여 및 고구려와 함께 고대 한민족의 정체성을 형성한 중요한 국가이다. 동예는 고조선의 영향을 받았으나, 별도의 독립적인 사회를 형성했다. 철저한 족외혼과 같은 독특한 풍속이 있었으며, 소도라는 신성 구역에서 제사를 지내는 전통이 있었다. 5세기 초 고구려에 통합되며 역사에서 사라졌다. 동예는 고구려와 부여 사이의 교량 역할을 하며, 한민족 고대사에서 정치적·문화적 연결고리로 작용했다. 무천(舞天)은 동예에서 행해진 제천의식이다. 10월(음력)에 하늘에 제사를 지내고 밤낮으로 술을 마시며 노래를 부르고 춤을 추었다고 한다.

*

그 밖에 신라의 팔관회와 같은 고대 축제가 있으며 이러한 제천의식들은 당시의 사회적 및 종교적 신념을 반영한다. 또한, 고대의 두레나 민속놀이들은 공동체의 중요한 구성 요소로 작용하며, 축제를 통해 사람들은 자연과 조화를 이루며 삶의 기쁨을 만끽했다.

오늘날 현대의 한국 축제에서도 영고와 같은 집단의식의 흔적을 찾아볼 수 있다. 지역 축제, 음악 페스티벌, 심지어 스포츠 경기에서도 함께 노래(떼창)하고 응원하는 행위는 상기 열거된 과거 집단적 제천문화에 맥이 닿아있는 것이다. 필자는 특히 한국의 K-pop 가수들의 공연 중 드러나는 떼창에서 과거 부여의 영고를 떠올리지 않을 수 없었다. 물론 영고는 하늘에 제사를 지내는 제천행사이기 때문에 오늘날의 공연 예술과는 성격이 다르지만, 그 모임이 진행되는 방식이 집단적이라는 공통점을 갖고 있으며 그 행사 중 중요한 요소가 **'하나 임'의 철학적 동질성**을 갖고 있다고 보기 때문이다. 그러므로 BTS의 떼창문화는 고대 영고와 전통 놀이문화가 현대적 맥락에서 어떻게 재탄생했는지를 보여준다고 분석된다. 정리하면 다음과 같은 점에서 연관성을 찾을 수 있다.

1. 고대 한민족의 영고, 동맹, 무천처럼, BTS나 K-pop의 공연은 전 세계 팬들이 한 공간에 모여 '하나 임'을 체험하며 공동의 유대를 공유하는 현대적 축제 행사의 역할을 한다.
2. 떼창은 한국 전통 놀이문화에서 드러나는 상호 교류와 유대감을 현대적으로 표현한 것이다.
3. 과거 한민족의 축제나 놀이가 지역 공동체에 국한되었다면, BTS와 K-pop은 전 세계 팬덤을 '우리'라는 새로운 '하나 임'의 공동체로 연결하는 가능성을 제시하고 있다.

8. 한국의 전통 놀이문화: 세계적 연대의 모델

한국의 전통 놀이문화는 단순한 유희가 아니라, 공동체를 유지하고 강화하는 도구로 기능했다. 예를 들어 강강술래 놀이는 함께 손을 잡고 원을 그리며 춤추는 행위를 통해 공동체의 연대를 체험하는 공간을 제공한다. 씨름과 줄다리기는 경쟁적이면서도 협력적인 놀이 형태로, 사회적 결속과 공동체적 즐거움을 강조한다. 한국의 전통 놀이는 일상(日常)과 비일상(非日常)의 경계를 허물고, 참여자들이 서로의 존재를 확인하며 '우리'의 '하나 임'을 재확인하는 장이다. 특히 놀이 속에서 드러나는 '흥'과 '정'은 한국인의 삶의 태도를 반영한다. '정'은 서로에 대한 정서적 교류와 유대감을 형성하며, '흥'은 순간의 기쁨과 열정과 환희를 통해 삶의 에너지를 회복하는 것이다.

여기서 한국 놀이문화의 세계적 가치를 생각하지 않을 수 없다. 현대의 글로벌 문화 속에서 BTS와 같은 한국 아티스트들이 전 세계적인 영향력을 끼치는 데는 한국인의 '집단적 공감 능력'과 놀이에 담긴 '하나 임' 정신이 기초가 된 것이다. BTS의 떼창과 팬덤문화는 **한국적 정서(정, 한, 흥, 신바람)가 보편적 언어**로 작동할 수 있음을 보여주기 때문이다. 그러므로 한국의 전통적인 놀이와 제천문화는 글로벌 소통과 연대를 위한 중요한 자원으로 발전할 가능성을 지니고 있다고 생각한다. 과거의 제천행사나 놀이가 지역 공동체에 국한되었다면, BTS와 K-pop은 전 세계 팬덤을 이미 '우리'는 '같은 인류'라는 '하나 임'의 정서적 연대와 유대감을 형성하여 새로운 지구촌 공동체로 연결하고 있다는 사실이다. 이러한 한민족의 한류는 지구촌의 하나 됨을 이룰 수 있는 하나의 **기폭제(起爆劑)**로 무력이나 전쟁이 아닌 문화를 통해서 이룰 수 있다는 가능성을 보여주고 있는 것이다. 무력 충돌이나 경제적 패권 대신, 한류는 문화적 소프트 파워를 통해 사람들의 마음을 움직이고 있다. BTS의 음악이나 K-pop의 공연에서 사람들이 떼창으로 참여하고, 함께 춤을 추며 공감하는 경험은 전 세계인이 '하나 임'의 정체성을 형성할 수 있는 평화적 수단이 될 수 있다. 한류의 발상지 한국은 역사적으로 침략과 전쟁의 피해국이었으나, 이 과정에서 배운 평화와 공존의 가치는 한류를 통해 전 세계로 전파되고 있다고 생각된다. 이러한 가능성을 보는 것은 AI 시대를 맞이하여 한글이 소통과 AI에 최적화된 문자로서 그 가치가 인식되고, 향후 학문과 정보 전달의 보편적 수단으로 연구가 활발하며 BTS나 K-drama 같은 연예로 시작한 한류가 인문과학이나 자연과학 분야에도 확장되고 그 관심 또한 커지고 있기 때문이다. 우리는 과거의 놀이문화와 제천행사에서 나타난 공동체 정신이 K-pop 공연과 글로벌 팬덤으로 이어지고 있는 것을 보았다. 한류는 한국 문화의 고유성을 유지하면서도 글로벌 문화를 포용하여 다양성 속에서 조화를 이루는 모델을 제시한다. K-pop만 보더라도 다양한 국적의 멤버를 포함하는 등 한류는 포용적 정체성을 만들어 나가는 '하나 임'의 철학을 구체적으로 실현해 나가고 있다.

결론적으로 한류는 문화를 통한 지구적 연대의 가능성을 가장 잘 보여주는 사례 중 하나이다. 한국인의 우리 정서 '정'과 '흥', 그리고 공동체 중심의 놀이와 축제문화는 전 세계를 연결하는 데 중요한 역할을 하고 있다. 무력과 전쟁이 아닌 문화와 예술로 이루어진 평화적 '우리'라는 '하나 임'의 탄생은, 한류가 제시하는 미래의 비전이자 지구촌이 지향해야 할 이상적인 모델이라고 생각한다. BTS와 K-pop은 '디지털 문화 공동체'를 만들어 냈다. 팬덤인 ARMY는 공통의 이익을 위해 결속하는 협력체로 기능하고 있고, 이제는 전 세계적으로 실질적인 소통과 이해를 촉진하는 기제로 작용한다. 이해와 화합이 촉진될 수 있다는 점에서 한국 문화가 지닌 잠재력은 실로 무궁무진하다. 현대 정보통신 기술의 발달이 이러한 문화적 융합과 확장을 더욱 가속화하고 있으며, 이에 따라 한국은 글로벌 문화의 중심적인 역할을 할 수 있는 위치에 서게 되는 것이다. 기술과 예술이 만나 형성되는 새로운 콘텐츠는 현대 사회가 요구하는 다양성을 응축시켜, 한국 문화를 전 세계적으로 흡입력 있는 형태로 재구성할 수 있다. 한류가 지구촌에서 긍정적인 변화를 이끌어 내는 힘을 지니고 있다고 생각하며, 이러한 접근은 문화의 힘이 국가 간, 민족 간의 경계를 허물고, 서로를 이해하고 존중하는 기반을 형성하는 데 중요한 역할을 할 것이다.

한민족의 특성은 분열과 갈등이 심화된 현대 세계에서 특히 더 중요한 가치를 지니며 인류의 미래를 위한 **표준모델**로 자리 잡을 충분한 가능성을 가지고 있다. 이는 평화와 화합, 지속 가능성을 이루는 데 중요한 방향성을 제시할 것이며 이러한 통합적인 접근은 현대 사회에서 서로 다른 문화 간의 이해와 존중을 촉진하고, 궁극적으로는 인류가 하나 될 수 있는 기반을 마련하는 데 기여할 것이다.

5부
한국 문명의 지속성과 글로벌 확장

한국의 전쟁 역사, 산업, 환경, 문화 확산을 중심으로
지속성과 미래 비전을 분석

제12장

전쟁에서 드러나는 한민족의 '하나 임'

　한민족의 역사에서 전쟁은 외부의 침략에 대응하는 태도가 다른 민족이나 국가들의 일반적인 전쟁에서 보이는 양상과는 다르다. 역사적으로 한민족은 자발적으로 타국을 침략하거나 전쟁을 일으킨 적이 없으며, 방어적 성격이 두드러지고 타국의 침략에 맞서 단결하여 저항하는 특징을 갖는다. 이런 단합은 군, 관, 민, 승려까지도 자발적으로 하나로 결집하여 함께 싸우는 공동체적 저항의 모습을 보여준다는 것이다. 이러한 연대의 역사는 고구려 시기부터 고려, 조선에 이르기까지 관찰된다. 한민족은 규모에 있어 작은 약소국이었으며 지정학적 위치가 항상 거대 세력과 인접해 있었다. 이러한 이유로 이들의 침략에 대해서 스스로를 방어하기 위하여 전쟁이 불가피하였다. 항상 전쟁은 거대 세력을 막아내야 하는 '다윗과 골리앗'의 싸움에 비견할 만한 것이었으며 몇몇 예외를 제외하고 대부분 온 민족이 하나 되어 저항함으로써 극적인 승리를 거두고 정체성을 보존하여 왔다. 전쟁의 주요 내용과 각 시대의 배경을 다음과 같이 정리할 수 있다.

1. 고구려-수 전쟁(598~614)

고구려와 수나라의 전쟁(598년~614년)은 수나라가 중국을 재통일하여 아시아의 패권을 갖게 되자, 한반도와 만주 지역에 대한 지배 야망을 가지고 시작된 전쟁이다. 수나라는 동아시아 전체를 통합하고자 했으며, 이를 위해 한반도의 고구려를 복속시키려 한 것이다. 598년 수나라 문제(문황제)는 당시 신라와 동맹을 맺어 고구려가 외교적으로 고립된 상태로 판단하고 공격을 시도했다. 그러나 고구려의 방어와 기후 악화로 인해 수군이 철수하며 실패로 끝났다. 그들의 침략 야욕은 여기서 끝나지 않았다. 612년 수 양제는 다시 약 113만 명에 달하는 대군을 조직해 고구려를 침략했다. 고구려는 을지문덕 장군의 지휘 아래 이 침략에 저항했으며, 살수대첩(청천강 전투)에서 수나라 군대를 크게 무찔렀다. 이 전투는 고구려의 전쟁 전략과 을지문덕 장군의 탁월한 군사적 역량을 보여준 중요한 전투였다. 수나라는 다시 여러 차례 고구려를 침공했지만, 고구려의 저항과 내부 반란 등으로 인해 모두 실패했다. 이 연속적인 실패로 인해 수나라는 국력이 쇠약해졌고, 결국 멸망의 길로 접어들었다.

2. 고구려-당 전쟁(645~668)

수나라 멸망 후, 당나라는 고구려를 다시 정복하려 전쟁(645년~668년)을 일으켰다. 645년 당 태종은 고구려를 침략하여 요동성과 백암성 등 여러 성을 함락했다. 그러나 안시성 전투에서 고구려군이 성공적으로 방어하였고, 특히 안시성의 성주 양만춘에 의해 당나라의 포위 공격을 효과적으로 막아내며 당군의 큰 피해를 야기했다. 이 전투에서 당군은 더 이상 고구려를 침공할 수 없었고 결국 철수했다. 고구려의 수·당 전쟁은 한국과 중국의 역사에서 매우 중요한 사건이다. 고구려는 이 전쟁을 통해 중국의 침략에 대해 강력히 저항하는 독립적인 국가로서의 정체성을 보여주었으며, 당시 동아시아에서 가장 강력한 세력 중 하나로 인정받게 되었다. 그러나 백제 멸망 후 고립된 상황과 내분으로 인해 최종적으로 고구려는 당나라와 신라 연합군에 의해 멸망하였고, 이로 인해 한반도에는 신라가 삼국 통일을 이루는 계기가 마련되었다. 이 전쟁은 이후 한국 역사에서 외세에 대한 저항 정신을 상징하는 중요한 사건으로 남아있으며, 고구려의 저항 정신은 한국의 자주성과 독립성의 상징으로 이어지고 있다.

3. 고려의 거란과 몽골에 대한 저항

통일신라를 거쳐 고구려를 계승한 고려 역시 외침에 시달렸다. 고려와 거란의 전쟁(993년, 1010년, 1019년)은 세 차례에 걸쳐 진행되었으며, 특히 1019년의 강감찬 장군의 귀주대첩(龜州大捷)이 대표적이다. 고려는 당시 거란의 대군을 맞아 전략적인 저항을 펼쳤고, 나라와 민중을 지키기 위해 모든 계층이 헌신적으로 싸웠다. 강감찬 장군과 고려군의 군사력은 거란에 비해 약간 우세였지만 거란군 10만 명 중 거의 9만 명을 섬멸하였다. 귀주대첩뿐만 아니라 거란의 여러 침입에 대항하여, 농민과 관료들 역시 항전을 함께 이끌며 공동체로서 협력했다. 이는 범국민적 저항 의지를 보여주는 중요한 사례로, 하나의 공동체로서 생존을 지키기 위한 끈질긴 싸움의 모습을 볼 수 있다. 한민족의 끈질긴 모습은 특히 몽골과의 근 40년간에 걸친 긴 전쟁(1231년~1270년)에서 유감없이 발휘된다. 몽골은 강력한 군사력을 기반으로 고려를 끊임없이 압박했으며, 고려는 여러 차례 굴복 위기를 맞이했지만, 몽골의 강제적인 협약을 여러 차례 무시하며 그때마다 강력한 저항 의지로 버티며 수십 년 동안 항전을 이어갔다. 고려는 결국 1232년에 수도를 강화도로 옮기기까지 하며 게릴라전, 의병 등의 방식으로 끊임없이 저항했다. 강화도 천도(遷都)는 전쟁의 지속성을 확보하려는 전략적 결단이자, 민중과 왕실이 일치단결하여 생존과 자유를 지키려는 강한 의지의 표현이었다. 특히 삼별초(三別抄)의 항쟁은 이러한 저항의 대표적인 예로, 1270년에 개경 환도를 받아들이지 않고, 제주도로 옮겨가며 끝까지 독립을 지키려 했던 것이다. 고려의 거란과 몽골과의 전쟁에서 특히 민중과 승려들이 함께한 저항은 민족적 결속을 보여주는 중요한 요소다. 이는 그들 스스로의 자존감을 지키기 위한 행동이었으며, 한민족이 하나가 되어 나라를 지키려는 연대의식을 보여주었다.

4. 조선 침략: 임진왜란(1592~1598)

다시 조선왕조에 이르자 이제 남으로부터의 침략을 당한다. 바로 일본의 조선 침략전쟁 임진왜란(壬辰倭亂)이다. 도요토미 히데요시에 의해 통일을 달성한 일본은 1592년(선조 25년) 그 세력을 몰아 한반도 남해안으로 몰려들었다. 임진왜란은 1592년(선조 25년)부터 1598년(선조 31년)까지 이어진 전쟁이다. 조선 시대의 임진왜란을 보면 국난을 당하여 관군은 물론이고 승병(승려 출신의 병사)들이 중요한 역할을 했으며 여기에 의병(민간 자원군)도 합심하여 일본의 침략에 맞섰다. 특히, 임진왜란에서 이순신 장군의 지휘 아래 해군이 나라를 지키는 데 중요한 기여를 했고, 그의 『난중일기』는 당시 백성의 연대감과 저항 정신을 엿볼 수 있는 소중한 기록으로 남아있다. 이 일기는 한 나라의 장수이기 앞서 한민족의 일원으로서의 자신뿐 아니라 조선 백성들의 가슴에 흐르는 '한'과 '정', 그리고 '은근'과 '끈기'가 절절하게 기록된 문서이다. 전쟁의 소용돌이 속에서 한 인간으로서 감내하여야 했던 고뇌와 전투와 고난의 순간들뿐 아니라, 범민족적 연대와 저항의 의지, 그리고 고통 속에서도 희망을 잃지 않는 한민족의 끈기와 '하나 임'의 정체성을 잘 담아내고 있다.

『난중일기』에서 몇몇 구절을 살펴보면 이순신은 동료 장수와 병사들에 대한 깊은 '정'을 드러내며, 그들의 죽음과 고통에 대한 슬픔을 표현한다. 한 예로 이순신은 어떤 병사의 죽음 앞에서 '슬프다. 내가 무엇을 잘못했는가?'라며 고통을 토로한다. 이 구절은 '정'이라는 측면에서 보면, 장군으로서 책임감을 넘어 부하들에 대한 깊은 애정과 연민을 표현한 장면이다. 또한, 여기서 '한'의 감정이 드러나는데, 이는 무고한 병사들이 겪는 희생에 대해서 자신이 충분히 그들을 보호하지 못했다고 자책하고 있다. 그는 '비록 나의 몸이 피곤하고 배고프나, 백성을 보호하기 위하여 한 걸음도 물러설 수 없다'라는 구절을 통해 전쟁에서 물러서지 않는 임전무퇴의 자세를 보여준다. 끊임없는 적의 공격과 내부의 정치적 음모 속에서도 결코 꺾이지 않는 이순신의 끈기는 조선인들이 고난 속에서도 계속해서 노력하는 은근과 끈기를 대변하고 있다. 『난중일기』의 곳곳에는 조선 전역에서 합류한 의병, 승려, 관군을 포함한 각계각층의 민중과 함께 싸우며, 이들이 '하나 임'의 '우리'로서 싸우고 있음을 기록했다. 한 구질에서 그는 '온 백성이 하나 되어 적을 물리치기 위해 힘을 모은다'고 적고 있다. 이 장면은 단순한 군사적 투쟁이 아닌, 범민족적 협력의 정신이 담긴 '하나 임'의 의지를 강조하며, 공동체 의식을 기반으로 한 저항 정신을 보여준다는 의미에서 『난중일기』는 단순한 전쟁 기록을 넘어선, 한민족의 정서와 정신을 세세히 반영한 작품이다. 특히 명량해전을 중심으로 한 『난중일기』의 구절들은 이러한 역동적인 민족 통합의 모습을 잘 보여준다. 이순신은 명량해전에서 13척의 조선 전선(戰船)으로 133척에 달하는 일본 함대와 맞서 싸우며 '이 나라를 지키기 위해서는 죽어도 여한이 없다'고 결연한 의지를 드러낸다. 또한 '사즉생 생즉사(死卽生 生卽死)' 같은 문구를 통해 병사들을 격려하며 한 팀으로서 싸울 수 있는 결연한 의지를 불어넣은 기록이 『난중일기』에서 발견된다. 또한 이순신의 '이 해는 반드시 승리할 것'이라는 표현에서 보듯, 국민들은 단순히 군인에 국한되지 않고, 전 국민이 이 전쟁에서 보인 연대의식과 한마음 한뜻이 얼마나 중요한지를 강조한다. 이러한 연대감은 단순히 군사적 목표를 넘어서 민족의 생존을 위한 강력한 저항의 힘으로 작용하였다. 특히 일본 함대의 압도적인 수적 우위를 극복하기 위해 이순신은 '사리와 조금의 흐름을 잘 파악하여 결단을 내리겠다'는 자신감을 표현하였다. 이는 전투의 지리적 조건을 유리하게 활용하려는 그의 전략적 통찰력을 나타내며, 이로써 조선 수군은 일본군의 공격을 효과적으로 저지할 수 있었다.

이러한 일기 속 기록들은 당시 조선의 사람들과 군인들이 공유했던 감정과 자부심과 결의, 그리고 그들의 끈질긴 저항 정신과 '하나 임'을 담아내고 있다.

끝으로 이순신 장군이 명량해전에서 13척의 배로 133척의 왜선을 물리친 부분에 대해서 일반 외국인이나 학자들은 의구심과 함께 놀라움을 표시하곤 한다. 왜냐하면 거의 1:10 이상의 수적 대비가 일견 믿기 어렵기 때문이다. 그러나 이러한 1:10 이상의 수적 열세는 한민족이 당했던 대부분 외적들과의 전쟁에서 항상 당면한 문제들이었으며 명량해전에서만 있었던 일이 아님을 분명히 밝히고 싶다. 이 사실은 뒤에서 상술하게 될 것이다(참조: **6. 외세의 침략에 대항한 한민족의 전략과 전술**). 한민족의 일원으로서 자부심을 갖고 외치고 싶은 것은 한민족 선조들에게 있어서 외적과의 전쟁은 대부분 이러한 1:10이라는 수적 열세를 극복하고 쟁취한 승리였다는 엄연한 사실이다.

5. 병자호란(1636~1637)

병자호란은 조선과 후금(청) 사이에서 벌어진 전쟁으로, 조선이 군사적으로 패배했으나 끝까지 국가 정체성을 유지하며 외교적으로 중요한 성과를 거둔 사건이다.

병자호란은 후금이 청(淸)으로 국호를 바꾸고 명(明)에 대항하는 세력을 확장하는 과정에서 조선을 압박하면서 발생했다. 청 태종 홍타이지는 조선이 후금과의 군신 관계를 거부하고 명을 계속 지지하자, 직접 대규모 군사를 이끌고 침공했다. 조선군은 남한산성에서 47일간 항전했으나 결국 왕이 항복할 수밖에 없었다. 군사적으로 패배했음에도 조선은 몇 가지 중요한 외교적 성과를 거두며 국가 정체성을 유지했다. 청은 전쟁에서 승리했지만, 조선을 완전히 멸망시키거나 직접적인 식민 지배를 하지 않았다. 이는 조선이 기존 체제를 유지한 채 청과 외교적 타협을 이루었음을 의미한다. 어쩔 수 없이 청에 군신 관계를 맺긴 했지만, 조선 내부적으로는 여전히 명(明)에 대한 의리를 강조하며 '소중화(小中華)' 의식을 유지했다. 전쟁 이후에도 사대부들은 성리학적 질서를 지키며 조선의 정체성을 보존하려 했다. 인조는 삼전도에서 무릎을 꿇고 항복했으나, 후일 청에 대한 굴욕적인 조약을 최소한으로 유지하며 명분을 살리는 전략을 택했다. 이는 이후 북벌론(北伐論)으로 이어지며, 청에 대한 복수를 준비하는 국가적 정체성을 지속시키는 역할을 했다.

청은 조선을 완전히 예속화하지 않고 군신 관계를 맺는 수준에서 만족했다. 이는 조선이 독립된 국가로서 체제를 유지하는 결과를 낳았다.

병자호란은 군사적으로는 치욕적인 패배였지만, 조선은 외교적으로 국가의 존속과 정체성을 유지하는 데 성공했다. 완전한 굴복이 아닌 제한적인 복속을 통해 체제를 보존했고, 이는 이후에도 청에 대한 저항의식을 지속적으로 남겼다는 점에서 중요한 외교적 성과로 평가할 수 있다.

6. 외세의 침략에 대항한 한민족의 전략과 전술

여기서 한민족의 외세의 침략에 대해서 저항하는 전략과 전쟁 방식을 살펴보자. 항상 문제가 되는 것은 강대국과의 교전에서 압도적인 수적 열세(대개 10:1 이상)에서 싸워야 했다. 마치 다윗과 골리앗의 싸움같이 체급에서 차이가 났다. 그러므로 한민족의 전쟁 전략과 방어 방식은 세계사적으로 독특한 특징을 보인다. 즉 지형 활용, 신무기 개발, 전술적 기만, 심리전, 청야작전 등 강한 민족적 단결력을 바탕으로 수적 열세를 극복하는 독창적 전쟁 전략을 발전시킨 것이다.

지형을 활용한 전술은 험준한 한반도의 산악 지형을 활용하여 방어적 이점을 극대화하는 것으로 나타났다. 고려와 조선은 주요 방어 거점으로 산에 성곽(산성)을 구축하여 침략군을 지연시키고 섬멸하는 전술을 구사하였다. 남한산성(병자호란), 행주산성(임진왜란), 안시성(고구려-당 전쟁) 등이 그 예이다. 또한 살수대첩(을지문덕), 귀주대첩(강감찬)에서는 적을 깊숙이 유인한 후 포위하여 섬멸하는 전략을 자주 사용하였다.

신무기를 개발하고 독창적 전술을 구사하였다. 고려는 거란과 몽골과의 전쟁에서 진천뢰(화약 무기)와 대완구(대형 화포)를 활용해 방어력을 극대화하였고, 조선은 임진왜란 당시 거북선, 화차, 신기전 등 신무기를 개발하여 전투에서 우위를 점하였다. 고구려는 수나라와 당나라의 침공을 방어할 때 장창병 전술과 성벽 방어전을 활용하여 압도적인 적군을 상대하였다.

또한 심리전과 기만술을 사용하였다. 을지문덕 장군은 살수대첩에서 일부러 후퇴하는 척하며 수나라 군을 깊숙이 유인한 뒤 포위하여 섬멸하였다.

청야작전(淸野作戰)을 구사하였는데 이 작전은 적이 점령한 지역에서 이익을 얻지 못하도록 미리 농작물을 수확하거나 파괴하고 주민들을 피난시키는 전략이다. 적군이 점령한 지역에서 자급자족이 불가능하게 만드는 것이다. 이는 장기전을 어렵게 만들고 적을 심리적으로 약화시켰다. 이처럼 한민족의 산성과 청야작전은 단순한 군사적 전술을 넘어선 공동체적 저항의 표현이었다.

여기서 수적인 열세를 살펴보면 한민족이 얼마나 어려운 전쟁에서 승리하여 살아남고 단련되었는지를 확인할 수 있을 것이다.

― 한민족 군대와 침입군의 수적 비교

(1) 살수대첩(612년, 고구려 vs 수나라)
- 고구려군: 약 5만 명
- 수나라군: 약 30~50만(출정 당시) → 패퇴과정에서 약 27만 명 전멸
- 수적 비율: 1:6 ~ 1:10
- 결과: 을지문덕이 적을 유인 후 기습하여 수나라군 대부분을 전멸시켰다.

(2) 안시성 전투(645년, 고구려 vs 당나라)
- 고구려군: 약 1만 명(안시성 수비군)
- 당나라군: 약 20만 명
- 수적 비율: 1:20
- 결과: 고구려군이 3개월 동안 성을 사수하며 당나라군을 격퇴하여 당 태종이 철군하였다.

(3) 고려 거란 전쟁
〈993년 전투〉:
- 고려군: 약 10만 명
- 거란군: 약 20만 명
- 결과: 이 전투에서 고려는 수적으로 열세였으나, 서희의 외교적 승리로 인해 고려는 강동 6주를 획득한다. 고려군의 지혜와 외교 전략이 승리를 가져온 주요 원인이다.

〈1010년 전투〉:
- 고려군: 약 30만 명
- 거란군: 약 40만 명
- 결과: 이번에도 고려군은 수적 열세였으며, 거란군은 고려를 침략하여 크게 고전하지만 전투 후 강화 조약이 체결된다. 고려는 인구와 자원이 부족한 상태에서 외교적 시도를 통해 전쟁을 대처했다.

〈1019년 귀주대첩〉:
- 고려군: 약 20~30만 명
- 거란군: 약 10~12만 명
- 수적 비율: 1.5:1~3:1 (고려가 우세)
- 결과: 강감찬이 고려군을 지휘하여 거란군을 포위, 10만 명 중 9만 명을 섬멸하고 거란의 고려 침공은 종결되었다.

(4) 진포해전(1380년, 고려 vs 왜구)
- 고려 수군: 약 100여 척
- 왜구: 약 500여 척
- 수적 비율: 1:5
- 결과: 고려 수군(최무선)이 화포를 이용해 왜구 함선을 대부분 불태우며 섬멸하였다.

(5) 행주대첩(1593년, 조선 vs 일본)
- 조선군: 약 2,300~3,000명
- 일본군: 약 3만 명

- 수적 비율: 1:10
- 결과: 권율이 성을 방어하며 일본군을 격퇴하였다.

(6) **한산도대첩(1592년, 조선 vs 일본)**
- 조선 수군: 약 50여 척
- 일본 수군: 약 73척
- 수적 비율: 1:1.5
- 결과: 이순신이 학익진 전술을 사용하여 일본군을 섬멸하였다.

(7) **명량해전(1597년, 조선 vs 일본)**
- 조선 수군: 13척
- 일본 수군: 133척
- 수적 비율: 1:11
- 결과: 이순신이 조류를 이용한 전략으로 일본군 31척을 격침시키고 적을 패퇴시켰다.

결론적으로 한민족 전쟁 전략의 독창성을 갖는 바, 수적으로 엄청나게 불리한 상황에서도 신무기 개발과 독창적인 전술로 극복하였다. 전쟁에서 승리할 때, 단순 방어가 아니라 적극적으로 적을 섬멸 소탕하는 전략을 사용하였다. 이러한 시도는 적의 세력을 아주 약화시켜 또다시 침략이 불가능하게 만들려는 전략에서 나온 것이다. 살수대첩, 귀주대첩, 한산도대첩, 명량해전 등에서 철저한 섬멸전을 수행하였다. 여러 세계사적 전쟁과의 비교에서 한민족의 전쟁은 정복이 아니라 자주독립을 위한 방어적 전쟁을 수행한 것이지만, 승리 시에는 적을 재기 불능 상태로 만드는 전략을 구사한 것이다. 따라서 한민족의 전쟁

방식은 단순한 방어가 아니라 적을 철저히 유인하여 섬멸하는 방식으로 전개되었던 것이고, 이는 세계사적으로도 독특한 전술적 특징을 보인다고 할 수 있다.

제13장

한민족 왕조의 긴 존속 기간

　한민족의 시위문화는 그 뿌리를 거슬러 올라가면 민족의 생존을 지키기 위한 투쟁과 깊이 관련되어 발전되어 왔음을 알 수 있다. 이렇게 오랜 시위문화가 있었음에도 한민족의 왕조체제는 역사에서 사라지지 않았고 시대별로 그 체제가 쉽게 무너지지 않았다. 고려나 조선 왕조에서 보듯이 둘 다 근 500여 년간의 긴 왕조의 존속 기간을 갖는다. 이것은 역사적 사실로서 이것이 가능한 이유는 무엇인지 궁금하지 않을 수 없다. 거대한 제국도 아니고 한반도라는 비교적 작은 규모의 인구와 영토에서 벌어진 것을 생각하면 그 궁금증은 더 증폭될 수도 있다.

　이에 관련하여 마크 피터슨(Mark Peterson) 교수는 한민족의 역사와 문화를 깊이 연구하며 조선왕조의 긴 지속성과 안정성에 대해 높이 평가한 바 있다. 그는 특히 조선왕조가 약 500년 동안 이어진 점에 주목하며, 이를 세계사적으로도 독특한 사례로 보고 있다. 조선왕조의 500년 지속은 세계에서 가장 오래 지속된 단일 왕조 중 하나로, 이는 한국 사회의 안정성과 전통에 대한 존중을 반영한다고 평가한다. 그는 중국의 경우 왕조 교체가 비교적 빈번했고, 일본은 같은 황실이 유지되었으나 실질적인 정치권력이 여러 집단으로 나뉜 점을 고려했을 때, 조선은 단일 왕조로서의 통일성과 지속성을 유지했다는 점에서 특별하다고 언급했다. 다른 국가에서는 정권 교체가 전쟁이나 내란을 통해 이루어진 경우가 많았지만, 조선은 대체로 평화적인 방식으로 왕조가 이어졌다. 이는 제도적 안정성뿐만 아니라 조선 사회의 독특한 집단의식과 윤리적 기반을 반영한다. 또한 마크 피터슨 교수는 조선왕조실록과 같은 방대한 기록 보존체계를 높이 평가하며, 이러한 기록이 조선 왕조의 정치적 안정성과 유산 보존에 중요한 역할을 했다고 강조했다. 한국이 단순히 주변 강대국에 의해 영향을 받은 나라가 아니라 독창적이고 지속적인 전통을 가진 문명임을 주장한 것이다.

상기 피터슨 교수의 훌륭하고 명석한 분석에 더하여 필자의 생각을 첨가하고 싶다. 한 왕조의 존속 기간이 길 수 있는 이유로서 그 백성의 의식구조가 중요한 요소(Factor)로서 작용한다고 생각한다. 어느 왕조든 그 왕조의 구성원인 백성 특유의 의식을 반영할 수뿐이 없다. 침략과 무력에 의하여 세워진 정권이나 전제 왕조는 결국 그 체제 분열의 씨앗을 간직하고 있는 것이며 그 존속 기간이 결코 길 수 없는 것이다. 이러한 관점에서 고려나 조선왕조는 이웃 강대국인 중국과는 분명 차이가 존재했으며 특별히 구분되는 특성을 갖는다. 한민족에 의해서 세워진 체제의 군주는 다른 제국과는 구별되는 독특한 특징을 갖는 것이었다. 한민족에게서 나라의 왕과 왕비는 국부와 국모라고 불리며 백성은 부모같이 따른다. 왕은 만백성의 어버이이고 왕비는 만백성의 어머니이다. 예를 들어 왕이 붕어하면 한민족은 친부가 돌아가신 것 같이 여기고 온 백성이 곡하였다. 이러한 것만 보아도 한민족에게서 국가는 가정이 확장된 개념이었다. 그러기 때문에 정치세력과 백성의 유대는 다른 왕조 국가와는 다르며 그 연속에 기반한 결속력과 유대는 그만큼 더 강하다고 볼 수 있는 것이다. 그러므로 왕조의 운영 방식도 타민족의 것과는 차이가 있다. 물론 과거의 한민족도 전제군주국가 체제였지만 왕에게 상소(上訴)와 같은 언로가 활짝 열려있었고 왕은 백성 위에 군림하는 존재이기 이전에 온 백성을 가족과 같이 돌보아야 하는 어버이 같은 관리자였다. 이러한 맥락을 이해한다면 세종대왕의 훈민정음에 나타난 백성을 가엽게 여기는 임금의 태도를 쉽사리 이해할 수 있을 것이다. 외형은 전제군주제이나 그 국가 운영 방식은 상당히 민주적이고 일반 가정과 같이 백성과의 합의가 중요시되었다고 볼 수 있다. 궁궐을 짓더라도 중국과 같이 백성에게 큰 부담에 되는 커다란 궁궐은 짓지 아니하였고, 짓더라도 농번기를 피하여 공사를 진행하도록 하였다 한다. 이와 같은 내용상 민주적 가치가 적용되었기 때문에 한민족은 단일 민족으로서 국가가 오랫동안 계속 유지되었다. 비록 왕권이 바뀌더라도 민족적 통일성을 유지할 수 있었고 하나의 왕조 유지 기간이 타민족의 전제국가에 비하여 오랜 이유는 이러한 구조적 특징과 함께 왕권 통치에 자체적 자정(自淨) 작용이 중요한 역할을 했기 때문이라고 볼 수 있다. 특히 정권의 부패와 왕의 전횡(專橫)을 막는 제도적 장치가 발달했다. 즉 정권의 부패현상을 해결함으로써 백성의 불만과 고통에서 건져내어 통치권력의 정당성이나 공신력(公信力)을 오랜 기간 확보할 수 있었다고 생각된다. 왕권이 남용될 경우에는 백성들이 이를 저항하며 왕권의 한계를 설정하는 사례들이 많았다. 반정(返正)이나 혁명 같은 움직임은 이런 자정 작용의 일환으로 볼 수 있다. 이런 역사적 맥락 속에서, 조선왕조는 백성과의 소통을 통해 지속적으로 발전할 수 있었고, 이는 다른 전제국가와 비교할 때 독특한 특성으로 부각된다. 조선왕조는 겉으로는 전제군주제라는 특성을 가졌지만, 유교사상을 바탕으로 한 정치체계에서는 왕이 자신의 통치 정당성을 백성의 도리와 도덕에 연결 짓고, 이를 통해 백성의 동의를 얻는 과정을 중시했다. 그러나 조선왕조가 건국 시 불교를 버리고 유교를 통치이념의 지침으로 삼음에 따라 단지 유교에 보이는 가부장적 요소를 받아들인 것으로 보는 것은 잘못이다. 유교 이전에 공동체적 '하나 임'의 철학적 기반은 수천 년 전부터 한민족에게서 지속되어 온 것이다. 한민족의 과거 역사를 잘 모르는 사람들이 이러한 문화를 유교가 일어난 중국에서 새로이 받아들인 것으로 이해하는 것은 잘못이다. 공자의 유교는 동이족의 잠재의식적 공동체적 '하나 임'의 영향하에서 발흥했기 때문이다. 이러한 점에서 조선왕조의 통치는 백성의 참여와 지지 없이는 지속될 수 없는 구조였다. 또한, 관리 선발과정에서도 과거 시험을 통한 능력 중심의 인재 등용이 이루어져, 어느 정도 사회적 이동성을 허용하며 민중의 의견을 반영할 수 있는 통로를 마련하였다.

또한, 한민족의 단일 민족적 특성 또한 장기간에 걸쳐 왕조가 유지될 수 있었던 중요한 요소이다. 조선왕조는 왕권이 바뀌더라도 한민족이라는 공통된 정체성을 통해 안정적인 사회 기반을 유지했다. 조선 이전 고려(918~1392)도 꽤 오랜 역사를 지녔는데, 고려의 왕권 역시 고구려, 백제, 신라와 같은 역사적 사건들을 통해 형성된 '하나 임'의 민족 정체성을 바탕으로 한 것이다. 후에 조선이 이를 이어받아 고려의 후계자로서 상징적으로도 위치가 중요했다. 이 상에서 보듯이 한민족의 왕조의 긴 역사적 지속성은 단지 통치체계의 관점에서만이 아니라, 문화적, 사회적 동의와 유대가 함께 작용한 결과라고 할 수 있다. 이들은 언어, 문화, 그리고 전통을 공유하며 민족적 통일성을 유지했다. 이는 외부의 압력으로부터 방어할 수 있는 내적 결속력을 제공했다.

조선왕조는 그러한 민주적 요소들이 왕조 역사의 지속성에 기여했다고 생각된다. 이는 단순한 통치 모델이 아니라, 모두를 포괄하는 방식의 통치로서, 왕과 백성이 서로 소통하면서 안정적인 국가 운영을 이루어 낸 결과로 볼 수 있다. 거대 강대국들의 틈바구니에서 자그마한 한민족의 조선왕조는 1392년에 건국되어 1910년까지 약 518년간 지속될 수 있었다. 이는 세계의 다른 왕조와 비교했을 때도 매우 오랜 기간이다. 이러한 이유 중 중요한 하나가 바로 연속에 기반한 '하나 임'의 철학이 통치체제에 내재되어 있었기 때문이다.

1. 조선왕조실록

여기서 앞에 제시한 마크 피터슨(Mark Peterson) 교수가 지적한 『조선왕조실록』의 가치에 대해서 논의하고자 한다. 그의 지적대로 『조선왕조실록』은 조선왕조의 정치적 안정성과 유산 보존에 중요한 역할을 했기 때문이다.

『조선왕조실록』을 조사하면 조선 사회가 얼마나 평등하고 얼마나 개방적이며, 역사를 기록함에 있어서도 얼마나 독창적인지 짐작할 수 있다. 『조선왕조실록』은 500년간 지속된 조선왕조의 통치 기록으로 단 하루도 빠짐없이 기록되었으며, 유네스코 세계기록유산에 등재될 만큼 그 가치와 독창성을 인정받고 있다. 『조선왕조실록』의 위대함은 다음 몇 가지의 관점에서 나누어 파악할 수 있다.

실록은 사관(史官)들이 왕의 동의 없이도 자유롭게 기록했으며, 왕조의 공식 입장뿐 아니라 반대 의견과 논쟁까지 포함하여 다양한 시각이 보존되었다. 또한 왕이 직접 실록 내용을 열람하지 못하도록 법적으로 제한하여, 기록의 객관성을 유지하였다. 실제로 왜곡된 기록을 강요하는 폭군(연산군)의 명령에 불복하여 사관이 목숨을 잃은 경우도 있었다. 그러나 후임의 사관도 강요된 왕의 명령을 따르지 않았다 한다. 실록 원본의 손실을 대비하여 복수로 사본을 제작 전주, 춘추관, 충주, 성주 등 4곳의 사고에 실록 사본을 보관하였다. 1592년 임진왜란으로 전주 사고를 제외한 대부분의 사고가 소실되었으나, 전주 사고본을 천신만고 끝에 지킬 수 있었고 이를 바탕으로 실록을 복원하였다. 이 당시 역사는 이 실록을 보존하기 위해 몇몇 관리들과 승려들이 목숨을 바쳐 적의 수중에 넘어가지 않도록 지켰다 한다. 국가 민족적 기록을 목숨보다 귀하게 여긴 눈물겨운 조상들의 기개를 결코 잊지 말아야 한다. 또한 역사 기록은 정확한 것이 생명이므로 실록의 기록을 수정할 경우, 원본과 수정본을 동시에 보관하도록 규정하고 이를 통해 기록의 변천과 이유를 투명하게 확인 가능하게 하였다. 예를 들면 태조실록의 일부 내용은 후대에 수정되었으나, 원본과 수정본을 함께 보관하여 진본성을 유지하도록 하였다. 실록의 투명성을 강화하기 위해 수정 사유와 과정이 기록되어 후대 역사가들이 기록의 변화 맥락을 이해할 수 있게 하였다. 이는 권력자의 입맛에 따라 역사를 왜곡하는 것을 방지하여 역사적 신뢰 확보하려는 것이었다. 이와 같이『조선왕조실록』은 전 세계적으로도 찾기 어려운 정확하고도 귀중한 역사 문헌 중 하나이다. 이 실록이 역사를 연구하는 역사가들에게서 신뢰할 만한 역사적 사료로서 높이 평가받는 것은 너무나 당연하다고 생각된다. 현대 기록 보존 및 아카이빙 방식에도 영향을 주며, 역사 연구의 표준이 될 수 있는 것이다.

2. 다른 나라의 역사 기록

중국의 『사기(史記)』와 『자치통감(資治通鑑)』을 살펴보자. 『사기』는 사마천이 기원전 109~91년에 저술한 역사서로, 중국 역사를 포괄적으로 기록한 책이다. 그러나 개인이 저술한 것으로 **객관성에 한계**가 있을 수뿐이 없다. 『자치통감』은 북송 시대 사마광이 편찬한 연대기 형식의 역사서로, 정치적 참고자료로 활용되었다. 그러나 왕조의 공식 기록이 아닌 개인에 의존한 역사서로, 일부 **왜곡**되거나 왕조의 시각에 따라 **편향될 가능성** 존재한다는 점에서 『조선왕조실록』과 비교된다. 일본의 『속일본기(續日本紀)』는 일본의 역사 기록인 『일본서기(日本書紀)』의 후속 편찬물이다. 주로 일본 왕실과 신화 중심으로 기술되었으며, 일부는 역사적 사실이 아님이 최근 밝혀지고 있다. 더욱이 신화적 요소는 역사서로서의 신빙성과 **사실성을 저하**시킨다. 유럽의 『앵글로색슨 연대기(Anglo-Saxon Chronicle)』는 중세 잉글랜드의 왕국 연대기다. 지역별로 기록되었기에 종종 사건의 시각과 내용이 다를 수 있으며 **연속성과 통일성이 부족**하다. 그러나 『조선왕조실록』은 세계적으로 유례없는 체계적이고 투명한 기록 보존 방식을 통해 원본성과 진본성을 확보한 왕조 기록의 전범(典範)이다. 특히, 왕의 열람 금지와 원본과 수정본 동시 보관의 원칙은 현대 아카이빙 시스템에도 귀중한 교훈을 제공한다. 이러한 점은 조선왕조의 행정적, 문화적 성숙도를 보여주며, 다른 나라 역사 기록과 비교했을 때 독보적인 위치를 차지한다.

위의 논의에서 보듯이 역사의 기록에서도 한민족 특유의 독창성을 보여주고 있다. 역사적 기록의 정확성과 엄밀성을 통하여 후대에 교훈을 주려는 노력으로 볼 수 있다. 수정본을 제작하는 경우에도 역사적 사실(Fact)은 건드리지 않고 다른 관점을 제시하는 선에서 그친 것을 보면 올바른 역사적 시각을 통한 홍익인간 정신을 여지없이 드러내고 있다고 볼 수 있다.

다시 본 주제로 돌아가 보자. 중국 역사 속 많은 왕조들은 보통 200~300년 정도의 기간에 그치는 경우가 많았다. 한(漢)나라(기원전 202년~기원후 220년)는 약 400년을 지배했지만, 망한 후 여러 이민족 왕조가 교체되며 중국은 통일된 중앙집권적 권력을 장기간 유지하지 못했다. 당 왕조는 618년부터 907년까지 약 289년간 지속되었다. 당 왕조는 한동안 중국 문명의 황금기를 이루었지만, 후반부에는 사회 혼란과 분열로 인해 쇠퇴했다. 명 왕조는 1368년부터 1644년까지 약 276년간 유지되었다. 명 왕조는 한족이 세운 왕조로서, 외세를 배제하고 자주적 문화 부흥을 도모했으나 내부 부패와 이민족의 압력으로 멸망했다.

청 왕조는 1636년부터 1912년까지 약 276년간 지속되었다. 만주족이 세운 청 왕조는 중국 전체를 통치한 최후의 왕조였으며, 서구 세력과의 충돌로 쇠퇴했다. 중국의 왕조들은 비록 거대한 국가체제였으나 대개 짧은 통치 기간과 자주 교체되는 경향이 있었다. 다양한 이민족 제국들이 존재했던 중국은 다양한 외부 요인의 영향을 받아 통일된 왕조를 유지하기 어려운 실정이었다. 이와 같은 역사적 맥락 속에서 한민족의 왕조는 오히려 긴 세월을 지속했다. 조선왕조의 518년간 지속은 중국과 유럽 왕조의 평균 기간과 비교해도 월등히 긴 편이다. 유럽의 합스부르크 왕조를 제외하면 500년 이상 지속된 왕조는 드문 편이다. 이처럼 조선왕조의 장기 지속은 한민족의 민족적 통일성, 왕권 견제를 위한 자정 기관, 그리고 사회적 결속이 이루어졌기 때문이라고 분석될 수 있다.

제14장

'은근'과 '끈기' vs '빨리빨리' 문화

오늘날 한류가 지구촌에 널리 퍼지면서 한국 문화에 대한 관심이 높아지고 있다. 외국인들이 한국에 와서 피부로 느끼는 충격 중 하나가 빨리빨리 문화라고 한다. 이러한 한민족의 문화적 특성은 효율성의 극대화라는 장점으로 이해될 수 있지만 자칫 조급성이나 졸속으로 비춰줄 수도 있다. 이러한 오해를 불식(拂拭)시키기 위해 우선 은근과 끈기가 오랜 역사를 통하여 전통적으로 한민족의 문화에 깊게 뿌리 내리고 있다는 사실을 알릴 필요가 있고, 비교적 최근에 나타나는 것으로 보이는 빨리빨리 문화에 대한 올바른 이해가 요청된다. 분명 '은근'과 '끈기'는 속도의 느림이고 빨리빨리 문화는 속도의 빠름을 나타내는 서로 상반된 속성이다. 그러니 한민족은 느림과 빠름의 양면성을 가지고 있음을 부인할 수 없다. 그 중 빨리빨리 문화는 1960년대 산업화 과정에서부터 두드러진 양상으로 나타나기 때문에 비교적 최근에 나타나는 문화적 양상으로 보이나 기실은 오래전부터 한민족의 역사에 뿌리를 내리고 있었다는 사실이다. 그렇다면 양자 중 어느 것이 진정한 한민족의 속성일까? 그러나 이러한 양자택일의 사고방식은 옳지 않다. 왜냐하면 한민족의 문화는 결코 느림 혹은 빠름 중 하나에 편향

된 국민성을 갖는 것이 아니다. 또한 이 두 가지는 서로 대립하는 것이 아니라, 오히려 한민족에게 모두 깊은 영향을 미치고 있으며 상호 보완적으로 한민족의 정체성을 형성하는 중요한 요소로 작용해 왔다는 사실이다.

상호 보완적 관계성은 다음 두 가지의 관점에서 파악될 수 있다. 한국인은 역사적으로 잦은 외세의 침략과 어려움 속에서도 자신을 지키고 인내하며 한반도에서 정체성을 지켜왔다. 어려움 속에서도 강인한 회복력을 발휘했다. 그 결과 과거 여러 차례의 외세 침략과 갈등 속에서도 일관된 정체성이 유지되었다. 예를 들면 임진왜란이나 일제강점기와 같은 역사적인 사건들은 한민족에게 큰 시련이었지만, 그럼에도 불구하고 정체성을 잃지 않고 그 경험들을 토대로 더욱 단단해지는 계기가 되었다. 따라서 외부의 도전에 대한 지속적인 끈기와 인내는 한민족 정체성을 더욱 확고히 하였고, 이를 통해 공동체의 연대감을 더욱 강화해 왔던 것이다. **천천히 인내하고 끝까지 해내는 성격**을 드러내는 것이다. 또한 농업 사회의 특성은 은근과 끈기의 기질을 강화하는 요인이 되었다. 이러한 성품은 오랜 시간에 걸쳐 자연스럽게 유지되고 강화되어 온 문화적 가치이다. 이러한 예들은 외부의 어려움이 있어도 포기하지 않고 꾸준히 자신만의 길을 걸어가는 **역사적 생존**과 관련이 깊은 부분이다. 이러한 실례는 많지만 그중에서도 그 절실한 시대적 역경 가운데 제작된 팔만대장경의 판각에 대해서 후술할 것이다.

다른 한편 빨리빨리 문화에 대한 외국인 학자들의 피상적인 견해는 "현대 사회의 급변하는 환경 속에서 효율적이고 신속하게 움직이는 것이 중요한 가치로 자리 잡으면서 나타난 것"이다. 빠른 경제 성장을 이루는 과정에서 신속하고 효율적인 의사결정이 필요했고, 이는 자연스럽게 일상생활 전반에 스며들어 '빨리빨리'라는 고유한 문화로 자리 잡아 최근 IT 강국으로의 발전에 중요한 역할을 하였다는 견해로 주로 **현대적 생존**과 관련된 해석이다. 즉 한국 사회는 기술 발전과 경제 성장, 그리고 문화적 혁신을 빠르게 추진해 왔고, 이에 따라 즉각적인 실행력과 속도를 중시하게 된 점을 볼 때 상기 주장은 일견 타당한 것으로 보일 수도 있다.

상기 두 가지 견해는 '은근'과 '끈기'가 한국 사회에서 중요한 **역사적 생존을 제공**하는 반면, '빨리빨리'는 현대적인 맥락에서 **효율성과 경쟁력을 의미**한다는 점으로 요약된다.

그러나 필자의 견해는 두 번째의 빨리빨리 문화에 대해서 상기의 설명만으로는 미흡하다고 생각한다. 어느 나라든 경제 발전을 위해서는 속도와 효율성이 중시되는 산업화 과정을 거치기 마련이기 때문에 이런 의미에서 한민족에서 보이는 빨리빨리 문화가 다른 국가들에서도 산업화 과정에서 발흥한 실례가 있느냐고 질문하고 싶다. 어찌하여 한국에서만 유독 빨리빨리 문화가 발흥했는지 그 이유에 대한 보다 합리적인 설명이 필요하다. 그러한 국가나 민족이 있다면 상기 주장의 타당성이 입증될 수 있을 것이나 실상은 그렇지 못한 것으로 보인다. 빨리빨리 문화는 효율성과 경쟁력이라는 산업사회의 요구와 맞물려 최근에 부각된 것과 완전히 무관한 것은 아닐 것이지만, 다음의 예를 보면 그 빨리빨리 문화가 산업화 이전에 이미 한민족의 문화에 깊숙이 내재해 왔음을 파악할 수 있을 것이다. 우선 떠오르는 생각은 한글 창제와 금속활자의 발명에서 그 빨리빨리 문화의 맥을 찾아볼 수 있다. 한글 창제와 금속활자 발명의 배경에서 다른 모든 가치를 배제하고 정보와 지식의 공유 부분만을 생각해 보자. 정보와 지식의 공유를 이루기 위한 수단으로서 한글 창제와 금속활자를 발명의 중요한 이유 중 하나가 바로 **빠른 소통의 철학**이다. 대량(금속활자)과 다수(한글 창제)는 빠른 확산의 핵심적 요소이다. 정보와 지식의 빠른 소통을 우선시하는 문화적 특이성은 이미 예로부터 한민족의 문화적 DNA에 코딩되어 왔다고 볼 수 있다. 이러한 특성은 IT 산업 시대를 맞이하여 그 잠재적 역량을 발휘하기 시작하였고 이제 날개를 펴 비상하고 있다.

이제 은근과 끈기의 한국인의 특질을 탐구해 보면, 그 시원 역시 단군 신화에까지 거슬러 올라간다. 단군 신화에서 곰이 인내심을 가지고 쑥과 마늘을 먹으며 사람으로 변신하는 이야기는 곧 '은근'과 '끈기'의 상징이다. 이 곰의 이야기는 인간의 인내와 목표를 향한 끊임없는 노력과 의지를 표현한다. 곰이 여인으로 변한 웅녀는 지신(地神)의 상징(Metaphor)이라고 밝힌 바 있으며, 그 상징은 단순히 인간의 행동양식의 범위를 넘어 지구를 포함한 우주(地神)의 한 치 오차도 없는 지속과 어김없는 운행에까지 미치는 것이다. 즉 '은근'과 '끈기'는 우주 운행의 행동 방식이고, 일찍이 천문을 통해 이를 간파한 동양의 문화는 일 년을 24절기로 표현하였다. 천문에 의거한 24절기의 명칭은 중국 화북 지방, 그것도 2500년 전인 주나라(周) 당시의 기후를 기준으로 정했다 한다. 이러한 역사적 사실에서 24절기를 어느 민족이 창안한 것인지 확실히 밝혀진 바는 없으나, 고조선의 개국에서부터 보이듯이 천손(天孫)으로서의 자기 정체성이 확립된 동이족의 관련성을 배제하기는 어렵다고 생각한다. 여하튼 천문을 통한 기후 변화의 깨침은 그 원리를 고스란히 한민족의 삶과 사랑의 실천 방식으로 채용한 것이 '은근'과 '끈기'다. 한민족에게 있어서 '은근'과 '끈기'의 삶은 곧 사랑이자 우주와 자연의 운행(행동) 원칙이다. 한민족에서 사랑은 종종 즉각적이거나 격렬한 감정보다도, 지속적이고 조용한 헌신으로 나타난다. 은근한 방식으로 표현되며, 큰 말이나 제스처보다는 작고 일상적인 행동과 배려 속에서 나타난다. 한국의 전통적인 가족 관계나 사회적 유대에서도 이러한 점이 두드러진다. 변함없이 꾸준한 노력과 인내, 상대를 배려하고 존중하는 마음에 뿌리를 둔 삶의 방식인 '은근'과 '끈기'는 삶의 실천적 의미에서 오늘날 우리가 흔히 쓰는 사랑이란 의미에 시간적 요소가 포함된 것이라고 볼 수 있다. 즉 마치 우주의 운행과 같이 초시간적인 '은근'과 '끈기'로 설명될 수 있는 한민족의 사랑의 형태이자 삶의 방식이다. '은근'과 '끈기'는 단지 개인적인 성향을 넘어, 타인과의 관계, 특히 사랑이 관계된 모든 분야에서 중요한 역할을 담당하며 한민족의 유전자에 삶의 방식으로 각인(刻印)되어 있다.

그러면 이제 '은근'과 '끈기'의 문화가 한국 사회에 어떻게 나타나는지 고찰해 보자. 은근과 끈기는 한국인의 삶 전반에 깊이 뿌리내린 중요한 가치로, 다양한 역사적, 문화적 사례에서 그 특징을 찾아볼 수 있다. 몇 가지 예시를 살펴보자.

일제강점기 동안 한국인은 외세의 지배를 받았지만, 은근과 끈기로 독립을 향한 투쟁을 멈추지 않았다. 독립운동은 단기적인 폭발이 아니라 오랜 시간 동안 꾸준하게 지속된 저항이었다. 3·1 운동과 같은 대규모 운동뿐만 아니라, 수많은 사람들이 작은 노력으로 독립을 위해 꾸준히 활동했던 사례가 많다. 예를 들어, 의병 활동이나 해외 독립운동, 학교 설립을 통한 민족 교육 등은 독립에 대한 끈기와 희망을 계속 유지한 사례이다. 세종대왕은 한글을 창제할 당시, 조선의 관료들 상당수가 이에 반대했음에도 불구하고 은근과 끈기로 이 계획을 밀어붙였다. 한글 창제는 단기적인 성과를 바라지 않고 한민족의 원대한 미래를 바라보고 오랜 시간 동안의 연구와 실천을 통해 이루어진 대표적인 사례이다. 또한 1970년대 한국의 농촌 재건운동인 새마을운동[76] 역시 은근과 끈기의 대표적인 예이다. 작은 변화에서 시작해 점진적인 개선을 이루기 위해 마을 공동체가 협력했다. 농촌 개발과 환경 개선을 목표로 하였지만, 이는 한 번에 이루어진 것이 아니고, 꾸준한 노력과 끈기로 경제적 성장을 이루고 농촌 환경을 개선해 나갔다. 오늘날 K-food에 대한 관심이 높아지고 있다. 한국의 대표 음식인 김치와 된장, 간장 같은 발효 음식들은 은근과 끈기의 상징이다. 발효라는 과정 자체가 오랜 시간 동안 조용히 자연스럽게 변화를 이루어 내는 것을 요구한다. 김치나 된장을 담고 숙성시키는 과정은 빠른 결과를 바라지 않고, 긴 시간을 기다리며 점진적으로 맛이 완성되는 모습을 보여준다. 이는 일상 속에서 은근과 끈기가 자연스럽게 실현되는 예이다. 한국 사회의 교육열 또한 은근과 끈기의 현대적 표현으로 볼 수 있다. 한국 부모들은 자녀들의 오랜 학습과정에 투자하며, 즉각적인 성과보다는 오랫동안 꾸준히 노력하여 성취를 이루기를 기대한다. 특히 대학 입시과정에서 나타나는 학생과 부모들의 끈기 있는 노력은 교육을 통해 더 나은 미래를 꿈꾸는 한국 사회의 특징을 보여준다.[77] 한국 영화 산업의 성장 또한 은근과 끈기의 상징적인 사례이다. 초기 한국 영화는 국제적으로 크게 주목받지 못했지만, 오랜 기간 꾸준히 작품을 제작하며 창의성을 발휘했다. 그 결과 봉준호 감독의 영화 「기생충」이 아카데미상을 수상하며 세계적인 인정을 받았는데, 이는 단기간의 성공이 아니라 오랜 기간 꾸준히 발전한 결과라 할 수 있다. 이처럼 은근과 끈기는 한국인의 삶에서 역사적, 문화적, 일상적 차원에서 중요한 역할을 해왔으며, 그 특질은 한국 사회 전반에 깊이 뿌리내려 있다고 할 수 있다.

그러면 이제 은근과 끈기와 상반된 것으로 보이는 빨리빨리 문화의 현대적 사례를 살펴보자. 1960~80년대 한국의 고속 경제 성장은 빨리빨리 문화를 상징적으로 보여주는 사례이다. 이 시기 동안 한국은 단시간에 선진국 수준으로 경제 성장을 이루었으며, 이를 가능하게 한 배경에는 '빨리빨리' 정신이 있었다. 특히 건설 현장에서 수개월이 걸리던 공정이 단 몇 주 만에 완성되는 등 효율을 극대화하려는 노력이 나타났다. 오늘날 한국은 인터넷 인프라와 스마트폰 보급에서 세계 최상위를 달리고 있다. 초고속 인터넷, 빠른 통신망 구축, 새로운 기술의 빠른 적용은 빨리빨리 문화가 반영된 현대적 사례이다. 한국의 기업들이 전 세계적으로 빠르게 성장하고 경쟁력을 갖춘 것도 이런 문화적 특성과 밀접하게 연관되어 있다. 또한 K-pop 산업은 신속하게 변화하고 적응하는 특성을 보여준다. 연습생 시스템, 컴백의 빠른 주기, 전 세계 팬들과 실시간 소통을 통해 반응을 즉각적으로 확인하고 반영하는 K-pop의 방식은 빨리빨리 문화의 극적인 예시다. 또한 한국의 배달 서비스는 세계적으로도 빠르기로 유명하다. 음식 배달부터 다양한 서비스들이 빠르게 처리되는 시스템은 소비자들이 시간을 아끼고 즉각적인 만족을 추구하는 빨리빨리 문화의 한 단면이다.

1. 구들(온돌)과 와이파이(Wi-Fi)

여기서 '은근'과 '끈기'와 '빨리빨리' 문화의 표상으로서 한민족의 구들문화와 현대 사회 한민족의 빨리빨리 문화의 반영인 와이파이 대해 고찰하고자 한다. 한민족의 구들문화와 현대 사회의 빨리빨리 문화는 서로 다른 시대적 배경과 맥락을 가지고 있지만, 모두 한민족의 독특한 삶의 방식을 반영하고 있다.

'은근'과 '끈기'와 '빨리빨리' 문화의 대비는 한국 정체성의 전통적 측면과 현대적 측면을 동시에 보여준다. 전통적인 한국의 '구들(온돌)'⁷⁸ 시스템은 '은근'과 '끈기'의 대표적인 한 예로, 느리지만 고르게 열을 퍼뜨리는 방식으로 오랜 시간을 두고 열기를 가하여 꾸준한 따뜻함과 편안함을 제공하는 시스템이다. 이 방식은 실내에 불을 가져와 온도를 높이는 페치카나 난로의 난방 방식과는 그 접근 방식이 근본적으로 다르다. 단시간에 온도를 높이는 것이 아니라 오랜 시간이 걸리는 방식이나 그 효과는 전 공간에 골고루 미치고 훨씬 오래 지속된다는 특징을 갖는다. 구들(온돌)의 전통은 오늘날 현대적 주거환경에 맞추어 바닥 난방 보일러로 진화 발전하였다. 이는 혹독한 추위를 극복하기 위해서 조상들이 고안해 낸 지혜의 소산으로 환경에 맞추어 천천히, 그러나 확고하게 적응하는 한국인의 인내심과 끈기를 보여준다. 또한, 구들은 가족이 모여 함께 따뜻함을 나누고 가족과의 소통을 매개하는 공간이 되어, 이러한 문화를 통하여 사람 간의 유대감과 편안함을 느끼게 한다. 구들은 '은근'한 노력과 '끈기'를 요구하는 일상생활의 상징으로서 한민족 특유의 공동체 의식, 즉 '우리'의 정신 구현이기도 하다.

반면, 현대 한국의 '빨리빨리' 문화를 잘 보여주는 예는 전국에 걸쳐 거의 어디서나 접속할 수 있는 고속 와이파이(Wi-Fi) 인프라이다. 빠른 속도의 인터넷과 정보 접근은 효율성과 신속함을 추구하는 한국 사회의 모습을 반영하며, 변화와 혁신을 신속히 받아들이는 태도를 드러낸다. 고속 인터넷의 보급과 지속적인 업그레이드는 현대 생활의 요구에 민첩하게 반응하는 한국의 모습을 보여준다. 이 빨리빨리 문화는 한국이 IT 강국으로서의 발전을 이끌어 온 중요한 요소이다. 현대 기술, 특히 와이파이의 보급을 통해 사람들은 언제 어디서나 빠르게 정보를 얻고 소통할 수 있으며, 이는 한국인의 생활 방식에 깊이 스며들어 있다. 빨리빨리 문화는 한국 사회의 경쟁력을 강화했지만, 몇 가지

부작용도 초래했다. 사회가 빠르게 변화하고 발전하는 만큼 사람들은 더 많은 압박을 느끼고, 결과적으로 무한 경쟁이 정착하게 되었다. 이러한 환경에서는 겨루는 사람들 사이의 유대가 약화되고, '힐링'과 같은 개념이 필요하게 되었다. 사람들은 빨리빨리 문화 속에서 경쟁하려는 동시에, 삶 속에서의 균형을 찾기 위해 애쓰고 있다. 왜냐하면 구들이 연속과 연대라면 와이파이는 효율의 극대화라는 장점 이외에 분리를 촉진하는 양면성을 갖기 때문이다. 이러한 두 가지 상반된 가치는 서로 대립된 가치가 아니라 상호 보완적 의미에서 파악하려는 노력이 요청된다.

그 느림과 빠름이라는 속도의 차이 속에서 조화와 균형, 그리고 그 의미를 찾는 것이 중요한 과제가 되고 있다. 서울 한복판의 궁궐과 같은 전통 건물과 현대식 건물이 조화롭게 어우러진 서울의 모습에서 그 답을 찾을 수 있을지도 모른다.

이 두 상징의 분석을 통해서 한국 문화가 어떻게 인내와 신속한 적응을 고유의 방식으로 조화롭게 균형 잡고 있는지를 알 수 있다. 깊이 있는 가치관을 지키면서도 첨단 기술과 빠른 생활 속도에 발맞추어 나가는 한국의 문화적 특성은, 전통적 가치인 '은근'과 '끈기'가 '빨리빨리' 문화의 요구와도 잘 어우러져 있음을 보여준다 하겠다.

제15장

한민족의 자연과 '하나 임'

　한민족의 자연관과 건축, 정원, 집터 등에서 드러나는 철학적 심리는 자연과 인간이 하나로 상호 연결된 하나의 연속체로 여긴다. 이 연속은 불가(佛家)의 연기(緣起)와 동일한 의미를 갖고 있으며 인간과 인간 사이에만 국한된 개념이 아니라 삼라만상(森羅萬象) 모든 제법(諸法)에 적용되는 철학이다. 이 연속에 대한 깊은 통찰은 천·지·인 삼신(三神) 혹은 삼재(三才)사상을 낳았으며 자연과 인간, 그리고 우주가 서로 분리되지 않고 서로를 보완해 주고 상호 작용하며 존재한다는 철학적 기초를 제공한다. 이 사상은 자연을 단순히 인간의 필요에 따라 이용하는 대상이 아니라, 인간과 동등하게 존중받아야 할 존재로 간주하는 경향을 드러낸다. 이러한 사상은 당연히 인간의 삶의 터전과 건축물과 정원 설계에도 반영되었다. 애초부터 이러한 철학과 잠재의식적 관점에서 출발한다는 점에서 다른 문화와는 차이가 나지 않을 수 없으며 오늘날 역으로 한국의 전통 가옥이나 건축물, 정원 혹은 정자 등을 연구해 보면 상기 철학적 기본 이념에 이르게 될 것이다.

　이러한 사상은 한옥[79], 정원, 집터의 선정 등에서 구체적으로 드러난다. 전통 한옥은 자연환경과 조화를 이루도록 설계되었으며, 대개 바람과 햇빛이 잘 들어오는 방향으로 배치되며, 물과 산 사이의 위치 선정이 중요하다. 전통적으로 한옥은 산을 등지고 물이 보이는 남향으로 지어지는(背山臨水) 것이 이상적이라고 여겨졌으며 자연의 흐름과 인간의 삶이 하나로 연결되어 있음을 상징한다. 이러한 사상은 앞에서 논의된 김소월의 시「엄마야 누나야」에서도 잘 드러나 있다. 이는 '생명 에너지(기)'의 흐름이 자연환경과 조화롭게 이어지도록 하고, 거주자의 삶의 질을 높이기 위한 배려이다. 과거 한옥의 구조는 자연재료인 나무와 흙을 사용하여 환경과의 조화를 이루었다. 이러한 건축 방식은 자연과 인간의 유기적인 관계를 반영한다.

　이러한 자연과의 조화 속에 건립된 건축물들의 내재된 한민족의 건축 사상을 고찰하기 위해 세계문화유산으로 등재된 합천 해인사의 팔만대장경과 그것을 보관하는 장경판전(藏經板殿)에 대해서 살펴보자. 문화라는 것이 유기적으로 연결되어 각 방면에 스며들어 있기 때문에 특정한 부분만을 설명하려 해도 그 범위를 넘어설 수뿐이 없다는 것을 느낀다. 자연을 대하는 한민족의 심리를 탐구하기 위해서 한국의 건축물 중 팔만대장경과 장경판전을 다루면서 건축물에 대한 주제를 탐색하다 보니 그 역사적 배경에서 전술한 바 있는 '은근'과 '끈기'가 여실히 반영된 사실을 생략할 수 없어 겹치는 부분에 대해서는 넓은 아량으로 이해해 주기를 바란다.

　팔만대장경(八萬大藏經)은 고려 시대에 조성된 불교 경전의 집대성이자, 현재 해인사 장경판전에 보관되어 있는 국가의 중요한 문화유산이다. 팔만대장경 제작의 역사적 배경을 보면 그 시작이 몽골 제국의 침략에 대한 방어의 일환이었다. 1232년, 몽골의 침략으로 초조대장경이 소실된 후, 고려 정부는 국가적 차원에서 새로운 대장경을 조성하는 작전을 시작했다. 이는 단순히 경전의 재구성에 그치지 않고,

몽골군을 물리치기 위한 부처님의 신통력을 기대하며 이루어졌다. 대장경 조성은 1236년에 시작되어 1251년까지 장장 16년에 걸쳐 완성되었으며, 이 과정에서 약 150만 명의 인력이 동원되었다. 나라를 구하고자 하는 염원은 범민족적인 '하나 임'을 보여주며 그 긴 세월은 '은근'과 '끈기'의 표상으로서 손색이 없다. 이 대장경은 총 81,258매로 구성되어 있으며, 그 명칭은 이렇게 많은 경판 수에서 유래한다. 현재의 팔만대장경은 고려의 초조대장경(初雕大藏經)을 재조각한 것으로도 알려져 있어 '재조대장경'이라는 명칭도 사용된다. 이 대장경의 조성 목적은 크게 네 가지로 나눌 수 있다. 첫 번째는 국가의 안녕과 부처의 힘을 빌려 몽골 침략군을 물리치려는 것이고, 두 번째는 왕실의 안전과 국태민안, 세 번째는 불법의 보급과 신앙심을 기르기 위한 것이며, 마지막으로는 풍년을 기원하는 것이었다. 그 제작과정을 보면 팔만대장경은 고려 현종 대에 처음 간행된 초조대장경의 경판을 바탕으로 하여, 송나라와 거란본 대장경을 참고하여 철저히 교정되었다. 이렇게 수고로운 제작은 경판에 불교 경전을 새겨 반복적 다량 인쇄와 빠른 보급을 위한 것임은 두말할 나위도 없다. 고려 전역에서 범민족적으로 하나가 되어 전문가들이 참여하여 각자의 전문 지식이 동원됐다. 대장경 판각은 경판에 쓰일 원목을 구하고 작업, 경문을 선택하고 교정하는 작업, 목판에 새기는 작업, 완성된 경판을 보관하는 작업 등 여러 단계로 이루어졌다. 우선 원목을 구하고 가공하는 과정만 보더라도 상당히 까다롭고 오랜 시간이 걸렸다. 판각에 필요한 목재는 주로 질이 좋고, 오래 보존될 수 있는 나무로 선택되었다. 대체로 붉은 소나무(홍송)를 사용했는데, 이는 내구성이 뛰어나며 세월이 지나도 쉽게 썩지 않는 특성이 있기 때문이다. 고려 당시 이러한 질 좋은 목재를 구하기 위해 깊은 산속까지 들어가 나무를 채취하는 일이 필요했고, 이는 여러 해에 걸쳐 진행된 것으로 전해진다. 나무를 채취한 뒤에 곧바로 사용하지 않고 3년간 바닷물에 담근 후 꺼내어 6~7년 동안 그늘에서 건조하여 목판이 뒤틀리거나 변형되는 것을 방지하였다. 건조된 목재는 일정한 크기로 절단하고, 판면을 매끄럽게 다듬어 글씨를 새기기에 적합한 상태로 가공했다. 목판은 가로 70cm, 세로 24cm, 두께 3~4cm 정도의 크기로 제작되었으며, 불경의 내용을 정확하게 새길 수 있도록 표면을 정밀하게 다듬었다. 판각 작업은 한 글자 한 글자 직접 손으로 새겼기 때문에, 이 작업은 수많은 장인들이 참여한 매우 긴 과정이었다. 글자 하나하나를 잘 새기기 위해 판각 장인들은 깊은 집중력과 정밀한 기술을 요구받았다. 판각의 과정에서 판각의 정확성과 글자의 균형을 유지하는 데 특별히 주의를 기울였다. 글자는 정교하게 새겨져 오차가 거의 없을 정도로 완성도가 높다. 판각이 끝난 후 옻칠을 하고 건조하여 방수와 방충 효과를 더했다. 한 글자 한 글자마다 나라를 지키려는 염원이 담겨있고 글자의 깊이와 섬세함은 판각 예술로서의 가치성뿐만 아니라 높은 정확성과 품질을 자랑한다.

이러한 민족의 귀중한 염원의 소산인 81,258매의 경판을 보관하는 건축물을 건립한다는 것은 경판 못지않게 중차대한 과업이 아닐 수 없었으며, 이렇게 고려 시대에 만들어진 경판은 후대인 조선 시대에 이르러 최상의 건축학적 지혜를 모아 안전한 보관과 관리에 만전을 기하도록 완성되었다. 오늘날 현존하는 해인사 장경판전이 바로 그것이다. 그 건축 연대는 조선 시대 15세기 후반으로 추정된다. 구체적으로는 세조(재위 1455~1468) 이후 성종 대인 1488년에서 1490년 사이에 건립된 것으로 보인다. 고려 시대에 팔만대장경을 처음 제작했을 때는 해인사에 별도의 장경판전 건물을 짓지 않았고, 대장경을 보관할 다른 시설을 사용했을 가능성이 크다. 조선 시대에 들어서면서 기존의 대장경 보관 시설이 낡고 부족해지자, 경판 제작 후 230여 년이 지난 시점에서 장경판전이 새로 지어진 것이다. 이렇게 지어진 장경판전은 국보 제52호로 지정되어 있으며, 유네스코 세계문화유산으로도 등재된 귀중한 건축물이다.

이렇게 축조된 건축물에 대해서 철학적 관점에서 되새겨 볼 필요가 있다. 한민족의 자연과 '하나 임'의 철학은 택지의 선정에서부터 유니크한 발상을 하게 된다. 자연과 하나 되어 조화로움을 추구하는 한민족의 철학적 배경은 그 대장경을 보관할 장소로 해발 655m의 위치에서 찾은 것과 무관한 것이 결코 아니다. 이러한 자연 친화적인 위치 선정 자체가 천재적인 발상이다. 장경판전의 구조 또한 습기와 온도 변화로부터 경판을 보호하는 데 자연의 힘을 활용한 최적화된 설계를 가지고 있다. 당시의 뛰어난 건축 기술과 지혜가 반영되어 있으며 오늘날 그 건축물의 과학적 우수성이 밝혀지고 있다. 장경판전은 전통적인 통풍 방식과 온도 조절 기술을 활용하여, 자연적 환기를 통해 목판이 보존될 수 있게 설계되었다. 벽의 하단부에는 낮은 통풍구가 있고 상단부에는 높은 통풍구가 있어, 계절과 날씨에 따라 공기가 순환하면서 경판의 습도와 온도가 일정하게 유지된다. 한반도의 기후는 무더운 여름과 건조하고 혹독하게 추운 겨울을 지나야 한다. 시베리아를 뺨치는 추위와 적도의 열기가 교차하는 지역이 바로 한반도이다. 오늘날 이러한 한국의 기후적 조건은 특수 부대의 최적 훈련지로서 각광을 받고 있다 한다. 여하튼 이러한 조건에서 경판을 훼손 없이 보존할 수 있었던 것은 이 건물의 자연 친화적 구조 덕택이며, 경판의 보존 상태가 매우 양호하며 현대의 보존 과학에서도 관심을 받는 건축학적 구조이다.

장경판전은 고려 시대의 건축 양식을 간직하고 있으며, 자연과의 조화로운 상관관계를 보여준다. 깊은 산속에 위치해 있어 전쟁이나 자연재해로부터 비교적 안전하게 보호받았기 때문에 내부 장식과 구조가 원형 그대로 잘 유지될 수 있었다. 이러한 점에서 팔만대장경은 단순한 경전의 집성이 아니라, 고려사와 불교문화를 아우르는 귀중한 유산으로 평가된다. 고려가 이룩한 문화적 업적의 상징이며, 동아시아 불교문화의 중요한 연구 자료로 평가받고 있다. 지금까지도 많은 학자들이 이 경전을 통해 불교의 가르침을 깊이 있게 연구하고, 이를 통해 종교, 문화, 역사적 측면에서 중요한 가치를 창출하고 있다.

팔만대장경과 그 보관처는 고려의 불교 사상과 과학적 지식, 기술력이 총체적으로 집대성된 문화재로 평가된다. 이는 한국의 불교 신앙과 국가 보존 의지를 상징하며, 그 장경판전의 구조는 인간의 지혜와 자연환경에 대한 깊은 이해를 나타낸다. 또한 팔만대장경과 그 보관처는 고려가 위기 속에서 한민족의 잠재된 '하나 임'을 바탕으로 하여 나타내 보인 결집력과 인쇄술, 건축술의 정수를 대표하며, 그 과정과 건축적 의미는 오늘날에도 깊은 감동과 교훈을 준다. 더 나아가 자연을 보호하고 환경과의 조화를 중시하는 현재의 가치관으로 이어져 이는 지속 가능한 건축과 도시 설계에서도 중요한 요소로 작용한다.

이제 한민족의 정원 양식을 보자. 한민족의 전통 정원의 설계 역시 자연과의 연계를 중시한다. 한국의 전통 정원은 자연의 경관을 최대한 살리고, 자연환경의 생태적 특성을 고려하여 인공적인 요소가 자연스럽게 녹아들도록 구성된다. 이같이 한국 전통 정원과 자연의 조화로운 관계를 통해 정원이 단순한 미적 요소를 넘어, 자연과의 영적 연결성까지 탐구하는 공간임을 알 수 있다. 한민족의 정원의 특성을 보다 깊이 이해하기 위해 일본의 정원과 비교해 보겠다.

한국과 일본의 정원은 자연과 인간이 조화롭게 공존하는 공간이라는 점에서 공통점이 있지만, 각 나라의 문화적, 철학적 가치에 따라 서로 다른 특징을 보인다. 간단하게 한국과 일본의 정원의 특징을 표현해 본다면 **한국은 자연 그대로의 모습 유지**하려 한다면 **일본은 인위적인 아름다움을 표현하려는 색채가 강하다**고 할 수 있다. 한국 정원은 자연 그대로의 모습을 최대한 유지하려 한다. 그 구성 방식에 있어서 비대칭의 동적 균형을 이루며, 자연의 아름다움을 그대로 즐기기 위해 인공 구조물은 최소화한다. 인간이 그 일부가 되는 정원을 추구하므로 한국의 전통 정원에서는 자연스러운 지형과 식물의 배치가 중요하다. 이러한 특징은 한국 문화에서 자연을 있는 그대로 받아들이고 존중하는 태도와 관련이 있다. 창덕궁의 후원이나 소쇄원의 경우 정원이 산과 강의 흐름을 따라 자연스럽게 조성되어 있으며, 울창한 나무와 고유한 식물들이 어우러져 있다. 정원의 요소들은 인공적으로 다듬지 않고 자연스러운 형태를 띠며, 사람과 자연이 서로 조화를 이루는 공간으로 여겨진다. 한국의 정원은 편안하고 소박하며 자연의 일부분으로 사람을 초대하는 공간이다. 이는 인간이 자연과 하나로서 그 일부임을 강조하는 철학이 반영되어 있다. 자연을 억제하거나 정복하려는 태도보다는 자연 그대로 그 속에 녹아들어 편안함과 소박함을 느끼도록 유도한다. 정자나 작은 연못, 계곡 등을 조성해 방문자가 자연 속에서 명상하고 쉴 수 있는 공간을 제공한다. 한국 정원에서는 흐르는 물이 중요한 요소로 자주 사용된다. 그 물은 자연스럽게 흘러 강이나 계곡을 형성하고 그 흐름으로 인해 정원 전체에 생기를 더해주는 바, 이는 자연의 생명력과 조화를 상징한다. 사계절의 변화를 자연스럽게 받아들이며, 그 변화를 통해 정원의 분위기를 느끼게 한다. 나무와 꽃은 자연스럽게 배치되고, 계절에 따른 색 변화가 정원의 분위기를 자연스럽게 바꾸어 준다.

이에 비해 일본 정원에서는 자연을 소재로 하되, 이를 비유적이고 상징적으로 표현하는 경향이 있다. 일본 정원은 '축경'의 원리[80]를 적용하여 외부 경관을 내부와 조화롭게 융합시키며, 이에 따라 정원은 단순한 자연 묘사가 아니라 복잡한 공간 예술로 발전하였다. 계획적인 대칭미(對稱美)와 정밀한 구조를 갖추고 있으며, 종종 돌과 물을 주요 요소로 사용한다. 일본의 정원에서는 이러한 자연 요소들이 조화를 이루며, 관객이 다양한 각도에서 경치를 감상할 수 있도록 구성되어 있다. 이로 인해 일본 정원은 미적 경험뿐만 아니라 정신적인 상징성을 담고 있다. 일본의 다정(茶庭)과 같은 정원은 차를 마시는 공간으로 발전하면서 자연을 세밀하게 다듬고 조화롭게 재현하여 심오한 깨달음을 경험할 수 있는 공간을 제공한다. 물이 실재하지 않아도 상징적으로 물을 표현하는 경우가 많다. 특히 가레산스이 정원에서는 물 대신 모래와 자갈을 이용해 물결을 묘사하며, 물의 흐름을 상상하게 만든다. 이러한 표현 방식은 계획적인 구성을 드러내며 자연의 요소를 추상화하고 상징화하려는 일본 정원의 특징을 잘 보여준다. 자연을 재해석하고 인공적으로 아름다움을 더하는 데 중점을 둔다. 자연의 모습을 모방하여 섬세하게 돌과 모래를 배치함으로써 미니멀리즘적인 아름다움을 구현한다. 계절마다 색깔이 변화하는 식물 배치를 통해 시각적인 아름다움과 감정을 강조하는 경우가 많고, **인위적인 다듬기** 요소를 통해 자연을 통제하려는 태도가 반영되어 있다. 자연의 특정 순간을 포착하고 정제된 방식으로 표현하는 데 중점을 둔다. 일본 정원에서는 방문자가 자연을 넘어선 추상적이거나 심오한 깨달음에 이르도록 유도하는 철학적 깊이가 담겨있다고 할 수 있다.

결론적으로, 이상의 고찰에서 보듯이 한국의 건축물과 정원, 집터의 선정 등에서는 자연과의 공존, 생태적 균형, 그리고 인간과 자연의 상호 작용을 중시하는 한민족의 평등성의 철학이 뚜렷하게 나타난다. 이러한 요소들은 한민족이 자연을 단순히 자원으로 대하는 것이 아니라, 오히려 **인간을 자연의 일부**로 받아들이고, 지속 가능한 관계를 통해 삶의 질을 높여가는 지혜를 상징한다. 이처럼 한민족의 '하나 임'의 심리는 문화 전반에 걸쳐 깊이 새겨져 있으며, 이는 현대 사회에서도 여전히 유효한 가치로 작용하고 있다.

이제 세계적으로 유명한 캐나다 출신 건축가 프랭크 게리(Frank Owen Gehry)의 일화의 소개하고 이 장을 마감하겠다. 그의 건축 디자인은 파격적인 것으로 유명하다. 그는 한국에 들어와 한국의 전통 건축물 중 하나인 '종묘'를 관람하게 되었다. 종묘(宗廟)는 조선왕조의 역대 국왕들과 왕후들의 신주를 모시고 제례를 봉행하는 유교 종묘 제도상의 묘(廟)다. 그는 이 건축물의 아름다움에 압도되어 파르테논 신전과 비견될 만한 건축물이라며 감탄하였고 "한국은 내 영감의 원천"이라고 말했다. 그는 이 건축물에서 건축가 특유의 시선으로 '숨 막힐 것 같은 아름다운 숭고함과 단순함'을 발견하였으며 건축물이 똑같이 생긴 정교한 공간이 나란히 이어지는 모습에서 "권위적이지 않고 무한한 우주를 느낄 수 있다"고 말했다. 이러한 그의 영감은 이 건축물이 '민주적'이라고 평하였다. 이 민주적이라는 말은 권위적이라는 말의 대칭어로 사용된 것으로 보인다. 그 문맥상 '평등성'의 의미에 더 가깝다. 필자가 관심을 갖는 그의 평가 중 바로 '민주적'이라는 이 언급이다. 한민족은 왕조의 조상을 모시는 권위적 건축물을 지을 때도 그 안에 평등성이 함의된 (권위적이지 않은) '민주적인 요소'의 DNA를 숨길 수 없었다고 생각한다. 그가 한민족의 이러한 철학적 잠재의식에 대한 통찰을 갖고 있었는지는 알 수 없다. 하지만 평생 건축을 삶의 주제로 살아온 세계적 건축가답게 그의 예리한 안목은 종묘의 아름다움에 숨겨진 '민주적'이라는 철학적 통찰에 이른 것으로 보인다. 한민족의 '하나임'의 철학에는 그 저변에 평등성(민주성)이 함의되어 있기 때문이다. 여기서 자연뿐만 아니라 그 자연에 지어지는 건축물을 대하는 한민족의 의식을 다시 한번 엿볼 수 있을 것이다.

제16장

한류의 쓰나미(세계적 문화 확산)

한류는 최근 몇 년간 급격히 성장하여 전 세계적으로 큰 인기를 끌고 있다. '한류 쓰나미'라는 표현이 등장할 정도로 그 확산 속도가 두드러지는데, 이를 연도별로 살펴보면 다음과 같은 경향성을 찾을 수 있다.

2000년대 초 한류는 한국 드라마의 인기를 통해 본격적으로 시작되었다. 대표적인 드라마인 「겨울연가(2002)」가 일본에서 큰 인기를 얻으면서 한류의 전초전을 시작했다. 이 시기는 주로 일본을 중심으로 한 아시아 국가에서 한국 콘텐츠에 대한 관심이 급증했던 시기였다. 2010년대에는 K-pop이 본격적으로 세계에 진출하면서, 한류는 새로운 국면으로 접어든다. 2010년대 초반 K-pop과 K-드라마 중심으로 아시아 지역에 확산되어 주로 일본과 중국에 팬층이 형성되었다. 2012년 싸이의 '강남스타일'이 유튜브에서 큰 인기를 얻으며 세계적인 현상이 되었고, 이후 방탄소년단(BTS), 블랙핑크와 같은 아티스트들이 글로벌 음악 차트에서 정상에 오르며 한국 대중문화의 위상을 높였다. 2018년 이후 OTT 플랫폼(예: 넷플릭스)과 글로벌화를 통해 한류 콘텐츠가 아시아를 넘어 전 세계로 확장되었다. 「오징어 게임」 같은 콘텐츠가 코로나19 팬데믹 기간 동안 폭발적인 인기를 끌며 한류 확산에 기여했다. 특히, 봉준호 감독의 「기생충(2019)」이 아카데미 수상을 하면서 한국 영화에 대한 국제적 관심이 급증했고, 다양한 한국 콘텐츠가 세계 시장에 유통되기 시작했다. 2020년대 초 한국 영화와 드라마의 영향력이 더욱 확산되었다. 2023년 이후 미국, 유럽, 중남미 등 새로운 시장에서 K-콘텐츠 소비가 증가되고 팬덤의 조직화와 IT 기술 덕분에 한류 팬덤의 영향력도 커지고 있다. 현재 한류는 K-드라마, K-pop, 한국 음식, 그리고 한국 문학까지 다양한 분야로 퍼져나가고 있다. 특히 2024년 한강 작가의 노벨상 수상 이후 한국 문학에 대한 관심이 급증하면서 다양한 한국 소설들이 고액의 선인세를 받고 해외로 팔리는 등 한국 문화의 파급이 더욱 확장되고 있다.

한류의 확산 이유는 다음과 같은 요인들로 분석할 수 있다. 유튜브, 넷플릭스와 같은 디지털 플랫폼의 발달이 한류 콘텐츠의 접근성을 높였다. 이는 한국 콘텐츠를 쉽게 소비할 수 있는 환경이 조성되었기 때문이다. 음악(K-pop), 드라마(K-드라마), 영화, 웹툰, 게임 등 폭넓은 콘텐츠가 문화적 장벽을 낮추게 되었고 아시아 국가들은 한국 문화를 새롭지만 동시에 친숙한 것으로 받아들였다. 한국의 대중문화는 현대적이면서도 전통적인 요소를 포함하고 있어, 다른 문화와의 융합이 자연스럽다. 그 독창성과 정교한 스토리텔링이 전 세계 시청자에게 매력적으로 다가가고 있는 것이다. 최근 한국 문학 작품들이 일본 등에서 사회 문제와 인간의 생존에 대한 고민을 다루며 공감대를 형성하고 있다. 이 또한 한국 문화에 대한 호기심을 높이고 있다.

한류의 앞으로의 전망은 밝다. 특히 한국 정부는 한류의 긍정적인 파급 효과를 더욱 확대하기 위해 다양한 정책을 추진하고 있다. 특히 주목하고 싶은 것은 한류의 팬덤이 글로벌하게 형성되고 있다는 것이다. 이들이 번역에 참여하고 스트리밍, 자선 활동 및 SNS 홍보 등을 통해 한류를 자발적으로 확산시키고 있다는 것은 상당히 고무적인 현상이다. K-pop, 드라마, 음식 분야의 글로벌 확산과 함께 한국 문학과 미술 분야에서도 더 큰 성장이 예상된다. 그러나 글로벌 플랫폼에 대한 의존이 심화되는 문제도 있으며, 이로 인해 한국 콘텐츠 산업의 독립성과 경쟁력을 강화할 필요성이 제기되고 있으나 이는 지엽적인 문제이다. 여하튼 한류는 콘텐츠와 팬덤의 힘을 바탕으로 계속해서 세계적 영향력을 넓히고 있으며, 미래에는 콘텐츠 산업뿐 아니라 한국 문화 전반에 걸쳐 긍정적인 영향이 예상된다. **한민족은 '하나 임'의 강한 열정을 품고 사는 족속이다.** 한류는 이러한 '하나 임'의 강한 열정의 씨앗을 안고 있으며, 현재 진행형으로 세계 문화의 중요한 흐름 중 하나로 자리 잡고 있다. 이를 통한 한국 문화의 세계적인 확산은 앞으로도 계속될 것으로 예상된다. 이 과정에서 우리가 주목해야 할 부분은 진정한 한류는 여기가 끝이 아니라는 것이다. 한류는 세계가 하나 되는 '하나 임' 쓰나미(대장정)의 시작인 것이다.

제17장

K-방산(국방 산업의 성장과 미래)

앞 장에서 살핀 바와 같이 한민족은 과거 수천 년 전부터 오늘날까지 전쟁과 외침에 시달려 왔다. 그러나 위기 때마다 온 민족은 하나가 되어 결코 굴복하지 않았고 저항하였으며 희귀하게 몽고에 패하거나 군국주의 일본에 합방을 당한 경우라도 한민족의 정체성을 잃지 않고 꿋꿋하게 민족적 자존심을 지켜왔다. 어느 외국 기자가 한국인에 대하여 "한국인은 뼛속에서부터 전투민족"이라고 말하는 소리를 들은 적이 있다. 그도 그럴 것이 한민족의 역사를 보면 그 이유를 이해할 수 있을 것이다. 6.25 전쟁 당시 한국군의 용맹성을 감탄한 미군 병사들의 증언[스스로의 목숨을 희생하면서까지 발휘되는 용감성과 숭고한 조국애 정신], 월남전에서 보여준 한국군의 용맹함[후일 월맹군은 내부적으로 한국군을 만나면 싸우지 말라는 명령을 하달받았다 한다], 루프탑 코리안스(Rooftop Koreans)는 1992년 LA 폭동에서 폭도들로부터 자신의 가게를 지키기 위해 자경단을 조직해 총기로 무장하고 코리아타운을 지켜낸 한국인 이민자들이다. 이 사건은 미국 현지 방송을 통해 보도되었다. 여기서 보여주는 조직적 대응은 위기에 드러나는 한민족의 특성으로서 뼛속에서부터 체질적으로 전투민족임을 보여주는 사례들이라 하겠다. 이같이 한민족은 역사적으로 뛰어난 전투력과 창의적인 무기 개발로 '전투민족'이라 불리며, 특히 과거의 과학 기술과 혁신적인 정신이 돋보이는 사례들이 많았다. 역사적으로 맥궁(韓弓), 신기전(神機箭), 이순신 장군의 거북선은 한민족의 독창적 무기와 과학적 사고를 대표하며, 현대 K-방산의 기술력과 혁신의 뿌리라 할 수 있다. 이를 하나씩 살펴보자.

— 맥궁

맥궁(맥족의 활)은 한민족 고유의 전통 활로, 고대 맥족(동이족의 일부)에서 유래되었다. 짧지만 강한 탄성력을 가진 복합궁으로, 적은 힘으로도 높은 사거리와 강한 관통력을 자랑한다. 나무, 물소뿔, 힘줄 등을 사용해 만든 복합 재료 활로, 당시 기술로는 최첨단 무기였다. 특히 겨울철에도 수축과 팽창이 적어 안정성이 뛰어났다. 맥궁은 고조선, 삼국 시대, 고려, 조선에 이르기까지 전투와 사냥에서 중요한 역할을 했다. 특히 고구려의 기병과 궁병은 활을 무기로 사용해 유라시아 대륙의 강대국들과 맞섰다. 이와 같이 활은 단순한 무기가 아니라 민족적 자부심과 연결된 상징으로 자리 잡았다. 이러한 활에 특화된 한민족의 후손답게 대한민국의 올림픽 선수들은 오늘날도 올림픽 양궁 단체전에서 10연패[81]라는 불가능에 가까운 위업을 자랑하며 활의 민족임을 만방에 과시하고 있다. 이러한 성공 요인 중 하나로 한민족의 과거 역사에서도 그 이유를 찾을 수 있는 것으로 보인다. 이러한 맥락에 관심이 있다면 한민족이 말을 타고 활을 쏘는 고구려 벽화를 유심히 관찰해 보기를 권하고 싶다.

— 신기전

조선 세종 시기에, 전통 화약 무기를 혁신하기 위한 노력으로 개발된 신기전은 화약의 폭발력과 로켓 추진력을 활용한 초기 형태의 다연장 로켓 시스템이다. 대형, 중형, 소형 신기전으로 구성되어 다양한 전투 상황에서 효과적으로 사용될 수 있었다. 이 무기는 화약 무기 분야에서 가장 두드러진 인물인 최무선 장군의 노력으로 만들어진 역사상 최초의 로켓이었다. 또한 신기전을 대량으로 발사할 수 있는 이동식 발사대인 화차(火車)는 오늘날 다연장 로켓포(Multiple Rocket Launcher)의 원형으로 볼 수 있다. 불꽃과 폭발음으로 적군을 심리적으로 제압하며 전장에 큰 영향을 미쳤다. 신기전은 한민족이 전투에 있어 과학 기술과 창의력을 접목한 대표적인 사례이다. 조선이 과학적 사고와 실용적 기술 개발에 얼마나 앞서 있었는지를 보여준다.

— 거북선

임진왜란 당시 일본의 해군 함선을 압도하며, 한산도대첩 등에서 결정적 승리를 이끌었던 거북선은 이순신 장군의 전략적 지휘와 결합하여 바다 위의 혁신적인 무기로 평가받고 있다. 거북선은 적의 화살과 불화살 공격을 막기 위해 철판과 나무로 덮인 갑판 구조를 갖추었으며, 이는 현대 군함의 방어력 강화 개념의 원형이다. 선두에 설치된 용머리는 대포를 발사할 수 있는 구조로, 적군에게 심리적 위협을 주는 동시에 실제 화력을 발휘했다. 내부 설계는 여러 층의 구조로 구성되어 많은 병력을 수용하면서도 전투와 기동성을 모두 확보한 설계였다. 한민족은 전투민족답게 무기 개발은 단순히 적을 물리치기 위한 도구 제작을 넘어, 과학적 사고와 전략적 활용을 강조해 왔다. 화약, 금속, 목재 등 다양한 재료의 특성을 연구하고 활용해 당대의 첨단 무기를 개발했던 것이다. 무기 개발뿐만 아니라 그 활용 방식에서도 혁신적인 접근을 보여줬다. 거북선의 선제적 공격, 신기전의 심리전 효과 등은 한민족의 전투적 창의성을 잘 보여준다 하겠다. 이는 당시 조선의 해전 전략과 전술의 발전을 상징하는 사례로 남아있다. 외침(外侵)에 대비하고 민족의 생존과 독립을 지키기 위한 강한 의지와 '하나 임'의 공동체 정신이 이러한 기술 발전의 밑바탕이 되었음은 말할 것도 없다.

과거 이러한 조상들의 혁신과 창의적 업적을 뒤로하고 피동적으로 서양문물 도입에 한발 앞서게 되었던 군국주의 일본의 침탈에 나라를 빼앗긴 한민족은 조상에게 낯을 들 수 없는 처지로 전락하게 되었다. 누구를 탓하기에 앞서 시대적 흐름에 편승하지 못한 통한을 품은 채 광복의 기쁨도 잠시 한민족은 6.25 전쟁의 소용돌이에 빠지게 되었다. 오늘을 사는 한민족은 과거의 그 많은 전쟁 중에서도 대한민국의 건립 후 겪은 1950년 6월 25일 한국전쟁을 결코 잊을 수 없다. 이 전쟁은 한민족에 크나큰 상처를 남기고 아직도 휴전 상태에 놓여있다. 총성은 멎었지만 공식적으로 전쟁이 아직 종식되지 않고 있는 것이다. 이 전쟁에서 국군 장병들은 시작부터 화력의 열세로 북한의 남침에 거의 속수무책으로 당할 수밖에 없었다. 밀려드는 소련제 탱크의 공격에 육탄으로 맞서야 했다. 피를 흘리며 쓰러져 간 전우의 시체를 바라보며 삼킨 눈물과 서러움은 통한이 되어 한민족의 뇌리에 박히게 되었다. K-방산은 1970년대 초 자주국방의 필요성을 인식하면서 시작되었고, 자주국방은 대통령 한 사람의 구호가 아니라 민족적 염원이었다. 한민족이라면 어느 한 사람의 예외도 없이 이루고 싶은 염원인 것이다. 이렇기 때문에 한국군의 화력에 대한 집착은 너무나 당연하며 또 너무나 유명하다. 오늘날 한국군은 그 수효의 막대함에서 오는 화력은 물론이고 K-2, K-9 등의 전차포는 그 성능을 자랑하며 그 위력을 세계에 드날리고 있다. 한국군의 포에 대한 집착은 국방부(Ministry of Defense)가 포방부(Ministry of Artillery)라고 부르는 별칭에서도 잘 드러난다.

K-방산의 태동은 이러한 역사적 배경 가운데서 일어난 것이다. 무기 분야에서 한민족 특유의 한풀이 문화가 시작되었다고 보아도 좋을 것이다. 같은 편 우방인 미국의 미사일 사거리 제한 등 견제 또한 대한민국이 감내해야 할 아픔 중 하나였다. 여기서 꼭 짚고 넘어가야 할 부분이 있다. 오늘날 K-방산은 자유세계의 무기고라고 불리며 세계 시장에서 각광 받고 있고 그 수출이 급속도로 증가하고 있다. 누구보다 평화를 사랑하고 전쟁으로 얼룩진 역사를 가진 한민족이 '무기상'의 나라로 전락했다는 비난의 소리가 있을 수 있다. 그러나 한민족의 K-방산은 결코 다른 나라를 침략하기 위해서 발전된 것이 아니다. 철저히 시작부터 스스로를 보호하기 위해서 시작된 것임을 명백히 밝히고 싶다. 뼈저린 한민족의 역사에는 평화는 오직 스스로의 힘으로 지킬 수 있다는 교훈을 얻었기 때문이다. 스스로 힘을 길러 월등한 군사력을 갖춤으로써 함부로 침략하지 못하도록 하기 위해서 발전된 것이다. '고슴도치 전략'[82]이 바로 그것이다. 분단된 조국은 글로벌 해빙 무드에도 흔들리지 않고 꾸준히 국방의 힘을 기르며 오늘에 이르러 K-방산의 진면목을 드러낸 것뿐이다. 오늘날 한국은 전투기, 잠수함, 지대지 탄도 미사일 현무-5(Hyunmoo-5) 등 첨단 무기를 자체 개발하며 국가 안보와 경제에 기여하고 있다. 최근 K-방산은 세계 최초로 스텔스 무기 관련 신기술을 개발하는 데 성공했다. 그것은 바로 잠수함용 스텔스 메타물질로서 잠수함의 레이더 탐지를 지워버려 탐색을 불

가능하게 만들어 버리는 전자파 교란 장치이다. 모든 강대국들이 손에 넣고 싶어 하는 기술로 한국은 이를 군사무기에 적용하기 위한 직접적 상용화 단계에 돌입했다고 한다. 이러한 모든 결실은 과거 전투민족의 유산을 현대화한 것이다. 따라서 전투민족의 특징이 과거의 전쟁 승리에만 국한되는 것이 아니라, 현재의 기술 발전과 군사력 강화로 이어지고 있다는 점에서 K-방산은 그 계승과 발전의 상징이라고 하겠다.

K-방산은 첨단 기술, 경쟁력 있는 가격, 뛰어난 품질을 바탕으로 세계적으로 주목받고 있으며, 특히 우크라이나 전쟁 이후 글로벌 안보 환경 변화로 인해 K-방산의 수요가 급증하고 있다. K-방산의 주요 특징은 전자 기술, IT, AI 등 첨단 기술을 방산에 적용하여 고성능 무기를 개발하고 있다. 예를 들어, K-2 흑표 전차, K-9 자주포, 천궁-II(중거리 지대공 미사일) 등은 세계적인 기술 수준을 자랑한다. 여기에 더하여 K-방산은 구매국의 요구에 맞게 무기를 제공하는 유연한 접근 방식을 취하고 있다. 최근 들어 K-방산의 수요 증가는 이스라엘-하마스의 갈등이 격화되면서 국가들의 군사력 증강 요구가 증가했기 때문이다. 이를 통해 K-방산 제품들은 해외 시장에서 높은 수요를 이끌어 내고 있으며, 올해 방산 수출 목표인 200억 달러를 넘길 것으로 전망되고 있다. K-방산의 핵심 제품 중 K9 자주포와 K2 전차는 특히 눈에 띄는 성과를 거두고 있다. K9 자주포는 전 세계적으로 10개국에 수출되며, 가격 대비 뛰어난 성능으로 경쟁력을 갖추고 있다. K2 전차 역시 유럽과 중동 등 다양한 국가에서 수출을 목표로 하고 있다. 이와 함께 FA-50 경공격기는 필리핀, 이라크, 말레이시아 등에 80여 대가 수출되면서 K-방산의 주력 수출품으로 자리 잡았다. K-방산은 제조 및 엔지니어링 역량에서 높은 평가를 받으며, 앞으로도 미국 시장 진출에 적극적으로 나설 계획이다. 미국 방산 시장은 연간 1,000조 원이 넘는

규모로, K-방산의 잠재적인 기회가 있는 중요한 시장이다. K-방산의 성장세는 정부의 적극적인 방산 외교와 맞춤형 수출 전략 덕분이며, 글로벌 시장에서 한국 방산의 위치를 공고히 할 수 있는 기회를 제공하고 있다. 미래적으로는 세계 4대 방산 강국으로 자리매김하기 위한 지속적인 기술 개발과 시장 확대 전략이 핵심이 될 것이다. 최근 미국의 트럼프 행정부의 출범과 함께 미국의 해군력을 증강하기 위해 K-조선이 미국 전함 생산에 참여할 것으로 기대된다.

결론적으로, 한국의 K-방산은 과거 전투민족의 영광스러운 전통을 이어받아 현재에도 그대로 적용되고 있는 혁신과 기술 발전의 대표적인 예이다. 이는 단순한 무기 개발을 넘어 국가의 안보와 경제에 중대한 기여를 하는 국가 전략 산업으로 자리 잡고 있다.

제18장

일본의 혐한과 중국의 동북공정*

*일본인은 독도가 자기네 땅이라고 우기고,
중국인은 한복이나 김치가 자기네 것이라고 우긴다.

1. 일본의 혐한

오늘날 한류의 열풍이 일어 그 세계적 부상과 함께 한민족의 한류를 폄하하고 시기하는 이웃 나라들이 존재한다. 이웃 나라들은 역사적으로 그 수를 헤아리기 힘들 정도로 한민족을 침략하고 손상을 가하여 왔다. 다른 나라를 탓하기 이전에 스스로의 힘이 약했던 점을 마땅히 반성하지만, 과거로부터 끊임없이 이어져 온 외세의 침략을 기억하는 한민족은 뼈저린 '한'을 다시 불러일으키지 않을 수 없는 것이다. 일본은 과거에 한민족을 수도 없이 노략하여 왔지만, 오늘날도 침략의 당사국인 일본의 자민당 일부 정치인과 극우 세력은 독도를 자기 나라 땅이라고 우기며 아직도 침략근성을 버리지 못하고 있다. 특히 그들의 침략근성과 혐한 정서가 어디로부터 오는지 찾을 길이 없다. 얼마 전까지만 해도 혐한(嫌韓) 서적이 베스트셀러로 불티나게 팔리며 일본 서점의 특별코너로 차지할 정도에 이르고 있었다 한다. 한민족은 저들을 결코 노략하거나 침략하여 피해를 준 적이 없다. 그러나 저들은 어찌하여 번번이 침략하고도 모자라 혐한까지 하는가? 통한과 함께 그 인성은 물론이고 일본인의 의식구조에 대한 궁금증을 금할 수 없다. 이에 반해 한국에 혐일(嫌日) 서적이 한국에 당연히 있을 것을 예상한 한 일본인 유튜버는 한국에 와서 샅샅이 서점을 돌며 그 실태를 조사하였으나 아무런 증거를 찾지 못하였음을 실토했다. 그러면 먼저 근세로부터 한일 관계를 조명하며 그 원인을 탐색해 보자.

일본 내 혐한 정서와 관련된 문제는 복합적이며 역사적, 정치적, 문화적 요인들이 얽혀있다. 다음은 이러한 현상의 주요 원인을 분석해 본 것이다. 일본은 1910년부터 1945년까지 한국을 식민지로 지배하며 잔혹한 통치를 행했다. 한민족에게 강제로 언어와 문화를 말살시키고, 창씨개명(創氏改名, 일본식 성명 강요)을 통하여 한민족의 민족혼을 제거하려 시도하였으며, 자원을 수탈하며, 정신대(挺身隊, 태평양 전쟁 때 일제가 식민지 여성들을 강제로 동원하여 성적 착취를 위해 만든 위안부 조직)를 위시하여 수많은 인권 침해를 저질렀다. 한국은 해방 이후 이러한 피해를 청산하려 했으나, 일본의 식민지 지배를 미화하거나 부정하는 움직임이 일부 보수 세력에 의해 지속되고 있다. 일본의 일부 보수 세력은 과거 침략의 책임을 회피하거나 한국에 대한 부정적인 인식을 조장하며, 한국을 일본의 발전을 저해하는 '문제 국가'로 묘사한다. 이는 역사 왜곡과 함께 일본 내 혐한 정서를 강화하는 원인이 된다. 이에 더하여 일본은 독도를 자국 영토라고 주장하며 국제적으로 분쟁을 일으키려 하고 있다. 이러한 문제는 일본 내에서 국수주의적 정서를 부추기며, 특히 우익 정치인들이 한국을 비난하는 수단으로 독도 문제를 이용하는 경향이 있는 것으로 보인다. 이는 국민들 사이에서 혐한 정서를 강화하는 데 기여한다. 위안부, 강제 징용 등 과거사 문제에 대한 일본의 불성실한 태도는 한국인들에게 깊은 분노를 불러일으키며, 이는 한일 관계를 악화시키는 요인이 되고 있다.

2019년 일본의 반도체 핵심 소재 수출 규제와 같은 경제적 보복 조치는 한국인들의 반발을 샀고, 이에 대한 일본 내 대응 역시 혐한 정서를 강화하는 데 영향을 주었다. 일본에서 혐한 서적이 베스트셀러로 팔리는 이유는 일부 보수 미디어와 출판사들이 혐한 콘텐츠를 상업적으로 이용하기 때문으로 분석된다. 이는 경제적 불황이나 사회적 불만이 고조될 때, 특정 외부 집단(이 경우 한국)을 희생양으로 삼아 내부 불만을 해소하려는 저의가 깔려있는 것이다. K-pop, 드라마, 영화 등 한국 문화의 전 세계적 확산과 일본 내 인기는 일부 일본인들에게 한국이 자신들의 문화적 우위를 위협한다는 인식을 심어주었다. 이는 혐한 정서로 이어질 수 있었을 것이다. 한국의 소프트 파워가 일본을 넘어서는 상황에 대해 일부 일본인들은 문화적 경쟁심을 느끼며, 이를 혐한 정서로 표출하고 싶기 때문이 아닌가 생각된다. 일본 사회는 전통적으로 동질성을 중시하며 외부 집단에 대한 배타적 태도를 보이는 경향이 있다. 이는 재일 한국인 및 한국에 대한 차별로 이어졌다. 한국의 경제적, 문화적 성장과 일본의 정체된 경제 상황이 일부 일본인들에게 위협으로 느껴질 수 있다. 이로 인해 과도한 방어적 태도가 혐한 정서로 일정 부분 기여했을 수 있다. 일본의 혐한 정서는 과거의 역사적 정치적 이해관계, 문화적 경쟁심, 그리고 사회 심리적 요인이 복합적으로 작용한 결과이다. 일본 내 일부 보수 세력의 혐한 선전과 미디어의 상업적 이용이 계속되는 한, 이 문제는 쉽게 해소되기 어려울 것이다.

    이러한 혐한의 정서에 대해서 그 역사적으로 더 거슬러 올라가 살펴보자. 과거 조선과 일본 간의 관계에서 조선은 문명과 문화의 전달자 역할을 했고, 이는 일본 내에서 복잡한 심리적 반응을 일으켰을 가능성이 크다. 조선 통신사는 1607년부터 1811년까지 12차례 일본을 방문했으며, 일본은 이들을 '문명 선도국'의 대표로 여겨 극진히 대우

했다고 한다. 일본인들은 통신사 일행의 풍부한 학문, 예술, 유교적 가치관, 세련된 문물에 깊은 감명을 받았으며, 통신사의 방문은 일본이 조선을 문화적 스승으로 인정하는 상징적 행위였다. 조선의 선진 문화를 직접 경험하면서, 일본인들은 존경과 열등감을 동시에 느꼈을 가능성이 크다. 이는 특히 일본이 조선의 유교적 학문과 예술을 모방하면서도 독창성을 추구해야 한다는 갈등을 야기했을 것이다. 이보다 더욱 거슬러 올라가면 삼국 시대 백제와 고구려는 일본에 한자, 불교, 건축 기술, 예술 등을 전파하며 일본 문명의 기초를 형성했다. 일본이 자신들의 초기 문명이 한반도의 영향을 강하게 받았다는 점은 역사적 사실로 인정하지 않을 수 없었지만, 일부 국수주의적 시각에서 문화적 열등감은 이미 이때부터 서서히 싹이 트며 폄하하거나 부정하려는 태도가 자라나기 시작하였는지도 모른다. 과거 일본은 자신들의 역사가 한반도의 역사보다 우월하다는 주장을 위해 임나일본부설(任那日本府說)을 발표하였다. 4~6세기경에 일본의 야마토 정권이 한반도 남부의 임나 지역에 통치기구 임나일본부(일본어: 任那日本府 미마나니혼후)를 세워 지배하였다는 학설이다. 역사 연구는 점차 그 학설의 허구성이 밝혀지고 있으나 일본 학자들은 강력히 반발하며 논란을 이어가고 있는 실정이다. 여하튼 일본이 근대화와 군사력을 통해 조선을 침략했을 때, 과거 스승으로 여겼던 조선을 지배하겠다는 의지는 **문화적 열등감**을 극복하려는 심리적 표현으로 해석될 수 있다. 메이지 유신 이후 일본은 급속한 근대화를 통해 군사적, 경제적 강국으로 떠올랐다. 이로 인해 조선을 하위 문명으로 간주하려는 태도가 나타났다. 모처럼 열등감을 벗을 수 있는 호재가 생긴 것이다. 이러한 열등감은 사과와 반성은커녕 결국 조선을 '개화'시켰다는 논리를 내세우며 식민 지배를 정당화하고 있다. 이는 과거의 열등감을 극복하려는 왜곡된 시도가 아닐 수 없다. 일본이 전쟁에서 패망한 후, 한국은 경제적 재건과 한류를 통해 그 문화적 역량을 다시 세계적으로 인정받게 되었다. 이는 일본 내 일부 세력에게 과거 열등감을 다시 자극하는 요인이 되었을 수 있다. 한류의 성공은 일본 내에서 과거 조선 통신사가 주었던 문화적 충격과 유사한 반응을 일으킬 가능성이 있는 것이다. K-pop, 드라마, 영화 등의 글로벌 성공은 일본이 한국과 자신들을 비교하며 심리적 불안을 느끼는 계기가 될 수 있는 것이다. 과거 조선의 선진 문화를 대했던 일본의 복잡한 심리는 오늘날에도 유사하게 나타나며, 한국의 문화적 성공을 시기와 비난으로 반응하게 만들 수 있으며 이는 '상대적 박탈감'의 확대로 이어진 것으로 보인다. 조선 통신사가 일본에 전달한 문명은 일본 사회의 발전에 큰 기여를 했지만, 동시에 일본 내에서 한국에 대한 복잡한 감정을 형성하며 긍정적으로 조선의 선진 문물은 일본 문화 발전의 초석이 되었다. 그러나 이러한 관계가 일본 내 열등감을 자극했고, 이는 현대에 이르러 혐한 정서로 왜곡되어 나타나는 부정적 경향이 나타나게 된 것으로 보이는 것이다. 이렇게 과거사를 거슬러 올라가 살펴보면 일본 내 혐한 정서는 단순히 현대적 갈등의 산물이 아니라, 과거의 문화적 상호 작용에서 기인한 복잡한 심리적, 역사적 요인들이 얽혀있다는 점을 보여준다. 이러한 일본의 한국에 대한 심리적, 역사적 이해는 세계인으로 하여금 오늘날 한일 관계에 대한 보다 올바른 통찰력을 제공하게 될 것이다.

2. 중국의 동북공정과 문화공정

오늘날 한류가 확산되자 일본인들의 억지 주장과 혐한 못지않게 한민족 고유의 한복이나 김치 등을 자신들의 문화라고 주장하는 일부 중국인들이 존재한다. 과거 중국은 땅덩이가 큰 나라로서 한민족을 포함한 주변국들에 대해서 한때 지배력을 행사한 적이 있지만, 한민족은 그 정체성이 중국과는 근본적으로 다르며 강한 공동체적 집단의식으로 뭉쳐진 나라로서 현재까지 칠천 년 이상 명맥을 이어오고 있다. 중국 역사의 시초로 거슬러 올라가 보면 동북아 창세 역사를 이야기할 때 빼놓을 수 없는 것이 바로 동이족이다. 대만과 중국 학자들도 중국 역사의 주류는 한족(漢族)이 아니라 동이(東夷)라는 공통된 의견을 내놓고 있으며 중국 문화의 원류는 오히려 동이족의 문화에서 시작된 것으로 볼 수 있다. 한민족은 단일 민족으로서 그 긴 역사와 함께 그 고유의 문화와 전통이 오늘날까지 이어오고 있는 것은 너무 당연한 일이다. 물론 과거에 한민족은 중국과 교류하며 문화를 주고받으며 각자 발전해 왔음을 부인하는 것은 아니다. 그럼에도 불구하고 오늘에 이르러 위와 같이 문화 침탈 행위를 자행하는 것은 한민족 '한'의 정서를 자극하기에 충분한 것이다. 왜냐하면 저들은 수천 년 동안 한민족을 수도 없이 침략해 왔으며 이러한 중국인의 태도는 분명 현대판 문화적 침략 행위와 다를 것이 없기 때문이다. 자신들이 큰 나라이기 때문에 모든 문화의 근원이 중국에서 발원했다는 주장은 무엇을 근거로 한단 말인가? 그렇기로 한다면 중국인의 사고방식대로 동이족이 창안한 갑골문자에서 유래한 한자가 한민족의 것이라고 주장할 수 있을 것이다. 왜냐하면 한자의 발달과정에서 초기 문자인 갑골문은 동이족이 창안하거나 크게 영향을 미쳤다는 증거가 존재한다. 갑골문에 나타나는 특정 상징과 기호는 동이족이 아니면 도저히 해득할 수 없는 것이 밝혀지고, 이는 갑골문이 동이족 고유한 세계관과 연결된 증거로 볼 수 있는 것이다. 갑골문은 고대 은(상)나라 시기에 사용된 가장 오래된 한자의 형태로 알려져 있지만, 이 문자는 한족보다 이전에 동이족(한민족의 조상)의 영향을 받은 것이다. 중국의 고대 역사 기록에서도 동이족이 '교화된 문명인'으로 평가되며, 한반도와 만주를 중심으로 한 동이족의 문명적 역할을 간접적으로 시사하는 내용이 포함되어 있다. 이는 동이족이 초기 문명 교류와 문자 창안과정에 기여했을 가능성을 보여주는 것이다. 한민족의 한글 창제에서 보여주는 독창적 문자 창안 DNA의 뿌리가 수천 년을 역으로 거슬러 올라가 갑골문에 미치고 있음을 보여준다. 여하튼 오늘날 중국인의 문화 침탈 경향에 대해서 논의하고자 한다.

중국 공산당은 이른바 동북공정을 통해 한반도를 포함한 자신들의 세력 확장의 토대로 역사 왜곡과 동북공정을 시도하는 것으로 알려져 있다. 동북공정은 중국이 2002년부터 2006년까지 추진한 대규모 국가 프로젝트로, 동북 지역의 역사, 지리, 민족 문제를 연구한다는 명목으로 고구려, 발해 등 한국 고대사에 대해 체계적인 역사 왜곡을 시도하였다. 이 프로젝트는 단순한 학술적 연구를 넘어, 한반도와 인접 동북 지역의 안정과 국경 문제, 통일 이후 상황에 대한 전략적 계산을 담고 있다. 고구려와 발해를 각각 중국의 지방 정권 또는 중국 소수민족이 세운 나라로 주장하며, 이들 문화유산을 중국 문화의 일부로 편입하였다. 고구려의 수도 명칭을 중국식으로 변경하거나 광개토대왕비[83] 해석을 왜곡하는 등 구체적인 사례들이 보고되었다. 특히, 발해를 중국의 지방 정권으로 규정하며 대조영[84]을 중국인으로 주장하기도 했다.

동북공정의 근본적인 동기는 중국 내 조선족 문제와 동북 지역의 민족 정체성을 중국 중심으로 통합하려는 것이다. 특히, 한국 고대사를 중국사의 일부로 편입시켜 통일된 한반도와의 역사적, 영토적 분쟁 가능성을 미리 차단하는 한편 향후 지리적 세력 확장에 필요한 정당성의 토대를 마련하려는 포석으로 보인다. 중국의 역사 왜곡 시도는 단순히 과거의 문제가 아닌 현재와 미래의 한·중 관계, 특히 한반도의 통일과 관련해 중요한 외교적 쟁점으로 남아있다.

또한 중국의 문화공정은 한국의 문화적 우월성을 희석하거나 한국 문화를 자국 문화로 편입하려는 시도로, 이는 한류의 세계적 성공에 따른 중국 내 **상대적 문화적 열등감**과 이를 극복하려는 정치적, 문화적 전략에서 비롯된 것으로 이해될 수 있다. 최근에 한국의 전통문화와 한류 콘텐츠까지 중국의 역사적·문화적 유산으로 주장하는 경향이 있다. 예를 들자면 김치, 한복, 구들(온돌) 문화, 아리랑, 설날 등이 중국의 전통이라고 주장한다. 한민족의 고유문화를 중국 소수민족의 문화로 치부해 버리는 것이다. 이는 내부적으로 소수민족 분리주의를 억제하고, 외부적으로는 한류를 견제하며 중국 중심의 문화적 우위를 확보하려는 의도가 내포되어 있다.

K-pop, 드라마, 영화 등 한국 대중문화는 중국에서도 그 인기가 상당히 높은 편이라 한다. 한류는 한국의 소프트 파워를 상징하며, 중국 당국은 공식적으로 한류의 중국 내 유입을 차단하고 있지만 중국인 다수가 비공식 루트를 통하여 K-드라마나 영화 등 한류 문화를 소비하고 있다고 전해진다. 이는 중국이 자국의 문화적 위상에 비해 상대적으로 뒤처지고 있다는 인식을 드러내는 증거다. 이에 대해 중국 공산당은 유입되는 한류 콘텐츠에 대한 검열과 한한령(限韓令)[85] 같은 규제를 통해 한류의 확산을 억제하려는 정책을 펼치고 있다. 이는 과거에는 중국이 동아시아 문화의 중심지였지만, 현대에는 한국이 세계 문화 시장에서 더 큰 영향력을 행사하고 있다는 점이 상대적 박탈감을 키웠을 가능성이 높다. 다행히 세계인들은 중국의 한국에 대한 문화공정을 강하게 비판하며, 중국의 역사 왜곡 및 문화적 편입 시도에 대해

국제적으로 반대 목소리를 내고 있다. 이는 오히려 중국의 이미지를 훼손하고, 한류의 정체성을 더욱 강화시키는 효과를 초래할 수 있다. 중국의 문화공정은 국제 사회에서 문화적 제국주의로 비춰질 가능성이 높으며, 이는 중국의 소프트 파워를 약화시키는 결과를 낳을 수 있다. 이제 중국인의 문화공정에 대하여 하나씩 고찰하여 보자.

一 한복

한복은 한민족 고유의 의복 문화로, 삼국 시대부터 현대까지 독창적으로 발전해 온 전통의상이다. 중국은 한복의 요소를 일부 유사한 중국 복식 한푸(漢服)에서 가져왔다고 주장하나, 이는 동아시아 지역 내 문화 교류에서 나타나는 일반적인 현상일 뿐, 고유성을 부정할 수는 없다. 특히, 한복은 고려와 조선 시기를 거치며 독특한 형태와 미감을 확립했다. 한복의 디자인과 구조는 중국의 한푸와 명확히 구분된다. 한복은 한민족의 전통적 미의식을 바탕으로 발전된 것으로, 중국 복식과 차별화된 색채와 선형미를 강조한다. 역사적으로 한민족의 의상문화를 돌아보면 고조선 및 고구려 벽화에 나타난 복식은 한국 고유의 양식을 보여준다. 이는 중국의 한푸와 차별화된 복식으로, 독자적인 발전과정을 거쳤음을 시사한다. 더구나 고려 시대의 복식, 특히 여성 치마인 '마미군'은 명나라 초기에도 영향을 미쳤으며, 이를 통해 한국 복식이 역으로 중국에 영향을 준 사례가 다수 확인되고 있다. 원나라와 고려의 복식 교류 역시 연구 주제로 다뤄지고 있으며, 이는 단방향 전파론이 아닌 문화적 상호 작용의 증거임을 드러낸다. 최근 중국에서 한복을 명나라 한푸의 영향을 받은 것으로 주장하지만 그 학술적 근거는 희박하다. 2020년 베이징 동계올림픽 개막식과 같은 사건은 이러한 논란을 국제적으로 부각시켰다. 개막식 행사에서 한 여성은 핑크색 반짝이는 치마에 하얀색 저고리를 입었다. 머리는 댕기를 땋았고, 정수리에는 머리 장식도 올렸다. 한국인이면 한복을 입었다고 생각할 수밖에 없는 모습이었다. 이렇게 한 여성에게 한복을 차려 입히고 한복이 중국의 고유 의상인 양 동계올림픽 중국 오성홍기 게양식에 참여시키고 있다. 이는 문화적 자존심 문제로 보이지만, 중국의 문화공정(Cultural Engineering)의 일환임에 틀림없다. 한푸는 한족 문화를 강조하기 위해 현대적으로 재창작된 패션일 뿐이다.

— 김치

김치는 발효 음식으로, 삼국 시대부터 한국 고유의 식문화로 자리 잡았다. 중국의 파오차이(泡菜)와 유사성을 주장하지만, 김치는 배추김치, 고춧가루와 같은 독창적인 재료와 제조 방법에 의해 구분된다. 중국의 일부에서 파오차이를 김치의 원조라고 주장하는 논리는 여러 면에서 역사적, 문화적, 그리고 지정학적 관점에서 설득력이 부족하다. 김치는 한민족의 독특한 지정학적 조건, 공동체 문화, 그리고 다양성을 기반으로 발전한 음식으로, 단순히 절임 채소라는 공통점을 들어 원조를 주장하는 것은 무리가 있다. 한반도는 사계절이 뚜렷하며 특히 긴 겨울 동안 식량을 저장해야 하는 환경적 조건에서 저장 음식 문화가 필수적으로 발전했다. 이러한 조건에서 김치는 단순히 발효된 채소를 넘어, 영양 보충과 생존을 위한 음식으로 독특하게 발달했다. 중국의 파오차이는 저장 음식이라기보다는 단순히 단기간 절인 음식에 가까운 반면, 김치는 장기간 발효와 다양한 조미 방식을 통해 영양과 맛을 극대화시킨 독특한 저장 음식이다. 김치의 발효 방식은 각 지역의 기후와 재료에 맞게 세밀하게 발전했으며, 이는 파오차이와 근본적으로 다른 점이다. 또한 김치는 단순히 개인 가정에서 만들어지는 음식이 아니었다. 김치는 공동체적 행사로서 이루어진다는 점에서 파오차이와 본질적으로 차별화된다. 한민족의 전통문화에서 김장은 마을 사람들이 함께 모여 수행하는 사회적·문화적 행사였다. 이는 단순히 음식을 만드는 과정이 아니라 공동체의 유대를 강화하고, 함께 생존을 도모하는 중요한 문화적 활동이었다. 중국에서 파오차이가 김치와 같은 공동체적 행사로 발전된 역사가 있다는 근거는 전무하다.

더구나 김치는 그 종류가 엄청나다. 배추김치, 깍두기, 열무김치, 동치미, 갓김치, 파김치 등 셀 수 없을 정도로 다양하며, 각 지역마다 독특한 재료와 조리법이 존재한다. 파김치를 두고 파오차이의 변형이라 주장하려면, 이처럼 다양한 김치 종류가 중국 내에서 발전하고 전승되었음을 입증해야 한다. 중국의 파오차이는 주로 몇 가지 채소를 소금물이나 단순한 양념에 절이는 방식으로 한정되며, 김치와 같은 복잡한 양념과 재료 조합을 보여주지 못한다. 이러한 관점에서 김치는 단순한 음식이 아니며 한민족의 삶과 철학을 담고 있는 문화적 상징이다. 김치의 발효과정은 한민족의 은근과 끈기를 반영하며, 이는 역사적 역경을 견뎌온 민족적 특성과 연결된다. 김치가 공동체적 행사를 통해 만들어졌다는 점은 철학적 의미에서 한민족의 연속에 기반한 '하나 임'의 사상을 나타내는 한 단면으로, 이는 다른 문화권과 차별화되는 독특한 특징이다. 오늘날 김치가 한국 문화와 얼마나 깊이 연관되어 있는지를 보여주는 단적인 예가 김치냉장고의 출현이다. 이런 냉장고의 생산은 내가 아는 한 대한민국이 유일하다. 거의 모든 식사에 빠질 수 없을 만큼 한민족은 김치를 즐긴다. 이러한 김치의 원조가 파오차이가 될 수 있겠는가?

중국이 파오차이가 김치의 원조라고 주장하려면 다음과 같은 질문에 답할 수 있어야 한다. 파오차이가 한반도에서 발전한 김치와 유사한 사회적·문화적 맥락에서 만들어졌는가? 파오차이가 다양한 재료와 양념 조합으로 발전해 왔는가? 파오차이가 독립적으로 김치만큼의 정체성과 문화를 형성했는가? 파오차이를 김치의 원조로 주장하려는 시도는 이러한 맥락과 배경을 무시한 채 표면적 유사성에만 의존하는 논리로, 그 자체로 역사적·문화적 근거가 결여되어 있다. 김치는 18세기 조선 후기부터 고춧가루를 사용하며 현대적인 형태로 발전하였다. 유네스코는 김장을 인류무형문화유산으로 등재했으며, 한국 고유의 문화임을 명백히 인정했다.

─ 손흥민

여기서 중국인들의 주장이 **일반적으로** 얼마나 근거 없는지 밝히기 위해 손흥민 선수를 그 대표적 예로 들겠다. 그의 명성은 세계적 축구 스타로 축구 팬덤을 넘어 전 세계에 잘 알려져 있기 때문이다. 이러한 한국 선수를 중국인 중 일부가 중국인이라고 주장한다. 손흥민은 한국 출신의 세계적 축구 스타로, 한국 축구와 아시아의 위상을 드높인 인물임을 온 세상이 잘 알고 있다. 그를 중국인이라고 주장하는 것은 말이 안 된다. 참으로 기가 찰 노릇이다. 중국인은 무슨 근거로 손흥민이 중국 출신이라고 주장하는가?

─ 삼황오제

삼황오제는 동북아 창세 역사에 나오는 왕들을 가리킨다. 과거에 이 인물들을 신화적 인물로 여겨왔다. 이러한 점에 착안하여 중국은 삼황오제(三皇五帝)를 중국 역사에 편입하여 자신들 역사의 일부로 만들어 버렸다. 이는 역사적으로 증명된 사실도 없고 신화적으로만 보아서도 안 된다, 삼황오제에 대한 중국인의 주장만이 정설로 받아들여질 우려가 있어 이에 대한 동이족의 입장을 서술하고자 한다. 다음은 고대 역사에 대한 중국의 사학자가 기록한 「고사변」의 한 구절이다.

'동이는 은나라 사람과 동족이며, 그 신화 역시 근원이 같다. 태호(복희씨를 말함), 제준(帝俊), 제곡(帝嚳), 제순(帝舜), 소호(少昊) 그리고 설(契) (은나라를 세운 탕임금의 선조) 등이 같다고 하는 것은 근래의 사람들이 이미 명확히 증명하는 바다.'

은(상)나라는 중국인의 조상이 세운 것으로 알려져 있으나 상기 주장은 은나라 사람과 한민족의 조상인 동이족이 동족(同族)이라고 쓰여 있다. 한민족의 입장에서 보면 삼황오제는 신화적 인물이 아닐뿐더러 은(상)나라 자체가 동이족이 세운 나라로 제도와 풍습이 당시 그들의 상국(上國)이었던 고조선의 것과 아주 유사한 것으로 밝혀졌다. 상기 언급은 삼황오제가 동이였다는 추측을 가능케 하는 중국 측 사료 중 하나이며 동이라는 존재는 당연히 모두 한민족이다. 「환단고기(桓檀古記)」에는 삼황(三皇)이신 **태호복희씨, 염제신농씨**, 그리고 **치우천황**이 환국을 이은 배달국의 위대한 성인 제왕으로 기록되어 있다.

동북아 창세 역사를 이야기할 때 빼놓을 수 없는 것이 바로 동이다. 대만과 중국 학자들도 중국 역사의 주류는 한족(漢族)이 아니라 동이(東夷)라는 공통된 의견을 내놓았다. 한족의 시조로 알려진 황제헌원을 비롯하여 오제(五帝)로 꼽히는 소호, 전욱, 제고, 요, 순 그 뒤를 이은 하상주 3왕조의 개국조인 하나라 우(禹), 상나라 탕(湯), 주나라의 문왕과 무왕까지 모두 동이족 혈통이다.[86]

그러나 상기의 역사적 기록에도 불구하고 이를 기록한『환단고기』를 신화로 돌리며 위서로 보려는 시각을 가진 일본 사학자들과 일제 강점기 그들의 교육을 받은 한국의 식민사학자들이 존재한다. 이렇게 『환단고기』를 위서로 보는 시각은 언제 누구로부터 시작되었는가? 여기서『환단고기』의 위서 논란에 대해 간단히 살펴보자.

『환단고기』는 고대 한민족의 역사와 신화를 다룬 책으로 간주하며, 이를 위서(僞書)로 보는 시각은 20세기 초반부터 학계에서 본격적으로 제기되었다. 그 시작은 1920년대 일본 제국주의 학자들의 연구와 관련이 깊다. 일본의 식민사학자들은 조선의 독자적인 역사성을 부정하고, 식민 지배를 정당화하기 위해 조선사를 축소하거나 왜곡하려는 의도를 가지고 있었다.『환단고기』와 같은 역사서가 한민족의 자긍심과 독립 정신을 고취할 수 있는 자료로 평가되자, 일본 제국주의자들은 이를 부정하고 신뢰성을 훼손하려는 시도를 자행하였다. 이에 따라 일본 학자들이 한반도 고대사를 왜소화하고 식민 지배를 정당화하려는 논리의 일환으로『환단고기』를 위서로 규정하려 했다. 조선총독부 산하 학자들 및 학술 기관들은 단군 신화와 고대사의 실재성을 부정하려 노력했으며, 이 과정에서『환단고기』와 같은 기록물을 신뢰할 수 없는 문헌으로 몰아갔다. 20세기 중반 이후 일제 식민사관의 교육을 받은 한국 학자들 중 일부는『환단고기』의 기록이 과장되거나 신빙성이 부족하다는 점을 지적하며 위서로 보았다. 그러나 최근 일부 민족주의 학자들은『환단고기』를 중요한 역사적 문헌으로 재조명하려는 움직임을 보이고 있다. 이와 관련한 논쟁은 여전히 학문적, 이데올로기적 갈등의 한 축으로 남아있다. 일제강점기 이래로 식민사관의 세례를 받아 조상의 빛나는 역사를 망각한 채 활동하는 정신 나간 일부 한국 학자들이 아직도 존재한다. 이들은 소위 강단사학자로 불리며 그 식민사관의 명맥을 유지하고 있으나 점차 그 세력이 약화되는 것으로 보인다.

최근 이와 관련된 사료 및 천문학적 발견으로『환단고기』와 오성취루(五星聚婁)의 기록을 언급하지 않을 수 없다. 오성취루는 수성, 금성, 화성, 목성, 토성의 5개 행성이 천구(天球)에서 근접한 위치에 모여드는 현상이다. 고대 동아시아 문화권에서 왕조의 교체나 천명(天命)의 변화 등의 정치적인 변동을 상징하는 천문 현상으로 해석되어 중요하게 취급되었다. 대한민국에서『환단고기』에 기록된 오성취루 현상이 1년의 오차로 실현되었다는 천문학자들의 연구 결과가 발표되었다. 박창범·라대일은 천문학적 연구를 통해 두 역사서에 기록된 13대 단군 흘달 50년의 오성취루(다섯 행성이 일렬로 서 있는 것) 현상이 기원전 1734년 7월 13일 초저녁에 약 10°이내로 근접하여 실제 실현되었음을 밝혔다. 이러한 천문 과학적 성과는 위서 시비가 있는『환단고기』가 진서임을 반증한다.『환단고기』가 결코 신화적 서술이 아님을 드러내며『환단고기』의 위서 논란을 잠재우는데 기여했다. 이를 통해 고조선에 대한 기록이 신화가 아닌 고급 천문학을 활용했던 고대 문명임이 점차 밝혀지고 있으며, 이러한 과학적 분석은 고조선 및 배달국(삼황오제 시대)의 존재가 역사적 사실임을 반증하고 있다.

요약하자면, 삼황오제를 동이족이나 한민족의 조상으로 보는 주장은『환단고기』와 천문학적 발견을 통해 뒷받침되며 앞으로의 역사 탐구는 점차 그 진실성을 밝힐 것으로 확신한다. 이에 반해 중국 측이 문화와 역사 공정으로 삼황오제(三皇五帝)를 중국 역사에 편입하여 자신들 역사의 일부로 만들어 버린 처사는 성급하다 하지 않을 수 없다.

제19장

한국의 농업 발전과 산림녹화(K-forest)

1. 한국의 농업 발전

대한민국은 한국전쟁 이후 농업 생산 기반이 붕괴된 상황에서, 인구 증가는 식량 수급 문제를 악화시켰다. 영세농 중심의 비효율적 생산 구조와 전통적인 농업 방식으로는 증가하는 식량 수요를 충족할 수 없었다. 1960년대에는 연간 100만 톤 이상의 쌀이 부족하여 미국으로부터 PL 480(농산물 원조) 프로그램을 통해 곡물을 수입해야 했다. 농민들의 경제적 여건도 열악하여 농업 근대화의 필요성이 절실했다.

박정희 대통령 집권 시기(1960~70년대) 한국은 급격한 경제 성장과 함께 식량 부족 문제를 해결하기 위한 대대적인 농업 혁신을 추진했다. 통일벼 개발은 이러한 노력의 핵심적인 성공 사례로, 한국의 식량 자급자족을 이루는 데 결정적인 역할을 했다. 한국은 국제미작연구소(IRRI)와의 협력으로 고수확 품종 개발을 추진하였다. 특히 필리핀에서 개발된 'IR8' 품종을 바탕으로 한국의 기후와 환경에 맞는 품종을 개발하여 1971년 드디어 통일벼를 탄생시켰다. 통일벼는 다수확 품종으로, 기존 품종에 비해 생산량이 2배 이상 많았다. 가히 농업 생산성

향상의 기적 같은 성공을 거둔 것이다.

통일벼의 특징은 짧은 재배 기간, 강한 병충해 저항성, 높은 생산성을 자랑한다. 정부는 새마을운동을 일으키어 농촌 개발과 농업 생산성 향상을 위해 마을 단위의 협동과 현대화를 강조하였다. 관개시설, 수리시설 확대 및 농기계 보급으로 통일벼 재배 환경을 개선하고 새로운 품종의 재배법과 현대적 농업 기술을 보급하기 위해 농민 교육을 대대적으로 실시하였다. 결국 1970년대 중반 이후, 한국은 쌀 생산량 증가로 식량 자급자족을 달성하고 수입 의존도가 크게 감소하며, 국제 원조를 받던 국가에서 곡물 수출 가능국으로 전환할 수 있었다. 통일벼는 한국 농업의 현대화와 기초를 다지는 데 중요한 역할을 했다. 농업의 기술적 발전과 더불어 농업 경영 구조 개선이 이루어졌다.

1980년대 이후 농업 기계의 보급 확대하여 트랙터, 콤바인 등의 기계화로 노동력을 줄이고 생산성을 증가시켰다. 통일벼 이후 품질 향상을 목표로 한 품종(아키바리, 신동진 등) 개발하고, 품질과 생산성을 동시에 고려한 벼 품종이 농촌에 보급되었다. 21세기 들어 농업에 ICT(정보통신 기술)를 접목하여 스마트 팜(Smart Farm) 기술이 보급되기 시작하였다. 센서, 빅데이터, 자동화 시스템 등을 통해 효율적인 농업 생산이 가능하게 되었다. 한국 농업은 쌀뿐 아니라 딸기, 김치, 인삼 등 고부가가치 농산물의 수출을 통해 세계 시장으로 진출하였다.

오늘날 한국의 농업 발전은 단순히 자국의 식량 문제를 해결하는 데 그치지 않고, 세계 여러 지역에 선한 영향력을 미치며 국제적으로 기여하고 있다. 이는 한반도의 악조건 속에서 발달한 생존 기술과 창의성이 한국인의 DNA로 각인되어, 현대에는 세계 농업 발전에 기여하는 힘으로 전환되었기 때문이다. 이를 역사적 배경, 기술적 성과, 국제적 기여, 그리고 민족적 DNA의 관점에서 살펴보자.

한국은 고대부터 산악 지형과 한정된 경작지, 사계절이 뚜렷한 기후로 인해 농업에 도전적인 환경에 직면했다. 산악 지형이 많은 한반도에서는 평야가 부족했기 때문에 산지를 개간하는 농업과 같은 지형을 활용한 농법이 발전했다. 춥고 긴 겨울과 짧은 농업 생장 기간에 대응하기 위해 벼농사와 다양한 작물 재배 기술이 발달했다. 수자원을 효율적으로 이용하기 위해 수리시설이 발달하였다. 삼국 시대부터 저수지와 관개 시스템을 구축하며 물 부족 문제를 해결해 나갔다. 이러한 조건 속에서 축적된 농업 기술은 이후 한국이 농업혁명을 이룩하고 이를 세계로 확장하는 데 기초가 되었다. 한국의 농업은 20세기 중반, 특히 1960년대 이후 빠른 발전을 이루었다. '녹색혁명'을 계기로 농업 생산량이 비약적으로 증가하였고, 농업 기술이 발전하면서 한국은 산업화와 현대화의 길로 나아갈 수 있었다.

한국은 국내에서 축적한 농업 기술과 생존 노하우를 기반으로 아프리카, 동남아시아, 몽골 등 여러 지역에서 도움을 제공하며 세계 농업 발전에 기여하고 있다. 한국은 아프리카의 기아와 식량 부족 문제 해결을 위해 KOPIA(Korea Program on International Agriculture) 프로그램을 통해 현지 맞춤형 농업 기술을 보급하고 있다. 여기서 대표적인 성공 사례 하나를 살펴보자.

아프리카 세네갈은 한국의 도움으로 농업혁명을 이루어 냈다. 2010년대부터 한국국제협력단(KOICA)이 세네갈에서 새마을운동을 통해 농업 생산성을 높이고 농촌 지역의 생활 환경을 개선하는 데 기여했다. 이를 통해 마을 단위로 협동 작업을 조직화하고 소규모 인프라를 구축하며 농업 기술을 전수했다. 특히 스마트 농업 기술과 관개 시스템을 지원하여 물 부족 문제를 해결하였다. 세네갈은 한국의 도움으로 쌀 생산성 강화 프로젝트를 진행했다. 한국형 벼 품종은 세네갈의 기후 조건에 적합하게 개량되었으며, 이를 통해 세네갈은 쌀 수입 의존도를 줄이고 쌀 자급률을 높였다. 이러한 노력의 결과, 세네갈은 농업 생산성과 식량 자급률이 크게 향상되었으며, 한국과의 협력을 통해 농업에서 자립할 수 있는 기반을 구축하게 되었다. 세네갈의 농업혁명은 한국의 새마을운동과 농업 기술 협력에서 큰 영향을 받았다. 이는 국제 사회에서 한국의 개발 협력 모델이 성공적으로 적용된 사례 중 하나로 평가받고 있다. 이를 통해 한국은 단순히 지원국이 아니라 지속 가능한 발전을 위한 파트너로서의 입지를 강화했다.

한국의 벼 품종 개발 기술은 가뭄과 척박한 토양에 적합한 종자 보급에 기여하고 있다. 농업 교육과 기술 전수를 통해 자립적인 농업 시스템 구축을 돕고 있다. 베트남, 필리핀 등지에서는 스마트 팜 기술과 첨단 온실 시스템을 통해 농업 생산성을 높이는 데 기여하고 있다. 특히 한국의 농업기계화 경험은 동남아시아 농민들에게 큰 변화를 가져왔다. 몽골의 사막화 문제 해결을 위해 산지 조성과 초지 복원 기술을 제공하고 있다. 이는 단순히 환경 문제 해결을 넘어 지역 경제 활성화와 생태계 복원에도 기여하고 있다.

한국 농업의 국제적 기여는 한민족의 생존 DNA가 글로벌 차원으로 확장된 결과로 볼 수 있다. 척박한 환경에서도 농업 기술을 발전시킨 한국인의 '은근'과 '끈기'는 현대에도 농업 혁신과 지속 가능한 솔루션을 만드는 원동력이 되고 있다. 농촌의 공동 작업과 '하나 임'의 문화는 해외 지원 활동에서도 공동체 기반의 접근을 가능하게 한다. 한반도에서 다양한 기후와 지형에 적응해 온 한국인은 해외에서도 현지 조건에 맞는 맞춤형 기술을 개발하는 데 강점을 보이고 있다. 한국은 농업을 통한 한국의 국제적 역할을 감당하게 되었다. 한국의 농업 성과는 단순히 자국의 경제 성장과 생존 기술 축적에 그치지 않고, 세계의 기아와 환경 문제 해결에 기여하는 글로벌 리더십의 한 축이 되고 있는 것이다.

특히 한국의 해외 원조와 지원 방식은 과거 선진국들이 미개발 국가를 지원한 방식과 근본적으로 다르다. 전통적인 선진국의 원조 방식은 자국의 경제적 이익을 우선시하거나 정치적 목적을 이루기 위한 수단으로 여겨지는 경우가 많았다. 이와 달리, 한국은 '홍익인간'이라는 정신을 바탕으로 다른 나라를 돕고자 하는 진정한 의지를 가지고 있다. 이러한 입장은 한국이 과거의 어려운 상황에서 벗어나 다양한 경험을 쌓은 뒤, 이제는 그 도움을 필요로 하는 이웃 나라들에게 베풀고자 하는 마음에서 기인한다. 지속 가능한 농업 발전을 위한 정책 제안 등을 통해 현지 주민들이 자립할 수 있도록 돕고 있다. 실제로 한국은 국가 간의 농업 협력 증진을 위해 여러 국제기구와 협력하고 있으며, 자신의 농업 발전 모델을 세계와 공유하는 데 적극적이다. 이런 점에서 한국의 농업 지원은 단순한 원조 이상의 의미를 지니며 세계적 협력의 귀감이 되고 있다고 할 수 있다.

2. 산림녹화(K-forest)

한국은 일제강점기와 6.25 전쟁 이후 국토가 황폐화되고, 산림이 거의 전멸한 상황에 직면했다. 불법 벌목과 전쟁의 여파로 많은 나무가 사라졌다. 당시 한국은 산림 파괴로 인한 홍수, 토양 침식, 농업 생산성 감소 등의 환경적 재앙을 겪었고, 이는 국가 재건을 위한 큰 도전 과제였다. 이러한 상황 속에서 박정희 대통령은 서독을 방문[87]하게 된다. 그는 당시 깨끗하고 정돈된 독일의 산림을 보고 깊은 인상을 받게 되었고, 한국도 푸른 산을 되찾아야 한다는 의지를 다지게 된다. 그 이후 한국의 노력은 전 세계적으로도 드문 성공적인 산림녹화를 이루게 되었다. 그 여정은 다음과 같다.

대한민국은 1960년대부터 대규모 산림녹화 사업을 시작했으며, 이 과정에서 은수원사시나무는 중요한 역할을 했다. 이 나무의 개발은 현신규 박사와 같은 임목육종학자들의 노력 덕분이었다. 이 나무는 유럽산 은백양과 한국의 수원사시나무를 교배하여 개발한 품종으로 빠른 성장과 높은 탄소 흡수 능력을 지녀 황폐한 산지의 복구와 목재 생산에 적합했다. 이 품종의 성공은 한국 산림녹화 사업의 큰 전환점이 되었으며, 1982년 유엔 식량농업기구(FAO)는 한국을 '제2차 세계대전 이후 산림 복구에 성공한 유일한 나라'로 평가했다.

1960~1970년대는 산림녹화의 출발 시기였다. 정부는 강력한 정책을 추진, 1970년 제1차 산림녹화 10개년 계획을 수립하여 황폐한 산림 지역 복구와 경제림 조성을 목표로 하였다. 산림법을 개정하고 산림보호구역을 지정하였다. 새마을운동을 통해 농촌 주민들의 자발적 참여를 유도하고 나무심기운동을 전개하여 봄철 식목 행사와 캠페인을 벌였다. 또한 '마을 공동 숲' 조성을 통해 주민의식을 제고하였다.

1980~1990년대는 산림녹화의 성과를 거두는 시기였다. 경제림과 생태 복원을 위해 연간 수백만 그루 이상의 다양한 묘목을 식재하여 대규모 조림에 성공하였다. 1973년 산림청을 설립하고 산림 병충해 방지 및 산불 예방 시스템 도입하여 지속 가능한 산림 관리 정책을 실행하였다. 그 결과 산림복원으로 인한 홍수와 토양 침식이 감소하고 농촌 지역의 연료 문제를 해결하고 국토 녹화로 관광 및 생태 경제의 활성화를 이루게 되었다.

한국의 산림복원에서 얻은 경험은 이제 해외로 뻗어 나가게 된다. 한국은 산림녹화에서 얻은 경험을 FAO, UNDP 등과 협력하여 개발도상국에 전수하기 시작하였다. 2012년 '아시아 산림 협력기구(AFoCO)'를 설립하여 몽골, 아프리카, 동남아시아 등지에서 조림 및 산림 보호 프로젝트를 진행했다. 몽골의 고비사막에 '녹색 벨트' 조성 프로젝트를 추진하였고, 가나, 에티오피아 등지에서 조림과 숲 관리 교육을 제공하여 한국형 산림 복원 모델을 확산하였다. 키르기스스탄과 같은 국가들은 한국의 모델을 수용하여 산림녹화 사업을 추진하고 있으며, 한국의 전문가들이 직접 지원하는 경우도 늘어나고 있다. 최근에 AI 기반 산림 관리 시스템 개발로 효율성을 제고하고 산림 복원 기술과 데이터를 활용한 글로벌 네트워크를 구축하였다. 2050 탄소중립 목표하에 산림의 탄소 흡수원 역할을 강화하고 지속 가능한 산림 경영과 도시 숲 조성을 확대하였다. 한국의 녹화는 UNCCD(유엔사막화방지협약) 등에서 성공 사례로 인용되면서 세계적 인정을 받게 되었다.

　해외에서 특히 괄목할 만한 성과는 몽골의 산림복원 사업에서 찾아볼 수 있는데 이는 해마다 서쪽에서 한반도로 찾아오는 봄철의 황사 현상과 깊은 관련이 있다. 중국과 몽골에서 불어오는 바람에 의해 국가 전역에 미세먼지를 유입시키는 것이다. 이는 한국의 공기질을 악화시키고 국민들로 하여금 많은 불편을 겪게 만들었다. 이러한 문제를 해결하기 위해 한국의 기업들(유한킴벌리와 오비맥주, KB국민은행 등)이 문제 해결에 나섰다.

　그중 유한킴벌리의 몽골 조림 사업이 대표적인 것 중 하나이다. 유한킴벌리는 2003년부터 몽골 토진나르스 지역에서 사막화 방지를 위한 산림녹화 사업을 시작했다. 초기에는 척박한 환경과 지역 주민들의 낮은 인식으로 인해 어려움을 겪었지만, 몽골 지역 정부 및 전문가와 협력하여 지속 가능한 숲 모델을 구축했다. 이 사업을 통해 현재까지 약 1,013만 그루의 나무를 심어 여의도의 약 11배 크기에 해당하는 3,520헥타르의 산림을 조성했다. 이 숲은 몽골과 러시아를 잇는 '타이가' 숲 지대의 일부로 재구성되어 생태계 복원과 환경 보호에 기여하고 있다. 더불어, 지역 주민들에게 숲 가꾸기 교육을 제공하고 생태보호구역으로 지정해 장기적인 관리체계를 확립했다. 이러한 노력은 몽골의 사막화 방지뿐 아니라 황사 발생을 줄여 한국과 동북아시아 지역의 공기질 개선에도 긍정적인 영향을 미치고 있다. 이는 단순히 환경보호를 넘어선 지역 협력과 지속 가능성의 사례로 평가받고 있다.

또한, 오비맥주가 '카스 희망의 숲' 프로젝트를 통해 15년 동안 약 4만6,500그루의 나무를 심었다. 이 대규모 프로젝트는 몽골 북동부 지역에서 진행되며, 사막화를 방지하는 데 큰 기여를 하고 있다. 최근에는 현지 주민과의 협력을 통해 나무 심기 활동을 활성화하고 있다. 오비맥주는 단순히 나무를 심는 것에 그치지 않고, 환경난민의 경제적 자립을 위한 지원도 병행하고 있어 조림 사업이 지역 경제에도 긍정적인 영향을 미치도록 하고 있다.

KB국민은행도 몽골에 21만 그루의 나무를 심기 위한 노력을 하고 있다. 'KB국민의 맑은 하늘 숲' 프로젝트는 몽골의 조림 사업을 통해 한국의 대기질 개선에도 기여할 것으로 기대된다. 이들 프로젝트는 몽골 주민을 고용하여 지역 사회의 경제적 자립을 돕는 방향으로 진행되고 있어 장기적인 효과를 내고 있다.

결국, 이러한 조림 및 산림녹화 사업들은 몽골 지역의 생태계를 회복할 뿐만 아니라, 꼭 필요로 하는 한국의 대기질 개선에도 기여하는 상생의 모델을 만들어 가고 있다. 지속적인 이러한 노력들이 결실을 맺는다면, 한국의 봄철 황사 문제 또한 점차 해결될 가능성이 높아질 것이다.

한국은 이제 전 국토의 63%가 산림으로 덮여있는 산악국가로 자리 잡게 되었다. 한국의 산림녹화 성공 스토리(K-forest)는 한민족 특유의 '은근'과 '끈기'로 이룩한 또 하나의 성과였음을 증명한다. 그리고 그 성공 경험을 개발도상국에 미치는 선한 영향력은 바로 '홍익인간' 정신이 살아 숨 쉬고 있음을 보여주고 있다.

제20장

세계 종교가 '하나 임' 철학에 끼친 영향

　한민족의 홍익인간에 내재된 '하나 임'의 철학은 고조선에서부터 현재까지 이르는 종교 역사적 관점에서 줄기차게 유지되고 있다. 특히 고려는 불교, 조선은 유교(성리학), 현대 한국에서는 기독교가 주요 종교로 발전하였지만 각 종교는 홍익인간의 '하나 임'의 사상과 융합되어 한민족의 일관된 철학적 맥락 속에서 역사적으로 발전해 왔음을 알 수 있다. 이러한 여러 종교가 한민족의 종교철학에 미친 영향을 살펴보자.

　고조선과 단군 신화는 홍익인간과 천제(天祭) 신앙으로 고조선의 건국이념인 홍익인간은 단순한 통치이념이 아니라 우주적 조화와 인간 공동체의 통합을 강조하는 철학이다. 이 하늘을 숭배하는 천제(天祭)사상과 신성과 인간이 연결되는 한민족의 사상은 하나님을 믿는 유일신교와 일정 부분 동질성을 갖는다.

　인도에서 발흥하여 한민족에게 전해진 외래 종교로 이해되는 불교가 한민족에게 전해진다. 그러나 불교의 창시자 석가모니는 그 뿌리가 동이족(한민족)에 닿아있음을 필자의 전작 『유월절과 연기법』에서 밝힌 바 있다. 그러므로 삼국 시대에 불교가 국교로 채택되어, 단순한 외래 종교가 아니라 민족적 통합과 민족적 일체감 등 국가적 질서를 위한 사상으로 변모하여 삼국 통일의 구체적인 정신적 지주로 작용한 것은 아주 자연스러운 것이었다. 불교가 전격적으로 국교로 채택된 것은 기존에 한민족이 갖고 있던 고유한 홍익인간의 사상과 전혀 배치될 이유가 없었기 때문이다. 원광법사의 세속오계[88]도 이러한 맥락에서 이해될 수 있다. 또한 신라의 원효대사는 화쟁사상 혹은 일심(一心)[89] 사상을 통해 불교의 다양한 종파를 통합하려 하였고, 이는 한국 불교의 포용성과 통합성을 강화한 바. 이러한 사상의 모티브 역시 한민족 고유의 홍익인간 사상의 '하나 임'이라는 사실을 간과할 수 없는 것이다. 이러한 의미에서 불교는 오히려 홍익인간에 내재된 '하나 임' 철학의 이론적 토대를 구성한 것으로 보인다. 즉 『천부경』에 표현된 하나에서 시작하여 하나로 끝나되(一始無始一, 一終無終一) 이는 영속적 순환(用變不動本)이라는 직관적 통찰은 불교의 화엄사상(法性圓融無二相, 一卽一切多卽一, 舊來不動名爲佛)과 정확히 일치한다. 양자 간에 흐르는 핵심은 무한히 변화 발전 순환하지만 결국은 **역동적 '하나 임'**을 말하고 있다.

이제 고려 시대로 접어들면서 통합적 세계관은 불교를 국가적 정체성의 중심으로 삼았으며, 이는 곧 홍익인간 정신을 구현하는 과정이었다. 보조국사 지눌은 교종과 선종을 통합하여 선교일치(禪敎一致)의 원칙을 확립하였다. 불교의 화엄사상(華嚴思想)에서 강조하는 모든 존재가 하나의 그물망처럼 하나로 연결되어 있다는 개념은 '하나 임' 철학과 상통함은 두말할 나위도 없다.

또한 조선 시대에 접어들어 유교와 성리학이 도입되나 역시 '하나 임'이라는 조화의 원리가 그대로 유지된다. 석가모니와 마찬가지로 공자 역시 산동 지방 태생의 동이족임을 전작에서 밝혔다. 이러한 역사적 맥락 속에서 표면적으로 조선은 불교를 억제하고 유교(성리학)를 국가이념으로 삼았지만, 여전히 홍익인간과 '하나 임' 철학은 유지된다. 필자가 보기에 불교가 형이상학적 혹은 철학적 '하나 임'이라면 유교는 그 '하나 임'의 실천적 현실적 생활철학 내지는 지표로서 제시된 것이기 때문이다. 필자의 주장은 양자 공히 '하나 임'의 철학으로서 그 저류를 관통하고 있다고 생각한다. 이이(율곡)와 이황(퇴계)의 성리학은 개인보다 공동체적 윤리를 중시하는 방향으로 발전하였다. 특히 조선왕조의 유교는 중국의 엄격한 위계적 유교와는 달리 민본주의(百姓爲天, 백성이 하늘이다)를 강조한다. 성리학의 이기론(理氣論, 이와 기의 조화), 동학의 인내천(人乃天, 사람이 곧 하늘이다) 사상도 본질적으로 우주와 인간의 조화로운 관계를 강조하며 홍익인간 정신과 직결된다.

일제강점기 동안 종교는 민족독립운동과 연결되었으며, 이는 홍익인간 사상과 '하나 임' 철학이 민족 생존의 원동력으로 작용했음을 보여준다. 이 시대 한민족 고유의 천도교는 동학에서 발전하여 홍익인간과 유사한 인내천 사상을 강조한다. 종교는 단순한 신앙을 넘어 민족 공동체의 '하나 임'을 유지하는 수단이 되어왔던 것이다.

오늘날 현대 한국 사회는 불교, 유교, 기독교가 공존하는 다종교 사회이나, 각각이 홍익인간의 정신과 연결되어 있다. 그 종교적 특징을 보면 현대 한국 불교는 깨달음과 사회적 실천을 강조하고 개신교는 선교 중심이지만, 한민족 '하나 임'의 공동체 의식과 연결되어 있다. 또한 천도교와 원불교는 민족적 자주성과 조화로운 공생을 강조한다. 여하튼 '하나 임'의 철학은 온 누리의 종교철학적 가르침을 하나로 묶어 포용할 수 있는 거대한 하나의 원리인 귀일심원(歸一心源, 대승기신론)과 다름 아니다. 기독교 하나님 나라('하나 임')의 그리스도는 홍익인간과 다를 바 없으며, 유교는 이미 한민족의 실생활에 배어있는 바, 가족 중심의 윤리와 사회적 책임 조화를 이루는 모습으로 오늘날까지 이어져 오고 있다.

이상 한민족의 '하나 임' 철학의 관점에서 한국의 종교사는 단순한 변천이 아니라, 홍익인간('하나 임' 철학)을 중심으로 융합과 변형을 거쳐 지속적으로 발전해 온 과정이라고 볼 수 있으며, 밀려오는 여러 종교철학에 대하여 중심을 잃지 않고 굳건히 설 수 있었다. '하나 임'의 철학은 모든 것을 둘로 보지 않으려는 '무아'(無我)를 전제하였을 뿐 아니라 인간을 중시하는 철학(인존사상)이 근간을 이루었기 때문이다.

*고조선의 홍익인간 이념
*불교를 통한 민족적 통합
*성리학을 통한 사회적 윤리체계 확립
*일제강점기 종교와 민족운동의 결합
*현대 한국에서 다양한 종교적 조화 유지

즉 한국의 종교는 '하나 임(홍익인간)'이라는 철학적 기초 위에 다양한 종교가 융합 발전되어 왔고 공동체를 하나로 묶는 공동체적 집단의식을 형성하고 있으며 홍익인간 정신은 오늘날에도 지속되고 있다. 이러한 흐름 속에서, 한류(Hallyu)는 단순한 문화적 유행이 아니라, 홍익인간과 '하나 임' 철학의 세계적 확산과정으로 볼 수 있다. 한류에는 이러한 한민족의 종교철학이 근본적 원리로 저류에 흐르는 바, 이렇게 다양한 외래 종교가 한민족에 유입되었어도 융합되어 풍부한 종교적 용광로(Melting Pot)가 된 것은 한민족은 새로 유입된 종교를 중심으로 재편되는 것이 아니라 인간을 중심(안식일은 사람을 위해 있는 것이다)으로 사람을 존중하는 '인존(人尊)사상'이 주요 가치로 자리 잡고 있기 때문이다. 한국에 불교, 유교, 기독교, 도교 등이 들어왔을 때, 각 종교가 기존의 민족적 가치와 충돌하지 않고 홍익인간의 원리에 따라 재해석되었다. 그 토착화된 과정은 한민족이 특정 종교 중심으로 사회를 재편한 것이 아니라, 인간 중심의 가치관 속에서 종교를 융합의 과정이었던 것이다.

불교의 '깨달음(覺悟)'의 개념이 한민족 특유의 공동체 정신과 결합하여, 나만의 해탈(소승)이 아니라 모두의 깨달음(대승)을 중시하는 형태(예: 원효의 화쟁사상)로 발전하였으며, 유교가 들어왔을 때 중국 유교의 위계적 질서보다 조화와 상생을 중시하는 성리학적 해석(예: 이황, 이이의 민본주의)으로 발전하였다. 구한말 개신교가 들어오면서 한국적 '하나 임'의 공동체 문화와 결합하여 강한 교회 공동체를 형성하였다. 한민족은 새로운 종교가 들어오면 그것을 그대로 받아들이기보다 '사람 중심'의 철학 속에서 조화롭게 변형하며 수용하는 방식을 취해왔던 것이다. 이 사람 중심의 '인존사상'은 각 종교에서도 쉽게 찾아볼 수 있다. 유대교의 유일신 종교는 신본주의로 이 분리의 고통을 절감한 예수께서 "안식일이 사람을 위하여 있는 것이요, 사람이 안식일을 위하여 있는 것이 아니니라(마가복음 2:27)"라고 선포하신 것이다. 형식적 율법보다 인간 자체가 더 중요하다는 점을 강조한 것으로 이는 인존사상의 핵심이다. 예수는 스스로에 대해 **하나님의 아들('독생자'**)이라는 표현보다 **사람의 아들('인자')**이라고 자처하곤 했다. 인존사상은 이미 오래전 한민족 단군 신화에 명백히 표명되어 있다. 단군 신화에 환웅이 내려온 목적이 백성(사람)을 널리 이롭게 하기 위해서였다. 불교 일심(一心)사상 또한 모든 존재가 연결되어 있다는 깨달음 속에서 인간을 중시한다. 성리학의 이기이원론(理氣二元論)에서도 '이(理, 원리)'보다 '기(氣, 현실적 존재)'를 강조하는 흐름이 한국 성리학의 특징이며 이러한 사상적 흐름은 성리학자 역시 인간을 중시하는 한민족이기 때문이다. 이처럼 한민족의 철학에서는 언제나 '인간이 중심'이며, 특정 종교적 교리가 인간을 지배하는 구조보다는 인간을 위한 종교적 해석이 더 강하게 나타났던 것이다.

오늘날 한류가 단순히 K-pop, 드라마, 음식 등의 유행이 아니라 세계적으로 큰 영향력을 발휘하는 이유는, 그 문화가 사람을 중심으로 한 가치관(인존 사상)을 담고 있으면서도 개인주의적 스토리보다는 가족, 우정, 희생, 연대와 같은 인간적 가치를 강조하기 때문이다. K-pop의 팬덤 문화 역시 단순한 팬과 가수의 관계를 넘어, 서로를 응원하고 지지하는 공동체적 문화를 형성하고 있으며, 한국 음식은 반찬을 함께 나누며 건강과 조화를 중시한다. 이처럼 한류의 성공은 '인간 중심적인 문화 철학'이 저류에 깔려있기 때문이라고 볼 수 있다. 즉 한류의 본질은 새로운 문화를 흡수하고 재창조하는 한국적 방식, 그리고 '하나 임'의 철학적 기초 위에 사람을 중심에 놓는 인존사상에 있는 것이다.

제21장

'하나 임' 철학과 세계화

　홍익인간에서 발견되는 한민족의 '하나 임'(연속에 기반)의 철학이 한류를 타고 세계적으로 파급되고 있다. 이 '하나 임'의 철학은 '정'에 기반하지만 개개인의 권리와 의무를 중시하고 인류의 통합과 선린 우호, 자유, 공정, 민주, 평등, 시장경제 등의 가치를 고양할 수 있다고 생각된다. 이에 비하여 이미 진행되고 있던 세계화(Globalization)는 중국몽과 같이 단일 정부가 세력을 확장하여 특정의 한 정치 세력을 중심으로 전 인류를 통제하려는 시도가 우려되는 바, 이 둘은 '하나 임'의 공통점을 갖고 있으나 엄연한 차이가 있으며 후자는 경계해야 할 음모라고 생각된다. 중국의 개방 이후 인류가 얻은 세계화에 대한 깨달음은 단순한 시장경제에 입각한 세계화는 진정한 세계화가 될 수 없다는 것이었다. 미국이 중국을 세계무대로 진출하게 돕고 시장경제를 체험시키면서 공산주의도 민주화의 물결을 거스를 수 없을 것이라는 예상은 헛된 망상이었음이 드러났다. 오늘날 서구권은 이러한 중국 공산당의 음모에 대한 각성이 일어나고 있다. 이러한 '하나 임'에 숨겨진 음모를 사전에 방지하고 이 둘을 구분 짓는 명확한 철학적 가이드라인과 차별화된 전략이 필요하다고 생각되어 이에 대해 한 챕터를 할애하고

자 한다.

전체주의는 겉으로는 '하나 임'의 철학을 표방하나 기실은 권위적 체제로서 일률적인 통제를 강요하고 개인의 자유와 권리를 억압한다. 그 예가 바로 중국, 러시아, 북한, 이란 등의 전체주의 국가로서 서방세계(한국 포함)의 가치를 위협하고 있다.

한민족의 '하나 임' 철학은 본질적으로 전체의 한 부분인 개개 인간을 가장 귀한 가치를 가진 존재로 보며 모든 존재의 '통합(Integration)'을 의미하는 것이다. 이는 서로 다른 존재들이 조화를 이루며 하나로 어우러지는 것을 의미하며, 획일적 동질성의 강요가 아니라 개인의 권리를 중시하고 자연스럽고 자발적인 연대를 추구하는 것이다. 홍익인간의 '하나 임'의 철학 자체는 자발적 영적 각성에 의한 것이지 강요는 있을 수 없다. 이것이 홍익인간 사상의 '하나 임'이며 세계적인 차원에서는 인류의 상호 공존공영을 목표로 하는 것이다.

88올림픽과 동구권 붕괴: '하나 임'의 시작

과거 미국의 청바지와 코카콜라가 세계적으로 확산되면서 구 공산세력이 와해되는 데 일조하였고, 동구 공산권과 구소련의 붕괴가 88올림픽에 의해 영향을 받았다는 역사학자들의 시각이 존재한다. 이러한 의미에서 88올림픽에서 표방한 '손에 손 잡고 한마음 되자(Hand in Hand)'는 구호에서 보이듯이 이제 '하나 임(한마음)'이 내재된 한류의 확산이 권위적인 정치 세력을 무너뜨리는 또 하나의 계기가 될 수 있다고 생각한다. 즉 '하나 임(홍익인간)'의 세계화를 이루는 데 기여할 수 있다는 가능성을 보는 것이다. 1988년의 서울 올림픽을 되짚어 보자.

　1988년 서울 올림픽은 정기적 국제 스포츠 행사였지만 동서 냉전 시대의 긴장이 해소되는 결과를 낳았고 당시 공산권 국가들(소련, 동독 등)이 참여함으로써 자본주의와 사회주의의 문화적 교류가 촉진되는 계기가 되었다. 구소련인과 동구권 국가의 사람들은 1950년 6.25 전쟁 이후 그토록 짧은 기간에 급속히 발전한 대한민국을 보고 자유시장경제의 진면목을 절감하게 되었다고 한다. 그들이 받은 인상은 내심 엄청난 충격이었다 한다. 특히, '한마음 되자'라는 올림픽 공식 구호는 정치와 경제를 떠나 서로 다른 이념과 체제를 하나로 묶는 문화적이며 상징적인 메시지였다. 이는 서구 자본주의적 가치(상징: 청바지, 코카콜라)를 통한 단지 경제적 시장 개방이 아니라 '정'에 기반한 공존과 조화의 철학을 담은 '하나 임'의 사상으로 작용했다고 볼 수 있다. 그러므로 88올림픽 이후 동구권과 소련의 붕괴는 단지 정치와 경제적 요인뿐만 아니라 문화적 요인도 중요한 역할을 했다고 보지 않을 수 없는 것이다. 여기서 소프트 파워(Soft Power)[90]라는 문화적 요인의 중요성을 새삼 깨닫지 않을 수 없는 것이며 문화의 뿌리는 깊은 철학적 사유와 불가분의 관계에 있다는 사실을 주목하여야 한다. 이러한 맥락에서, 필자는 과거 88올림픽에서 시작된 '하나 임'의 메시지가 현재 한류(Hallyu)의 세계적 확산과 맥락을 같이하는 것이며 그 소프트 파워는 전체주의 세력을 일깨울 수 있는 가능성을 보여주고 있다고 생각된다.

　현재 한류(K-pop, K-drama, K-cinema 등)는 단순한 대중문화 현상을 넘어, 새로운 세계관과 가치체계를 전파하는 역할을 하고 있다. 이는 서로 다른 문화와 융합하고 조화를 이루는 과정이다. 한류라는 용어가 생기기 이전 **88올림픽**에서 이미 유포되기 시작한 '한마음' 정신은 **한류**를 통한 '하나 임' 철학으로 계승 확산되는 흐름을 볼 수 있는 것이다. 즉 88올림픽이 동구권 붕괴의 촉진제 역할을 했듯이, 한류라는 소프트 파워의 확산이 세계화의 새로운 패러다임을 제시할 수 있다고 생각된다. 왜냐하면 기존 서구적 글로벌리제이션이 일방적인 문화 동질화(패권적 확산)라면, 한류는 다양한 문화를 융합하며 조화와 공존의 세계화를 이루는 새로운 방향이 될 수 있기 때문이다. 즉 한류는 '홍익인간'의 철학을 현대적으로 구현하는 글로벌 문화 현상이며, 향후 세계적 통합과 공존을 촉진하는 역할을 할 가능성을 추측할 수 있는 것이다.

이제 자유를 사랑하는 지구촌 사람들은 과거 시장경제의 '글로벌리제이션(Globalization)'의 개념에 편승하여 중국을 위시한 권위주의 정치 세력이 부정적 음모를 획책하고 있음을 깨닫게 되었다. 세계적인 교류를 촉진하고, 민주주의, 시장경제, 자유, 공정이 아니라 특정 국가나 권력 집단이 세계를 단일 체제로 통제하려고 정치인을 매수하거나 스파이 활동을 통하여 영향력을 확대하고 서서히 개개인의 자유를 박탈하려는 음모를 감지하게 되었던 것이다.

오늘날 미국의 정치는 트럼프 대통령의 취임과 함께 상식에 기반한 엄청난 개혁의 물고(Reset)가 터지기 시작하였고 유럽 역시 새로운 변화의 물결을 거스를 수 없는 불가피한 기로에 서있다고 생각된다. 이러한 전 지구의 시대적 상황 가운데서 한류는 앞으로 지구촌 인류가 나아가야 할 정신적 문화적 영적 등대가 되리라고 확신한다.

미주

1 한류는 1990년대 후반 한국 드라마의 성공으로 시작된 문화적 흐름.

2 동이족(東夷族)은 고대 동아시아에서 황하 동쪽에 거주한 민족으로, 한민족의 뿌리로 여겨진다. 농경 문화와 활을 잘 사용하는 기술로 유명하며, 단군 신화 등 한국 고대 신화에 흔적을 남겼다.

3 환국(桓國)은 한국의 일부 역사 기록과 전설에서 언급되는 고대 국가로, 한민족의 기원과 관련된 신화적 뿌리로 여겨진다. 『환단고기』 등에 따르면 환국은 환인(桓因)이 다스린 인류 최초의 국가로, 7명의 환인이 3,300여 년 동안 통치했다고 전해진다. 이는 단군 신화와 연결되어 홍익인간(弘益人間) 사상을 상징하는 기원으로 해석되기도 한다.

4 환국의 신교사관은 인류 최초의 종교철학으로 여겨지며, 하늘(천), 땅(지), 사람(인)을 조화롭게 연결하는 삼신(三神)사상을 기반으로 한다. 이는 홍익인간(弘益人間)과 재세계화(在世理化)의 이념을 통해 인간과 자연, 우주의 조화를 강조하며, 한민족의 철학적·종교적 뿌리로 해석된다.

5 탕자의 비유는 신약성경 누가복음 15장 11절부터 32절. 이 비유는 돌아온 탕자를 기쁨으로 맞이하는 아버지를 통해 하나님의 용서와 사랑을 상징적으로 나타내는 이야기다. 아들과 아버지의 관계는 분리된 적이 없고 또한 결코 분리될 수도 없다는 사실을 보여준다.

6 단군 신화는 한민족의 건국 신화로, 환웅이 인간세상을 다스리기 위해 내려와 곰이 사람이 된 웅녀와 혼인하여 단군을 낳고, 단군이 고조선을 세웠다는 이야기다. 이는 한민족의 기원과 홍익인간 사상을 상징한다.

7 홍익인간(弘益人間)은 '널리 인간을 이롭게 한다'는 의미로, 한민족의 이상적인 가치와 사상으로, 인류와 세계의 평화와 번영을 추구하는 정신을 나타낸다. 이는 단군 신화에서 유래한 핵심 이념이다.

8 붓다의 연기(緣起)는 모든 현상이 서로 의존하고 연결되어 존재한다는 불교의 기본 가르침이다. 즉 모든 것은 원인과 조건에 의해 발생하며, 독립적으로 존재하는 것은 없다는 사상이다.

9 귀류법(歸謬法)은 어떤 주장이 참이 아님을 증명하기 위해, 그 주장이 참이라고 가정한 뒤 모순을 이끌어 내는 논리적 방법이다. 이를 통해 주장의 거짓을 입증한

다.

10 임제선사(臨濟禪師, Linji Yixuan, ?~866년)는 중국 당대(唐代)의 대표적인 선승(禪僧)으로, 임제종(臨濟宗)의 창시자로 알려져 있다. 본명은 의현(義玄)이며, 하북(河北) 출신으로 전해진다. 그는 황벽희운(黃檗希運) 선사의 법을 이었으며, 강렬한 가르침 방식으로 유명하다. 특히, 문답 속에서 기합(喝, 고함을 지르는 것)으로 제자들의 깨달음을 촉진하는 특징이 있었다. 이러한 직접적이고 강한 방식은 후대 임제종 선풍(禪風)의 기초가 되었다. 임제선사의 핵심 사상은 '평상심시도(平常心是道)'와 '즉심즉불(卽心卽佛)' 사상으로 요약된다. 그는 불성을 외부에서 찾으려 하지 말고, 스스로 본래 지닌 깨달음을 바로 볼 것을 강조했다. 또한, "부처를 만나면 부처를 죽이고, 조사(祖師)를 만나면 조사를 죽이라(殺佛殺祖)"는 가르침을 통해 어떠한 대상에도 집착하지 말고, 궁극적으로 스스로의 본래면목(本來面目)을 깨닫도록 했다. 임제종은 후대 송대(宋代)를 거쳐 일본으로 전파되어 일본 선(禪, Zen)의 중요한 흐름이 되었으며, 한국에서는 고려 말기 이후 조선 시대 선불교의 한 갈래로 영향을 미쳤다.

11 세속제적 표현은 종교적, 초월적 의미를 떠나 일상적이고 현실적인 의미를 강조하는 표현이다. 주로 세상의 물질적, 사회적 상황을 중심으로 사용된다.

12 태일인간은 고대 한국 신화에서, 인간 존재의 궁극적인 목적은 '하늘의 뜻을 따라 사는 것'이라는 사상에 기반하여, 인간이 도덕적·정신적으로 완성된 상태를 의미하는 개념이다.

13 **천부경(天符經)**
　　一始無始一(일시무시일) : 하나는 천지만물 비롯된 근본이나 무에서 비롯한 하나이다.
　　析三極無盡本(석삼극무진본) : 이 하나가 나뉘어져 천지인 삼극으로 작용해도 그 근본은 다할 것이 없다.
　　天一一 地一二 人一三(천일일 지일이 인일삼) : 하늘의 근원정신은 창조운동의 뿌리가 되어 첫째가 되고, 땅의 근원정신은 생명의 생성운동을 실현하니 둘째가 되고, 사람의 근원정신은 천지역사의 꿈과 이상을 실현하여 셋째가 되니,
　　一積十鉅 无匱化三(일적십거 무궤화삼) : 하나가 생장하여 열까지 열리지만 다함없는 조화로서 3수의 도를 이룬다.
　　天二三 地二三 人二三(천이삼 지이삼 인이삼) : 하늘도 음양운동 3수로 돌아가고 땅도 음양운동 3수로 순환하고 사람도 음양운동 3수로 살아가니
　　大三合六 生七八九(대삼합육 생칠팔구) : 천지인 큰 3수 마주합해 6수되니 생장성 7, 8, 9를 생한다.
　　運三四 成環五七(운삼사 성환오칠) : 천지만물 3과 4수 변화마디 운행하고 5와 7수 변화원리 순환운동 이룬다.

一妙衍 萬往萬來(일묘연 만왕만래) : 하나는 오묘하게 순환운동 반복하여
用變不動本(용변부동본) : 조화작용 무궁무궁 그 근본은 변함없다.
本心本太陽 昂明(본심본태양 앙명) : 근본은 마음이니 태양에 근본두어 마음의 대광명은 밝고 밝아
人中天地一(인중천지일) : 사람은 천지 중심 존귀한 태일이니
一終無終一(일종무종일) : 하나는 천지만물 끝을 맺는 근본이나 무로 돌아가 마무리된 하나이다.

* * *

『천부경(天符經)』의 기록 연대는 정확하게 알려져 있지 않다. 『천부경』은 고대 한국의 중요한 경전으로, 주로 『삼국유사』나 『환단고기』와 같은 문헌에 기록되어 있으며, 한민족의 철학적, 신앙적 기초를 형성한 중요한 문서로 간주된다. 『천부경』은 한국의 고대 철학과 사상, 우주론을 담은 짧지만 심오한 경전으로, 그 핵심 가르침은 인간과 하늘, 그리고 땅의 조화로운 관계를 설명하며 인간 존재의 본질을 깨우치는 데 있다. 이를 바탕으로 『천부경』의 핵심 가르침을 다음과 같이 요약할 수 있다:

1. 우주의 근본 원리: 일(一)의 철학
『천부경』은 '일시무시일(一始無始一)'이라는 구절로 시작한다. 이는 '하나에서 시작되고 하나로 돌아간다'는 의미로, 모든 존재와 현상은 근본적으로 하나로 연결된다. 이는 일체(一體) 사상으로 해석될 수 있으며, 우주 만물이 본질적으로 하나임을 강조한다. 인간도 이 우주의 일부로서 본질적으로 하나의 조화로운 존재다.

2. 삼재(三才): 하늘, 땅, 인간의 조화
『천부경』은 '삼일신고(三一神誥)'의 개념을 통해 하늘(천), 땅(지), 인간(인)을 중심으로 한 조화를 설명한다. 하늘은 영적인 원리, 땅은 물질적 기반, 인간은 이 둘을 연결하는 존재로 묘사된다. 이를 통해 인간은 단순한 생물적 존재가 아니라, 우주의 근본 원리를 깨닫고 구현할 책임을 지닌 조화의 매개자로 설명된다.

3. 순환과 영원성: 생명과 자연의 흐름
『천부경』은 '일종무종일(一終無終一)'을 통해, 모든 것은 시작이자 끝이고, 끝이자 시작이라는 순환의 철학을 담고 있다. 이는 자연의 순환(생로병사, 계절의 변화 등)과 생명의 지속성을 설명하며, 죽음조차도 새로운 시작의 일부로 이해하게 한다. 이는 인간이 자신의 유한한 존재를 초월하여, 우주와 자연의 순환적 원리 속에서 영원성을 깨닫도록 안내한다.

4. 숫자 철학과 조화의 중요성
『천부경』은 숫자(1, 2, 3, 10, 100, 1000)를 활용하여 우주의 원리를 상징적으로

설명한다.

- 1: 모든 것의 근원, 통합
- 2: 음과 양, 대립적이지만 상호 보완적인 관계
- 3: 하늘, 땅, 인간의 삼재 조화
- 10, 100, 1000: 무한함과 영원성을 나타내며, 모든 것은 끝없이 확장되고 발전할 수 있음을 상징한다.

이러한 숫자 철학은 인간과 자연, 우주의 균형과 조화의 중요성을 강조한다.

5. 인간의 역할: 깨달음과 실천

『천부경』은 인간이 우주와 자연의 원리를 깨닫고 이를 실천하는 것이 중요하다고 가르친다. 이는 단순히 철학적 깨달음에 머무는 것이 아니라, 도(道)를 실천하여 조화로운 삶을 사는 것을 의미한다. 특히, 인간은 하늘과 땅의 연결점으로서, 자신의 역할을 다할 때 진정한 조화와 평화를 이룰 수 있다.

결론적으로 『천부경』의 가르침은 조화와 깨달음이다. 『천부경』의 핵심은 인간과 우주, 자연이 하나의 큰 조화로운 체계 속에서 상호 연결되어 있다는 깨달음이다. 이는 인간이 자신의 본질을 깨닫고, 자신이 속한 세상과 조화를 이루며, 자연과의 관계 속에서 지속 가능한 삶을 살아야 한다는 메시지를 전달한다. 천부경은 단순한 경전이 아니라, 인간 존재의 의미와 삶의 지향점을 제시하는 철학적 지침서라 할 수 있다. 이와 같은 가르침은 현대 사회에서도 환경과 인간, 기술과 자연의 조화로운 관계를 모색하는 데 있어 큰 영감을 줄 수 있다.

14 법성게(法性偈)는 화엄사상의 핵심을 간결하게 담은 게송으로, 의상대사(義湘大師)가 화엄경의 사상을 210자로 요약한 것이다.

1. 일심(一心): 모든 법(현상계와 진리계)의 근원이자, 모든 존재가 하나로 통합되는 궁극적 실재이다. "일심에서 만법이 나오고, 만법이 다시 일심으로 돌아간다."

2. 연기(緣起): 모든 존재는 서로 의존하며 존재하고, 독립된 실체가 없음을 의미. "한 법이 만법을 포함하고, 만법이 다시 한 법을 포괄한다."

3. 법계(法界): 우주 전체를 포함하는 무한하고 조화로운 세계. "모든 것이 서로 연결되어 있으니, 하나가 곧 전체이며 전체가 곧 하나이다."

4. 무애(無礙): 모든 것이 상호 의존하며 자유롭게 작용하는 상태. "서로 충돌하지 않고 조화를 이루며, 걸림이 없는 경지."

법성게는 화엄경의 심오한 교리를 "일즉다(一卽多), 다즉일(多卽一)"이라는 사상으로 함축하며, 우주의 근원적 조화와 인간의 본성을 깨달아 자유롭고 조화로운 삶을 지향하도록 가르친다.

15	이기동 지음, 『하늘의 뜻을 묻다』, 도서출판 열림원, 2005, p.31
16	고려대 학생으로 일본에 유학 중이었던 고인은 2001년 1월 26일 오후 7시 15분쯤 아르바이트를 마치고 기숙사에 돌아가기 위해 신오쿠보역 승강장에서 지하철을 기다리고 있었다. 그는 선로에 떨어진 취객을 구하기 위해 열차가 역 구내에 진입하고 있는 상황에서도 뛰어들었고 이어 사진작가인 세키네 시로(당시 47세)도 함께했지만 3명 모두 열차에 치여 숨졌다.
17	**1. 바울이 전한 복음: 대속론 중심** 바울은 그의 서신에서 예수의 죽음과 부활을 중심으로 한 대속론(Penal Substitution)을 강조한다. 인간은 죄로 인해 하나님과 분리되었으나, 예수의 십자가 죽음이 죄를 대신 속죄하는 희생으로 작용하여 인간이 구원을 받을 수 있게 되었다. 바울의 복음은 예수의 죽음을 신학적으로 해석하며, 특히 구약 율법과 희생 제사의 맥락에서 예수를 '어린양' 또는 '새로운 아담'으로 보는 관점에서 발전한다. **2. 예수가 전한 복음: 하나님 나라 중심** 마가복음을 포함한 공관복음에서 예수가 전한 메시지는 하나님 나라에 초점이 맞춰져 있다. "때가 찼고 하나님의 나라가 가까이 왔으니 회개하고 복음을 믿으라 (마가복음 1:15)." 하나님의 통치와 정의가 이 땅에 임하며, 모든 사람이 이를 받아들일 것을 요청받는다. 예수의 복음은 회개와 하나님 나라에 대한 신뢰를 통한 삶의 변화이다. 예수는 결코 인간과 하나님이 죄로 인한 분리의 관점에 서있지 않았다. 예수가 마가복음 6:7-13에서 제자들을 둘씩 짝지어 파송하여 전파한 복음은, 그의 십자가 죽음과 부활 이전에 행해진 사건으로, 바울의 인간과 신의 분리를 전제로 대속론에 입각한 복음과는 분명한 차이가 있다. 예수의 메시지는 대속론적 관점보다는 하나님의 임재와 통치가 이 세상에 실질적으로 드러나고 있다는 선언이다. 이를 통해 하나님 나라가 단순히 미래의 종말적 사건이 아니라 현재적 현실로 경험될 수 있음을 강조한 것이다.
18	일휴선사(一休禪師, 834년~923년)는 일본 헤이안 시대의 대표적인 선승(禪僧) 중 한 사람으로, 일본 선종(禪宗)의 초기 발전에 중요한 영향을 미친 인물이다. 그의 정신은 후대 일본 선불교의 거장들에게 영향을 미쳤으며, 그의 업적은 일본 불교사에서 선구적인 공헌으로 평가받는다.
19	서자(庶子): 왕성하고 씩씩한 아들. 서(庶)는 '왕성하다' '많다' 등의 뜻이다. 이기동 지음, 『한마음의 나라 한국』, 동인서원, 2010. p.136 인용
20	안경전 역주, 『환단고기(보급판)』, 상생출판, 2013, p.89
21	인공지능(AI)의 급격한 발전과 그로 인해 발생할 수 있는 사회적, 윤리적 도전 과제들을 숙고하지 않을 수 없다. 특히 AI 발전의 주도권을 가진 소수의 기업과 과학

자들이 인류 전체의 미래에 미칠 영향을 고려해야 한다.

1. AI는 산업, 경제, 사회 전반에 혁신적인 변화를 가져올 수 있지만, 동시에 윤리적 기준 부재나 잘못된 방향성으로 인해 인류 생존의 위기를 초래할 가능성도 있다. 예를 들어, 전쟁에서의 AI 무기 사용, 고용 불평등의 심화, 프라이버시 침해와 같은 문제가 이에 해당된다.

2. 현재 AI 발전은 일부 거대 기술 기업이나 선도적인 연구 그룹에 집중되어 있다. 이는 AI 기술의 개발 방향과 사용이 특정 기업의 이익에 치우칠 가능성을 열어준다. 결과적으로, 이러한 독점적 구조는 AI의 혜택이 공정하게 분배되지 않거나, 오히려 사회적 양극화를 심화시킬 수 있다.

3. 홍익인간(弘益人間) 사상은 한국의 전통철학으로, '널리 인간(세상)을 이롭게 한다'는 의미를 담고 있다. 이는 AI 기술 발전과 윤리적 방향 설정에 매우 적합한 철학적 틀을 제공한다. AI가 특정 집단의 이익이 아니라 인류 전체의 복지와 공익을 목표로 설계되고 사용되어야 한다는 점에서, 홍익인간의 사상은 세계적으로 보편적이고 시의적절한 메시지를 전달할 수 있다.

22 윤사순 교수, 유석재 기자와의 인터뷰, 2024.02.

23 성경에서 "열조에게로 돌아갔다"라는 표현은 주로 구약성경에서 발견되며, 이는 개인의 죽음을 묘사하는 한 방식으로 사용된다. 이 표현은 사람이 죽으면 육체는 흙으로 돌아가지만, 그의 존재는 조상들과 함께하는 상태로 여겨지는 히브리적 사고를 반영한다. 이 표현은 창세기와 열왕기, 역대기 등에서 여러 번 등장한다. 대표적인 예는 다음과 같다:

1. 아브라함의 죽음
"아브라함이 향년을 누리고 늙어서 나이가 많아 기운이 다하여 죽어 자기 열조에게로 돌아가매"(창세기 25:8)

2. 이삭의 죽음
"이삭이 나이가 많아 늙고 죽어 자기 열조에게로 돌아가니 그의 아들 에서와 야곱이 그를 장사하였더라"(창세기 35:29)

3. 야곱의 죽음
"야곱이 그들에게 명령하고 자기 발을 침상에 모으고 숨을 거두어 자기 열조에게로 돌아갔더라"(창세기 49:33)

4. 다윗의 죽음
"다윗이 그의 열조와 함께 눕고 다윗 성에 장사되니라"(열왕기상 2:10)

이 표현은 죽음을 단순히 생물학적 종말로 보기보다, 한 세대가 끝나고 다음 세대로 이어지는 연속성을 강조하며, 조상들과의 관계와 영적 유산을 상기시키는 기능을 한다. 더 나아가 근본적으로 유대인의 무의식적 종교의식 또한 단절이 아닌 연속의 입장에 서있었음을 알 수 있다.

24 박성배 지음, 윤원철 옮김, 『깨침과 깨달음』, 예문서원, 2002, p.25

25 누가복음의 탕자의 비유(누가복음 15:11-32)는 이 비유는 탕자(둘째 아들)가 아버지의 유산을 요구하고 방탕한 삶을 살다가 모든 것을 잃고 회개하여 아버지에게 돌아오는 과정을 다룬다.

1. 아들의 신분은 변하지 않는다.

비유에서 둘째 아들은 집을 떠나고 재산을 탕진했지만, 아버지는 그를 여전히 '아들'로 간주한다. 아들이 재산을 요구할 때나 돌아올 때, 아버지는 그를 '내 아들'이라고 부른다(누가복음 15:24, "내 아들이 죽었다가 다시 살아났다"). 이는 아들의 신분이 그의 행동이나 죄와는 무관하게, 본질적으로 변하지 않는 것임을 보여준다.

2. 죄로 인해 관계는 단절되지만 본질은 유지된다.

탕자는 집을 떠나며 아버지와의 관계를 단절하는 선택을 했다. 그러나 아들이 "나는 이제 아들이라 불릴 자격이 없습니다"라고 자책할 때조차, 아버지는 그를 아들로 받아들이고 사랑을 표현한다. 이는 죄가 관계를 손상시키지만, 아들의 본질적인 지위를 없애지는 못한다는 것을 시사한다. 아버지의 사랑은 아들이 회개할 때까지 변하지 않았다.

3. 아버지의 사랑과 은혜는 조건이 없다.

아버지는 아들이 돌아오기 전에 이미 그를 기다리고 있었고, 멀리서 그를 보고 달려가 맞이한다(누가복음 15:20). 이는 아버지의 사랑이 아들의 회개나 행동과 상관없이 무조건적임을 보여준다. 이 사랑은 인간의 타락에도 불구하고 하나님께서 그의 자녀를 여전히 사랑하고 받아들인다는 신학적 메시지를 담고 있다.

4. 아들의 지위는 선택이 아니라 생래적이다.

탕자는 집을 떠났을 때도 여전히 아버지의 아들이었다. 그가 방탕한 삶을 살았던 시기나 돌아오기로 결심했을 때, 아버지의 마음속에서 그의 지위는 변하지 않았다. 이는 아들의 지위가 그의 행위가 아닌, 아버지와의 관계, 즉 생래적인 본질에 기반한다는 점을 강조한다.

5. 신학적 해석: 인간의 정체성과 하나님의 은혜

이 비유는 인간이 본질적으로 하나님의 자녀로 창조되었음을 암시한다(창세기 1:27). 탕자가 아들이라는 신분을 잃지 않았듯이, 죄로 인해 인간이 하나님과 멀어져도 본래적인 하나님의 자녀로서의 신분은 상실되지 않는다. 회개와 용서는 관계를 회복하기 위한 과정이지만, 본질적인 지위는 은혜에 의해 유지된다.

결론적으로 탕자는 타락하기 전이나 회개하여 돌아오거나 상관없이 언제나 아버지의 아들이다. 아들의 지위는 죄의 유무와는 상관없는 생래적인 것이며, 이는 하나님과 인간의 관계를 설명하는 신학적 핵심 메시지이다. 하나님의 사랑과 은혜는 무조건적이며, 인간이 그 사랑을 받아들이는 순간 관계는 완전히 회복된다.

26 홍익인간 사상의 성선설적 관점과 성경에 나타난 원죄설이 지닌 성악설적 관점은 인간 본성에 대한 이해와 이를 기반으로 한 구원의 방법론에서 근본적인 차이를 드러낸다.

1. 홍익인간 사상과 성선설

홍익인간 사상은 인간을 본래 선한 존재로 보며, 인간의 내면에 있는 본래적 선함(善)을 발현함으로써 자신뿐만 아니라 타인과 사회를 이롭게 하는 것을 이상으로 삼는다.

(1) 인간 본성에 대한 긍정적 시각

홍익인간 사상은 인간 본성이 선하다는 성선설을 바탕으로 한다. 이는 맹자의 성선설과도 유사하며, 인간 내면에 잠재된 선한 본성을 환경적, 사회적 장애를 극복하여 드러내는 것을 강조한다. 곰이 인내와 끈기를 통해 인간이 되는 과정에서, 자신이 본래 인간이었음을 자각 인식하게 된다.

(2) 조화와 공생

인간과 자연, 인간과 인간 간의 조화를 강조하며, 이를 통해 세상의 균형과 공동선을 실현하려 한다. 이러한 관점은 홍익인간의 핵심인 '널리 인간을 이롭게 한다'는 목표와 연결된다.

(3) 구원과 완성

홍익인간 사상에서는 종교적 구원이나 외부적 힘이 아니라 인간의 내적 노력과 깨달음을 통해 완성에 이를 수 있다고 본다. 이 과정은 주체적이고, 타율적인 규율보다 자율적인 성찰과 수양에 기반을 둔다.

2. 성경의 원죄설과 성악설적 관점

성경에 나타난 원죄설은 인간 본성을 아담과 하와의 타락 이후 타고난 죄성을 지닌 상태로 묘사한다. 이는 인간의 본성에 대한 성악설적 시각과 연결된다.

(1) 인간 본성의 타락

원죄설에 따르면, 인간은 창조 당시에는 선했으나 아담과 하와의 불순종으로 인해 죄성이 본성에 내재하게 되었다(창세기 3장). 따라서 모든 인간은 죄된 경향성을 가지고 태어난다(로마서 3:23). 이는 인간 본성이 선하다는 홍익인간 사상과 근본적으로 대조된다.

(2) 구원의 필요성

성경은 인간이 죄의 굴레에서 벗어나기 위해서는 하나님의 은혜와 구원이 필수적이라고 말한다. 이 구원은 인간의 노력으로는 이루어질 수 없으며, 오직 예수 그리스도의 대속적 죽음과 부활을 통해 가능하다고 본다(에베소서 2:8-9).

(3) 규율과 통제
성경은 죄의 경향성을 억제하고 선한 삶을 살기 위해 규율(율법)과 공동체적 책임을 강조한다. 그러나 율법만으로는 완전한 구원이 이루어질 수 없으며, 이는 믿음과 은혜에 의해 완성된다(갈라디아서 3:10-14).

3. 철학적, 신학적 논의

(1) 인간의 본성을 어떻게 정의할 것인가?
홍익인간 사상은 인간 내면의 선함을 전제로 하지만, 성경의 원죄설은 죄로 인해 인간 본성이 타락했다고 본다. 두 관점은 인간 본성을 바라보는 시각 차이를 반영하며, 인간의 본질에 대한 철학적 논의로 이어진다.

(2) 구원의 주체는 누구인가?
홍익인간 사상은 구원이 인간 스스로의 노력과 자각에 달려있다고 본다. 반면, 성경은 인간의 노력만으로는 구원이 불가능하며, 초월적 존재인 하나님의 은혜가 필요하다고 강조한다.

(3) 규율과 사랑
성경의 원죄설은 규율과 사랑이 상호 보완적으로 작용하여 인간을 선으로 이끈다고 본다. 이에 반해 홍익인간 사상은 사랑과 조화가 규율보다 우선한다고 볼 수 있다.

결론적으로 홍익인간 사상과 성경의 원죄설은 인간 본성에 대한 대조적 시각을 제시하지만, 둘 다 인간의 삶과 구원을 다루는 깊은 통찰을 제공한다. 성선설적 관점은 인간의 가능성과 잠재성을 강조하며, 성악설적 관점은 인간의 한계와 초월적 구원의 필요성을 역설한다. 이러한 차이를 이해함으로써 우리는 인간 본성에 대한 보다 폭넓은 관점을 형성할 수 있다.

27   인간의 정서와 감정을 담당하는 뇌의 심부에 위치한 주요 구조물들의 기능은 다음과 같다.

1. 변연계(Limbic System)

변연계는 정서와 기억의 조절에 중요한 역할을 한다. 특히, 감정을 형성하고 처리하며, 학습과 기억을 통합하는 데 기여한다. 대표적인 구조로는 해마(기억 저장과 검색)와 편도체(감정 처리)가 포함된다.

2. 편도체(Amygdala)

편도체는 두려움, 분노, 불안과 같은 강렬한 감정의 처리와 관련이 있다. 특히, 위협에 대한 반응을 조정하며, 외부 자극에 대한 감정적 의미를 빠르게 평가하는 역할을 한다.

3. 시상하부(Hypothalamus)

시상하부는 신체의 항상성을 유지하며, 감정적 상태와 생리적 반응을 연결한다. 스트레스 반응(예: 싸움-도피 반응), 배고픔, 갈증, 체온 조절과 같은 기본적인 생존 본능을 조절하며, 감정과 행동을 조화시키는 데 중요한 역할을 한다.

이들 구조는 협력하여 인간의 정서를 통합적으로 조절하며, 행동과 생리적 반응에 영향을 미친다.

28
- Clifford Geertz, The Interpretation of Cultures (1973)
- Mircea Eliade, The Sacred and the Profane (1957)
- Benedict Anderson, Imagined Communities: Reflections on the Origin and Spread of Nationalism (1983)
- Ernest Gellner, Nations and Nationalism (1983)

29 공자의 철학과 동이족(東夷族)의 연관성을 탐구하려는 시도는 학계에서 종종 제기되었으나, 이를 뒷받침하는 확정적 증거보다는 문화적, 사상적 흐름의 연속성과 영향을 중심으로 논의된다.

1. 공자와 동이족의 잠재의식적 사고 연관성

(1) 동이족의 문화적 특징
동이족은 주로 산동반도와 그 인근 지역에 거주했던 민족으로, 고대 중국 문헌에서 문명과 도덕을 중시했던 집단으로 묘사된다. 이는 공자의 사상이 윤리적, 도덕적 가르침에 중점을 둔 점과 연결될 가능성이 있다.

(2) 공자가 태어난 산동 지역의 지리적·문화적 배경
공자는 동이족의 중심지였던 산동 지역에서 태어났다. 이 지역은 주나라 중심지와 비교적 독립적으로 발전하였으며, 동이족의 영향을 받았을 가능성이 있다.

(3) 사서(史書)와 고대 문헌의 언급
『후한서(後漢書)』 및 『산해경(山海經)』 등의 고대 문헌에서 동이족이 높은 문화적 가치를 지녔다는 기술이 등장하며, 산동 지역의 문화가 동이족과 밀접하게 연결되어 있다는 주장이 제기된다.
공자의 철학은 인간의 본성과 도덕적 규율을 강조하는데, 이는 동이족이 강조했던 공동체적 조화와 관련이 있다는 해석이 가능하다.

2. 한국 유학과 중국 유학의 차이점

한국 유학은 중국 유학의 사상을 기반으로 수용했지만, 조선 시대에 들어와 실천적이고 윤리 중심적 철학으로 독자적인 발전을 이루었다.

(1) 실천적 유학
조선의 유학은 이론적 논의보다는 실천적, 윤리적 교화를 중시했다. 이는 성리학이 조선의 민본적 정치 이념과 결합된 결과로, 공자의 동이족적 사고방식과의 연관 가능성을 강화한다.

(2) 조화와 통합 강조
한국 유학은 충효(忠孝)와 같은 도덕적 가치뿐 아니라 홍익인간 사상과 융합하여 조화와 통합을 강조했다. 이는 동이족 문화와 유사성을 보이는 부분이다.

3. 참조 자료 및 학문적 논의

(1) 최치원의 사상
최치원의 저작에서 한국 사상의 동이족적 뿌리를 찾으려는 시도가 드러난다. 그는 한국 사상이 고유의 윤리와 조화를 추구한다는 점을 강조했다.

(2) 김용옥
도올은 공자가 동이족적 배경에 영향을 받았다는 관점에서 철학적 해석을 제시한 바 있다(참고: 도올의 강의 및 저서 『동양학 어떻게 할 것인가』).

(3) K.C. Chang의 연구
중국 고대 문화와 동이족의 관계를 분석하며, 공자의 사상이 동이족의 영향을 받았을 가능성을 제기했다.

(4) E.A. Kracke, "Sung Neo-Confucian Thought and Korea"
이 논문은 유학이 한국에서 어떻게 독자적 방향으로 발전했는지를 다룬다.

결론적으로 공자의 사상이 동이족적 사고방식과 연관될 가능성을 제기하는 연구는 직접적인 증거보다는 문화적 연속성과 지리적·역사적 맥락에서 해석된다. 한국 유학의 독창적 발전은 동이족적 정신적 유산과 공자의 철학적 유산이 조화롭게 융합된 결과라고 볼 수 있다.

30 홍익인간의 보편적 이상은 인간 중심의 조화와 이타적 삶을 강조한다. 이는 단순히 한국의 민족적 이상에 그치지 않고, 인류 전체를 포용하는 보편적 가치로 확장될 수 있다. '한'은 억압, 슬픔, 고통의 감정이지만 동시에 이를 극복하려는 내적 의지와 연결된다. '정'은 인간 사이의 깊은 연대감과 애정을 의미한다. 이 두 정서적 특질은 홍익인간의 이상과 맥을 같이하며, 고난 속에서도 타인과의 연대를 통해 조화를 이루려는 민족적 성향으로 나타난다. 한민족은 긴 역사 동안 고난을 경험했다. 이러한 역사적 경험 속에서 '한'과 '정'은 고유한 집단적 정체성을 형성하는 중요한 역할을 했고, 이를 초월하는 이상으로 홍익인간 사상이 작동했다고 볼 수 있다.

홍익인간 없이 '한'과 '정'을 설명하기 어려운 이유는 '한'과 '정'은 단순한 감정이 아니라, 도덕적·철학적 차원을 지니고 있기 때문이다. 예컨대, '한'은 억눌린 감정이지만, 이를 해소하거나 승화시키려는 노력은 홍익인간의 이타적 가치를 통해 이루어질 수 있다. '정'은 개인적 애정을 넘어 공동체적 조화를 이루려는 방향성을 포함한다. 이러한 정서와 감정은 단순히 민족적 경험에 의해서만 이해될 수 없다. 오히려 홍익인간이라는 철학적·이상적 틀 안에서 인간과 인간, 인간과 자연의 관계를 조화롭게 바라보는 세계관이 뒷받침될 때 더 깊이 이해될 수 있다.

31 현성공안(現成公案)은 불교, 특히 선종에서 사용되는 개념으로, 깨달음을 얻기 위해 제시되는 문제(공안)와 관련된 중요한 범주이다. 현성(現成)은 '본래 성품(본성)을 드러낸다'는 뜻으로, 제법(자연현상 포함)이나 중생의 마음속에 원래 존재하는 불성을 깨닫고 밝히는 것을 목표로 한다. 공안(公案)은 선사들이 제자들에게 깨달음을 촉진하기 위해 사용하는 난해한 질문이나 상황으로, 합리적 사고나 논리로는 답을 구할 수 없다. 현성공안은 이런 공안 중에서도 본래의 불성이 드러나는 문제를 다룬다. 즉 본질적 깨달음을 촉진하는 데 초점이 맞춰져 있다. 즉각적 깨달음의 방편으로 현성공안은 삼라만상이 본래 불성을 이미 갖추고 있음을 보여주기 위해 고안된 것으로, 별도의 노력 없이 깨달음이 '현성(드러남)'될 수 있음을 강조한다. 이 공안은 언어나 논리를 초월해, 직관적으로 본질에 접근하도록 도와준다. 모든 중생은 본래 불성을 구족(具足)하고 있음으로 깨달음의 가능성을 가진 존재로, 이를 드러내는 것이 현성공안의 목표다. 논리적 사유를 넘어 직관과 실질적 경험을 통해 진리를 깨닫게 한다. 현성공안은 불교적 깨달음의 핵심으로, 본래의 불성이 이미 존재(旣完成 意識)한다는 사실을 드러내는 것을 목표로 한다. 이러한 공안을 통해 수행자는 논리를 초월하고, 직관적으로 자신의 본성을 체득하게 된다.

32 샘 리처드(Samuel Richards) 교수는 미국 펜실베이니아 주립대학교의 사회학자로, 30여 년간 인종, 성별, 문화 관계에 대한 연구와 강의를 통해 명성을 얻은 세계적인 석학이다. 그의 강의 'SOC119: 인종, 민족 및 문화(Race, Ethnicity and Culture)'는 매 학기 약 800명의 학생이 수강하는 미국 내 최대 규모의 강의 중 하나로 알려져 있다. 그는 2018년 강의에서 방탄소년단(BTS)을 언급하며, "이 그룹을 모른다면 부상하는 세계의 경쟁에서 이길 수 없다"고 강조하여 한류의 중요성을 부각시켰다. 이러한 발언으로 한국에서도 주목받았으며, 이후 한류 연구에 깊은 관심을 가지고 다양한 활동을 이어오고 있다. 2023년에는 건국대학교의 석좌교수로 임명되어, 한국과 미국의 사회·문화를 공유하는 '건국대-펜실베이니아 주립대 인터컬처럴 세미나'를 진행하는 등 활발한 학술 교류를 이어가고 있다.
샘 리처드 교수는 한국 문화의 독특한 매력과 가치를 세계에 알리는 데 기여하고 있으며, 한류의 지속 가능성과 파급력에 대한 연구를 통해 한국과 세계의 문화적 교류를 촉진하고 있다.

33　고향과 옛사랑에 대한 향수가 잘 표현된 한국의 대중가요 중 전통가수 나훈아가 부른 「물레방아 도는데」는 한국인의 자연과 하나 된 삶, 그리고 고향에 대한 '정'을 깊이 표현한 곡이다. 물레방아는 한국 전통 농경 사회의 대표적 상징 중 하나이다. 물레방아는 자연의 흐름과 조화를 이루는 존재이다. 노래 가사에서 느껴지는 정서는 '그리움'과 '연결됨'이다. 물레방아 소리가 들려오면 떠나왔던 고향의 풍경, 가족, 어린 시절의 추억이 떠오른다. 여기에서 보듯이 한국인의 '정(情)'은 일시적 감정이 아니라, 한번 맺은 관계가 끊어지지 않는 유대감을 의미한다. 이는 서양의 개인주의적 감성보다는 공동체적 삶과 연결된 감성이며, K-pop의 감성적 코드와 마찬가지로 「물레방아 도는데」 역시 향수, 자연과의 조화, 그리움 같은 요소들이 포함되어 있다. 이러한 요소들은 '정(情)'이라는 감성이 보편적인 인간의 감정에 연결되기 때문에 커다란 감동을 줄 수 있다고 생각된다.

34　한국은 6.25 전쟁 당시 유엔 참전국들의 희생과 지원에 대한 감사의 마음을 잊지 않고, 다양한 방식으로 보은 활동을 이어오고 있다. 이러한 활동들은 국내외 매체를 통해 보도되며 세계인의 감동을 자아내고 있다.

1. 새에덴교회의 참전용사 초청 행사

새에덴교회는 2007년부터 매년 한국전 참전용사와 그 가족들을 초청하여 감사의 마음을 전하는 행사를 진행하고 있다. 2019년에는 미국 참전용사와 전직 하원의원들을 초청하여 한국의 발전상을 소개하고 한미 우호를 증진시키는 계기를 마련하였다.

2. 콜롬비아 참전용사에 대한 마스크 지원

2020년 코로나19 팬데믹 상황에서 한국 정부는 중남미 유일의 6.25 참전국인 콜롬비아의 참전용사들에게 마스크를 지원하였다. 이는 과거의 은혜에 대한 보답으로, 참전용사들과 그 후손들에게 큰 감동을 주었다.

3. 뉴질랜드에서의 참전용사 보은행사

2023년 6월 29일, 뉴질랜드 더니든에서 한국전 참전용사들을 위한 보은행사가 열렸다. 더니든 한인회와 동포들이 준비한 이 행사는 참전용사들에게 감사의 마음을 전하며, 한국과 뉴질랜드 간의 우정을 더욱 돈독히 하는 계기가 되었다.

이러한 보은 활동들은 한국이 과거의 은혜를 잊지 않고, 국제사회에서 감사의 마음을 전하는 모범적인 사례로 평가받고 있다.

35　심청가는 한국의 대표적인 판소리 다섯 마당 중 하나로, 효(孝)의 미덕과 인간의 희생정신을 중심으로 한 이야기다. 주인공 심청이 자신의 아버지인 심봉사의 눈을 뜨게 하기 위해 자신을 희생하는 과정을 그리고 있다. 이 작품은 단순히 효의 가치를 넘어서, 인간의 고난과 극복, 그리고 희생의 숭고함을 담고 있어 한국인의 정서

와 철학을 깊이 반영하고 있다.

줄거리를 요약:
심봉사는 어린 심청을 홀로 키우며 살아가는 맹인 아버지다. 심청은 아버지를 위해 자신을 인당수에 제물로 바치는 대가로 쌀 300석을 받아 대찰에서 공양을 올리도록 한다. 심청은 바다에 빠져 용궁으로 가지만, 이후 기적적으로 부활하여 황후가 된다. 심청이 황후가 된 후, 맹인 잔치를 열게 되고 심봉사가 그곳에 참석하면서 기적적으로 시력을 되찾는다.

심청가는 한국인의 전통적 가치인 효를 극대화한 이야기로, 부모를 위한 희생의 미덕을 강조한다. 판소리로 전승되며 음악, 이야기, 춤이 결합된 한국 전통 공연 예술의 정수를 보여준다. 청중은 심청의 고난과 희생을 통해 '한'과 '정'을 느끼며 감동과 해방감을 얻는다. 심청가는 단순한 설화를 넘어, 한국인의 삶의 철학과 미학적 정수를 담고 있어 전 세계적으로도 중요한 문화유산으로 평가받고 있다.

36 룻기에서 룻과 나오미의 관계는 희생적 사랑과 충성, 그리고 신뢰로 이루어진 특별한 관계로, 성경에서 흔히 보이는 가족 간의 관계를 넘어서는 깊은 유대감을 보여준다.

줄거리를 요약:
나오미는 유대인 여인으로, 남편과 두 아들과 함께 모압 땅으로 이주했으나, 남편과 두 아들을 잃고 홀로 남는다. 나오미의 두 며느리 중 하나가 룻으로, 룻은 모압 여인이지만 나오미에게 끝까지 헌신하며 따라간다. 나오미가 고향인 베들레헴으로 돌아가겠다고 하자, 룻은 자신의 고향과 가족을 떠나 나오미를 따르기로 결심한다. 이때 룻의 유명한 고백은 다음과 같다.

"어머니가 가시는 곳에 나도 가고, 어머니가 머무시는 곳에 나도 머물겠습니다. 어머니의 백성이 나의 백성이 되고, 어머니의 하나님이 나의 하나님이 되실 것입니다."(룻기 1:16)

이 구절은 룻의 깊은 충성과 믿음을 잘 보여준다. 룻은 나오미의 생계를 위해 밭에서 이삭을 줍는 고된 일을 자처하며 나오미를 부양한다. 그녀는 자신의 젊음과 미래를 희생하며 나오미에게 헌신한다. 나오미는 룻을 딸처럼 여기며, 그녀의 미래를 걱정하고 보아스와의 결혼을 주선한다. 룻은 나오미의 조언을 신뢰하며 따르고, 이로 인해 두 사람은 보아스와의 연합을 통해 새로운 삶의 기회를 얻게 된다. 룻과 나오미의 관계는 하나님의 언약적 사랑(헤세드, Hesed)을 반영한다. 하나님의 백성을 향한 변함없는 사랑과 충성을 룻의 행동을 통해 볼 수 있다. 룻과 보아스의 결혼으로 태어난 후손은 다윗 왕조로 이어지며, 이는 예수 그리스도의 족보에 포함된다. 이방인 룻의 헌신은 하나님 나라의 포용성을 상징한다. 결국 룻과 나오미의 관계는 희생과 사랑, 충성이 인간관계를 얼마나 풍요롭게 할 수 있는지를 보여준다. 이 이야기는 개인 간의 사랑과 헌신뿐만 아니라, 하나님이 모든 민족과 사람을 아우르는 사랑과 계획을 드러내는 중요한 신학적 메시지를 담고 있다.

37 '그 기만적 나툼'은 T. S. Eliot의 시 황무지의 첫 구절 '4월은 잔인한 달'이라는 표현과 유사한 점에 착안하여 이해를 깊게 하고자 한다.

T. S. 엘리엇의 황무지(The Waste Land) 첫 구절,

April is the cruellest month, breeding
Lilacs out of the dead land, mixing
Memory and desire, stirring
Dull roots with spring rain.

상기에서 'April is the cruellest month'라는 표현은 일반적으로 재생과 희망을 상징하는 봄이 오히려 잔인하다는 역설을 담고 있다. 이는 새로운 생명이 움트는 과정이 필연적으로 과거의 죽음을 전제하고 있으며, 희망이 동시에 상실의 아픔을 동반한다는 점을 강조하는 것이다. 이것을 '그 기만적 나툼'과 연결하면, 반짝이는 금모래(황금빛의 환희)가 단순한 축복이 아니라, 그 이면에 무상(無常)이라는 필터를 거쳐야만 볼 수 있는 기만적이고 덧없는 것이라는 통찰과 유사한 구조를 보인다. 즉 삶의 환희와 기쁨이 결국 덧없음(無常) 속에서 빛나는 것이라면, 엘리엇이 묘사한 잔인한 4월 역시 생명의 아름다움이 실상 무상함과 결부되어 있다는 점에서 같은 정서를 공유한다고 볼 수 있는 것이다. 이처럼 두 표현 모두 '환희와 희망 속에 숨겨진 기만성' 혹은 '생성과 소멸이 동전의 양면처럼 공존하는 현실'을 인식하고 있다는 점을 유념하고 김 소월의 이 시를 음미할 수 있을 것이다.

38 성철스님의 법어 "산은 산이요, 물은 물이로다"는 한국 선불교에서 매우 유명한 표현이며, 깊은 철학적·선학적 의미를 담고 있다. 이 문장은 단순히 자연을 묘사한 말처럼 보이지만, 깨달음의 경지를 표현하는 법문이다. 성철 스님은 이 말을 통해, 진리를 직관적으로 보고 깨달은 상태를 가리켰다. 초기에는 수행자가 "산은 산이고, 물은 물이로다"라는 말의 단순함 속에서 무언가 더 높은 깨달음이 있을 것이라 생각할 수 있다. 그러나 궁극적으로는 모든 개념적 구분을 초월한 상태에서 다시 "산은 산이고, 물은 물이로다"라는 단순한 진리로 돌아오는 경지를 상징한다.

법문의 세 단계 :
성철 스님은 이 표현을 통해 선학에서 말하는 깨달음의 과정을 세 단계로 설명한다.

첫 번째 단계는 아직 영적 각성이 없이 깨닫지 못한 자연 상태에서의 소박한 세계관으로서 "산은 산이고, 물은 물이로다"로 표현된다. 즉 아직 깊은 사유 없이 고정된 자신의 관점과 집착 속에서 세상을 인식하는 것이다.

두 번째 단계는 "산은 산이 아니고, 물은 물이 아니다"라는 깨달음의 단계로 진입한다. 수행자는 탐구와 깨침을 통해 집착과 분별이 사라져 기존의 세계관이 무너

지고 실상을 깨닫게 되는 단계이다. 불교에서는 공(空)과 무아(無我)를 체험하며 기존의 실체적 인식이 붕괴된다. 그러므로 예전의 (알던)산은 (진정한 의미의)산이 아니고 예전의 (알던)물은 (진정한 의미의)물은 아닌 것이다. 이 단계에서는 "산은 산이 아니고, 물은 물이 아니다"라는 깨달음으로 표현되는 것이다. 이는 고정된 개념과 형상을 넘어선 경지를 의미한다.

세 번째 단계는 완전한 깨달음, 돌아옴의 단계로 깨달음이 깊어져 모든 분별과 집착이 완전히 사라지면, 세상은 다시 본래의 모습으로 보인다. 이 상태에서는 "산은 산이요, 물은 물이로다"라는 본래의 진리를 단순하게 이해하고, 그 속에 거하게 된다. 이는 곧 진리가 바로 지금 이 자리, 일상의 삶에 있음을 깨닫는 경지를 가리킨다.

이 법문의 철학적·종교적 의의는 다음과 같다.

1. 일상 속 깨달음
성철 스님은 깨달음이 특별한 상태나 이상향이 아니라, 평범한 삶과 자연 속에 있음을 강조했다. 진리는 고상한 곳에 있는 것이 아니라, 지금의 삶과 존재 그 자체에 있다는 점을 가르친다.

2. 비분별 지혜
"산은 산이요, 물은 물이로다"는 이분법적 사고를 넘어선 비분별 지혜를 상징한다. 분별을 넘어서면 모든 것이 본래 그러한 모습으로 완전하며, 이를 있는 그대로 받아들이게 된다.

3. 한국 선불교의 특징
성철 스님은 한국 선불교의 대표적인 인물로, 간화선을 통해 깨달음을 추구했다. 이 법문은 그의 철학과 수행의 정수를 보여주는 동시에, 한국 불교의 수행 전통과 깨달음의 특징을 잘 드러낸다.

결론적으로 성철 스님의 "산은 산이요, 물은 물이로다"는 간단한 문장이지만, 선불교의 깊은 깨달음과 진리를 함축한 법문이다. 이는 깨달음의 과정과 그 결과로서의 진리의 본질을 보여주며, 궁극적으로 우리 삶과 자연의 본래 모습을 있는 그대로 받아들이는 것을 가르친다.

*여기서 성철 스님의 이 법문과 누가복음에 기록된 탕자의 여정[깨닫기 전의 순진한 세계관 → 혼란과 방황(탐구) → 귀가(깨달음의 귀환)]과 영적 성장의 3단계라는 관점에서 유사한 구조를 갖는다는 점을 살펴보자. 성철의 법문은 세상(객관)에 대한 인식의 진화 발전에 관한 것이라면 탕자의 관점은 자신의 내적 성장과 자아상(주관)에 관한 점에 차이가 있을 뿐이다.

(1) 첫 번째 단계 : 탕자의 가출 전에 가지고 있던 탕자의 자아상에 해당하는 부분이다. 탕자는 자신의 욕망과 집착에 따른 그릇된 자아상을 갖고 있어 진실을 모르

고 있는 상태다. 그는 자신이 아버지의 아들이라는 소박한 인식으로 세상을 문제 없이 받아들이고 큰 고민 없이 살아가는 상태를 나타내며 성철 스님의 법문 "산은 산이고, 물은 물이로다"와 병치된다. 즉 깨침 전의 산과 물은 진실상이 아닌 것처럼 자신에 대한 자아상 역시 진실상이 아닌 허상에 매몰되어 있는 것이다. 여기서 아들은 자신이 아버지의 영적 유산을 받을 만한 진정한 영적 자격을 갖추지 못하였음에도 불구하고 혈통적 상속자임을 내세워 자신의 상속재산을 요구한다.

(2) 두 번째 단계 : 그리하여 탕자는 여기에서 만족하지 않고 기존의 위치에서 벗어나 새로운 자립을 위해 집을 나서게 된다. 이러한 비유의 상징은 기존의 가치관이나 인식을 의심하고 초월적인 진리를 탐구하는 단계로 나아가는 단계로 볼 수도 있다. 수행자가 세계의 실체를 탐구하며 무아(無我)와 공(空)을 체험하는 것처럼, 탕자는 탐구와 방황 가운데 기존의 가치 판단이나 인식의 붕괴를 경험하게 되고 모든 것이 무너져 내리는 과정을 거친다. 그래서 "(과거에 바라보던)산은 (진실된) 산이 아니고, 물은 물이 아니다" 임을 깨닫게 되는 것처럼 자아상(그전에 가졌던 아버지와 아들의 관계)이 무너지게 되는 것을 체험하게 된다. 기존의 경험과 배움을 뒤흔드는 혼란과 방황의 과정이다. 결국 탕자의 비유에서는 탕자가 아비 집을 떠나 허랑방탕(虛浪放蕩)하며 모든 것을 잃고 아들이 아니라 품군의 자리에까지 낮아지는 겸허한 자리까지 나아가게 된다.

(3) 세 번째 단계 : "산은 산이요, 물은 물이로다"는 결국 탕자가 올바른 자아상을 깨닫게 되고 탕자가 귀가(귀의)하여 올바른 인식을 갖게 된 후의 표현이다. 비로소 올바른 인식을 갖게 되었다. "산은 산이요, 물은 물이로다." 깨달음의 완성으로, 본래 자리(아버지의 아들)로 돌아가지만 더 깊은 이해를 얻은 상태이다. 탕자가 겸허한 품군을 자처하며 아버지의 집으로 돌아와 이전과는 다른 경지에서 새로운 삶(본래 진정한 아버지와 아들로서의 자격)을 받아들이는 것처럼, 수행자는 본래의 세계로 돌아오지만 이제 모든 것을 본래의 있는 그대로 받아들이는 단계다.

상기에서 보듯이 성철 스님의 깨달음 과정과 탕자의 여정은 "[깨닫기 전의 순진한 세계관 → 혼란과 방황(탐구) → 귀가(깨달음의 귀환)]"이라는 보편적 영적 성장의 구조를 공유한다. 이는 인간이 깨달음에 이르는 과정이 불교와 기독교에서 모두 본질적으로 '본래 자리로 돌아오는 여정'임을 보여주는 것이다.

39 전통적인 동아시아 달력, 특히 한국의 달력은 일 년을 24절기로 나누며, 이는 천문학적이고 계절적인 변화를 반영한다. 이 시스템은 인간의 삶과 자연의 밀접한 관계를 보여주며, 과거에는 주로 농사 일정에 활용되었다.
절기는 지구가 태양 주위를 공전하며 발생하는 특정한 시점을 나타낸다. 일 년을 24등분하여 각 부분은 대략 15일 정도에 해당한다. 각 절기는 날씨, 일조량, 계절의 변화를 나타내며 자연 현상과 밀접하게 연관된다.
가장 잘 알려진 절기 몇 가지는 다음과 같다.

입춘: 봄의 시작을 알리는 시기(2월 초)
춘분: 낮과 밤의 길이가 같아지는 봄날(3월 20~21일경)
입하: 여름이 시작되는 시기(5월 초)
하지: 일 년 중 낮이 가장 긴 날(6월 21~22일경)
입동: 겨울이 시작되는 시기(11월 초)
동지: 일 년 중 밤이 가장 긴 날(12월 21~22일경)

전통 한국 사회에서는 24절기를 통해 농작물 심기, 수확, 기타 농업 활동에 가장 적절한 시기를 결정했다. 예를 들어, 곡우(4월 말)는 비가 많아지면서 곡물이 자라기에 최적의 시기를 알린다. 계절적 축제, 의식, 일상적인 활동 역시 절기를 기준으로 계획되었다. 현대의 달력과 기술이 절기의 실질적 필요성을 대체했지만, 절기는 여전히 문화적, 상징적으로 중요한 의미를 가지고 있다. 예를 들어 특정 절기는 동지(겨울 solstice)와 같이 가족들이 팥죽을 먹으며 액운을 쫓는 날과 연결된다. 절기는 도시화된 사회에서도 자연의 리듬과 연결될 수 있도록 사람들에게 계절감을 상기시켜 준다.

서양 관점에서 절기를 이해하기 쉽게 표현하면 절기는 일 년을 자연스러운 계절로 나누는 더 정밀한 방법으로 볼 수 있다. 이는 춘분과 하지 같은 천문학적 현상과 유사하지만, 추가적인 세부 절기를 통해 계절적 변화를 더 섬세하게 보여준다. 서양 문화가 주로 4계절에 초점을 맞추는 반면, 24절기는 일 년을 더 세밀하고 구체적으로 이해할 수 있는 틀을 제공한다. 24절기는 인간 활동과 자연의 조화를 이루기 위한 도구로, 그 실용성, 문화적 풍부함, 그리고 현대 사회에서의 지속적인 중요성을 강조하는 방식으로 설명할 수 있다.

40 살(煞): 사람을 해치거나 물건을 깨뜨리는 모질고 독한 귀신의 기운.

41 화랑(花郎)은 신라 시대의 독특한 청소년 교육 및 군사 조직으로, 국가의 지도층 인재를 양성하기 위해 운영되었다. '꽃 같은 사내'라는 뜻의 화랑은 외모뿐만 아니라 정신적, 도덕적, 무예적 수양을 중시하며 신라 사회의 중심적 역할을 했다.
화랑은 주로 귀족 계층의 청년들로 구성되었으며, 국가적 위기 시에는 군사적 역할을, 평상시에는 도덕적 수양과 문화 활동을 통해 사회의 안정을 도모했다. 이들은 산천을 순례하며 무예를 연마하고, 불교와 유교적 가르침에 따라 심신을 단련하였다.
화랑은 신라의 통일과정에서 중요한 역할을 했으며, 특히 김유신, 문무왕과 같은 화랑 출신 인물들이 신라의 발전과 삼국 통일에 기여했다. 화랑도의 정신은 국가와 민족에 대한 헌신, 용맹, 그리고 도덕적 리더십으로 요약되며, 현대 한국에서는 애국심과 리더십의 상징으로도 자주 언급된다.

42 『삼국유사(三國遺事)』는 고려 시대 승려 일연(1206~1289)이 집필한 역사서로, 삼국 시대(고구려, 백제, 신라)의 전설, 신화, 역사적 사실, 불교적 이야기 등을

엮은 책이다. 이 책은 공식적인 역사서인 『삼국사기』와 달리, 역사 기록뿐만 아니라 민간 전설, 설화, 불교적 색채를 담고 있어 한국 고대사와 문화, 종교를 이해하는 데 중요한 자료로 평가받는다. 특히, 단군 신화, 석탈해 설화, 가락국 김수로왕 이야기 등 고조선과 삼국의 기원 및 신화적 이야기가 담겨있어 한국의 고유한 민족 정체성과 세계관을 엿볼 수 있다. 또한, 신라의 화랑도, 왕실의 불교적 신앙 등을 다루어 고려 시대의 불교 중심 사상과 문화를 반영하고 있다. 『삼국유사』는 단순한 역사서 이상의 가치를 가지며, 한국 고대 문화의 다양성과 정신적 유산을 전달하는 중요한 문헌이다.

43 맹자(孟子)의 측은지심(惻隱之心)은 인간이 본래 가지고 있는 타인의 고통을 불쌍히 여기고 동정하는 마음을 뜻한다. 맹자는 이를 인간 본성의 선함을 증명하는 중요한 요소로 보았으며, 측은지심은 인의예지(仁義禮智)라는 사덕(四德)의 기초가 된다고 주장했다. 예를 들어, 아이가 우물에 빠지려는 상황을 보면 누구나 걱정하고 구하려는 마음이 들듯이, 이러한 마음은 노력 없이 자연스럽게 나타나는 인간 본연의 선함이라는 것이다. 이는 맹자의 성선설(性善說)을 뒷받침하는 핵심 개념이다.

44 물아일체(物我一體)는 자연(物)과 나(我)가 경계 없이 하나가 되는 상태를 뜻하며, 분리된 개체가 아닌 연속성 속의 하나임을 깨닫는 철학적 경지이다. 이는 단절이 아닌 연결과 조화를 강조하는 사유 방식으로, '하나 임'의 철학에서는 우주와 인간, 나와 타자가 본래 하나로 이어져 있음을 자각하는 순간이라고 볼 수 있다. 한민족 고유의 삼재사상에 그 뿌리를 두고 있다. 나와 너가 하나라는 것을 넘어, 나와 자연, 나와 우주가 서로 분리된 존재가 아니라 조화로운 하나의 흐름이라는 깨달음이다.

45 경쟁과 도구화된 관계(I-It)는 마르틴 부버(Martin Buber)의 철학에서 다뤄진 개념으로, 인간이 타인을 목적 자체(I-Thou)가 아닌 수단(I-It)으로 대하는 관계를 뜻한다. 이 관계는 도구화와 객체화를 통해 타인을 경쟁의 대상으로 바라보며, 진정한 만남이나 상호존중이 결여된다. 부버는 진정한 인간관계가 경쟁보다는 상호적인 'I-Thou' 관계에서 이루어진다고 강조했다.

46 칸트의 정언명령(定言命令, Categorical Imperative)은 도덕철학의 핵심 원리로, 모든 사람에게 보편적으로 적용되는 도덕 법칙을 말한다. 간단히 말해, "너의 행위가 모든 사람에게 적용될 수 있는 보편적 법칙이 되도록 행하라"는 것이다. 이는 조건 없이 따라야 할 절대적 도덕 규범을 제시하며, 행위의 결과가 아닌 행위 자체의 의무와 도덕성을 중시한다. 어떠한 조건이나 결과에 상관없이 그 행위 자체가 선(善)하므로 절대적이고 의무적으로 행할 것이 요구되는 도덕 법칙을 말한다.

47 이두(吏讀)는 통일신라 시대에 사용된 한자 기반의 표기 방식으로, 한자의 음과 뜻을 빌려 한국어 문장을 기록하던 문자체계다. 주로 행정 문서나 공문서 작성에

사용되었으며, 한국어 어순에 맞게 한자를 배열하고 조사와 어미를 한자 부호로 표기해 한반도 고유 언어를 표현하려는 초기 시도의 일환이었다. 이는 한글 창제 이전 한국인의 문자 생활에서 중요한 역할을 했다.

48 세종대왕의 학문적 성취와 관련된 일화는 조선왕조실록이나 여러 역사적 기록에 자주 등장하며, 이는 그가 당시 학문과 지식에서 신하들을 압도했음을 잘 보여준다. 질문에서 언급한 "너희가 운서를 아느냐"라는 내용은 세종이 한글 창제를 반대하던 신하들과의 논쟁 속에서 그의 학문적 권위를 강조한 것으로 알려진 에피소드 중 하나이다. 특히, 세종은 사성칠음(四聲七音), 즉 음운학의 기본 원리와 운서(韻書)의 내용을 깊이 이해하고 있었으며, 이를 통해 훈민정음의 과학적 체계를 설계했다. 당시 신하들 중 다수는 이러한 음운학적 지식에 익숙하지 않았거나 이해하지 못했기에, 세종의 질문에 답할 수 없었고 논리적으로 반박하기 어려웠던 것으로 보인다. 이 일화는 세종대왕이 단순히 왕으로서의 권력만으로 훈민정음을 추진한 것이 아니라, 깊은 학문적 통찰과 지식을 바탕으로 이를 이루어 냈음을 상징적으로 보여주는 사례로 평가된다.

49 구텐베르크의 금속활자 발명(약 1440년경)은 서구 사회 전반에 엄청난 영향을 미쳤으며, 특히 종교혁명(Reformation)과 민주화의 발전에 중요한 역할을 했다. 금속활자를 통해 성경이 대량으로 인쇄되면서, 라틴어 성경뿐만 아니라 각국의 언어로 번역된 성경(특히 루터의 독일어 성경)이 빠르게 확산된다. 이는 신학 지식이 성직자 중심에서 평신도로 확대되는 계기를 마련했다. 마르틴 루터, 칼뱅 등 종교개혁가들의 저서와 논문(예: 루터의 95개조 반박문)이 빠르게 복사되고 유럽 전역으로 퍼졌다. 이는 당시 교회의 부패와 면죄부 판매 등에 대한 비판을 평범한 시민들이 접할 수 있게 했다. 종교개혁은 신앙의 개인적 책임을 강조했으며, 인쇄술의 도움으로 사람들이 직접 성경을 읽고 해석할 수 있는 기반이 마련되었다.
구텐베르크의 인쇄술은 정보의 독점이 깨지는 계기를 제공했다. 과거에는 지식이 주로 성직자나 귀족 계급에 의해 독점되었으나, 대량 인쇄는 일반 시민들에게도 지식과 정보에 접근할 수 있는 기회를 열어주었다. 인쇄술로 인해 책의 생산 비용이 낮아지고 보급률이 증가하면서 교육의 기회가 확대되었다. 이는 이후 계몽주의와 민주화운동의 기반이 되었다. 책과 팜플렛의 대량 생산은 공적 담론(public sphere)을 촉진시켰으며, 시민들이 사회적·정치적 이슈에 대해 논의할 수 있는 환경을 조성했다. 결론적으로 구텐베르크의 금속활자는 단순히 기술적 혁신에 그치지 않고, 정보와 지식의 공유를 통해 종교적 자유와 개인의 권리를 촉진하며 민주적 사회구조의 기반을 마련하는 데 핵심적인 역할을 했다. 이는 서구 사회의 종교적·정치적·사회적 변화를 가속화한 중요한 동력으로 평가된다.

50 이기동 지음, 『한마음의 나라 한국』, 동인서원, 2010. p.107
51 플라톤의 철인정치(Philosopher-King)는 그의 저서 『국가(Politeia)』에서 제시

된 이상적인 통치 개념으로, 철학자가 통치자가 되어야 한다는 주장이다. 철학자는 이데아(특히 선의 이데아)에 대한 깊은 이해를 통해 참된 진리와 정의를 인식할 수 있는 사람으로, 이상적인 통치의 기준을 세울 수 있다. 철학자는 지혜와 덕을 갖춘 사람으로, 개인적인 욕심이나 이익보다 공동체의 이익을 우선시한다. 플라톤은 이상적인 국가를 세 계층으로 나누었으며(통치자, 수호자, 생산자), 철학자는 가장 높은 계층인 통치자가 되어야 한다고 주장했다. 철학자는 태어날 때부터 특별한 자질을 가진 사람이 아니라, 엄격한 교육과정(철학, 수학, 체육 등)을 통해 양성될 수 있다고 보았다. 플라톤의 철인정치 사상은 이상주의적이고 엘리트주의적인 면이 있지만, 지혜와 덕을 갖춘 리더의 중요성을 강조한 점에서 정치 철학사에 큰 영향을 미쳤다.

52 한글의 독특한 특징은 문자, 소리, 의미가 완벽히 통섭(統攝)되어 있다는 점에서 다른 언어 문자와 구별된다. 이는 문자와 음운, 그리고 의미 간의 유기적인 연결성을 강조하며, 이러한 특징은 한글의 설계 철학에 깊이 내재되어 있다.
한글의 자음은 발음기관의 모양을 본떠 설계되었다. 예를 들어, 'ㄱ'은 혀가 목구멍을 막는 모양, 'ㅁ'은 입술의 모양을 형상화한 것이다. 이는 단순히 문자 자체를 시각적으로 인지하기 쉽게 만든 것을 넘어, 문자의 형태가 소리와 직접적으로 연결되도록 설계한 점에서 독특하다. 한글은 소리의 최소 단위인 음소를 표기하는 문자로, 시각적으로 구분되는 각각의 자음과 모음이 독립적이고 체계적으로 배열된다. 이 점에서 표의 문자와는 본질적으로 다르다. 한글은 하나의 글자가 하나의 소리를 표현한다. 자음과 모음의 조합으로 이루어진 음절 구조가 소리의 변형 없이 그대로 발음된다. 이는 불규칙한 발음 규칙을 가진 영어와 같은 언어와 크게 대비된다. 예를 들어, 영어에서는 'knight'와 같은 단어에서 'k'와 'gh'가 발음되지 않지만, 한글에서는 문자와 소리의 관계가 직관적이고 일관적이다. 세종대왕은 훈민정음 서문에서 "백성들이 쉽게 익히고 발음할 수 있도록 한글을 설계했다"고 밝히며, 문자와 소리의 연결성을 강조했다. 이는 문자와 소리의 일체성을 통해 문자 해독의 난이도를 낮추려는 의도였다.
한글은 소리와 의미가 하나의 문자를 통해 직접 연결되도록 설계되었다. 이는 훈민정음의 창제 목적(백성을 가르치는 바른 소리)에서 드러난다. 한글은 의미 전달을 위한 최적의 도구로 만들어졌으며, 소리와 문자가 통합되어 의미를 표현한다. 한글은 기본적으로 표음 문자이지만, 동시에 소리와 의미가 내재된 상징적 표현 도구이다. 예를 들어, 한글의 음운학적 설계는 소리와 발음의 변화를 통해 의미를 유추할 수 있는 구조로 이루어져 있다.

*한글과 다른 언어 문자와의 차별성**

(1) 영어(알파벳) : 알파벳은 소리를 표기하기 위한 음소 문자이지만, 발음과 철자 간의 불일치가 잦다. 예를 들어, 'ough'는 상황에 따라 다르게 발음되며, 소리와 문자의 일체성이 부족하다.

(2) 중국어(한자) : 한자는 음절 문자이자 표의 문자로, 하나의 글자가 하나의 의미를 나타내지만, 소리를 직접적으로 표현하지 않는다. 문자와 소리 간의 분리가 명확하다.

(3) 일본어(히라가나, 가타카나, 한자) : 일본어는 문자의 형태와 의미, 소리가 명확히 구분된 혼용체계를 사용한다. 예컨대, 히라가나는 소리를, 한자는 의미를 주로 전달한다.

*한글의 독창성

한글은 자음과 모음이라는 음소 문자가 결합해 음절을 구성하면서도, 시각적으로도 한 덩어리의 글자로 표현된다. 이는 소리, 문자, 의미가 하나로 통합된 구조를 이룬다. 한글의 체계적인 구조 덕분에 문자 해독이 쉬워, 문맹 퇴치에 혁혁한 공을 세웠다. 이는 다른 문자체계와 구별되는 점이다. 한글은 소리와 문자가 결합하여 의미를 나타내는 동시에, 청각적 표현과 시각적 표현이 유기적으로 연결되도록 설계되었다.

*한글의 철학적 의의: 셋이면서 하나인 통섭의 완성

(1) 한글은 시각(문자), 청각(소리), 의미(뜻)이라는 삼위일체적 관계를 완벽히 구현한 문자체계이다. 이는 이원론적 사고(서양철학의 이분법적 접근)와 달리, 연속에 기반한 통합적 사고('하나 임')의 소산이다.

(2) 훈민정음 해례본에서는 "천지인(天地人)의 삼재를 본떴다"는 표현을 통해, 한글이 자연의 원리를 따르면서 인간의 소통과 표현의 도구로 설계되었음을 명확히 했다. 이는 문자, 소리, 의미가 조화를 이루어 하나로 통섭된다는 점에서 철학적으로도 큰 의의를 지닌다.

한글은 문자, 소리, 의미가 통섭된 독창적인 문자체계로, 언어의 본질적 기능(소통)을 최적화한 설계 철학을 보여준다. 이는 다른 문자들과의 차별성을 부여하며, 한글이 단순한 문자 이상의 철학적·언어학적 가치를 지니고 있음을 나타낸다. 셋이지만 하나라는 통섭적 구조는 한글의 창제 배경과 철학을 이해하는 핵심적 요소이다.

53 마크 피터슨(Mark Peterson) 교수는 미국 브리검영대학교(Brigham Young University)에서 한국학을 연구하고 가르친 학자로, 특히 한국의 역사, 문화, 그리고 전통 사회구조에 대한 깊이 있는 연구로 잘 알려져 있다. 그는 한국의 가족제도, 한글, 그리고 유교 문화를 서구 사회에 알리는 데 중요한 역할을 했으며, 한국문화와 서양 문화의 차이를 비교하는 강연과 저술 활동으로도 활발히 활동했다. 한국과의 인연이 깊어 한국문화 대중화에 크게 기여한 학자로 평가받고 있다.

54 제프리 샘슨(Geoffrey Sampson) 교수는 영국 리즈 대학교(University of Leeds)

에서 활동한 저명한 언어학자로, 자연어의 구조와 컴퓨터 언어학에 대한 연구로 잘 알려져 있다. 그는 언어 이론, 언어 발달, 그리고 문법 규칙의 본질에 대한 깊이 있는 통찰을 제공했으며, 언어학과 철학을 넘나드는 학제적 연구로도 주목받았다. 샘슨 교수는 언어와 인지에 대한 논쟁적 주제들을 탐구하며 언어학 이론의 발전에 중요한 기여를 한 학자로 평가받는다.

55   한국어의 소리를 화엄사상과 양자역학의 관점에서 논의하는 것은 흥미로움을 자아낸다. 화엄사상은 "일즉다 다즉일(一卽多 多卽一)", 즉 "하나가 곧 만물이고, 만물이 곧 하나"라는 철학을 바탕으로 한다. 모든 개별적 존재는 서로 분리된 개체처럼 보이지만, 궁극적으로는 하나의 조화로운 전체를 형성한다.
한국어의 소리가 "모든 것이 섞여 하나로 녹아드는 느낌"으로 들린다는 외국인의 반응은 이 화엄의 철학과 맞닿아 있다. 한국어의 소리는 자음과 모음의 결합을 통해 개별적인 음소들이 조화롭게 어우러져 하나의 뜻을 전달한다. 이때, 자음과 모음은 개별적인 단위로서 존재하지만, 그들이 합쳐져 만들어 내는 소리와 의미는 '전체 속에서의 조화'를 보여준다. 이는 개별적 존재가 서로 연결되고 조화를 이루는 화엄사상의 핵심과 일치한다.
화엄사상에서 물결은 모든 개별적 존재가 궁극적으로 하나의 물이라는 본질로 귀결된다는 상징으로 사용된다. 마찬가지로 한국어의 소리 역시 다양한 음소가 조화롭게 연결되어 의미의 '하나 임'을 표현하는 과정을 통해 화엄사상을 구현한다고 볼 수 있다.
양자역학은 입자와 파동의 이중성을 기반으로 물리적 세계를 설명한다. 물질은 고정된 실체로 존재하는 것이 아니라, 상황에 따라 입자(단절)로도, 파동(연속)으로도 나타난다. 외국인의 표현에서 "한국어는 물결 같다"는 느낌은 바로 한국어의 소리가 파동적 특성을 가지고 있음을 암시한다. 양자역학적으로 볼 때, 파동은 연속성과 변화의 표상이다. 한국어는 자음과 모음의 결합을 통해 유기적인 리듬과 억양을 생성하며, 이 리듬이 끊임없이 연결되는 연속성을 만들어낸다. 이러한 연속성은 단절된 개별 음소가 아니라, 조화롭게 이어지는 전체적인 흐름을 통해 전달된다.
반면, 개별 음소는 각기 독립적으로 존재할 수 있는 '입자적 성질'을 가지고 있다. 그러나 이 개별 음소는 그 자체로 고립된 것이 아니라, 하나의 파동처럼 흐름 속에서 전체의 의미를 형성하는 데 기여한다. 이는 한국어의 소리가 개별적이면서도 전체적 의미를 만들어 내는 입자와 파동의 상호 작용을 보여주는 사례라고 할 수 있다.
화엄사상과 양자역학 모두에서 핵심은 '다양성 속의 통일'이다. 화엄사상은 모든 존재가 개별적으로 존재하면서도 결국 하나의 본질(물)로 귀결된다고 보고, 양자역학은 모든 물질이 입자와 파동의 두 가지 성질을 동시에 가진다고 본다.
한국어의 소리체계는 이 두 사상을 동시에 구현하고 있다. 자음과 모음의 조화는 다양성을 포용하여 하나의 의미를 형성하는 과정이다(화엄적 통섭). 개별 음소의 독립성과 전체 리듬의 연속성이 공존하며, 이는 마치 입자와 파동이 공존(양자적 융합)하는 것과 같다.
결론적으로 한국어의 소리는 단순히 음성적 표현이 아니라, 철학적 통찰을 담은 독특한 체계로 볼 수 있다. 외국인의 "물결 같다"는 인상은 한국어가 가지는 화엄적 조화와 양자적 연속성을 본능적으로 포착한 것이라 할 수 있다. 이러한 철학적 깊이는 단지 음운학적인 구조를 넘어, 한국어에 내재된 민족의 정신과 세계관을 반영하며, 한국어를 '하나임'의 언어로 자리매김하게 한다.

56 『직지심체요절(直指心體要節)』은 고려 말에 간행된 세계에서 가장 오래된 금속활자본으로, 1377년 청주 흥덕사에서 간행되었다.
직지심체(直指心體)는 '마음을 곧바로 가리킨다'는 뜻으로, 선종(禪宗)의 깨달음과 직관적인 진리를 강조한다. 요절(要節)은 핵심적인 가르침을 담은 요약본을 의미한다. 이 경전은 불교 선종의 사상과 교리를 간결하게 설명한 것으로, 고승들의 가르침을 모아 마음의 본성을 직관적으로 깨닫는 길을 제시한다. 세계 최초의 금속활자본으로, 서양의 구텐베르크 금속활자 성경(1455년)보다 약 80년 앞섰다. 2001년 유네스코 세계기록유산으로 등재되었다. 상·하권으로 이루어져 있었으나, 현재는 하권만 전해진다. 현재 남아있는 유일한 원본은 프랑스 파리 국립도서관에 소장되어 있다. 마음의 본질에 대한 직접적이고 간결한 깨달음을 강조하며, 형식적인 수행이나 교리적 논쟁을 넘어선 실천적 깨달음을 중시한다. 고려 시대의 뛰어난 과학 기술과 철학적 깊이를 보여주는 중요한 유산이다. 이는 한국 문화와 기술의 세계사적 가치를 증명하는 상징적 유물로 평가받고 있다.

57 한민족의 강한 연대와 유대가 '합산'이 아닌 '융합'된 정체성으로 나타나는 이유는 다음과 같은 한국 문화의 고유한 특성과 역사적 맥락에서 찾을 수 있다.
'정'은 한민족의 독특한 문화적 코드로, 단순히 개인 간의 관계에서 발생하는 정서적 교감이 아니라, 사람과 사람을 하나로 묶는 심리적 끈이다. 합산은 각 개인의 독립된 정체성을 유지한 채 단순히 더해지는 관계를 말하지만, 융합은 각 개체가 관계 속에서 서로에게 스며들며, 새로운 하나의 정체성을 만들어 내는 것을 의미한다. '정'은 이러한 융합적 특성을 지니며, 이는 서로를 나누기 어려운 집단적 연대감과 강한 응집력을 만들어 낸다.
한국은 수많은 외세 침략과 압박 속에서 '우리'라는 집단의식을 통해 생존해 왔다. 단순히 각 개인이 자신의 역할을 독립적으로 수행하는 것이 아니라, 공동체 전체의 안위와 생존을 위해 서로의 고통과 책임을 공유하며 하나로 뭉쳐왔다. 이러한 생존 방식은 한국인의 정체성을 집단적, 융합적 관점에서 강화시켰다. 이는 단순한 협력의 합산이 아니라, '공동 운명체'로서의 정체성을 만들어 낸 것이다.
한국인은 역사적으로 혈연, 지연, 학연과 같은 관계망에서 연결되어 있으며, 이 과정에서 개인의 정체성은 공동체와 불가분의 관계가 되었으며, 서로의 행복과 고통을 나누는 과정에서 공동체 내의 '우리' 의식이 강하게 자리 잡았다.

한국 문화는 이분법적 사고보다는 조화와 통합을 중시하는 철학적 전통을 가진다. 예를 들어, 유교와 불교, 도교와 같은 사상이 조화를 이루며 발전해 온 것처럼, 개인과 공동체 역시 통합적 정체성을 추구해 왔다. 이러한 사고방식은 개인을 독립된 단위로 보지 않고, 서로의 존재가 관계 속에서 완성된다는 '하나 임'의 정신으로 나타난다. '정'에 기반한 관계 중심의 문화, 역사적 생존 경험, 그리고 철학적 통합성이라는 특징이 결합된 결과이다. 이는 단순히 개별 구성원이 모인 집단과는 달리, 하나로 녹아든 공동체적 힘으로 나타나며, 위기 속에서도 놀라운 연대와 응집력을 발휘하는 원동력이 된다.

58 루스 베네딕트(Ruth Benedict, 1887~1948)는 미국의 문화인류학자이자 민속학자로, 문화의 패턴을 분석하는 독창적인 접근법으로 유명하다. 그녀는 저서 『국화와 칼(The Chrysanthemum and the Sword, 1946)』을 통해 일본 문화를 심층적으로 분석하여 서구 사회에 일본 문화를 이해하는 데 기여했다. 그녀는 문화가 개별적 행동과 가치관에 미치는 영향을 강조하며, 인간 행동을 문화적 맥락에서 연구하는 데 큰 영향을 미친 학자이다.

59 이지메(いじめ)는 일본의 집단 따돌림 현상을 가리키는 말로, 개인을 심리적, 언어적, 신체적으로 괴롭히거나 소외시키는 행위를 뜻한다. 이지메는 주로 학교, 직장, 또는 사회적 집단 내에서 발생하며, 가해자가 피해자를 집단적으로 따돌리거나 괴롭히는 형태로 나타난다. 일본의 전통적인 집단문화는 상하관계와 권력 구조를 중시하며, 이를 기반으로 구성원의 획일성과 집단 내 질서를 유지하려는 경향이 강하다. 이러한 문화적 배경은 이지메의 발생을 더욱 부추기는 원인으로 작용하며, 피해자는 종종 자신이 속한 집단에서 완전히 고립되거나 심각한 정신적 고통을 겪게 된다.

60 카세타니 토모오, 『한국인 조센징 조선족』, 2002, 범우사, p162.

61 1963년부터 1965년까지 이스라엘의 고고학자 이갈 야딘(Yigael Yadin)은 마사다(Masada) 유적 발굴 작업을 이끌었다. 마사다는 사해 인근의 고대 요새로, 로마제국에 맞선 유대 독립운동의 상징적 장소로 알려져 있다. 야딘의 발굴은 마사다의 역사적 중요성을 재조명하는 계기가 되었으며, 특히 유대-로마 전쟁 당시 로마군의 포위와 유대인들의 최후 저항을 입증하는 유물과 구조물이 발견되었다. 발굴 작업을 통해 고대 주거지, 방어벽, 물 저장소, 로마군의 공성 도구, 그리고 유대인 반란군의 삶의 흔적이 드러났다. 이 작업은 고고학뿐 아니라 유대민족의 정체성과 역사적 자부심을 강조하는 중요한 사건으로 평가된다.

62 삼별초(三別抄)는 고려 시대에 조직된 군사 조직으로, 본래는 최씨 무신정권 시기에 설치된 사병(私兵) 부대였다. 이름은 '좌별초', '우별초', '신의군(新義軍)'의 세 부대로 이루어진 데서 유래했다.
삼별초는 고려의 정규군과는 별도로 왕권보다 무신 정권의 이익을 보호하는 역할을 했다. 그러나 몽골의 침략과 무신정권의 몰락 이후, 삼별초는 고려 정부의 몽골에 대한 굴복(강화도 천도 이후 환도)에 반발하여 항쟁의 주체로 변모했다. 1270년 고려가 몽골과의 강화 협정을 체결하며 수도를 개경으로 환도하자, 삼별초는 이를 반대하며 강화도에서 반란을 일으켰다. 이후 항쟁은 진도와 제주도로 거점을 옮기며 계속되었지만, 결국 몽골과 고려 연합군에 의해 진압되었다. 삼별초는 단순한 군사 조직을 넘어 몽골에 대한 민족적 저항의 상징으로 평가된다. 비록 항쟁은 실패로 끝났지만, 삼별초의 저항은 고려 백성들의 자주성과 독립 의지를 보여준 사례로 역사적 의의가 크다.

63 고려왕조의 무신정변(武臣政變)은 1170년에 발생한 사건으로, 무신(무관)들이 주도한 쿠데타를 통해 고려의 정치권력이 문신(문관) 중심에서 무신 중심으로 전환된 계기이다.

그 배경을 보면 고려 초기부터 문신이 행정과 정치의 주도권을 쥐고 있었고, 무신은 문신에 비해 차별받으며 상대적으로 낮은 지위를 가졌다. 이런 상황에서 무신들은 불만을 키워갔으며, 특히 무신들의 과도한 군사적 책임과 문신들의 무시, 그리고 군인에 대한 처우 문제 등이 정변의 주요 원인이 되었다.

1170년, 정중부, 이의방, 이고를 중심으로 한 무신 세력이 쿠데타를 일으켜 당시 왕이었던 의종을 폐위하고, 명종을 옹립했다. 이를 통해 정권은 무신들에 의해 장악되었고, 정중부가 집권자로 나서게 되었다.

정중부 이후 최충헌, 최우 등의 무신 집권자들이 약 100년 동안 권력을 유지하며 무신 정권 시대가 이어졌다. 무신정변 이후 중앙 권력이 약화되었고, 지방에서 농민 봉기(예: 망이·망소이의 난, 김사미·효심의 난)와 반란이 자주 일어났다. 무신 집권자들은 자신들의 사병(私兵)을 강화하고 권력을 세습하며 독재적인 통치를 이어갔다.

무신정변은 고려의 정치 구조에 큰 변화를 일으켰으며, 이후 사회와 정치의 혼란기를 초래했다. 또한, 문신 중심의 지배 체제가 무너지고 새로운 권력 질서를 만들어 내는 전환점으로 평가된다.

64 조선 시대의 사헌부(司憲府), 사간원(司諫院), 홍문관(弘文館)은 국왕의 정치와 국가 운영을 보좌하거나 견제하는 역할을 담당한 중요한 삼사의 기관이다. 이들 기관은 조선의 언론 기능을 수행하며 권력의 균형을 유지하는 데 기여했다.

*사헌부(司憲府)는 조선의 감찰기관으로, 관리들의 부정부패와 비리를 감시하고 처벌하는 일을 맡았다. 관리의 비행을 조사 탄핵하고, 법률 집행의 공정성 감독하는 등 백성들의 억울함을 국왕에게 직접 전달했다. 구성원은 대사헌을 중심으로 사헌과 감찰관들로 이루어졌다. 특징으로는 관리들의 비리를 고발하거나 견제하는 역할에서 매우 강력한 권한을 가졌다.

*사간원(司諫院)은 국왕의 정책에 대해 간언을 하고, 잘못된 정치를 바로잡기 위

해 조언하는 역할을 했다. 국왕의 잘못된 판단이나 정책을 비판하고, 다른 관료나 관리들의 문제를 논의하고 건의하는 등 국가의 도덕적 기준을 유지했다. 구성원은 대사간을 비롯한 간관들로 이루어졌으며, 국왕과 직접 소통할 수 있었다. 특징으로는 국왕에게 간언하는 것을 주요 임무로 삼았으며, 이를 통해 국왕의 전제적 권력을 견제했다.

*홍문관(弘文館)은 조선의 학문 연구와 정책 자문을 맡은 기관으로, 국왕의 학문적 조언자 역할을 수행했다. 경연(經筵, 국왕과 학문적 토론)을 주관하고, 국왕에게 정책과 관련된 문서를 작성하거나 자문하는 등 국가의 학술적 발전과 문한(文翰) 업무를 담당했다. 구성원은 대제학을 중심으로 학사와 부학사 등이 포함되었다. 특징으로는 학문적 기반을 바탕으로 정책을 제안했으며, 다른 두 기관(사헌부, 사간원)과 함께 국왕을 견제하는 역할을 했다.

삼사는 서로 견제와 협력의 관계를 유지하며 권력의 남용을 방지하고 국정을 효율적으로 운영하도록 도왔다. 또한 관리들의 비리 감시(사헌부), 국왕의 정책 비판(사간원), 학문적 자문(홍문관)의 역할 분담을 통해 조선의 정치적 균형을 유지했다. 특히, 삼사는 국가의 언론 기능을 상징하며 신하들의 여론을 통해 국왕의 절대 권력을 견제하려는 조선의 독특한 정치 체제를 보여준다.

65 국채보상운동(國債報償運動, 1907년)은 일제강점기 초기에 한국 민족이 일본의 경제적 침략에 저항하고 국가의 자주권을 지키기 위해 일어난 민족적 경제자립운동이다.
일본은 1905년 을사늑약 체결 이후 조선을 사실상 식민지화하며 막대한 국채(1,300만 원)를 강제로 떠안게 하였다. 국채를 갚지 못할 경우 한국의 경제적 자립이 더욱 어려워질 것을 우려한 민족 지도자들이 주도하였다. 1907년 대구에서 시작되어, "나라 빚을 갚자!"라는 슬로건 아래 전 국민이 참여하였다. 담배를 끊고, 소소한 금액을 모아 국채를 갚는 데 사용하였다. 특히 「대한매일신보」가 적극적으로 홍보에 나섰으며 학생, 농민, 여성 등 다양한 계층이 동참하였다. 그 결과 약 20만 원 상당의 금액을 모았으나, 일제의 방해와 탄압으로 운동이 좌절되었다. 운동은 실패했지만, 한국인의 민족적 각성과 단결의식을 크게 고취시켰다. 그 역사적 의의는 1997년 금 모으기 운동의 선구적 사례로 평가된다. IMF 외환위기 당시, 국민이 자발적으로 금을 모아 국가 위기를 극복하려 했던 금 모으기 운동은 국채보상운동의 정신을 계승한 사례로 볼 수 있으며 이는 민족의 자주의식과 경제적 독립을 향한 한국인의 열망을 상징하는 중요한 역사적 사건이다.

66 대한민국 초대 대통령 이승만에 대한 평가는 대한민국 역사에서 매우 복잡하고 양면적이다. 그는 대한민국의 초석을 놓은 지도자로서 중요한 역할을 했지만, 동시에 그의 권위주의적 통치 방식과 부정 선거, 독재로 인해 국민의 신뢰를 상실한 인물이기도 하다.

이승만은 대한민국 임시정부의 지도자로 활동하며 일제강점기 독립운동의 핵심 인물이었다. 광복 후 대한민국 정부를 수립하는 데 있어 중요한 역할을 했고, 한국을 민주공화국으로 이끄는 기반을 마련했다. 특히, 국제 외교 무대에서 UN의 대한 독립 승인을 끌어냈고, 1948년 대한민국 정부의 수립을 이끈 지도자로 평가된다.

이승만은 한국전쟁(1950~1953) 당시 미국과의 긴밀한 관계를 바탕으로 대한민국의 생존을 지켰다. 특히, 한미상호방위조약(1953년) 체결은 한국의 군사적 안보에 있어서 미국과 동맹을 맺는 계기를 마련했고, 이는 냉전 시대 동아시아에서 대한민국의 생존 전략의 핵심이 되었다. 한국전쟁 직후 폐허가 된 대한민국을 재건하는 데에도 외교적 역량을 발휘했다.

이승만은 북한의 공산주의와 싸우며 대한민국이 자유민주주의 체제를 유지하는 데 중요한 역할을 했다. 당시 냉전이라는 국제적 환경 속에서 반공주의는 한국 사회를 통합하는 중요한 이념적 기초로 작용했다.

이승만 정권은 1950년대 말로 갈수록 권위주의적 통치가 강화되었고, 특히 1960년 부정 선거는 국민의 분노를 폭발시켰다. 이는 4.19 혁명으로 이어져 결국 이승만의 하야를 초래했다. 정권 유지를 위해 민주주의적 절차를 훼손했다는 비판은 오늘날까지도 이어지고 있다. 4.19 혁명은 국민이 이러한 독재와 권위주의에 맞서 싸운 역사적 사건으로, 이승만 정권의 한계를 상징적으로 보여준다.

이러한 사실에 비추어 이승만의 공과를 균형 있게 바라보는 재평가가 필요하다. 대한민국의 건국과 한국전쟁에서의 생존, 그리고 미국과의 군사 동맹 구축은 이승만이 남긴 중요한 업적이다. 그는 당시 한국의 국제적 위치를 강화하며 대한민국의 기틀을 마련했다. 이승만은 민주주의의 원칙을 강조했지만, 실제 통치에서는 민주주의의 이상과 거리를 두지 않을 수 없었다. 이러한 모순은 그의 지도력을 평가할 때 중요한 요소로 작용한다. 이승만의 통치는 당시 냉전과 한국전쟁으로 인해 혼란했던 국내외 상황에서도 기인한다. 강력한 지도력이 필요했던 시기라는 점에서 그의 성향을 상당 부분 이해하지 않을 수 없다.

이승만은 대한민국 현대사에서 국가의 기초를 놓은 탁월한 지도자이다. 그의 외교적 성과와 건국의 역할은 높이 평가받아야 하며, 이는 당시 한국의 생존과 자주성을 확보하는 데 결정적 기여를 했다. 공과를 균형 있게 평가하는 자세가 필요하다.

67 아르네 웨스타드(Arne Westad)는 미국 예일대학교 역사학과 교수로, 현대 국제사와 냉전사 연구의 권위자이다. 그는 특히 냉전의 글로벌 역사와 중국 현대사를 깊이 연구하며 세계적으로 명성을 얻었다. 대표 저서로는 『The Cold War: A World History(냉전: 세계사)』가 있으며, 이 책은 냉전을 단순히 미국과 소련 간의 갈등이 아니라, 세계적인 관점에서 분석한 것으로 높이 평가받고 있다. 웨스타드 교수는 이전에 하버드 대학교 케네디 스쿨에서도 국제사와 공공정책을 가르쳤으며, 냉전사 연구소를 이끌었다. 그는 또한 중국과 아시아 역사에 대한 깊은 통찰을 바탕으로, 중국의 부상과 아시아의 역할이 냉전 및 현대 국제 질서에 미친 영향을 탐구하는 데 주력해 왔다.

그의 학문적 작업은 국제 관계와 세계사를 연결하며, 특히 냉전의 유산이 오늘날의 국제 정치에 미친 영향을 이해하는 데 중요한 기여를 하고 있다.

68　2007년 태안 기름 유출 사고는 2007년 12월 7일 충청남도 태안군 만리포 해상에서 발생한 대한민국 역사상 최악의 해양 환경 재난이다. 이 사고는 삼성중공업 소속 크레인 선박이 홍콩 선적 유조선 허베이 스피리트(Hebei Spirit)와 충돌하면서 유조선에서 약 12,547킬로리터의 원유가 유출된 사건이다.

69　세종로 광화문광장은 대한민국 서울특별시 종로구 세종로에 위치한 역사적, 문화적, 정치적 중심지로, 2009년 8월 1일에 개장되었다. 이 광장은 조선시대 도성의 주요 거리였던 육조거리(六曹街는 조선왕조의 중앙관청이 밀집되어 있던 거리)를 현대적으로 재해석한 공간으로, 주변에 광화문, 경복궁, 세종문화회관 등이 위치해 있어 한국의 역사와 문화를 느낄 수 있는 상징적인 장소이다.

광장의 주요 상징물로는 세종대왕 동상과 이순신 장군 동상이 있으며, 이는 한글 창제와 임진왜란 시기 조선을 지킨 두 인물의 업적을 기리기 위해 세워졌다. 광화문광장은 역사적 집회, 시위, 축제, 공연 등 다양한 시민 활동의 중심지로 활용되고 있으며, 특히 민주주의와 시민 참여의 상징적 공간으로 자리 잡고 있다.

최근 광장은 재개발을 통해 보행자 친화적 공간으로 재구성되어 더욱 많은 시민과 관광객이 찾는 명소로 발전하고 있다.

70　한민족의 떼창문화는 한국의 독특한 집단적 응원과 노래 문화로, 다수의 사람들이 한목소리로 노래를 부르며 하나로 결속되는 현상을 말한다. '떼'는 무리라는 뜻이고 '창'은 노래라는 뜻이니 '떼창'은 집단적 노래라는 뜻이다. 이 문화는 특히 스포츠 경기, 대규모 콘서트, 그리고 거리 응원에서 두드러지게 나타난다.

한국의 떼창문화는 공동체적 정서와 연대감을 표현하는 방식으로 발전했다. 이는 한국인의 강한 집단의식과 정을 바탕으로 하며, 노래를 통해 서로의 감정을 공유하고 하나로 융합되는 경험을 만들어 낸다.

대표적인 사례로는 2002년 한일 월드컵 거리 응원에서 수많은 사람들이 붉은 악마 티셔츠를 입고 함께 노래하고 응원했던 모습이 있으며, 이는 전 세계적으로도 화제가 되었다. 또한, K-pop 콘서트에서 팬들이 가사와 멜로디를 완벽히 따라 부르는 떼창은 한국 대중문화의 독특한 현상으로 자리 잡아, 해외에서도 K-pop 팬덤의 상징적인 특징으로 인식되고 있다. 떼창은 한국인의 집단적 정체성과 에너지를 보여주는 강력한 문화적 상징이라 할 수 있다.

71　글로벌화된 현대 축제의 장은 역사적으로 이미 88올림픽이라는 공식적 지구촌 스포츠 행사에서 한민족의 축제적 집단의식이 이미 표출되기 시작된 것으로 필자는 통찰한다. 여기서 우리들이 자각하지 못하고 있던 한민족의 집단의식의 표출이라는 관점에서 88올림픽을 되짚어 보고자 한다.

1988년 서울 올림픽이 단순한 스포츠 이벤트 이전에, 한민족의 '하나 임(One-ness, 일체감)'의 철학을 세계적으로 드러낸 순간이라는 점을 지적하고 싶다. 88 올림픽 공식 주제가 「손에 손 잡고」의 가사에서 알 수 있듯이, 이 대회는 세계적 화합과 동서 화해를 목표로 삼았다. 당시 가사에 등장하는 "우리 같이 한마음 되자"라는 부분은 한국적 공동체 의식과 '우리(Uri)' 문화를 반영하면서도, 냉전 시대의 분열된 세계가 하나가 될 수 있다는 희망을 제시했다. 88올림픽은 동구권 국가들과 서구권 국가들이 함께 참가한 마지막 올림픽 중 하나였고, 이후 1992년 바르셀로나 올림픽에서 소련 붕괴 후 독립국들이 등장하는 계기가 된다. 특히, 당시 공산권의 핵심이었던 소련, 중국, 동독 등도 참여하면서 한국이 동서 진영을 잇는 가교 역할을 했다는 점이 주목된다. 이는 홍익인간에 내재된 연속에 기반한 '하나 임'의 정신이 단순한 민족적 개념을 넘어, 세계적인 화합의 메시지로 확장되었음을 보여준다. 필자가 강조하는 것은 88올림픽은 단순한 일회적인 스포츠 행사나 경제적 글로벌화가 아닌, 정신적 차원의 '하나 임(One-ness)'을 실현한 사건이라는 점이다. 오늘날 경제적 세계화(Globalization)는 종종 자본 중심의 통합을 의미하지만, 88올림픽은 정신적 화합과 인류 공동체적 접근을 강조했다는 차이가 있다. 한국은 전통적으로 공동체적 가치와 '우리' 의식을 중시하는 문화를 갖고 있으며, 이러한 철학이 올림픽을 통해 세계적 메시지로 발신되었다는 점을 주목하여야 한다.

88올림픽은 한민족의 '하나 임' 철학을 세계적으로 확장하는 계기였으며, 경제적 글로벌화가 아닌 정신적 통합의 가능성을 제시한 역사적 사건이었다고 볼 수 있다. 한민족 특유의 공동체 의식이 동서 냉전의 벽을 허무는 데 기여했다는 점에서, 하나의 스포츠 행사가 아니라 철학적 메시지를 내포한 국제적 사건으로 해석할 수 있는 것이다.

72 농악놀이는 한국의 전통 농악(農樂)을 바탕으로 한 축제 형식의 공연이다. 농사를 짓는 공동체가 추수 후 풍년을 기념하거나 마을의 안녕을 기원하기 위해 연주와 춤, 놀이를 결합하여 행하던 전통문화이다. 주로 꽹과리, 장구, 북, 징과 같은 전통 악기를 연주하며, 화려한 의상과 신명 나는 춤이 함께 어우러진다. 집단적 참여와 흥겨운 분위기가 특징으로, 공동체 의식을 강화하고 마을의 결속을 다지는 중요한 역할을 했다.

73 마을굿은 마을 단위에서 행해지던 전통의식으로, 마을의 번영과 안녕을 기원하는 제의적인 성격을 가지고 있다. 굿은 주로 무당(샤먼)에 의해 진행되며, 음악, 춤, 노래, 제사 등 다양한 요소가 포함된다. 마을 주민들이 함께 참여하며 조상과 신들에게 감사를 드리거나 액운을 쫓는 의식을 통해 공동체적 정체성을 공유하고 강화하는 데 중요한 역할을 했다.

74 판소리는 한국 전통음악의 대표적인 형식으로, 소리꾼 한 사람이 북 반주에 맞춰 노래와 이야기를 들려주는 공연예술이다. 주로 서민의 삶과 감정을 주제로 하며, 극적인 서사와 표현이 돋보이는 특징이 있다. 판소리는 '흥'을 극대화한 예술로, 청

중과 소리꾼이 함께 감정적으로 교감하며 웃음과 눈물을 나누는 경험을 제공한다. 이는 개인적 정서를 넘어서 공동체적 에너지와 감정의 공유를 이루는 매개체로 작용했다.

75 제천은 고대 한민족이 하늘에 제사를 올려 천신(天神)에게 감사를 드리고 풍년과 공동체의 안녕을 기원하는 집단적 축제이다. 이 의식은 단군 신화를 비롯한 한국의 건국 신화와 밀접한 관련이 있으며, 삼국시대 이전부터 전해 내려온 전통으로 알려져 있다. 대표적인 제천행사는 고구려의 동맹(東盟), 부여의 영고(迎鼓), 삼한의 계절제(季節祭) 등이 있다.

76 새마을운동은 1970년대 박정희 대통령이 주도한 농촌개발운동으로, 한국 농촌의 빈곤 퇴치와 경제 자립을 목표로 시작되었다. 1970년 "잘살아 보세"라는 슬로건 아래 시작된 이 운동은 근면, 자조, 협동을 핵심정신으로 삼아 농촌 사회의 근대화를 이루고자 했다. 초가집 지붕 개량, 도로 및 교량 건설, 마을 환경 개선 등 기본 인프라를 정비하고, 정부가 시멘트와 철근을 무상으로 지원하며 주민들의 자발적 참여를 독려하였다. 새로운 농업 기술 도입과 영농 방식을 개선하여 농가 소득을 증대시키고, 그 결과 생활환경이 개선되어 깨끗한 마을이 조성되고 사회적 연대가 강화되었다. 또한 도시와 농촌 간 격차 완화에 기여하였다.
새마을운동은 한국 농촌의 현대화와 국가 경제 발전의 밑거름이 되었다. 개발도상국들에게 성공적인 농촌 개발 모델로 주목받아 현재까지도 국제적으로 연구되고 있다. 새마을운동은 한국의 급격한 경제 성장과정에서 농촌과 국민의식을 변화시킨 상징적인 국가 프로젝트로 자리 잡았다.

77 한국 사회에서 교육에 대한 진지함과 열정은 여러 방면에서 나타나며, 특히 대학수학능력시험(수능) 당일에는 국가적 차원의 조치들이 시행된다. 이러한 조치들은 수험생들에게 최적의 시험 환경을 제공하기 위한 것으로, 한국인의 교육에 대한 깊은 열의를 보여준다.
수능 영어 듣기평가 시간인 오후 1시 5분부터 1시 40분까지 35분 동안, 전국의 모든 항공기 이착륙이 전면 통제된다. 이 시간대에는 비상 및 긴급 항공기를 제외한 모든 항공기의 이착륙이 금지되며, 비행 중인 항공기는 3km 이상 상공에서 대기한다. 이로 인해 해당 시간대의 항공편 운항 시간이 조정되며, 각 항공사들은 승객들에게 사전 안내를 실시한다.
포 사격, 전차 이동 등 소음을 유발하는 군사훈련은 수능 당일 잠시 중단된다. 또한, 시험장 인근의 지하철 시설물 검사와 공사도 일시 중지되며, 행사장 소음도 최대한 자제하도록 각 지방자치단체에서 관리한다.
수험생들의 원활한 이동을 위해 지하철과 버스의 운행 시간이 조정된다. 예를 들어, 지하철의 오전 집중 배차 시간이 연장되고, 추가 운행이 이루어진다. 이러한 조치들은 수험생들이 최상의 조건에서 시험을 치를 수 있도록 사회 전체가 협력하는 모습을 보여준다. 이는 교육을 통해 더 나은 미래를 꿈꾸는 한국 사회의 특징을 잘 나타내며, 교육에 대한 깊은 열정과 진지함을 반영한다.

78 전통적인 한국의 '구들(온돌)' 시스템은 한국 전통 주거문화의 핵심인 난방 시스템으로, 아궁이에서 발생한 열을 방바닥에 전달해 실내를 따뜻하게 하는 독창적인 방식이다.
아궁이에서 불을 때면 열기가 돌로 만들어진 구들장 아래를 지나면서 방바닥을 데우고, 연기는 굴뚝을 통해 배출된다. 방바닥 전체가 고르게 데워져, 따뜻하고 편안한 생활 공간을 제공한다. 적은 연료로도 오랜 시간 열을 유지하는 효율적인 난방으로 뜨거운 바닥에서 열이 순환하며 습기를 제거해, 건강에 유익한 환경을 조성한다.
한국의 좌식 생활방식과 잘 어울려 가족들이 따뜻한 방에서 함께 시간을 보내는 공동체 문화를 형성하였고 한국인의 정서와 생활 양식을 이해하는 중요한 요소로 평가된다.
오늘날 온돌 시스템은 바닥난방 기술로 발전하여 아파트와 주택에 널리 사용되고 있으며, 전 세계적으로도 난방 방식의 하나로 주목받고 있다. 구들은 한국인의 지혜와 전통을 보여주는 대표적인 문화유산이다.

79 한국 전통 건축양식인 한옥이 미국에 수출되고 있는 바, 이 사례는 한국 전통문화의 세계적 관심과 가치를 보여주는 대표적인 예다. 한옥은 단순히 주거공간이 아닌, 자연과의 조화와 한국적 미학을 담은 건축물로, 해외에서 지속적으로 주목받고 있다.
K-pop, 드라마, 음식 등 한류의 세계적 확산은 한국 전통문화에 대한 호기심을 불러일으켰다. 한옥은 전통과 현대를 아우르는 독창적 미학으로, 전 세계인들에게 매력적으로 다가가고 있다.
한옥은 친환경 건축물로, 자연재료(나무, 흙, 기와 등)를 사용하며, 현대인들이 선호하는 에코 하우스의 철학을 반영한다. 자연과 조화를 이루며, 에너지 효율이 높은 설계는 환경 문제에 관심이 많은 미국 소비자들에게 호평을 받고 있다.
전문 한옥 건축업체들이 미국 내 한인 커뮤니티뿐만 아니라 전통 건축 애호가와 협력하여 한옥 건축 프로젝트를 추진하고 있다. 워싱턴 D.C.와 캘리포니아 등 문화 다양성을 존중하는 지역에서 한옥 건축이 이루어지고 있다.
미국 내 고급 주택시장에서는 한국의 한옥을 맞춤형으로 주문 제작하여 자연 친화적인 고급 주택으로 활용하고 있다. 한옥의 독특한 구조와 편안함을 활용해 명상 공간, 스파, 요가 센터 등으로 사용되기도 한다. 일부 지역에서는 한옥 스타일 건축물을 활용해 전통 건축과 문화를 체험할 수 있는 공간으로 변형하고 있다.
한옥의 미국 수출은 한국 건축문화의 글로벌화를 의미하며, 한류의 확장된 형태로 평가된다. 자연과 조화를 이루는 한옥의 철학은 현대인의 정서적 치유와 환경친화적 요구를 충족시키는 중요한 문화 콘텐츠로 자리 잡고 있다.
한옥의 미국 수출은 단순히 한국 전통 건축물을 해외로 옮기는 것을 넘어, 한국적 가치관과 미학을 세계와 공유하는 과정이다. 이는 단절된 서구식 건축문화 속에서 자연과 인간의 조화를 재조명하는 계기가 되고 있으며, 한국 문화의 독창성과 우수성을 알리는 중요한 역할을 하고 있다.

80 축경(蓄經)은 자연 속에서 기(氣)를 모으고 축적하여 활용하는 원리를 의미한다. 이는 무술뿐만 아니라 도교(道敎)나 기공(氣功), 전통 한의학에서도 중요한 개념으로 사용된다. 축경(蓄經)에서 蓄(축)은 모으고 저장한다는 뜻이고 經(경)은 기의 흐름이나 법칙을 의미한다. 그러므로 축경이란 자연 속의 충만한 기를 몸속에 모으고 저장하여 이를 효과적으로 활용하는 원리를 뜻한다. 축경은 단순히 몸의 힘을 기르는 것이 아니라, 자연의 원리와 조화를 이루는 것을 목표로 한다. 태극권이나 선무도(禪武道)에서는 자연의 기운을 받아 몸과 마음을 정화하는 과정이 축경과 연관된다. 축경(蓄經)은 자연의 기를 받아들이고 축적하여, 이를 통해 강한 힘과 조화를 이루는 원리이다. 이는 단순한 체력 단련이 아니라, 기(氣)의 흐름을 조절하고, 정신과 몸의 균형을 맞추는 과정으로 볼 수 있다.

81 대한민국 여자 양궁 대표팀은 2024년 파리 올림픽에서 중국을 5-4로 꺾고 여자 단체전에서 올림픽 10연패를 달성했다. 이로써 1988년 서울 올림픽에서 여자 단체전이 정식 종목으로 채택된 이후, 대한민국은 한 번도 금메달을 놓치지 않는 위업을 이어갔다.
이러한 성과로 대한민국 여자 양궁은 올림픽 단체전 10연패를 달성하며, 미국 남자 수영 대표팀의 400m 혼계영과 함께 연속 우승 최다 타이기록을 세웠다. 이러한 활약은 대한민국이 '활의 민족'임을 세계에 다시 한번 각인시키는 계기가 되었다.

82 고슴도치 전략(Hedgehog Strategy)은 기업 경영, 국가 안보, 또는 자기 계발 등의 다양한 분야에서 사용하는 개념으로, 핵심적인 강점을 기반으로 단순하면서도 명확한 목표에 집중하는 전략을 의미한다.
이 개념은 고대 그리스 우화에서 유래했으며, "여우는 많은 것을 알지만 고슴도치는 한 가지 큰 것을 안다"라는 격언에서 비롯되었다. 여기서 여우는 다양한 아이디어와 복잡한 전략을 추구하지만, 고슴도치는 단순한 방어 전략(가시를 세우는 것) 하나로 효과적으로 생존한다.
자신(또는 조직)의 가장 강력한 능력이나 자원을 중심으로 전략을 설계한다. 복잡한 문제나 과제를 단순화하여 달성 가능한 구체적 목표를 세운다. 분산되지 않고 핵심 목표를 달성하는 데 필요한 자원에 집중한다.
특정 시장에서의 경쟁 우위를 기반으로 집중 전략을 실행한다(예: 애플의 단순하지만 혁신적인 제품 라인업). 제한된 자원을 특정 전략(예: 북한의 비대칭 전략인 핵무기 개발)에 집중한다. 다양한 활동 대신 자신의 재능이나 열정을 가장 잘 발휘할 수 있는 분야에 몰두한다.
고슴도치 전략은 '선택과 집중'을 통해 혼란스럽거나 경쟁적인 상황에서도 명확한 방향을 제시하며, 단순하지만 강력한 실행력을 강조하는 접근 방식이다.

83 광개토대왕비는 고구려 제19대 왕인 광개토대왕(재위 391-413)의 업적을 기리기 위해 세워진 비석으로, 414년에 그의 아들 장수왕이 현재의 중국 지린성 지안(集安) 지역에 건립했다. 이 비석은 동북아시아 역사와 고구려의 강대함을 상징하는 중요한 유물로 평가받고 있다.

비석의 크기는 높이가 약 6.39m, 폭은 약 1.35~2m로, 동아시아에서 가장 큰 고대 비석 중 하나이다. 총 1,800여 자의 한자로 기록되어 있으며, 크게 세 부분으로 구성된다:

첫째, 광개토대왕의 생애와 업적으로 그의 출생, 즉위, 정복 활동, 그리고 고구려의 영토 확장과 위상이 기록되었다. 둘째, 고구려가 하늘의 뜻에 따라 세워졌다는 천명사상을 담고 있다. 셋째, 후대에 이 비석과 왕의 무덤을 보호할 것을 명령하고 있다.

이 비석은 광개토대왕의 정복 활동(백제, 왜, 거란 등과의 전쟁)과 당시 동아시아 국제 정세를 이해하는 데 중요한 자료이다. 특히, 고구려가 한반도와 만주 일대를 아우르며 강력한 국가로 성장했음을 보여준다.

비문의 일부는 훼손되거나 일본 제국주의 시기에 왜곡되었다는 논란이 있어, 정확한 해석을 둘러싸고 학계에서 지속적으로 연구되고 있다. 광개토대왕비는 고구려의 역사적 위상과 민족적 자부심을 상징하며, 오늘날에도 한국 고대사의 중요한 문화유산으로 여겨지고 있다.

84 대조영(大祚榮, ?~719?)은 발해의 창건자이자 초대 왕(재위 698~719?)으로, 고구려 멸망 후 고구려 유민과 말갈족을 이끌고 발해(대진국, 渤海國)를 건국한 인물이다. 그는 고구려의 부흥을 목표로 새로운 국가를 세워 한반도와 만주 일대의 역사를 이어갔다.

대조영은 고구려 유민 출신으로, 말갈족과의 연대 속에서 성장했다. 『구당서』 등 중국 사서에서는 말갈 출신으로 기록된 경우도 있으나, 한국에서는 고구려 계승자로 평가된다.

668년 고구려가 멸망한 후 당나라와 신라가 지배를 확대하자, 고구려 유민과 말갈족은 독립을 도모했다. 대조영은 고구려 유민과 말갈족을 이끌고 당나라에 저항하며 동모산(현 중국 동북지역)을 중심으로 698년에 발해를 건국했다.

발해는 고구려를 계승한 국가로, 고구려 문화를 바탕으로 번영을 이루었다. 발해는 한반도 북부와 만주, 연해주 지역을 아우르며 '해동성국(海東盛國)'이라 불릴 정도로 강력한 국가로 성장했다. 대조영은 정치·군사적으로 안정된 기틀을 마련하고 발해의 영토를 확장했다. 발해는 이후 200여 년간 번영하며 동아시아에서 중요한 역할을 했고, 고구려의 정신과 문화를 계승하는 한민족사의 중요한 연결고리가 되었다.

대조영은 고구려 유민의 자주적 독립과 문명의 재건을 이끈 위대한 지도자로, 그의 발해 건국은 고구려의 역사적 정통성을 이어가는 중요한 사건으로 평가된다.

85   한한령(限韓令)은 중국 정부가 한국의 문화 콘텐츠 및 관련 산업의 유입과 확산을 제한하기 위해 시행한 비공식적인 규제를 뜻한다.
한한령은 2016년 한국이 미국의 THAAD(고고도 미사일 방어체계)를 배치하기로 결정한 데 대한 중국의 외교적 반발로 시작되었다. 중국 정부는 이를 자국의 안보에 위협이 된다고 간주하고, 이에 대한 보복 조치로 한류 콘텐츠를 제한하는 정책을 시행했다.

1. 문화 콘텐츠를 제한하여 한국 드라마, 영화, K-pop, 예능 프로그램 등의 방영 및 스트리밍 플랫폼 유통을 금지 또는 축소하였다.
2. 광고 및 활동을 규제하여 한국 연예인의 중국 내 활동을 제한하고 광고 모델 기용을 금지하였다.
3. 한류 관련 산업을 제재하여 한국 게임과 상품 수출에 대한 규제를 강화하였다.

그 결과 한국의 문화산업이 중국 시장에서 큰 타격을 입었지만, 한류는 여전히 중국 내에서 비공식적으로 인기를 끌고 있다. 동시에 한류는 중국 외의 글로벌 시장에서 더욱 확산하며 위기를 기회로 전환하는 모습을 보였다. 한한령은 정치적 갈등이 문화적 교류에 영향을 미친 사례로, 한국과 중국 간 관계를 이해하는 데 중요한 요소로 평가된다.

86   안경전 역주, 『환단고기(보급판)』, 상생출판, 2013, p.92

87   박정희 대통령의 서독 방문은 1964년 12월에 이루어진 국빈 방문으로, 대한민국 경제 개발과정에서 중요한 계기로 평가받는 사건이다.
당시 한국은 제1차 경제개발 5개년 계획(1962~1966)을 추진하며 경제 성장을 도모하고 있었으나, 외환 부족과 재정적인 어려움을 겪고 있었다. 박정희 대통령은 서독을 방문해 경제 협력을 강화하고 차관을 유치하며, 한국의 경제 발전에 필요한 자금을 확보하고자 했다.
박정희 대통령은 서독의 루트비히 에르하르트 총리와 만나 경제 원조 및 기술 협력 방안을 논의했다. 그 결과, 서독으로부터 약 1억5천만 마르크(당시 약 3억6천만 달러)에 달하는 차관을 유치하는 데 성공했다.
박 대통령의 서독 방문 중, 서독에 파견된 한국 광부와 간호사들과의 만남이 큰 화제가 되었다. 특히, 에센의 광부 기숙사에서 박 대통령이 한국 광부들에게 직접 감사와 격려의 말을 전하며 눈물을 흘린 장면은 국민들에게 강렬한 인상을 남겼다. 이후 수많은 한국 청년들이 서독으로 파견되어 외화를 벌어들이는 데 기여했고, 이는 대한민국 경제 발전의 밑거름이 되었다.
서독으로부터 유치한 차관과 경제 협력은 한국의 산업화와 인프라 건설, 특히 포항제철 같은 중공업 발전의 초석이 되었다. 서독에 파견된 광부와 간호사들은 한국의 근대화 과정에서 중요한 역할을 했으며, 이들의 외화 송금은 외환 부족 해결에 큰 도움이 되었다. 박정희 대통령의 서독 방문은 한국 근대화와 경제 성장을 위한 국제 협력의 성공적인 사례로 평가받고 있으며, 한국 경제사에서 중요한 장면 중 하나로 기억된다.

88 신라 원광법사(圓光法師)가 만든 세속오계(世俗五戒)는 신라 화랑들에게 가르친 윤리적 규범으로, 불교적 가르침을 바탕으로 하면서도 신라 사회에 맞게 변형된 특징을 갖고 있다. 이는 한민족의 '하나 임(One-ness)' 철학과 연결되어 있다. 세속오계(世俗五戒)는 원광법사가 화랑(花郞)들에게 제시한 세속오계는 다음 다섯 가지 계율로 구성된다.

1. 사군이충(事君以忠) – 임금을 섬길 때 충성을 다하라.
2. 사친이효(事親以孝) – 부모를 섬길 때 효를 다하라.
3. 교우이신(交友以信) – 친구를 사귈 때 믿음을 지켜라.
4. 임전무퇴(臨戰無退) – 전쟁에 임하여 물러서지 말라.
5. 살생유택(殺生有擇) – 생명을 죽일 때 가려서 하라.

이 계율들은 단순히 불교적 가르침을 신라 사회에 적용한 것이 아니라, 공동체적 가치를 기반으로 한 실천 윤리로 볼 수 있다. 공동체적 연대, 신뢰, 희생, 생명의 존엄성을 강조하는 실천 철학이었다. 이를 '하나 임'의 철학과 연결하면 다음과 같은 점이 부각된다.

1. 충과 효는 단순한 복종이 아니라 공동체적 조화를 이루는 방식
2. 신뢰(信)는 사회적 연대 속에서 '하나 임'을 유지하는 핵심 요소
3. 임전무퇴는 공동체를 지키는 희생과 책임의 정신
4. 살생유택은 생명의 가치를 고려한 조화로운 선택의 원리

즉 세속오계는 단순한 군사적 규율이 아니라, '하나 임(One-ness)'의 공동체적 조화와 윤리적 실천이 반영된 사상적 유산이라고 볼 수 있다. 따라서 세속오계를 단순한 신라 시대의 윤리 강령이 아니라, 오늘날 한류 속에서 지속되는 '인간 중심의 철학'과 연결하여 재해석할 수 있다.

89 원효(元曉, 617~686)의 화쟁사상(和諍思想)과 일심사상(一心思想)은 서로 밀접하게 연결되어 있지만, 강조하는 핵심 개념과 적용 방식에서 차이가 있다.

*화쟁사상(和諍思想) : 대립을 초월한 조화의 철학이다.
화쟁(和諍)은 "화(和)"(조화)와 "쟁(諍)"(논쟁, 갈등)을 합친 개념으로, 서로 다른 사상과 종파 간의 대립을 조화롭게 해소하려는 철학이다.
원효는 당시 불교계의 여러 종파(법상종, 화엄종, 삼론종, 열반종 등)가 각기 다른 교리를 주장하며 대립하는 현실을 목격하게 된다. 그러나 원효는 이들 사상이 본질적으로 하나의 진리에 대한 다른 표현일 뿐이며, 상대적인 차이를 초월하여 조화롭게 통합할 수 있다고 보았다. 그는 대립하는 주장들을 융합하여 보다 높은 차

원의 통찰을 이루는 방법론을 제시한 것이다. 즉 화쟁사상은 서로 다른 사상과 교리가 갈등을 일으키지 않도록 조화를 이루는 실천적 방법론이다.

*일심사상(一心思想) : 궁극적 실재로서의 '하나의 마음'으로 '모든 것은 근본적으로 하나의 마음(一心)에서 비롯된다'는 철학으로, 원효가 『대승기신론소(大乘起信論疏)』에서 발전시킨 개념이다. 이 개념 역시 불교의 여러 사상이 다 다르게 보이지만, 결국 그 근원은 하나의 마음에서 출발한다는 점을 밝힌 것이다. 모든 존재와 현상은 '일심(一心)'에서 비롯된다. 인간의 번뇌와 깨달음조차도 결국 일심의 작용일 뿐이다. 따라서 이분법적인 사고(善-惡, 有-無, 空-色)를 초월해야 한다. '진여문(眞如門, 절대적 진리의 세계)'과 '생멸문(生滅門, 변화하는 현상세계)'이 본질적으로 다르지 않다고 본다. 불성과 번뇌가 둘이 아니라, 번뇌 자체가 깨달음의 계기라는 논리를 전개하였으며 이는 선불교(禪佛敎)의 '즉심즉불(卽心卽佛, 마음이 곧 부처)' 사상과도 연결된다. 즉 일심사상은 궁극적인 실재가 '하나의 마음'(하나 임)이라는 깨달음을 강조하는 철학이다.

그러므로 화쟁사상과 일심사상의 관계를 살펴보면 일심사상을 바탕으로 화쟁사상을 전개한 것으로 볼 수 있다. 즉 모든 대립과 갈등이 본질적으로 하나의 마음(一心)에서 나온 것이므로, 그 차이를 초월하여 조화롭게 융합할 수 있다는 것이 원효의 핵심 논리이다. 따라서 일심사상이 원효 **철학의 근본 원리**라면, 화쟁사상은 그것을 현실적으로 적용하는 **실천적 방법론**이라 할 수 있다. '일심'이 깨달음의 원리라면, '화쟁'은 그것을 현실에서 구현하는 과정이라고 볼 수 있는 것이다. 원효 사상의 현대적 의의는 오늘날 다양한 종교, 이념, 철학이 대립하고 있지만, 서로 다른 사상을 대화와 조정으로 통합할 수 있다는 실천적 방법론을 제공한 것으로 볼 수 있다. 이상에서 보듯이 한민족 고유의 '하나 임'의 사상이 상기 원효의 논리 전개의 모티브임을 파악할 수 있으며 이러한 통합적 사유의 맥은 고려 시대 보조국사의 **선교일치 사상**에서도 그대로 이어져 계승되고 있다.

90 소프트 파워(Soft Power)는 군사력이나 경제력(하드 파워) 없이 문화·가치·외교적 매력으로 영향력을 행사하는 능력이다. 하버드대 조지프 나이(Joseph Nye)가 제시한 개념으로, 문화(K-pop, 영화), 정치적 가치(민주주의, 인권), 외교 정책(국제 협력) 등이 핵심 요소다. 미국(할리우드, 팝문화), 일본(애니, 게임), 프랑스(패션, 미식) 등 여러 국가가 소프트 파워를 활용하며, 특히 한국의 한류(K-pop, 드라마, K-뷰티)는 소프트 파워의 대표적 성공 사례로 평가된다. 소프트 파워는 강제 없이 세계를 움직이는 힘으로, 국제적 이미지 구축과 외교적 협력에 중요한 역할을 한다.

저자소개

1951년 충남 보령(保寧)에서 태어나 서울에서 보성(普成)중·고등학교를 졸업하고 경희(慶熙)대학교 의과(醫科)대학을 졸업하였다.
경희대학교 의과대학 부속병원(경희의료원)에서 내과 전문의(레지던트)과정을 마치고, 1985년 내과 전문의(內科 專門醫) 자격을 취득하였다.
한림대학교 부속 춘천성심병원 내과에 재직하였으며, 경희대학교 의과대학(경희의료원) 내과 외래교수를 역임하였다.
현재는 의료법인을 설립하여 내과 전문의로 근무하고 있다.

1998년부터 선(禪)에 관심을 갖기 시작한 후
2004년에 수필집 『초월과 내재』를 냈고,
2007년에 『함께 읽는 선문선답』
2013년 『깨달음에 이르는 일곱 가지 지혜』
2014년 『깨달음에서 바라본 수학』
2017년 『깨달음에서 바라본 양자역학』
2024년 『유월절과 연기법』을 냈다.

한류란 무엇인가

초판 1쇄 발행 2025년 06월 26일

지은이 오정균
펴낸이 류태연

펴낸곳 렛츠북
주소 서울시 영등포구 문래북로116, 1005호
등록 2015년 05월 15일 제2018-000065호
전화 070-4786-4823 | **팩스** 070-7610-2823
홈페이지 http://www.letsbook21.co.kr | **이메일** letsbook2@naver.com
블로그 https://blog.naver.com/letsbook2 | **인스타그램** @letsbook2

ISBN 979-11-6054-762-7 (03100)

* 이 책은 저작권법에 따라 보호를 받는 저작물이므로
  무단전재 및 복제를 금지하며, 이 책 내용의 전부 및 일부를 이용하려면
  반드시 저작권자와 도서출판 렛츠북의 서면동의를 받아야 합니다.
* 잘못된 책은 구입하신 서점에서 바꾸어 드립니다.